中国科学社档案资料整理与研究

年会记录选编

王良镭　何品　编注

上海科学技术出版社

图书在版编目（CIP）数据

年会记录选编 / 王良镭，何品编注. -- 上海：上海科学技术出版社，2020.12
（中国科学社档案资料整理与研究）
ISBN 978-7-5478-5067-1

Ⅰ. ①年… Ⅱ. ①王… ②何… Ⅲ. ①社会科学－学术团体－会议资料－汇编－上海 Ⅳ. ①C262.51

中国版本图书馆CIP数据核字(2020)第164594号

丛书策划　张毅颖　段　韬　曾　文
责任编辑　姚晨辉　张毅颖
装帧设计　戚永昌　陈宇思

年会记录选编

王良镭　何　品　编注

上海世纪出版（集团）有限公司
上海科学技术出版社　　出版、发行
（上海钦州南路71号　邮政编码 200235　www.sstp.cn）
上海中华商务联合印刷有限公司　印刷
开本 787×1092　1/16　印张 28.5
字数 430 千字
2020年12月第1版　2020年12月第1次印刷
ISBN 978-7-5478-5067-1/N·209
定价：158.00 元

本书如有缺页、错装或坏损等严重质量问题，请向工厂联系调换

《中国科学社档案资料整理与研究》编委会

编委会主任　白春礼

编委会副主任　徐未晚

编　委　会　邢建榕　张　斌　林丽成　周桂发
　　　　　　樊洪业　段　韬　张　剑（执行）

编　辑　组　张　剑　林丽成　章立言　周桂发
　　　　　　杨家润　何　品　王良镭

序　言

一百年前，留美中国学生创办的《科学》杂志在上海问世，开创了将科学作为一种现代知识体系和创新文化形态在中国进行传播的事业。当时，中国国势衰弱、民族危亡，为办好这份刊物，《科学》创办人集结同志成立了中国科学社。中国科学社成为近代中国社会第一个以科学为目标的综合性学术团体，并在近代中国开创了各项科学事业，如出版科学书刊、开创学术交流、成立研究所、增设图书馆等等，为中国科学的体制化做了艰苦的探索，并对中国近代科学体制做出了卓越贡献。他们提出的通过发展科学来寻求国家富强之道的"科学救国"，影响甚大、甚深、甚广。

一百年过去了，中国社会已经取得了巨大的进步。经过几代人的艰苦奋斗，中国现代科学也已进入新的历史发展阶段。追索近现代中国科学发展的百年历程，有助于我们承古创新，探究当代中国科学发展之道。中国科学社的档案资料是一笔珍贵的历史遗产，不仅可以从中了解中国近代科学社团的本身，诸如创建、发展乃至消亡的历程，理解它们在复杂多变的近代中国如何生存与发展；而且可以了解中国近代科学的发展与科学社团之间的互动关系，理解中国科学发展的艰难；还可以从科学社会学视角分析科学发展与制度创新、社会经济文化的互动。

国内外学术界对中国科学社的研究成果虽然不少，但中国科学社档案资料没有得到充分的利用。时值《科学》创刊100周年，此次对相关档案资料的整理出版，具有重要的意义。它必将进一步提升对中国科学社研究的水准，也为进一步研究中国近代科学发展，特别是科学发展与科学社团之间的互动关系、民间学术团体与政府之间的关系，乃至中国近代思想文化史提供坚实而丰富的史料，为创建国家科技创新体系，特别是学术社团在万众创新中的独特作用提供借鉴。

衷心希望《中国科学社档案资料整理与研究》能够成为广大科学史学者和科研人员的益友，为中国科学事业的发展做出一份贡献。

（《科学》杂志编委会主编）

前 言

20世纪初叶,以爱因斯坦相对论为代表的科学革命横空出世,世界科学技术日新月异,其对社会发展和人类生活影响所展现出来的伟力,极大地刺激了正留学科学先进各国、寻求强国方略的中华学子,"科学救国"一时间成为他们的共同认知因而成为时代最强音。他们求学之余,怀抱复兴中华民族之志,以英国皇家学会、美国科学促进会等为模范,创办学术社团、发刊书报、翻译书籍,将西方先进的科学技术知识及其体制、精神输入中国,并由此建立中国科学技术体系,中国科学社就此应运而生,并发展成为近代中国延续时间最长、规模最大、影响最为广泛的综合性学术社团,促进并参与了中国近代科学技术体系的发生发展。

一

中国科学社(The Science Society of China),原名科学社,1914年6月10日由留学美国康奈尔大学的胡明复、赵元任、周仁、秉志、章元善、过探先、金邦正、任鸿隽、杨杏佛等九人在纽约州小镇伊萨卡(Ithaca)创议并成立,宗旨为"提倡科学,鼓吹实业,审定名词,传播知识"。其主要目的是集股400美元创办《科学》杂志,因此采用股份公司的形式,在董事会下设立营业部、推广部、《科学》编辑部、总事务所、通讯处等。1915年1月,《科学》在上海出版发行,开始对什么是科学、科学方法、科学精神以及科学的社会功用等方面进行全面讨论,填补了自鸦片战争以来中国引进西方科学技术这一方面的空白,开创了中国科学发展的新纪元,切合了当时国内文化革命与文化建设的需求,在一定程度上为新文化运动"德先生""赛先生"的吁求提供了坚实的基础,成为以《新青年》为旗帜的新文化运动的先导。

创办者以为有股东在后面监督,《科学》可以避免当日大多数刊物有始无终的命运。

可《科学》的实际运作表明区区400美元的股金杯水车薪,即使股东人数与股金数目远远超过当初的设想,也根本无法维持《科学》的继续刊行。同时,仅仅一份《科学》杂志也不能达到提倡科学的宗旨。于是创办者们开始筹备将股份公司形式的科学社改组为学术社团形式的中国科学社。1915年10月25日,由胡明复、邹秉文、任鸿隽三人起草的《中国科学社总章》得到社员赞成通过,中国科学社宣告正式成立,宗旨为"联络同志,共图中国科学之发达",严格规定了社员入社的条件、权利与义务,在董事会下设立分股委员会、期刊编辑部、书籍译著部、经理部、图书部和年会筹备委员会,初步具备了一个学术性社团的组织结构与功能。除继续发刊《科学》而外,更有一个全面发展中国科学技术的规划,书籍译著部从事科学书籍的翻译引进与撰著,图书部专门筹设科学图书馆以为科学研究做准备,年会筹备委员会筹备年会特别是学术交流的论文征集。更为重要的是,设立分股委员会将不同学科专业的社员分股,不仅是未来各专门学会的雏形,也有将未来成立的各专门学会统摄在中国科学社的考虑,惜乎这一规划与设想最终未能实现,也使其在20世纪30年代转化为中国科学团体联合会角色的设想未能成功实现。

中国科学社改组后,社务不断扩展,影响日渐增大,得到了爱迪生、蔡元培、黄炎培、张謇、黎元洪、伍廷芳等中外名流的赞许与支持,并连续召开了三次年会,在当年以学生会年会为特征的留美学界独立发展出一个学术性年会,在情感交流之外学术交流共同体日渐形成,不仅得到了留美学界的激赏,更锻炼了留学生们的学术能力。1917年3月,向北京政府教育部注册,正式成为法人团体。到1918年,社员人数已超过400人。

二

随着主要领导人周仁、胡明复、过探先、竺可桢、任鸿隽、杨杏佛等的学成归国,中国科学社也于1918年搬迁回国。与大多数留学生创办的学术团体回国后面临生死存亡境地一样,中国科学社也面临这一困窘。首先是新入社社员急剧下降,还有经费奇缺,旗帜《科学》稿源缺乏以致无米下炊,没有固定的社所等现实困难。更为重要的是,当时国内政局不稳,社会不宁,留学归国者显身手的舞台极其狭窄,真正能开展科学研究的机会更是少之又少。然而,与大多数留学生社团回国后销声匿迹不一样,中国科学社有一个强有力的领导群体,他们通过各种途径和方法,逐步解决了生存的困难。通过蔡元培获得了北京大学每月200元的《科学》出版资助;发起5万元基金募捐,任鸿隽等北上南下、东走西奔,终有所获;通过张謇等关系获得了南京成贤街固定社所;吸收丁文江、李仪祉、秦汾、翁文灏等国内学界先进进入领导层,并选举丁文江为社长,进一步在学界扩大影响。

当时的中国,真正意义上的科学研究极端稀缺。中国科学社领导人深刻认识到,科学若仅仅停留于口头言说的宣传,无论多么动听,总是空谈,只有进行实实在在的科学研究,中国科学才能真正发展。因此,他们不仅在舆论上(主要是《科学》杂志)鼓吹科学研究,社员们也身体力行具体实践,并于1922年8月创建中国科学社生物研究所。生物研究所作为中国科学社宣扬科学研究、从事科学研究的载体,是中国科学社创办最为成功的事业之一,也是民国科研机关的典范。它筚路蓝缕,对中国科学无论是科研人才的培养、科研成果的产出,还是科学研究氛围的形成、科学精神的塑造与传播,都有不可估量的贡献。生物研究所通过科研成就在国际科学界为中国赢得了崇高荣誉,是中国科学走向世界科学共同体的最为重要的通道之一,同时也极大地扩展了人类知识的视野。

为了进一步适应中国社会,1922年8月在南通召开的第七次年会上,中国科学社再次修改社章,进行第二次改组,将原来执掌社务的董事会改为理事会,设立全新的由社会名流组成的名誉性董事会,专门进行基金捐款与管理,并于当年冬天选举张謇、马相伯、蔡元培、汪精卫、熊希龄、梁启超、严修、范源廉、胡敦复等九人为第一届董事,由董事会向财政部申请,获得江苏省国库每月2 000元的资助。宗旨改为"联络同志,研究学术,共图中国科学之发达",第一次旗帜鲜明地提出"研究学术"的口号。社务达九项之多:(1)发刊杂志,传播科学,提倡研究;(2)著译科学书籍;(3)编订科学名词,以期划一而便学者;(4)设立图书馆以便学者参考;(5)设立各科学研究所,施行科学上之实验,以求学术实业与公益事业之进步;(6)设立博物馆,搜集学术上、工业上、历史上以及自然界动植矿物诸标本,陈列之以供研究;(7)举行科学讲演,以普及科学知识;(8)组织科学旅行研究团,为实地之科学调查与研究;(9)受公私机关之委托,研究及解决关于科学上一切问题。除继续从事科学传播与科学普及而外,核心是宣扬与具体从事科学研究。

此后,中国科学社按照社章规定日渐扩展社务。在科研机构设立方面,除生物研究所外,还有理化、数学、卫生、矿冶及特别研究所等计划;在科学教育方面,设立科学教育部从事《科学》杂志的编辑发行、"科学丛书"的编辑出版和通俗科学演讲,计划设立通俗观象台、科学博物院(分为自然历史与工业商品两类)、科学书籍编译院、仪器制造所等;在科学图书馆方面,除南京社所已有外,还计划在上海、广州、北京等处设立分所。按照任鸿隽的说法,总图书馆及自然历史博物馆设在文化中心北京,理化研究所及工业商品博物馆设在工业中心上海,生物与卫生研究所设在南京,矿冶研究所设在广州,其余分图书馆与特别研究所根据各地需要随处可设。这是一个宏伟的规划,欲在全国建成中国科学社的一个学术机构网络。

理想很丰满,现实很骨感。上述宏大计划大多未能实现,即使曾多次向社会募捐,一再筹设的上海理化研究所、数学研究所也没有最终结果。但无论如何,获得发展机会的中国科学社走上了蓬勃发展道路。入社社员年年增长,至 1927 年已达 850 人。1922 年开始汇集年会论文,用西文发行《中国科学社论文专刊》(*The Transaction of the Science Society of China*),成为中国科学走向世界科学界的通道。生物研究所亦自 1925 年开始发刊研究成果。

社会影响大为扩展的中国科学社在中国科学发展事务上的发言权也大大提升,特别是在当时英美日庚款退款应用上表现得最为充分。中国科学社提出退还庚款在中国所办事业必须是中国最根本最急需的,能为中国谋求学术独立的永久文化基础,能增进全世界人类之幸福的事业。这一主张反响强烈,也成为各国退还庚款使用的重要标准。同时,中国科学社不少领导人进入对中国科学影响最大的美庚款管理机构中华教育文化基金董事会领导层,为中国科学社生物研究所的发展争取到不少的经费资助。在发展过程中,中国科学社不仅取得国内学术社团的领导地位,在国际学术界也占有一席之地,成为国立中央研究院成立前中国学术界代表。

三

1927 年南京国民政府成立后,制定积极的科技政策,设立国立中央研究院、北平研究院等国立专门研究机关,充实大学科研力量,中国科学技术的发展步入新天地。这虽在一定程度上挤压了民间学术社团相关方面的发展,但中国科学社还是获得了发展契机,步入一个空前的扩展时期。

首先,通过蔡元培、杨杏佛等人的努力,获得国民政府40万元二五国库券,是中国科学社历史上最大一笔款项,也是其后来发展最为重要的基金,专门设立了由蔡元培、宋汉章、徐新六等组成的基金管理委员会进行管理。第二,国民政府将南京社所及其围墙外的成贤街文德里官产划归中国科学社永久使用,进行改建与扩充。第三,得中华教育文化基金董事会专项资助后,改建生物研究所,分植物研究室、动物研究室、动物生理实验室、图书储藏室、阅览室、标本陈列室与储藏室等。第四,有了大笔基金后,购定上海法租界亚尔培路(今陕西南路)309号房屋为社所,并将总办事处由南京搬迁到上海,将社务重心由南京转向上海,南京仅留下生物研究所及其附属图书馆。

中国科学社还创建明复图书馆、设立科学图书仪器公司、发刊《科学画报》和《社友》、设立学术评议与奖励基金、成立科学咨询处、联合其他团体召开联合年会等等。1931年元旦,中国第一座专业科技图书馆明复图书馆(为纪念英年早逝的重要领导人胡明复而命名)落成,为钢筋混凝土结构三层楼房,建筑费用8万余元,设备费用3万余元,完全免费向国人开放。明复图书馆建成后,成为上海社会和学术生活中的重要活动空间。战时更成为保存图书仪器等学术资料之地,为中华文化的存续与接续贡献力量。

为解决《科学》印刷发行脱期等问题,中国科学社创设中国科学图书仪器公司,最初专门从事印刷,后扩展业务,发展成为中国最为有名的科学出版机构,专门印刷科学书报,分为印刷部、图书部、仪器部三个部门,在南京、北平、汉口、重庆、广州等地设分公司,在中国科学图书的印刷、科学仪器的制备上有着十分重要的地位。

为了进一步加强社友间联络,1930年10月发刊《社友》,专门刊载社务、社友往来及社友消息,至1949年共出版93号(期)。广泛记载了社员的活动与社务进行状况,是了解当时中国科学界"实态"的一份重要资料。1933年8月创办科普刊物《科学画报》,时任总干事杨孝述具体负责,在当时众多科普刊物中异军突起,成为至今仍延续发行、影响极为深远的科普读物,也成为中国科学普及的旗帜。

学术评议奖励是一个完善的学术共同体主要任务之一,也是学术体制化最为重要的方面之一,更是学术独立运行的重要基础。自1929年以来,中国科学社相继设立、管理的学术奖金有高君韦女士纪念奖金、考古学奖金、爱迪生纪念奖金、何育杰物理学奖金、范太夫人奖金、梁绍桐生物学奖金、裘氏父子科学著述奖金等,这些学术奖励的评审颁发不仅是对年轻科研工作者的承认,而且对获奖人员来说更是巨大的鼓励,是他们在未来科学研究道路上披荆斩棘、奋勇前进的动力之一。中国科学社也曾有向国内科学研究最著名者颁发"中国科学社奖章"的设想,并制定了章程,但最终没有结果。

中国科学社成立伊始就有科学咨询业务,但一直未能有所行动。1930年,国民政府号召学术机构开展科学咨询事务,并订立了"科学咨询处办法"。中国科学社积极与政府合作,设立了科学咨询处,并将咨询的问题和答案刊布在《科学》杂志上。《科学画报》创刊后,"科学咨询"移载该刊,每月咨询者达50件左右,1936年度更超过1 000件,后改为"读者来信",成为《科学画报》几十年不变的特色栏目。

中国科学社年会日渐成为国内学术交流的重要平台。1934年,中国科学社联合中国植物学会、中国动物学会、中国地理学会等专门学会召开联合年会,宣告中国学术界联合年会的开启。1936年,中国数学会、中国物理学会、中国化学会加入,在北平举行七学术团体年会,到会456人,论文292篇,被誉为全面抗战爆发前"最大也是最后"的学术盛会。联合年会的召开与各种综合、专门学术期刊的创刊发行,标志着中国科学交流系统正式建成,极大地促进了中国科学的发展。

中国科学社旗帜《科学》发刊到1935年,走过了20年的风雨,面临着专门科学期刊、大学学报、研究机关集刊等众多学术刊物的挑战。中国科学社专门聘请山东大学生物系主任刘咸出任主编,对其进行改组,定位读者对象"首为高中及大学学生,次为中等学校之理科教员,再次为专门学者,最后为一般爱好科学之读者",设有"社论""专著""科学思潮""科学新闻""书报介绍""科学通讯""科学拾零"等栏目,旋增论文摘要性质的"研究提要"。改版后的《科学》下接续完全通俗的给一般读者阅读的科普期刊,上接续各专业学会的专业期刊,"实居中心枢纽地位,……其宗略规托英国之《自然》周刊,美国之《科学》,德国之《自然科学》等杂志"。

到1937年,中国科学社的整个事业发展到巅峰,有上海总社所(有总办事处、明复图书馆及编辑部等)、南京社所(有生物研究所与图书馆)和广州社所。董事会由马相伯、蔡元培、汪精卫、熊希龄、吴稚晖、宋汉章、孙科、胡敦复、孟森和任鸿隽组成。理事会由翁文灏(社长)、杨孝述(总干事)、周仁(会计)、赵元任、胡刚复、秉志、竺可桢、马君武、胡适、任鸿隽、胡先骕、李四光、王琎、孙洪芬、严济慈组成，个个都是学术界响当当的人物。秉志为生物研究所所长兼动物部主任，钱崇澍为植物部主任兼秘书。图书馆委员会由胡刚复、尤志迈、王云五、杨孝述、刘咸组成，刘咸兼任馆长。《科学》编辑部集中了当时学术界的精英如范会国、杨钟健、吕炯、吴定良、卢于道、冯泽芳、吴有训、曾昭抡、张江树、张其昀、顾毓琇、王家楫等。全国还有12个社友会，由各地学术界领导人物主持。此时的中国科学社，已经成为民国学术生活和社会生活中一个具有广泛影响力的社会组织，被誉为"社会之福，民族之光"。

四

当事业蒸蒸日上的中国科学社正筹备联络各专门学会在杭州浙江大学召开联合年会时，日本帝国主义的全面侵华中断了中国科学的正常发展。为了保存中华民族发展的火种，除明复图书馆、《科学》和《科学画报》编辑部、中国科学图书仪器公司等事业和机构因地处法租界而留在上海外，其他事业和机构如南京社所、生物研究所及图书馆，与当时大多数学术单位一样汇入了世界历史上罕见的千里搬逃的洪流中，内迁重庆，落脚于西部科学院，后建造简陋研究室，继续积极从事学术研究。

南京社所、生物研究所在内迁重庆时，限于人力物力，只将小部分书籍标本迁出，留下人员照顾所址并保管价值连城的书籍仪器和标本，不想侵华日军占领南京后，首先派军队强占生物研究所，并肆意破坏所内设施。后来原驻防部队调访时，竟然放火将生物研究所烧毁，标本、仪器、书籍均荡然无存。曾是那样蓬勃发达、活力四溢、成就卓著的生物学中心生物研究所就这样被毁了。

生物研究所内迁时，秉志因夫人生病而留守南京。生物研究所被毁后，秉志到上海，与刘咸、杨孝述等中国科学社核心成员，在"孤岛"上海及沦陷区克服各种困难维持中国科学社社务，继续发刊《科学》《科学画报》，坚持明复图书馆的开放，提供了科学交流的平台，记载了科学进步的历程，保存了中国科学发展的火种；千方百计坚持科学研究，并关注后辈学人的成长，为战后中国科学的发展奠定了坚实的基础。他们深知科学在抗战中的作用，毅然走出书斋，以自己之所长，通过《科学》《科学画报》《申报》等媒介发表言论，宣扬科学抗战报国、抗战救国、抗战建国。他们在抗战期间的所作所为,尤其是对敌斗争,与真枪实弹的正面战场、敌后游击战以及暗藏杀机的沦陷区谍报战一起,构成了中华民族反抗外敌入侵的壮丽画卷,展现了一代知识分子不畏强敌的崇高情怀与情操,是名副其实的另一种抗战。

太平洋战争爆发后,上海"孤岛"不存,1942年3月中国科学社总社内迁重庆,上海社所由照料委员会照料,留职工3人看守。上海社务除《科学画报》继续维持外,《科学》在发刊第25卷后首次宣布停刊,明复图书馆关闭。1942年9月,上海社友会协同照料委员会将明复图书馆重新开放。翌年3月,《科学》第26卷在重庆出版,宣告了这份刊物的重生。同时,随着内迁的学术界日渐稳定下来,中国科学社先后于1940年、1943年、1944年联合多个专门学会召开联合年会,不仅进行学术交流,更为抗战建国献计献策。

虽在广大社员的努力下,社务一直坚持,但从抗战伊始,中国科学社事业不可避免地逐渐走向衰落。抗战胜利后,中国科学社力图有所作为,终因环境制约,维持现状已告艰辛。南京社所被毁,生物研究所不能复员,研究人员星散,只有秉志等少数几个人在上海明复图书馆坚守。鉴于雷达技术的广泛应用,曾有设立射电研究所的计划,亦因故不能实现。面临恶性通货膨胀,即使国民政府1947年曾拨助复兴修建费法币3亿元、图书仪器购置费美金2万元,也不能满足日常维持需求。

中华人民共和国成立后,中国科学社领导人曾满心希冀继续充当民间科学代表,为新社会的科学事业贡献力量,然而在当时的形势下,民间私立社团已经没有继续存在的合法性和可能性。1951年《科学》刊发一期增刊后停刊。为继续维持生存,中国科学社于1952年2月修改社章,将宗旨改为"团结同志,继续研究科学,交流经验,并协助生产事业之发展"。1954年为庆祝成立四十周年,在上海举办了中国科学史料展览,组织编纂出版"中国科学史料丛书""科学史料译丛"等。1957年"双百方针"期间曾将《科学》复刊,延续不及两年又告停刊。其后,中国科学社相继将各种事业移交给人民政府后,维持至1960年5月5日发布《告社友公鉴》,正式宣告退出历史舞台。

1985年,由12位科学家建议,在中国科学社老社友,《科学》的老编辑、老作者、老读者的支持下,经中国科学技术协会批复,《科学》再次复刊。复刊后的《科学》承接前辈的科学梦,努力地传播科学,播撒科学的种子,又继续在科教兴国的旗帜下奋力前行!

五

从1914年美国纽约州小镇伊萨卡走来,到1960年在上海结束,中国科学社在其近半个世纪的存续期间,保留了大量的档案资料。据调查,目前这些档案资料主要保存在上海市档案馆、中国近现代新闻出版博物馆(筹)、复旦大学档案馆、美国哈佛大学燕京学社图书馆和康奈尔大学东亚图书馆等处。

上海市档案馆藏有中国科学社全宗和散布在其他全宗的相关中国科学社档案资料。中国科学社全宗共有档案资料280卷,起止时间为1914—1960年,大致可分为五类,综合类有中国科学社概况、会议记录、社员名单、入社志愿书等;科研类有中国科学社生物研究所相关档案如工作报告、征募基金等,中国科学社主持的各种奖金相关档案;建设类主要有南京社所、上海社所、明复图书馆、中国科学图书仪器公司相关建筑档案;实物类有中国科学社摄影集、剪报资料等;其他科学团体档案有中国气象学会、中国工程师学会、中华教育文化基金董事会、中华学艺社等档案。散布在其他全宗档案资料也有120卷左右,比较重要的有中国科学社结束时期与上海市文化局等机关往来函件、中国科学图书仪器公司档案等。中国近现代新闻出版博物馆(筹)有档案30余卷,内含中国科学社发展史上最为关键的部分档案资料,诸如中国科学社生物研究所发起书、中国科学社结束时移交清单等。复旦大学档案馆主要藏有长期担任《科学》杂志编辑部主任刘咸与学界同仁的往来函件,如翁文灏、竺可桢、秉志、胡先骕等当时中国学术界顶尖科学家与刘咸围绕《科学》杂志及学术界相关情况的通信。哈佛大学燕京学社图书馆藏有中国科学社留美分社的档案资料。康奈尔大学东亚图书馆藏有中国科学社初创时期的一些档案资料,特别是早期社员留学档案。

这些档案资料忠实地记录了中国科学社自身的创建、发展、消亡的过程,更反映了作为民间科学社团在中国近代社会剧烈变迁中如何苦心孤诣发展中国科学的艰难历程,见证了中国近代社会的发展与变革。因此,对中国科学社留存下来的大量档案资料进行整理出版,并在此基础上进行深度和缜密研究就有其不言自明的重要意义。有鉴于此,长期致力于中国科学社研究的上海社会科学院历史研究所张剑,联合上海市档案馆邢建榕、何品、王良镭,复旦大学档案馆周桂发、杨家润,中国近现代新闻出版博物馆(筹)林丽成、章立言,上海科学技术出版社段韬等学术同好组成课题组,共同开展国内所藏中国科学社档案资料的整理出版及研究工作(哈佛大学燕京学社图书馆和康奈尔大学东亚图书馆相关档案资料留待机会成熟再行整理研究),缅怀中国科学社先辈们发展中国科学事业的业绩,并纪念中国科学社成立及《科学》创刊一百周年。

本课题组织实施以来,得到各相关单位领导的大力支持,《科学》杂志编委会主编、中国科学院院长白春礼欣然担任编委会主任,并撰写序言。本课题受上海市哲学社会科学基金、上海市新闻出版专项资金资助。

编选说明

中国科学社建社伊始,便非常重视年度社员大会(起初称常年会,后改称年会)的举办,在历次本社章程中也专辟一章对年会作出明确规定。1915年通过的《中国科学社总章》第九章"常年会"中规定:

常年会每年一次,在七月或八月内举行,其时期、地址由董事会决定、通告。

常年会决定人数,以社员全数十分之一为定。

常年会应办事件:(一)选举司选委员三人及特社员、赞助社员、名誉社员。(二)决议董事会提出事件。(三)提议及决议重要事件。(四)宣读论文。(五)修改章程。(六)检查账目。

未交常年费者无表决、选举及被选举权。

在常年会开会八十日以前(常年会期以七月十五日起算,下同),董事会应将提议事件及候选特社员、赞助社员、名誉社员姓名通告于各社员。

1929年修改后刊行的《中国科学社总章》第九章"年会"中规定:

年会每年举行一次,其时期、地点由理事会决定,先期通告各社员。

年会分学术会及社务会两部。

学术会有下列之各事务:(一)宣读社内外科学研究之著作或论文。(二)演讲科学学理及应用。(三)讨论关于科学上一切问题。

社务会有下列之各事务:(一)决议董事会提出交议事件。(二)讨论及提议一切重要社务。(三)修订总章。(四)受董事会、理事会之报告,与以通过或否认。(五)选举董事。(六)推举司选委员三人,办理次年选举事务。(七)推举查账员二人,稽核基金财产及款项出纳各项账目,报告于年会。(八)决选名誉社员、特社员及赞助社员。

年会社务会以出费社员全数之十分之一为法定人数。

在年会开会两个月前,总干事应将开会日期、地点及会程通告于各社员。

上述条款一直沿用,在以后修订刊行的1935年、1947年两版《中国科学社总章》中也基本未作更动。

根据现有资料反映的实际情况综而观之,中国科学社历史上一共举办过26届(次)年会,在计数单位的使用和称呼上,中国科学社方面一直是"届""次"混用,在1936年以前大多用"次",1936年以后则大多用"届"。

在举办时间方面,自1916年起至1936年止,年会每年都能正常举办,连续进行了21届(次),但是自从1937年抗日战争全面爆发起,年会不断受到战事影响,长期难以正常举办,1937—1939年连续停办三年,在1940年举办一届(次)之后,1941—1942年又连续停办两年,至1943年、1944年才得以连续举办两届(次),其后在1945—1946年又连续停办两年。直到1947年、1948年才能够连续举办两届(次),但此后又受到了战争的影响,难以为继,最后不得不停办。由于中国科学社社员大多来自学校、科研机构或学术组织,因此年会每年举办的时间大多选择在学校、科研机构或学术组织放暑假的七八月份,但是推迟至九月份的也有好几次,而在年会难以正常举办的战争年代,还有晚至十月份甚至十一月份的。

在举办地点方面,中国科学社最初成立于美国东部的康奈尔大学,早期社员也多来自美国东部的大专院校,因此前三届(次)年会选择在美国东部三座小城的三所学校分别举办。1918年中国科学社迁回中国后,自1919年起年会便一直在国内各地举办,地点一般选择在交通便利的大中型城市,包括省会、工商业重镇、历史文化旅游名城等,还有一次选择了避暑胜地庐山。在全面抗战期间,年会地点不得不选择大后方的主要城市。到了1948年,由于战争的影响,年会被迫在五个城市分区举办。在全部年会地点中,以北京(北平)举办届(次)数最多(五届次,其中一届次为分区举办),其次为南京(三届次,其中一届次为分区举办),再次为上海、杭州、重庆、成都、广州(各两届次,成都、广州有一届次为分区举办)。至于会场,一般由当地主办单位安排,大多设在各地的学校、科研机构或学术组织住所,也有几次设在当地的政府机关或社会团体住所。

在办会形式方面,直至1934年以前,中国科学社基本上都是独自举办年会,但是早在美国时期的1918年第3届(次),就已经出现了与其他华人科学学术团体联合举办年会的情况,而且自从1918年中国科学社总社迁回中国以后,留在美国的分社由于人数偏少,便经常与其他留美华人科学学术团体联合办会。随着时间的推移，科学学术团体在中国各地如雨后春笋般不断涌现，中国科学社社员陆陆续续地、越来越多地同时加入其他的科学学术团体。有鉴于此，从1934年第19届(次)开始，中国科学社与其他科学学术团体加强合作，在同一时间同一地点合办年会，不仅节省了不必要重复耗费的时间、精力，而且年会规模随即扩大不少，影响力也与日俱增。不过，从另一方面来看，因为中国科学社与其他科学学术团体之间，已经变得你中有我，我中有你，所以导致每年社员到会人数也难以作精确统计。

中国科学社历届(次)年会一览表

届次	会期	时间	地点(主会场)	办会形式	到会人数 本社(总计)
1	二天	1916年9月2日—3日	美国安多佛(菲利普斯学校)	独办	30+
2	二天	1917年9月5日、7日	美国普罗维登斯(布朗大学)	独办	36
3	四天	1918年8月30日—9月2日	美国伊萨卡(康奈尔大学)	合办	(54)
4	五天	1919年8月15日—19日	中国杭州(浙江省教育会)	独办	30+
5	七天	1920年8月15日—21日	中国南京(中国科学社)	独办	53
6	三天	1921年9月1日—3日	中国北京(清华学校)	独办	70+
7	五天	1922年8月20日—24日	中国南通(南通俱乐部)	独办	40+
8	五天	1923年8月10日—14日	中国杭州(浙江省教育会)	独办	40+
9	五天	1924年7月1日—5日	中国南京(中国科学社)	独办	80+
10	五天	1925年8月24日—28日	中国北京(欧美同学会)	独办	86
11	六天	1926年8月27日—9月1日	中国广州(中山大学)	独办	35
12	五天	1927年9月3日—7日	中国上海(上海总商会)	独办	80+
13	五天	1928年8月18日—22日	中国苏州(东吴大学)	独办	61
14	五天	1929年8月21日—25日	中国北平(燕京大学)	独办	74
15	六天	1930年8月12日—17日	中国青岛(青岛大学)	独办	55
16	五天	1931年8月22日—26日	中国镇江(江苏省教育厅)	独办	73
17	八天	1932年8月13日—20日	中国西安(陕西省民政厅)	独办	21
18	五天	1933年8月16日—21日	中国重庆(川东共立师范学校)	独办	118
19	六天	1934年8月21日—26日	中国庐山(莲花谷青年会)	合办	127(200±)
20	四天	1935年8月12日—15日	中国南宁(广西省政府)	合办	113(346)
21	五天	1936年8月17日—21日	中国北平(清华大学)	合办	209(456)
22	五天	1940年9月14日—18日	中国昆明(云南大学)	合办	62(180)
23	三天	1943年7月18日—20日	中国重庆(重庆师范大学)	合办	(300+)
24	三天	1944年11月4日—6日	中国成都(华西大学)	合办	(300+)
25	三天	1947年8月30日—9月1日	中国上海(中央研究院、上海医学院、中国科学社)	合办	(357)

续表

届次	会期	时间	地点(主会场)	办会形式	到会人数 本社(总计)
26	三天	1948年10月9日—11日	中国南京(中央大学)		(370)
	三天	10月9日—11日	北平(中法大学)		(500+)
	一天	10月10日	武汉(武汉大学)	合办	(184)
	三天	11月12日—14日	广州(中山大学)		(200+)
	二天	11月13日—14日	成都(四川大学)		(130+)

附注：只统计总社主会，分社分会不计在内。

在会议内容方面，从现有资料记载中可以看出，中国科学社历届(次)年会的正式活动都少不了下列三项：(1) 社务会(也称事务会、议事会)，(2) 演讲会(也称讲演会，包括会场内演讲、会场外演讲、通俗演讲、科学演讲、公开演讲等多种形式)，(3) 论文会(宣读论文或著作)。在总共26届(次)年会中，只有1943年召开的第23届(次)年会未曾安排演讲活动。年会议程中属于社章规定的学术会的组成部分，除了固定安排的演讲会和论文会，还有不定期安排的专题性质的讨论会或报告会。举办科学展览会，也是中国科学社后期年会的重要学术活动之一。

除了讨论决定本社重要事务和进行科学学术交流研讨之外，中国科学社举办年会的第三个主要功用，就在于社员(以及联合年会中的其他科学学术团体成员)之间借此联络感情、增进友谊，所以年会的另一项重要内容就是开展各种带有娱乐性质的交际活动。在中国科学社早期的年会中，一般都安排有交际会(又称交谊会、俱乐部、娱乐会、同乐会)。不过，在后期的年会中，特别是在战争年代，交际娱乐活动逐渐减少乃至取消了。另外，各地年会东道主也常常会通过欢迎会、招待会、茶话会、文艺表演等多种形式，接待到会社员及其他科学学术团体成员。餐饮宴会，也是中国科学社在国内召开的历届(次)年会必不可少的安排，即使在战争年代也是如此。不过，在觥筹交错之中，也常常伴有交流与研讨。

除了各种交际活动之外，年会还有一项重要的活动安排是参观游览。关于参观游览的记载，在年会记录资料中常常占据着相当多的篇幅。游山玩水用去的时日，有时也被计入会期，以至于有的年会会期长达七八天，而其中正式的会议日程不过两三天而已。一些年会的举办，由于地点偏僻、路途遥远、交通不便，加上年会前后还安排有各种活动(有的活动地点还不在年会举办地),使得参加年会的社员及其他科学学术团体成员前后花费的时间很长,有时甚至将近一个月之久。

中国科学社最初两届(次)年会,议程比较简单,因此没有安排什么仪式典礼。第三、第四两届(次)年会,在一开始都有欢迎会,也可以视为开幕式。此后,每年年会都安排有正式的开幕式。然而有意思的是,除了1944年召开的第24届(次)年会以外,其他年会都没有安排有正式的闭幕式,而是在会议日程最后安排的宴会或学术、交际、娱乐、游览等各种活动结束之后就随即闭幕了。

以上关于中国科学社历届(次)年会大致情况的初步统计分析,都是基于本书选编收录的年会记录资料。随着相关资料的不断发掘和深入研究,相信对此还会有新的或进一步的认识。关于中国科学社历届(次)年会的专题性研究成果,可以参见:

(1) 张剑,《"中国科学社"年会分析(1916—1936)》,《复旦学报》(社会科学版)1998年第6期。

(2) 柯遵科,《中国科学社年会制度的形成》,《科学》2016年第7期(总第68卷第4期)。

本书选编收录的中国科学社历届(次)年会记录资料,主要是中国科学社社员撰写的反映年会主要内容经过的记述、报道、消息,以及少量相关的专稿、序文、前言、宣言、开会词、闭幕词、发刊词、会议记录等。因为本书篇幅有限,所以关于年会会前筹备情况的相关记录、年会筹办方编制的年会指南与会程材料、在年会上所作的各项社务报告、年会期间提交宣读的论文、年会举办地新闻媒体的相关报道等资料,基本未予收录。

本书选编收录的中国科学社历届(次)年会记录资料,全部出自中国科学社编辑出版的书报刊,亦即:(1) 各届(次)年会记事录单行本,(2)《社友》报,(3)《科学》杂志。这些出版物分别收藏于下列各家单位:

(1) 各届(次)年会记事录单行本,分别收藏于上海图书馆、复旦大学图书馆、上海市档案馆。但是上述各家单位的收藏都不完整,而且本书编者尚未了解清楚中国科学社前后一共出版了哪几届(次)年会记事录单行本,所以本书收录的资料想必有所遗漏,只能期望将来有机会再作补充。

(2)《社友》报,分别收藏于上海图书馆、复旦大学图书馆。

(3)《科学》杂志,分别收藏于上海图书馆、复旦大学图书馆、上海科学技术出版社。

本书限于篇幅,其他出版物印刷品中的相关资料一律未予收录。

本书选编收录的中国科学社历届(次)年会记录资料,大部分原文已有标点符号,本书编者基本予以保留,只根据现代语法略作必要改动,并对原文内容酌加注释。其他内容上与文字上的编辑校改,请参见本书凡例,此处不再赘述。

凡 例

1. 本书按中国科学社有关社务活动的档案资料内容分为：发展历程史料、书信选编、董理事会会议记录、《社友》人物传记资料选编、年会记录选编等。

2. 各卷每一部分内容均按所选档案资料形成的时间先后编排，所选一件或一组档案资料拟写一个标题，目录中以公历日期示之。正文中原有的标题、日期一般仍予保留；原件无日期者尽量查考推定给出，不能确定者，置于相关内容之后；无从查证的则空白。

3. 为保持档案资料原貌，所选档案资料均原文照录。原文未分段落、无标点的，依据文意分段和添加标点。

4. 档案原文的注释，以"❶❷……"表示；整理者所做注释，以①②……表示。每页注释重新编号，均以页下注形式给出。

5. 原文的繁体字均以简体字示之；个别当时惯用的通假字、异体字保留原样。

6. 凡更正原文中的错、别字，以〔 〕表示；衍字置于〔 〕内，以楷体表示；增补明显漏字，以【 】表示；原件字迹模糊难以辨认或有缺漏者，以□表示；保留原文中删改、批注的字句或标记者，以〖 〗表示；删节内容重复或与选题无关的段落字句，以〈略〉表示；难以查考者存疑，以〔?〕表示。

目 录

1. 第一届(次)年会(1916年9月,美国安多佛) ·· 1
   《科学》杂志刊载的任鸿隽为年会号所作的序 ······································· 1
   《科学》杂志刊载的唐钺、赵元任、梅光迪、杨铨联合报道《常年会纪事》 ······ 2

2. 第二届(次)年会(1917年9月,美国普罗维登斯) ··································· 16
   《科学》杂志刊载的杨铨报道《第二次常年会记事》 ····························· 16

3. 第三届(次)年会(中国科学社、中国工程学会联合年会)(1918年8—9月,
   美国伊萨卡) ··· 31
   《科学》杂志刊载的杨铨报道《中国科学社、中国工程学会联合年会记事》 ····· 31

4. 第四届(次)年会(1919年8月,杭州) ··· 37
   《科学》杂志刊载的杨铨报道《中国科学社第四次年会记事》 ··················· 37
   《中国科学社、中国工程学会联合年会纪事录》选录 ····························· 43

5. 第五届(次)年会(1920年8月,南京) ··· 57
   《中国科学社第五次年会记事录》选录 ·· 57
   《科学》杂志刊载的杨铨为年会论文专号所作的发刊词 ·························· 69

6. 第六届(次)年会(1921年9月,北京) ··· 71
   《科学》杂志刊载的任鸿隽致中国科学社第六次年会开会词 ··················· 71
   《科学》杂志报道《中国科学社第六次年会纪略》 ································· 75

7. 第七届(次)年会(1922年8月,南通) ··· 77
   《科学》杂志报道《中国科学社第七次年会纪事》 ································· 77

8. 第八届(次)年会(1923年8月,杭州) ··· 103
   《科学》杂志报道《中国科学社第八次年会记事》 ································· 103

9. 第九届(次)年会及成立十周年纪念会(1924年7月,南京) …… 111
　　《科学》杂志报道《中国科学社年会纪略》 …… 111
　　《中国科学社第九次年会及成立十周纪念会记事录》选录 …… 112

10. 第十届(次)年会(1925年8月,北京) …… 120
　　《科学》杂志报道《中国科学社第十次年会纪事》 …… 120
　　《中国科学社北京年会记事录(第十次年会)》选录 …… 123

11. 第十一届(次)年会(1926年8—9月,广州) …… 132
　　《科学》杂志报道《中国科学社第十一次年会记事》 …… 132

12. 第十二届(次)年会(1927年9月,上海) …… 137
　　《科学》杂志报道《中国科学社第十二次年会记事》选录 …… 137

13. 第十三届(次)年会(1928年8月,苏州) …… 150
　　《科学》杂志报道《中国科学社第十三次年会记事》选录 …… 150

14. 第十四届(次)年会(1929年8月,北平) …… 161
　　《中国科学社第十四次年会记事录》选录 …… 161

15. 第十五届(次)年会(1930年8月,青岛) …… 172
　　《科学》杂志报道《本社第十五次年会记略》 …… 172
　　《中国科学社第十五次年会记事录》选录 …… 172

16. 第十六届(次)年会(1931年8月,镇江) …… 189
　　《社友》报报道《第十六次年会纪略》 …… 189
　　《科学》杂志报道《中国科学社第十六次年会纪略》 …… 190
　　《中国科学社第十六次年会记事录》选录 …… 193

17. 第十七届(次)年会(1932年8月,西安) …… 206
　　《社友》报报道《第十七次年会记略》 …… 206
　　《科学》杂志报道《中国科学社第十七次年会纪事》 …… 207
　　《中国科学社第十七次年会纪事录》选录 …… 213

18. 第十八届(次)年会(1933年8月,重庆) …… 223

《社友》报报道《本社第十八次年会记略》 …… 223
《社友》报报道《本社第十八次年会纪略(续上期)》 …… 229
《科学》杂志报道《中国科学社第十八次年会纪事》 …… 231
《中国科学社第十八次年会纪事录》选录 …… 239
美国分社年会纪事录 …… 253

19. 第十九届(次)年会(四学术团体联合年会)(1934年8月,庐山) …… 260
《社友》报报道《十九次年会记略》 …… 260
《科学》杂志报道《中国科学社第十九次年会记略》 …… 261
《中国科学社第十九次年会纪事录》选录 …… 263

20. 第二十届(次)年会(六学术团体联合年会)(1935年8月,南宁) …… 275
《社友》报报道《本社第二十次年会纪略》 …… 275
《科学》刊载的刘咸报道《中国科学社第二十次年会记》 …… 279
《中国科学社第二十次年会记事录》选录 …… 302

21. 第二十一届(次)年会(七科学团体联合年会)(1936年8月,北平) …… 319
《社友》报报道《第二十一次年会记略》 …… 319
《科学》杂志刊载的刘咸为联合年会专号所作的前言 …… 323
《科学》杂志刊载的顾毓琇专稿《七科学团体联合年会的意义和使命》 …… 324
《科学》杂志刊载的《中国科学社历届年会地点一览表》 …… 326
《中国科学社第二十一次年会报告》选录 …… 327

22. 第二十二届(次)年会(六学术团体联合年会)(1940年9月,昆明) …… 340
《社友》报刊载的《本社第廿二届年会纪略》 …… 340
《科学》杂志刊载的刘重熙报道《中国科学社第二十二届昆明年会记事》 …… 344

23. 第二十三届(次)年会(六学术团体联合年会)(1943年7月,重庆) …… 349
《社友》报刊载的《中国科学社第二十三届年会及五学术团体联合年会在北碚开会经过》 …… 349
《社友》报刊载的《六科学团体概况》 …… 350

《社友》报刊载的联合年会会长翁文灏致开会词 ············ 351

《社友》报刊载的六学术团体年会第一次学术讨论会记录 ············ 352

《社友》报刊载的六学术团体年会第二次学术讨论会记录 ············ 356

《社友》报刊载的六学术团体致国防最高委员会、行政院、立法院、国民参政会电文 ············ 358

《社友》报刊载的中国科学社第二十三届年会社务会记录 ············ 359

24. 第二十四届(次)年会暨成立三十周年纪念大会(1944年11月,成都) ············ 363

《科学》杂志刊载的报道《本社三十周年纪念大会暨二十四届年会记》 ············ 363

《科学》杂志刊载的任鸿隽致中国科学社三十周年纪念暨十科学团体联合年会开会词 ············ 372

《科学》杂志刊载的任鸿隽致年会闭幕词 ············ 375

《科学》杂志刊载的吴仿报道《中国科学社湄潭社友会年会及三十周年纪念大会》 ············ 376

《科学》杂志报道《本社三十周年会大会各地分会开会简报》 ············ 378

25. 第二十五届(次)年会(七科学团体联合年会)(1947年8—9月,上海) ············ 381

《社友》报刊载的《七科学团体联合年会职员录》 ············ 381

《社友》报刊载的王迪纲报道《七科学团体联合年会纪盛》 ············ 383

《科学》杂志刊载的任鸿隽专稿《七科学团体联合年会的意义》 ············ 389

《科学》杂志刊载的《七科学团体联合年会宣言》 ············ 391

《科学》杂志刊载的任鸿隽致七科学团体联合年会开会词 ············ 392

《科学》杂志报道《七科学团体联合年会》 ············ 393

《科学》杂志消息《七科学团体向英科学协会祝贺》 ············ 399

26. 第二十六届(次)年会(1948年10—11月,南京、北平、成都、武汉、广州) ············ 401

《社友》报刊载的于诗鸢为年会专号所作的序 ············ 401

《社友》报刊载的于诗鸢报道《如火如荼的京沪区联合科学年会》 ············ 401

《社友》报报道《独当华北之科学界盛会》 ············ 413

《社友》报报道《紧张热烈之华中区科学家大联合》 416
《社友》报报道《南方之强的科学呼声》 418
《社友》报报道《两大合作之华西区年会》 420
《社友》报消息《西南年会不及开成》 421
《科学》杂志报道《联合年会》 421
《科学》杂志消息《联合年会》 426

1. 第一届(次)年会(1916年9月,美国安多佛)

《科学》杂志刊载的任鸿隽为年会号所作的序①

年会号弁言

  今之为学者必有会。会者非徒所谓团体之组织而已,必将有握手之欢,讲论谈笑之乐,而后有以尽其情,而砺德铄智之事,亦于是出焉。世之学会,皆于冬夏暇日,为会以聚其俦,盖以此也。我忧深思远之学子,欲图中国科学之发达,既有中国科学社之组织矣。中国科学社成立之次年,乃得开常年会于美国安陀阜②(Andover),社员来会者凡三十余人,辰〔晨〕有社务之讨论,午有学术之讲演,晚则以艺文之绪余,心能之发舒,相竞为戏。繁而有理,辨〔辩〕而不乱,竞奋而悦怡,庶几于会之二义各有合乎!惜山川悠渺,同侪远隔,未能尽联合之盛;而本社年来进行之迹,不可不暴之国人之前,以慰好我者期望之心也。于是都其讲说报告纪事之文,襄〔裒〕为是卷,名曰"年会号",刊而布之,盖犹是仿他国学会之旧例,或亦爱读诸君之所乐也。抑吾闻之,科学之事,以试验为重,事之属于创作者,不试验固无以定其成败,即事之属于模效者,不试验亦无以知其合违。吾《科学》文字之横行,试验也。用西文句读法点乙,试验也。翻译名词多所改作,试验也。乃至此次之常年会,本社之组织,何一而非试验。试验者,不敢自信,归倚于事实,是即科学之精神。推斯志也以读本志,则于本期之少少吊怪非常,又何责乎。民国五年九月中国科学社社长任鸿隽序。

---

① 《科学》第三卷第一期(年会号)(1917年1月25日发行)第1页。
② 安陀阜现译安多佛,美国马萨诸塞州北部城市。下文提及的菲力柏学校(Philips Academy),现译菲利普斯学校,位于安多佛,是一所大学预科学校(相当于高中)。

《科学》杂志刊载的唐钺、赵元任、梅光迪、杨铨联合报道《常年会纪事》①

常年会纪事

程序表

举行地：美国麻省安陀阜菲力柏学校❶

I 社务会

第一次：会议　　会所：科学馆❷

开会时：民国五年九月二日上午 9:30

1. 开会点名　　　　　　　　　　　　　　　5 分钟
2. 开会辞　任鸿隽　　　　　　　　　　　　15 分
3. 职员报告　　　　　　　　　　　　　　　1 时 30 分
   a. 社长　任鸿隽
   b. 书记　赵元任
   c. 会计　胡明复
   d. 期刊　杨　铨
   e. 译著　陈　藩
4. 宣布选举 1916—【19】17 年董事结果　　　5 分钟
5. 选举 1917 年司选委员　　　　　　　　　　15 分
6. 提议事件　　　　　　　　　　　　　　　　20 分
   a. 社徽
   b. 期刊加价问题
   c. 提议致谢

---

❶ 原注："Phillips Academy, Andover, Mass., U.S.A."。
❷ 原注："Graves Hall, 又名 Science Hall。"
① 《科学》第三卷第一期（年会号）(1917 年 1 月 25 日发行）第 69－88 页。

散会时：正午 12:00

7. 照像　　午后 1:45

第二次会议　　会所：古物所❶

开会时：九月三日上午 9:50

8. 讨论修改章程　　　　　　　　　　　　1 时 40 分钟

3. 报告(续)　　　　　　　　　　　　　　5 分

　　f. 查账员　钟心煊

6. 提议事件(续)　　　　　　　　　　　　25 分

　　d. 讨论筹款方法

散会时：正午 12:00

II　讲演会

主席：社长任鸿隽

会所：科学馆　　开会时：九月二日午后 2:10

1. 外国科学社与本社之历史　　任鸿隽　　　　50 分钟

2. 中外星名考　　　　　　　　赵元任　　　　1 时 5 分

3. 科学系统论　　　　　　　　张贻志　　　　20【分】

4. 名辞短评　　　　　　　　　钟心煊　　　　10【分】

5. 先秦诸子之进化论　　　　　胡　适　　　　40【分】

散会时：午后 5:5

III　交际会

主席：桂质庭

(A) 在古物所　　开会时：九月二日晚 7:15

1. 影灯讲演：潜水艇　　　　　徐祖善　　　　1 时 30 分

---

❶ 原注："Archeology Building"。

(B) 在披鄱狄舍❶

2. 算学趣题

  a. "抢三十"   胡明复   25 分

  b. 纸连环   赵元任   30 分

3. 心理游戏：折〔拆〕字   杨 铨   45 分

4. 科学竞答   30 分

5. 给奖   桂质庭

6. 点心   35 分

7. 随意观星

        散会时：晚 11:4

I 社务会纪事

唐 钺 赵元任

1. 第一次会议。中国科学社第一次常年会议，于1916年九月二日在美国安陀阜菲力柏学校举行。主席为本社社长任鸿隽君。首由任君宣告开会，次书记赵元任君点名，计社员到者三十人。主席宣言照本社章程以社员全数十分之一为法定人数。现社员全数共百八十，到者六分之一，照章可以正式开会议决事务。众承认。

2. 开会辞。次由任君致开会辞，大旨如下：

  科学社宗旨，自在发达科学于吾国。科学之功用，非仅在富国强兵及其他物质上幸福之增进而已，而于知识界精神界尤有重要之关系。吾国年来思想晦塞已极。请观吾国所谓旧学，其最腐毁最无用之制艺试帖无论矣；舍此则有经史子集之学，有经济之学。前者不过专以钻研陈言为务，即有所得，不过古人之糟粕，无有新知识之可言。后者研究国计民生，似稍切实用；然社会组织不过人事之一部分，虽事研究而其范围有限，自不能得新知。新知之出，在于研究自然。研究自然之事业非他，科学是已。科学与旧式学问不同之点在乎兼用官感及思性二事。旧式学问专凭思想，故无新得，欲得新知，必使思惟〔性〕官

---

❶ 原注："Peabody House"。

感相较相辅而后可,此科学之所以可贵也。或者以为科学当研究固矣,然何必组织团体乎? 此疑问兄弟请以一譬论解答之。譬如外国有好花,为吾国所未有。吾人欲享用此花,断非一枝一叶搬运回国所能为力,必得其花之种子及其种植之法而后可。今留学生所学彼此不同,如不组织团体,互相印证,则与一枝一叶运回国中无异;如此则科学精神,科学方法,均无移植之望;而吾人所希望之知识界革命,必成虚愿;此科学之所以有社也,所幸成立以来进步颇速,两年之中,会员已有百八十六人之多。会员有在中国者,有在美国者,有在欧洲者,有在日本者。其在中国、日本、欧洲者自不能到会,即在美国者亦多以路远不能到,然今日社员到会者远过法定人数,已足见诸君之热心,此后仍望协力进行。至本社历史,将于讲演会详述,兹不赘。

3. 职员报告。

a. 社长报告。任君辞毕,即作社务之总报告(全文见本期第 97 页)。其报告略分(1) 社员;(2) 经费;(3) 机关,其机关中又分(a) 分股委员会,(b) 期刊编辑部,(c) 书籍译著部,(d) 经理部,(e) 图书部,(f) 董事会,于各机关现在情形皆有陈述。次更言本社根本之计须在中国设立会所及设一常驻书记以经理社内一切事务。

任君报告毕,请赶〔社〕员对于疑点随意发问。众无辞。钟心煊君动议承认社长报告,杨铨君赞成,主席请同意者举手,全场一致。

b. 书记报告。书记赵元任君对于社员为分类之报告,述社员之学科、省籍、现在住地等统计。此外赵君又报告本社现有之社员记录,并讨论将来应增编之社员纪〔记〕载(其报告全文见本期第 99 页)。报告毕,陈藩君动议承认书记报告,钟心煊君赞成,众一致表同意。

c. 会计报告。代理会计胡明复君报告甚长,全文见本期第 103 页,大旨收入分五种,曰入社金,曰常年社金,曰仲社员年金,曰特别捐,曰基金捐。支出分三种,曰董事会用费,曰期刊编辑部用费,曰经理部用费。基金存储银行生息。总共收入 2 795.09 元,支出 2 472.74 元,基金总数 290.16 元,实存现金 32.19 元,皆美金。收入项中以特别捐为最多,占全数百分之五十三,入社金次之,常年社金与基金捐又次之。支出项中以经理部印刷及发行所用为独多,占收入总数之 88.5%,支出总数之 90.5%。现每月平均收入为美金 112 元,平均支出 117 元,尚短五元,劝社员热心者注意。胡君继述经理部用款情形,计算平均每期月刊所需之费为中银371元有余,而定〔订〕报及另〔零〕售收入之数每月仅150元左右,两抵相差每月净赔中银220元有余;合每售出期刊一本净赔中银一角八分四厘。

报告既毕,胡君又略言现在筹款之必要,与其方法。胡君之意,所筹之款应分两类:(一)基金,用其利息以维持社中经常用费;(二)特别捐款,为特别用途而募集者,如募款造图书馆之类是。继陈衡哲女士动议请社长委任检查一人,核稽会计报告与账目。社长即委钟心煊君为检查员。

d. 期刊报告。次由编辑部长杨铨君报告期刊情形,其旨如下(报告全文见本期第118页)。

(1) 编辑期刊历史

(2) 编辑办法(编辑员分工表及办事程序等)

(3) 编辑情形(撰述员文稿、其他社员稿件及社外投稿之统计表)

(4) 提议改良六条

杨君报告后,社长谓杨君提议应由编辑部议决,不在常年会以内,众赞同。钟心煊君动议承认编辑部长报告,陈藩君赞成,众一致同意。胡明复君声明承认报告与提议六条无涉。

e. 译著部报告。译著部长陈藩君报告,略云译著部拟翻译名词,编辑辞典,及译著书籍。译书事化学矿学已有人担任,编辑词典事正与分股委员会讨论。惟刻下人数太少,不能辨〔办〕事,故以暂归入分股委员会为宜(参观下修改总章第二十五条与第三十三条纪事)。

(f. 分股委员会长饶毓泰君以有疾未能到会报告。)

(g. 经理部长过探先君报告以迟到未能在年会宣读,其全文见本期第122页。)

(h. 图书部以本社无力,尚无甚进行,故部长唐钺君无报告。)

(照原定社务会程序本有宣读来函一项,以时促未行。惟来函中要务如筹款、期刊加价等事,概经提出讨论。)

4. 宣布选举1916—【19】17年董事结果。次由陈藩君报告选举董事情形如下:

关于选举1916—【19】17年董事会事,本委员会曾发布三次通告。第一次报告司选委员会提出候选董事如下:

任鸿隽　　秉志　　孙洪芬　　竺可桢　　胡明复　　钱治澜　　周仁

嗣经社员联名推举

赵元任　　陈藩　　严庄

三人。其中陈君不认推举,于是共得候选者九人,于第二次通告并选举单一同发布。

照章选举于七月一日截止,前后共收77票。其中三票因逾期作废,得有效之票74。其各候选者得票数如下:

任鸿隽　73

胡明复　71

赵元任　70

秉志　69

周仁　68

竺可桢　50

钱治澜　46

严庄　37

孙洪芬　27❶

依第二次通告中申明分期法,则任胡赵秉四君被选为任期二年董事,周竺钱三君当选为任期一年董事。此结果由第三次通告通知被选七人,请其互选董事会职员。结果如下:

(1) 社长

任鸿隽　五票　　赵元任　一票　　竺可桢　一票

(2) 书记

赵元任　四票　　竺可桢　二票　　任鸿隽　一票

(3) 会计

胡明复　六票　　竺可桢　一票

当选者如下:

---

❶ 原注:"其总数511不及74之七倍,系因有人不全举七人之故。"

任鸿隽　社长

赵元任　书记

胡明复　会计

司选委员邹秉文、赵元任、陈藩启

5. 选举1917【年】司选委员。次由社长请众推举1917【年】司选委员之候选者。被提出者为

钟心煊　孙昌克　王文培　唐钺

投票结果如下：

唐　钺　27票　　王文培　22票　　钟心煊　25票　　孙昌克　10票

王文培君、钟心煊君、唐钺君，当选为1917年司选委员。

6. 提议事件。

a. 社徽。社长请众先决本社采用徽章与否。钟心煊君提议本社应用徽章，众一致赞成。论及徽章格式，众意似欲用两种。一种较大者可于本社图书上作为盖印，或于开常年会时可佩于衣衿，一种较小者则可作为佩簪或社匙之用。因此事一时不能详定，孙学悟君遂提议由董事会委任熟悉此事者之人详细研究后报告本社，众一致赞成。

b. 期刊加价。主席发表钱治澜君提议，略谓期刊价格太低，不抵成本，若全年仅加墨银五角，爱读《科学》者当不因此而废阅，况中国杂志价均昂于《科学》，何《科学》独必贱价以售云云。陈藩君谓最好能减少用费，因报价少加亦未必能敷用。王文培君谓加价后，恐购阅者减少，有反减收入之虞。任鸿隽君谓外国杂志收入以广告费为大宗，吾人似宜从广告上设法推广。陈衡哲女士动议期刊不加价，大多数赞成，不加价之议遂定。

c. 致谢。徐燕谋君提议由本社常年会干事致一公函于菲力柏学校校长，谢其优待本社常年会之盛意，一致通过。

徐君又提议由本社常年会干事致一公函于东美中国留学生会常年会职员宋子文君等，谢其优待本社之盛意，亦一致通过。❶

---

❶ 原注："九月五日信已发出。"

中国科学社第一次年会合影
(《科学》第三卷第一期插图)

主席宣言其他待议事件尚多,因时间已晚,俟明日上午再议,时已十二句钟,遂散会。

第二次会议。常年会第二次会议于九月三日上午九时五十分开会,到会者二十七人,已远逾法定人数,主席任鸿隽君宣告今晨最要议事为修改章程。依总章第五十九与第六十条,本会仅有以三分之二票数提议修改之权。至于修改条件之通过与实行,因未有三月前之通告,故本年年会不能定夺此事,到会社员多数皆以此二条过严,赞成并此条亦改之。惟以此事实行亦必待来年年会通过方不违章,故以下诸条所谓"通过"者,皆照第五十九条有常年会三分之二赞成作为议案之意,读者祈注意焉。

a. 第六条。拟改:括号前"二人"改作"一人"。括号中"一人"二字删去。

此条系由钱治澜君来函中提议,意欲令仲社员入社较易。讨论中杨铨君谓章程本已甚宽,有一人介绍则此人不难再觅一人,若仅仲社员一人即可为介绍人则未免失之太滥。陈女士动议不改原章。主席请众举手表决。动议通过。

b. 第二十五条。拟改:加"附则:书籍译著部暂时不设,其职务由分股委员会代行之。"

此条须与三十三条比较。修改原因见上述译著部长陈藩君报告。众一致赞成修改,作为议案。

c. 第三十一条。拟改：会长责任下加"如会长有故不能行其职权时，由书记代行之，同时于该地社员中选出一人代行书记职务。"

讨论中有主张如美国宪法定各长官代理总统之次序者，有谓不必申明何人，社长不在，书记自当代理者。卒由举手表决，赞成如上文改章者过三分之二，遂成议案。

d. 第三十三条。拟改：加"附则：书籍译著部未设以前其译著事务由分股委员会派一人管理之。"

此条与第二十五条相连，前条既须改，此条亦通过作为议案。

e. 第四十六条。拟改：检查账目下加"检查员由董事会推举，但须得常年会之同意。"
全场一致赞成，通过成议案。

f. 第五十九条。拟改："或社员五分之一以上之提议得修改之，"改读，"或社员十分之一以上之同意，或经董事会提议得修改议案。"

通过作为议案。

g. 第六十条。拟改：全条改作，"本章修改议案，应由董事会于三个月以前通告各社员，复经常年会三分之二通过，或由社员投票五分之四之通过，即为有效。但投票社员数不及全社四分之一者无效。"

对于此条讨论，众赞成先定是否欲于常年会外另加解决改章机关，然后再定通过所需之票数。第一层用意在免改章之过于迟延。例如某年年会有改章之提议，则照新章可即时发通告，三月后即可解决。且设有意外事，某年年会不能举行则依新章亦可投票解决修改事件。此层讨论未久，即通过为议案。

对于第二层讨论，有谓须经社员全数几分之几之通过方为有效者；有谓社员未必皆作复信，且作复者之热心于社务大抵皆甚于不作复者，故解决改章人数似宜据回信人数计算。又因投票人数若过少则不能代表全社，于是有加入四分之一为最小限之议。讨论后全场一致赞成如引号中修改，通过作为议案。

（注意，照现行章程，则第五十九、六十条之修改，须于1917年年会通过后方为有效。故除本年年会中通过之提议，如有他项之修改须仍照第五十九条，由社员五分之一之联名提议，由董事会于1917年五月或五月以前通告社员，方得于第二次常年会通过实行。）

h. 第二十、三十三条、第十一章。拟改：第十一章"附则"二字改作"修改章程法则。"另设"第十二章，附则"，将上议第二十五与第三十三条加入语归入第十二章。

此议由陈衡哲女士提议。表决通过，作为议案。

i. 第四条。本社社员资格，本意凡赞同本社宗旨者得为社员，惟印章程时"科学事实"后遗落"或"字，于是引起新社员资格之辩论。社员意见大致谓本社不欲限定学生，或研究科学者，或从事科学事业者。盖凡具有与高等教育相当之知识与品格，热心于中国科学之发达者，无不能为社员。择人之责，是在介绍人与董事会。惟欲改第四条章程包括以上语意措辞久不得当，由杨铨君提议暂搁置不议，以后有能措辞者，可函告董事会，众赞成。

j. 第四十四条。拟改：删去"在七月或八月内举行"。

全场一致通过作为议案。

3. 职员报告(续)

f. 查账员报告。钟心煊君既于第一次会议被委任为检查员，是晨遂报告其检查结果，谓一切账目均清结无舛。陈藩君动议承认会计报告。全场一致鼓掌表同意。

6. 提议事件(续)

d. 讨论筹款方法。本社百事待举而经费有限。严庄君来函已有设法筹款之提议。胡明复君说明筹款之分类，一种归入基本金，积而不动本，是为维持社务计者；一种为特别金，例如指定作为兴建社所或创办图书馆等用者。胡君又言本社可试问政府、教育部与各省政府处请款。论及进行详序，众议不一，杨铨君动议选举筹备筹款委员五人以规其事。表决通过。主席任君请众推举委员。被提出者共五人：

严　庄　　钟心煊　　胡明复　　陈　藩　　孙洪芬

遂由全场一致举定。

时适正午，常年会事已毕。众大声欢呼而散。

Ⅱ　讲演会纪事

梅光迪　　赵元任

常年会讲演部于九月二日下午二时十分举行于科学馆，到会者三十二人。

首由任鸿隽君讲演《外国科学社及本社历史》①(全文见第 2 页)。讲毕,讨论关于学会性质一层,梅光迪君谓世界学会大抵分两种:一种为名誉学会,凡于学界有大贡献者,始得被推为会员,而称之为"不朽人"。其宗旨纯为名誉的,故会员有定额,不刊行书报,尤不招揽会员。第二种为研究学术学会,皆声应气就者相聚以研究学术者也。其宗旨纯为学术的,故亦赖有会员之热诚与互相磨切,而后得以所研究之结果,刊诸书报,为天下公。欲发达一国之学术,舍此种学会莫由。甚望本社坚恃〔持〕此宗旨以进行无疆。若夫名誉学会,则在吾国现时,尚非所急。

第二篇读文为赵元任君之《中外星名考》②(全文见第 42 页)。讲演时随讲随与座中讨论。全文颇长,故讲毕已无暇再有讨论。

依原定讲演会程序,次件为钟心煊君之讨论,嗣以张贻志君之盛意,惠本社以论文,遂于此时插入宣读。张君论文为《科学系统论》,以历史的观点通论科学分类法之进步。讲毕,讨论中赵元任君甚是【认同】张君之科学系统繁复一语。谓以理论言,可云科学分类之繁复且有甚于树之一干而多枝;各科各部,皆综散错杂,繁于随意筋之丝缕。惟于实际上如大学分科、学会分股、图书分类等,则仅能以理论为导,而视情形以斟酌适用之分类法。

次由钟心煊君讲《名辞短评》。钟君于《博物学杂志》第一卷第二期见批评《科学》一段,其中谈及名辞一节,颇足令吾人注意。大旨谓《科学》用名多属另创,例如 protoplasm,旧译作"原形质",《科学》译作"原生质";annual ring,旧译作"年轮",《科学》译作"岁环"。钟君谓此种批评不无理由;吾人作文者宜多备中国初浅教科书,以资查考,已用之名辞,不致动辄另译新者。讲毕讨论中,大众皆赞成购备中文书以资名辞参考。惟任鸿隽君言通用名辞,未必合用;若有充足理由,本社自当改从之;又有未译之名,亦不得不另创新名。钟君答言本亦赞成此意,前论不过谓若无他原因则以沿用旧有之名辞为愈。

末篇为《先秦诸子之进化论》。以著者胡适君未能莅会,由杨铨君为之代读(全文见本期第 19 页)。内容哲、科、文、史四学齐攻,读者听者均觉津津有味;惜为时已晚,仅能及引起《老子》《列子》与结论而已;其余《孔子》《庄子》《韩非子》三段,未能卒读,不无少憾耳。

五时一刻散会。到会者均觉久坐身虽疲,而精神上犹似未得尽闻所欲闻也。

---

① 任鸿隽讲演题目实为《外国科学社及本社之历史》。
② 赵元任论文题目实为《中西星名考》。

Ⅲ　交际会记事

杨　铨

常年会于讨论社务研究文艺而外,复有交际会。交际会之目的,在引起到会者之兴趣,促进社内外之交谊。他会多用国语,独此会用英语,欲使来宾易领解也。会以九月二日下午七时许始,主席为桂质庭君,会程分两大部。

(A) 影灯讲演

此部在菲力柏学校之古物所举行,由徐祖善君讲演,题为《潜水艇》。徐君卒业麻省工科大学,专究潜水艇,理论既精,复入厂实习。君于斯学浸润既久,复了然于吾国海防之利害,故能言之津津,如数家珍。益之以明显之影片,遂使到会者如闻稗官,如入影戏园,题虽枯涩而能始终无倦,不入睡乡,徐君之魔力亦大矣。❶

(B) 游戏

此部在校中披鄀狄舍举行。首由主席桂君述时间无多,不作套语,请大算学家胡君为吾辈讲算学趣题。胡君登场,笑容可掬,先略作谦辞,次释题意。题名为"抢30"。胡君于开会前,在黑板上大书由1至30码字,此时即请到会者与之抢三十。获胜后,乃解释其间之算理,❷复抢他数以证之。

次则为赵元任君之纸连环,亦为算学趣题之一部。赵君取纸条将两端正搭成一纸圈,问会众"若顺纸条从中加剪,结果成何物"?众惧受绐不敢言"成两圈"。赵君微笑,用剪剪去,果得两圈。君次将纸条两端一反一正相搭成圈,复问"若此时加剪得何物"?众意不一,有谓仍成两不相连之圈者,有谓成两互套圈者。其已知此戏者皆默然。卒付表决,惟未知此戏者得表决权。结果则十九人中十一人谓将得一大圈。既剪,果得一大圈。君乃略述其间变化之理,❸随说随验。接法不同,结果各殊,令观者如入五里雾,无从捉摸,盖无人不入君之圈套矣。神哉!

算学趣题既毕,复有心理游戏。首为"拆字",由杨铨君主其事。先释拆字之意;盖取中英字颠倒其各部位置以示会众,其能以原字见告最早者按字之难易得点。字完则以各

---

❶ 原注:"君所言多见其所著《潜水艇略说》,载在《国防报》一卷一期。"
❷ 原注:"见后《杂俎》第57页。"
❸ 原注:"见后《杂俎》第60页。"

人所得点数相加,得点最多之首二人得奖。所用英字分动物、植物、矿物、专名(人名、地名)、常字五种。中字颠倒如"加"书作"另"或"汞"作"江"之类,各字皆预先书于纸条,届时当众披露。方一纸高悬时,众头齐动,言者纷起。有时一字既出,同时以原字应者三五人,以分点为难,遂不得不以该字作废。亦有字太隐僻或颠倒出人意外,字出,会众凝神苦思,久始得应者。最后结果以唐钺、陆凤书两君得点最多,唐君得首奖,陆君得次奖。奖品如下:

  首奖 水银温度计一枚 次奖 沙漏钟一架❶

  心理游戏中原有"观念大同"一戏,主其事者为唐钺君。继因时间不足,遂删去。其内容见后《杂俎》。

  游戏既毕,殿之以"科学问答"。以其名属科学,会众皆有戒心,以为以此物非留学生考试,必清华学校游美试验。留美学生已疲于期考月考,几有闻声胆落之势。今不幸复于科学社交际会值之,抑何命之舛耶。方会众犹疑时,主考赵元任君已登场,先述场规:"每问朗诵一过,其第一人答得者按题之难易得点,如同时答者过二人以上则此问作废。诸问毕,得点最多之两人得奖。"述毕,则取题纸朗诵,每一题甫毕即有答者。所问类皆极浅易之事,答者不患不知,而患不速,故一问出会众争答,如鸭噪塘,如鸡抢米。然此中竞争亦自不弱,非思敏口给,十九落人后矣。其间问答类如下例:

今晚主席之"对色"为何色?	答:蓝(因桂为黄色也)。
以干支纪年法,1923与1924为何年?	答:癸亥与甲子。
世界动物以何为最长?	答:鲸(言"蛇"误也)。
地板不洁与彗星有何关系?	答:可以扫地。
达尔文《物种由来论》何年出板〔版〕?	答:1859。

竞争结果梅光迪君第一,徐允中君第二,陈衡哲女士第三。奖品如下:

  (一)懒人钟一座❷ (二)放大镜一柄 (三)《探极记》一册

  方科学问答将终,会中人数忽大增,座尽则三人一椅,济济跄跄,填满一堂。来者盖方

---

❶ 原注:"图见本报第二卷第六期608页。"
❷ 原注:"亦名闹钟。"

自洛沦斯①(Lawrence)食中国饭归之来宾也。诸君来晚,不与影灯讲演与诸游戏之盛,幸而犹及"点心",使科学社得稍尽东道之谊,亦异数也。

是夜"点心",中西杂陈,果饼数过,复进水乳。方谈笑哄起移座忘形之际,忽得此一服清凉散,神智为之一爽。食后赵元任君装置所备天文镜一架导众观星。惜夜已深,仅略窥木星之球面与其侧三四属星,而未及东迎昂毕西送牛织也。

钟鸣十一时半,凉露渐多,晚风瑟瑟,到会人亦遂纷纷星散。然沿途欢笑声犹荡漾空气中,若为科学社交际会作回响也。先是,天未旦时风雨交作,同人多惴惴恐到会者败兴,不谓晨起晴空如画,入夜新月娟娟,卒使宾主尽欢,凡百如意。良会难得,是足自庆矣。

---

① 洛伦斯现译劳伦斯,美国马萨诸塞州北部城市,在安多佛以北不远。

2. 第二届(次)年会(1917年9月,美国普罗维登斯)

《科学》杂志刊载的杨铨报道《第二次常年会记事》[①]

第二次常年会记事

杨 铨

  科学之有常年会,载在社章而始自去年九月。当时会址在美国安陀阜,莅会者社员三十余人,会期一日有半。举凡社务学术之大、游戏交际之微,莫不先事筹备郑重为之。古人有以文会友杯酒言欢者,窃谓此会兼之矣。今年九月社中同人循遵社章因仍旧贯,于美国普罗维屯斯[②]城复有第二次常年会之举。记者因撮其成事以告国人。尝闻生物学家有言:人类进化始于原生动物(Protozoan)。人类与原生动物其间相去盖不知几何岁月,然果能亲见其进化变迁,吾知达尔文、赫胥黎辈将不惜以死生易之。吾科学社今日之常年会,他日中国全国科学大会之原生动物耳,读者能以生物学家研究进化史之眼光以观吾社常年会记事,则此作不虚矣。

民国六年九月　记者识

全会程序表

举行地:美国罗岛省普罗维屯斯城白朗大学[③]

(一) 社务会

第一次会议　　会所:李朗俱乐所

开会时:民国六年九月五日下午二时六分

1. 开会辞　任鸿隽

2. 职员报告 ❶

---

❶ 原注:"职员报告原文见卷末,凡题旁加星号(*)者人未到会。"

① 《科学》第四卷第一期年会号(1918年9月15日发行)第48—98页。

② 普罗维屯斯(Providence),现译普罗维登斯,美国罗得岛州首府。

③ 罗岛省即罗得岛州。白朗大学(Brown University),又译李朗大学,现译布朗大学。

a. 社长　　　　　　　　　任鸿隽

b. 书记　　　　　　　　　赵元任

c. 会计*　　　　　　　　胡明复

d. 分股会员会*　　　　　陈　藩

e. 期刊编辑部　　　　　　杨　铨

f. 经理部*　　　　　　　过探先

3. 宣布选举董事结果

4. 选举1918年司选委员

5. 选举特别社员

6. 讨论筹款办法

7. 致谢

第二次会议　　会所：赛尔斯馆（Sayles Hall）

开会时：九月七日上午九时三十分

1. 修改章程表决

2. 查账员报告　　　　　　唐　钺

3. 选举1918年查账员

4. 讨论社徽

5. 照像

（二）演讲会

主席：杨　铨

会所：赛尔斯馆　　开会时：九月七日下午二时

1. 科学与工业　　　　　　侯德榜

2. 桐油之制造及其商业价值　　张贻志

3. 科学的管理法在中国之应用　　杨　铨

4. 水与化学上之位置　　　吴　宪

5. 飞机（影灯演讲）　　　王孝丰

6. 用火蒸法于黄铜中取纯铜及纯锌之索隐　　胡嗣鸿

7. 森林与农业之关系　　李寅恭

8. 发明与研究　　任鸿隽

（三）交际会

主席：赵元任

会所：影戏演讲在赛尔斯馆，余在孛朗俱乐所

开会时：九月七【日】晚七时三十分

1. 原色照相影灯演讲　　周　铭
2. 中国趣事谈　　赵元任
3. 观念大同　　郑宗海
4. 中国音乐　　赵元任
5. 小食

（一）社务会纪事

第一次会议

1. 开会辞。中国科学社第二次常年会于民国六年九月五日下午二时在美国罗岛省普罗维屯斯城孛朗大学校正式开幕。是日举行者为第一次社务会，由本社社长任鸿隽君主席。任君于二时六分宣告开会，书记赵元任君遂点名，到会者共二十九人。赵君复报告在常年会期中新入社之社员共得九人。次任君起述开会辞，略谓本社于去年秋始在安陀阜开第一次常年会，今复得于此间开第二次常年会。此一年中社事虽无大进，然各机关着着图前，要不得谓非进步也。

2. 职员报告。

　　a. 社长报告。开会辞毕，任君遂取其社务报告择要言之（全文见后）①。首述一年中各机关之成绩，略为社员人数增加，月刊销路增广，分股委员会办事成效及本社在教育部立

---

① 社长报告略。

案情形。次述本社此后进行方针,共为三项:(一)本社现惟藉发刊书报以振兴科【学】,此后月刊宜多载通俗文字,另出他种期刊载专门文字;(二)中国今日专门人才少,不合群力难收兴学之效,故宜力保本社总会性质,将来人数增多可由分股扩大而至专门学会;(三)本社久远计划必赖国内社员,今国内社员多不负责任,故宜设法补救。

报告毕李君垕身动议承受社长报告并加谢辞。全场一致同意。时有三四社员离席,常年会干事杨铨君因乘时起立宣布常年会居食之办法。

b. 书记报告。书记赵元任君报告社员详情(全文见后)①,略谓社员总数现达二百七十九人,其分配约为在国内者百零四人,留美者百五十六人,留欧者十二人,留日者三人,余未详。赵君复述社员中省藉〔籍〕之分配及编刊社员通信录之办法。既毕刘树杞君动议承受书记报告,众一致同意。

c. 会计报告。会计胡明复君于会前曾到普罗维屯斯小住,嗣因归国在即不及赴会而去。其报告由社长请钟心煊君代读,原文甚长(见后)②,钟君仅述其大要。本年收入约以特别捐、入社金、常年社金三项为最多。全年总收入共 1 460.89 金元,中特别捐占百分之 40.52,入社金百分之 31.15,常年社金百分之 20.33。支出共 1 242.73 金元,以经理部用款最多占收入总数【百分】之 75.28。钟君述毕任君因言自欧战起金价日落,汇款归国亏折不少,社中经济遂益形困难矣。继援去年成例,委任唐钺君为查账员,检查胡君报告。

d. 分股委员会报告。分股委员会长陈藩君已归国,其报告原拟由代理分股委员会长任鸿隽君代读,嗣因时间甚促,报告尚多,遂未读(原文见后)③。

e. 期刊编辑部报告。期刊编辑部长杨铨君报告期刊编辑情形(全文见后)④,共分两段〔段〕:一为今年成绩,一为明年改良提议。今年成绩略分为(1)内部组织,(2)稿件统计,(3)体裁增改三事。明年改良提议则为(1)以月刊载通俗文字,另加期刊载专门文字;(2)推广征稿范围;(3)期刊编辑部审查员以后请各分股长担任或推荐。报告既毕,钱天鹤君动议承受期刊编辑部报告,众一致同意。

---

① 书记报告略。
② 会计报告略。
③ 分股委员会长报告、代理分股委员会长报告均略。
④ 期刊编辑部报告略。

f. 经理部报告。经理部长过探先君现在中国,其报告由驻美分经理钱天鹤君代读(原文见后)①。报告分经理情形与账目详表两部。钱君惟于第一部择要言之,略如民国五年七月至六年二月八个月中经理部收入增三百余元,支出减四百余元,定〔订〕报收入增一倍余,各经理及代售处收入增五倍左右,皆足为《科学》销路日广之证。复谓上海印刷居奇,遂至《科学》出版愆期四阅月,现方设法改良,以后当无愆期之患云。述竟,钟心煊君动议承受经理部报告,众一致同意。

3. 宣布选举董事结果。司选委员长钟心煊君宣告1917年选举董事结果。照社章第二十九条每单数年改选董事三人,今年为1917年故应改选董事三人。初由司选委员提出竺可桢、邹秉文、陈藩、过探先四君为候选董事,及选举董事通告既出,复由社员照社章五十条及五十一条提出周仁、苏鉴两君为候选董事。合前四人共得候选董事六人。未几陈藩君坚辞不预候选之列,故至最后投票时候选董事仅有竺可桢、周仁、邹秉文、过探先、苏鉴五君。其得票数如下:

邹秉文 51　　竺可桢 50　　周　仁 42　　过探先 36　　苏　鉴 31

以上当选者为邹秉文、竺可桢、周仁三君,合去年选举之任期二年董事任鸿隽、赵元任、胡明复、秉志四君共得七人。据社章三十条各董事互选董事会职员。其结果如下:

(1) 社长:任鸿隽四票　　周　仁两票

(2) 书记:赵元任四票　　竺可桢两票

(3) 会计:胡明复四票　　邹秉文两票

当选者如下:

任鸿隽(社长)　　赵元任(书记)　　胡明复(会计)

此次选举董事社员投票者共七十人,大多数皆在美国。董事互选职员时投票者六人,周仁君远在中国票尚未到。据已投之票计算,周君票来于互选结果不能更易,而常年会期已迫,司选委员因不待票齐先宣告结果矣。

4. 选举1918年司选委员。司选委员照社章四十九条应由常年会选举。先由社长请众推举候选者,其被提出者为孙洪芬、唐钺、杨铨、薛桂轮、郑宗海五君。次由众投票,各人

---

① 经理部部长报告略。

得票数如下：

唐钺 17　　孙洪芬 16　　薛桂轮 15　　杨铨 14　　郑宗海 7

司选委员照章三人，故唐钺、孙洪芬、薛桂轮三君当选。

5. 选举特别社员。次由社长宣告董事会提出之候选特别社员名单，复由钱天鹤君述提出诸君之略史，遂投票选举，其结果如下：

名誉社员

　　张謇

赞助社员

　　伍廷芳　唐绍仪　范源廉　黄炎培

特社员

　　蔡元培

故以上诸特别社员皆经正式通过。

讨论社徽原定在第一次社务会，继因事多遂由社长宣告移至第二次社务会。

6. 讨论筹款办法。社长先述去年发起筹款委员之原因及筹类之进行。此举原由留美社员发起，而其实行则全仗国内社员。去年国家多事百政不举，故国内社员谋之虽多卒无成效云。朱经君因起言筹款可分两途：一求人，一求己。求人又分公家私人两源。向公家请款必先知何处有余款，然后托名人请拨乃可有效。某大学从某部得款其例也。向私人筹款全赖交际信用。求己亦分两源，一支月薪，一分担捐款。两者性质虽殊，其有赖社员热心则一也。次社长言照现定募捐章程筹款委员应由董事会派任，赵元任〔运〕动议取消去年筹款委员，众一致赞成。

7. 致谢。会将毕钟心煊君动议请由常年会委员专函向孛朗大学校长芳斯(Faunce)、东美学生年会会长王正序君及普罗维屯斯城基督青年会干事道谢。今年常年会之房屋用具不劳而得，实此三君之力也。众一致通过。

时已下午四时三十分，社长遂宣告散会。

第二次会议

1. 修改章程表决。第二次社务会于九月七日上午九时三十分在赛尔斯馆举行。到者廿六人，已足法定人数。由社长任鸿隽君主席，社长言去年常年会亦有修改章程，惟因未有三月前之通告,故所通过者仅作议案。今年董事会先期特派陈藩、任鸿隽两君经理修改章程,故所提出者已成议案,若得常年会三分之二通过即为有效矣。次逐条讨论修改案如下:

a. 第七条。原文:凡捐助本社经费在二百元以上,或于他方面赞助本社,经董事会之提出,得常年会到会社员过半数之选决者,为本社赞助社员。

修改案:凡具有左列资格之一,经董事会之提议,得常年会过半数之选决者,为本社赞助社员。

资格:(甲)捐助本社经费二百元以上者,(乙)于他方面赞助本社者。

杨铨君言修政〔改〕案与原文会意相同,而结构不如原文之活动,似无修改之必要,故动议否决此条修改案。多数赞成否决。

b. 第十九条。原文:分股委员会之职务:(一)议定分股章程;(二)管理设立分股事宜;(三)相察情形提议各股应办事件;(四)管理常年会宣读论文事件。

修改案:分股委员会之职务:(一)提议决议及推行各股应办事件;(二)议行本社各机关托办事件;(三)管理译著事务;(四)审查文件;(五)管理常年会宣读论文事件;(六)与董事协议决定进行方针。

先由赵元任君宣读修改案。继钟心煊君起言修政〔改〕案中(三)与(四)两职务与期刊编辑部权限有冲突。杨铨君请主席说明两项大意。钱天鹤君言此两项与期刊编辑部权限无冲突。杨铨君言恐滋误会,仍宜说明。社长因言第三项管理译著事务实指译著书藉〔籍〕,即旧有译著书藉〔籍〕部之职务。第四项审查文件与期刊编辑部所审查文件实各不同。王孝丰君言期刊审查事须归专门家管理。李垕身君主张与王君同。杨铨言期刊审查情形不同,自当变通办理,以大致不差时间短速为重,不能如分股审查书藉〔籍〕之慎重也。任鸿隽君主张否决此项。钱天鹤君言必须通过。李屋〔垕〕身君言此项不可删去。任鸿隽君言宜于文件下加之不属于期刊者以免误会。赵元任言此与原修改案之意并无增损,可以加字不加意视之。刘树杞君言如是则关于期刊以外事件编辑审查似应有各股代表矣。唐钺君言宜作审查编辑部以外之文件,乃无误会。刘树杞君因如唐君提议为最后之动议,众一致赞成。

c. 第二十条。原文:未设分股委员会以前由董事会推任一人专司设立分股事件。

修改案：各分股长之职务：(一) 推行本股应办事件；(二) 协同股员办理译著事〔事〕并审查属于本股之译著；(三) 协同股员随时相察情形,讨论本股应研究及兴办事件并其进行方法,于分股委员会提议行之；(四) 协同股员预备常年会宣读论文。

无讨论。刘树杞动议通过,众一致同意。

d. 第二十一条。原文：本社办事机关为董事会、分股委员会、期刊编辑部、书藉〔籍〕译著部、经理部、图书部。

修改案：删书藉〔籍〕译著部五字。

无讨论。社长付表决,众一致通过。

e. 第二十二条。原文：董事会之职务：(一) 决定进行方针……(下略)。

修改案：于"(一) 决定进行方针"下加"但与各机关有关系时,须与该机关协议。"条末增"董事会办事细则另定之"。

无讨论。社长付表决,全场通过。

f. 第二十五条。原文：书藉〔籍〕译著部管理译著书藉〔籍〕事务……(下略)。

修改案：全条删去。

此条与第十九条、第二十一条互应,上两条修改案已通过,故此条修改案当然通过。

g. 第二十九条。原文：董事会以董事七人组成,由社员全体依第十章选举法选出之。任期二年,每双数年改选四人,单数年改选三人,轮流递换但得连任。

修改案：董事会以董事十一人组成,由社员全社〔体〕依第十章选举法选出之。任期二年,每双数年改选六人,单数年改选五人,轮流递换但得连任。

无讨论。杨铨君动议通过,全场赞成。

h. 第三十条。原文：本社设社长一人,书记一人,会计一人,任期皆一年。由董事互换〔推〕出之,但社长、书记、会计须在一处。本社长即董事会会长。

修改案：本社设社长一人,记录书记一人,函牍书记一人,会计一人,副会计一人,任期皆一年,由董事会互选出之。本社社长即为董事会会长。

无讨论。刘树杞君动议通过,全场赞成。

i. 第卅一条。原文：(上略)书记：(一) 记录董事会及常年会会议事件；(二) 发布通告；(三)纪录社员姓名住址；(四)收发及保存往来信件。会计(一)收管本社财产,经理银钱出入；(二)收集社员会费；(三)预备银钱出入报告。

修改案：书记职务改作记录书记：(一)记录董事会及常年会会议事件；(二)记录及经管社员姓名住址挡〔档〕片；(三)经理入社愿书及发入社通知；(四)收管本社各种公式笺样；(五)管理刊布本社社录。

函牍书记：(一)发布通告；(二)答复函件；(三)收发及保存往来信件；(四)管理及监察年历。

会计下添副会计辅助会计办理上列各项事务。

初无讨论,李屋〔垕〕身君因动议通过。继唐钺君言会长职务下应加"会长有故由函牍书记代行之"。钟心煊君动议通过此条修改案加唐君提议,全场同意。

j. 第三十三条。原文：书藉〔籍〕译著部……(下略)。

修改案：全条删去：

此条当然通过,理由同第二十五条。

k. 第三十七条。原文：常年费……(中略)仲社员中银二元,期刊费在内。

修改案：仲社员下改作"仲社员中银二元半,美国一元半,他国照美国计,期刊费在内"。

杨铨君言仲社员政策颇多讨论之余地,宜于此时举行。社长然之。王孝丰君乃言仲社员资格不宜右严,如现在社章尽人可为社员,而为仲社员者反须有中学三年以上之程度,似觉轻重失宜。刘树杞君提议将来修改案章时宜注意此条。杨铨君动议将修改案中之中银二元半改为中银三元,借便计算且与寻常金价一元半相等,并〔并〕通过已改后全条议案,众一致赞同。

l. 第四十条。原文：凡逾限三个月不交常年费者,本社即停止其各种权利。

修改案：三个月不交下加"入社金及"四字。

无讨论。刘树杞君动议通过,众一致同意。

m. 第四十二条。原文：本社得募集特别捐,由会计或特别经理员经理之。

修改案：本社得募集特别捐,其募捐章程另定之。

无讨论。社长付表决,全场赞成通过。

n. 第四十三条。原文：凡特别捐皆存储作基本金，但捐者指定作某项用时不在此例。

修改案：全条删去。

无讨论。社长付表决，全场通过。

o. 第四十四条。原文：常年会每年一次，在七月或八月内举行。其时期地址由董事会决定通告。

修改案："在七月或八月内"改作"在夏秋之间"。

王孝丰君主张不定开会时期以免牵制不使〔便〕。社长言改为夏秋之间因董事会选举结果此时宣布也。刘树杞君言以不定时期为宜。杨铨君言全文应作"常年会每年一次，其时期地址由董事会先期决定通告"。刘树杞君动议照杨君所改通过，多数赞成。

p. 第四十五条。原文：常年会法定人数以社员全数十分之一为定。

修改案：常年会以社员全数十五分之一为法定人数。

无讨论。钱治澜君动议通过，众一致赞成。

q. 第四十六条。原文：常年会应办事件（中略）……（五）修改章程，（六）检查账目。

修改案：改"（五）修改章程"为"（五）提议修改章程"。

杨铨君【言】常年会照社章第十一章既有决议修改章程之权，则是有修改章程之权矣，动议否次〔决〕此条，众一致赞同。有谓"（六）检查赈〔账〕目"未言委任查账员之权。赵元任君言原章实会〔无〕此权，去年已于常年会举查账员，今年可照行，将来改章程时再加详文。

r. 第十一章。原文：附则。

修改案：改"附则"为"修改章程"。

无讨论。社长付表决，全场通过。

s. 第五十九条。原文：木章经常年会三分之二或社员五分之一以上之提议得修改之。

修政〔改〕案：改"五分之一"为"十五分之一"。唐钺君言不若改为"或社员二十五人之提议"，不用分数，免社员增加又有修改之物。钟心煊君动议此条修改如唐君言通过，众一致赞成。

t. 第六十条。原文：本章修改事件应由董事会于常年会三个月以前通告各社员，复经常年会三分之二通过，即为有效。

修改案："常年会三分之二"下改作"或用通信投票法得投票社员五分之四通过即为有

效,但投票人数至少须得全社社员四分之一"。

无讨论。杨铨君动议通过,大多数赞成。

u. 第十二章。支社。

(此章以下皆为新添条件故无原文。)

赵元任君言支社之名不甚当,似以社友会为宜。唐钺君言不若改为支部。杨铨君言支社似偏重办事机关,仍以社友会为适当。张贻志君言社友会亦不妥,宜用中国科学社某地分部。朱经君言凡用分支诸字皆会有统系组织之意味,譬若一省为总,则各县为支。今科学社既无此意,最好不用分支诸字。

社长见意见纷歧,遂以所提出诸名依提出次序付表决,赞成用社友会者十七人,赞成用支部者九人,故社友会之名通过。(以下支部皆应作社友会。)

(1) 第六十一条。凡某处社员在二十人以上,经该处社员五人之发起,得董事会之认可,得设立支部。

杨铨君言五人发起未免太易,应于"五人之发起"下加"经该地社员大多数之同意",并动议此条如所修改者通过,全场赞成。

(2) 第六十二条。支部职员应设理事长一人,理事二人,分管书记、会计事务。

无讨论。郑宗海君动议通过,众一致赞同。

(3) 第六十三条。支部得(一) 办理该地社员交际事务;(二) 协同该地社员讨论一切;(三) 办理与该地各学会交际事务;(四) 办理本社各机关委托事务。

朱经君言(二)项中"讨论一切"宜改为"讨论社务",(三)项中"各学务〔会〕"改为"各团体"。桂质廷君主张删去第二项,余如朱君言通过。社长付表决,众一致赞同。

(4) 第六十四条。凡在上列各项外支社认为应办之事务经与董事会商酌及他有关系机关之许可,得施行之。

无讨论。杨铨君动议通过,众一致同意。

(5) 第六十五条。支社理事长即为分股委员会特派干事,受分股委员会之委托办理该地属于分股委员会一切事务。

杨铨君言此条似不伦,且非必要,动议删去。众一致赞同。

(6) 第十三章。惩罚。

(讨论见第六十六条中。)

(7) 第六十六条。凡本社社员有不法行为时,董事会得宣布除名。

朱经君以用"不法行为"四字为切当。王孝丰君言不宜太近政治。李垕身君主张用"有妨害本社名誉行为"。唐钺君主张宣布除名手续应与通函投票修改章程之办法相同。社长以李唐二君提议付表次〔决〕,皆经全场通过。

修改章程表决亦于此时告终。

2. 查账员报告。第一次社务会中唐钺君被委任为查账员,唐君因于此会报告所查账〔账〕目皆无讹,请通过会计报告。赵元任君动议通过会计报告并致谢意,全场一致同意。

3. 选举1918年查账员。去年今年查账员皆在常年会时选举,杨铨君主张先一年选举,其理由则谓账〔账〕目繁多绝非一二日所可检查,且当常年会时事务纷纷查账员实不能以全力查账。社长以此议付表次,多数赞成先一年选举。社长因推荐杨孝述、过探先、金利〔邦〕正诸君为1918年查账员候选者,因诸君与会计胡君同在中国可就近检查也。首以杨君名付表决,全场一致【同意】,杨君遂被选。

4. 讨论社徽。社长言社徽问题去年常年会讨论未得结果。原样为吕君彦直所制,去年常年会所用会徽即此样也。今年董事会复请吕君加制新样数种,合去年原制,以备今年常年会采择。言毕以社徽样本传观会众。杨铨君言原样极确当大方,似宜采用,且去年用为常年会徽,用者并无不满意之处。动议仍用旧样,大多数同意。候〔侯〕德榜君言"科学社"三字凡横书时皆由左向右,旧社徽独由右向右〔左〕,宜改。王孝丰君主张由右向左,谓与中国文字书法同向。社长付表决,众赞同侯君言由左向右。所制样中另有一小者作篆文"科学"两字以为佩针之用。赵元任君言此样甚佳,惟形宜略小,且"科学"下应加"社"字,众同意通过。

5. 照像。会议毕已正午十二时,社长宣告闭会。众鱼贯出,至历史图书馆照像。到者共三十八人,中社员三十六人、来宾二人(像见本期卷首插画〔图〕)。

(二) 讲演会记事

科学社第二次常年会之讲演会于九月七日下午二时十五分在赛尔斯馆举行。到者廿五人。首由社长任鸿隽君宣告原定任鸿隽为主席,现改为杨铨君。继杨铨君就主席位。

中国科学社第二次常年会合影
(《科学》第四卷第一期插图)

谓今日时间甚短促,演讲人数甚多,每人平均约占二十分钟,当于十五分钟后警告演讲者。继请侯德榜君讲演。

侯君【论文】题为《科学与工业》(原文见第 38 页)。讲毕,杨铨君言侯君论文中言及科学的管理法,颇盼〔盼〕兄弟论文中有所发挥,第今日时间不足,恐不能宣读此文。科学的管理法之目的,一言蔽之,乃在止废。赵元任君言侯君谓科学研求律令,实业应用律令。犹忆尝于 1914 年《通俗科学月报》(Popular Science Monthly)见一文亦论此题,似谓科学、工业之分实在观点之不同。侯君答吾论文中仅就普通而言,科学与工业经济上区别甚多。

次主席言照会程上第二篇论文为张贻志君之《桐油之制造及其商业价值》。张君因有事迟到会,故须移后。第三篇为兄弟之《科学的管理法在中国之应用》,因有王孝丰君之飞机影灯讲演,故删去不读。现当读第四篇论文。

第四篇论文为吴宪君之《水于化学上之位置》(全文见 18 页)。吴君略述大意。述毕,孙学悟君言吴君书水之构造为 $\mathrm{H{-}O\overset{H\ \ H}{\underset{H\ \ H}{\diagdown O \diagup}}O{-}H}$ 时,忽忆每见冰文常六出,荡舟时桨出水则旋涡作 ✿ 状,皆与所书结构状相似。兄弟虽不知其中有无关系,要之足为一极有兴趣之研究也。赵元任君问若水蒸气不仅含㲿,能以阿阜伽逐①(Avogadro)律令证明否? 吴君

---

① 阿阜伽逐(Avogadro)现译阿伏加德罗。

答可,水蒸气不依此律令必其间分子重有异同也。

次为王孝丰君用影灯讲演飞机。王君言航空术分两大支,一为轻于空气之航空,一为重于空气之航空。轻于空气之航空所用机如轻气球、气船类是矣。重于空气之航空必用飞机借物力,今之所谓单叶机、双叶机皆属此类。气船构造十八世纪始大著成效,其用之军事实在十九世纪之末云。王君随讲随用影片,示由十七世纪以来种种气船飞机之形状,由拉那(Lana)航空机而至策伯林①及赖忒②(Wright)兄弟之飞机及最近美国新造诸机,凡数十种,又及飞机于军事上之应用。闻者津津如吸学泉,佥谓为不可多得之讲演。讲毕已下午四时四十分。为时已晚,主席遂宣告散会。张君贻志之《桐油之制造及其商业价值》与任鸿隽君之《发明与研究》皆不及讲演。胡嗣鸿君之《用火蒸法于黄铜中取纯铜及纯锌之索隐》及李寅恭君之《森林与农业之关系》亦无暇宣读。胡李两君皆未到常年会。(任鸿隽君文见 1 页,李寅恭君文见 43 页,张、杨、胡三君文将于本卷第三期载出。)③

(三)交际会记事

第二次常年会交际会于九月七【日】晚七时半举行。主席为赵元任君。会程分两大部,第一部为周铭君之原色照片影灯演讲,会所在赛尔斯馆。首由主席言昔有周仁君工照像,尤精原色照像,今日复有周铭君讲演原色照像,可谓无独必有偶矣。周君先言原色照像之原理,略谓欲于照像中得天然物色共有三法:(一)借光线交错而得颜色法,置感光片紧贴一层汞膜而以感光片背向欲照之物开露。洗后则欲得之影从一角度观之现天然颜色。(二)颜色纸见光变化。此法利用光线分解某种化合物之作用,若以适当之化合物(如银绿④ Silver Chloride 类)着于片上,然后对欲照之物开露,则因各色光线之作用不同,其结果亦可得物之原色照像。(三)用三色法。此法复分两种:(a)以一像用红绿蓝三色片分印三正片,然后借影灯合三片之影于一处,则物之原色自现。(b)嵌橘黄、青绿、蓝三色细丝于一片,纵横相间。照像时置此片于感光片前,则所得底片不啻三负片,其面积因三

---

① 策伯林(Zeppelin)现译齐柏林。
② 赖忒现译莱特。
③ 在《科学》第四卷第三期刊出时,张贻志的论文标题改为《桐油》,胡嗣鸿的论文标题改为《以火蒸法于黄铜中取纯铜纯锌之索隐》,杨铨的论文标题未改。
④ 绿现作氯。

色之得经过丝片者而定。若看时置一嵌红绿蓝三色之丝片于其前,亦可得见物之原色。最近发明之三色细粒合成之原色像片,亦此法之改良也。周君讲时复用影灯示各法所得之成绩,片皆周君手制,五光十色如入天然画图也。

周君之影灯讲演既毕,会众遂移至孛朗俱乐所。赵元任君述中国趣谈数则。其题为:(一) 慢性者;(二) 金圣叹十七字诗;(三) 常年会白话诗;(四) 留学生白话诗。妙语解颐,闻者绝倒。外人尝谓中国学生太拘谨,使见此会则知中国学生固能庄能谐也。次郑宗海君为观念大同之实验,其结果多与预料相符合。去年常年会尝欲为此实验,继以时间不足删去,一年而后终见实行,虽小事足令人回忆去年佳会也。继赵元任君以洋琴奏中国音乐,大笑而后忽闻雅乐,神为一爽。乐终遂进冰乳、饼干诸物,食时来宾刘廷芳君复以其新发明之笑话为会众佐消夜。随食随笑,大助消化力,固医生所赞许也。夜十时主席始宣告散会,月明星稀,第二次常年会遂于此时告终矣。

3. 第三届(次)年会(中国科学社、中国工程学会联合年会)
(1918年8—9月,美国伊萨卡)

《科学》杂志刊载的杨铨报道《中国科学社、中国工程学会联合年会记事》[①]

中国科学社、中国工程学会联合年会记事

杨 铨

中国科学社之有常年会以民国五年秋始,中国工程学会之常年会则自今秋始,故此联合年会在科学社为第三次常年会,而在中国工程学会则为第一次常年会也。到者五十四人,假美国康乃尔大学[②]校舍与其大同会所[③]为会址。会期凡四日,以民国七年八月三十日始,九月二日终。

本记专为报告两学社社员以联合年会之开会情形,及过去一年之社务大要而作,故记事从简。一切演说仅述大旨,其详见《科学》第四卷第五期。

八月三十日,星期五。会员注册以是日下午二时始。先期到者二十余人与继续来者十余人,皆以是日下午在大同会所注册。下午八时二十分开欢迎会,是为联合年会之正式开幕。主席者为赵元任博士。赵君先道欢迎辞,次略述两社之历史与科学社常年会三年来之进步。遂介绍康乃耳大学文科科长铁勒教授(Prof. Thilly)演说。其演说大旨,谓中国人最弱之点在轻科学,西方人最强之点者在重科学。中国之进化离科学而独行,其极不能越希腊学术之范围,盖同偏于形而上之学也。然欲脱天然界之束缚,役万物,服天下,拾科学末由达。西方科学发达不过近百年事,其源流因果可得而考也。末复言偏重科学之弊,人与物当并重,乃为真文明。

演说毕,主席请汤霭淋〔琳〕女士奏琴。一曲既终,掌声雷起。女士谦谢,不肯复奏。

[①] 《科学》第四卷第五期(1919年2月10日发行)第496-501页。另见《中国科学社、中国工程学会联合年会记事录》(1918年刊)第1-8页,附后之《中国科学社职员报告》各篇均略。

[②] 康乃尔大学(Cornell University)现译康奈尔大学。

[③] 大同会(Cosmopolitan Club)又称大同俱乐部。

次为中国科学社社长任鸿隽君致辞，略言东西学术不同之点，在一凭悬想，一重归纳的方法。中国科学社之设立，实以矫正中国弱点。今世强权即公理，故救国当从昌明科学始。末代科学社会体谢康乃耳大学与大同会襄助开会之盛谊。继为中国工程学会会长陈体诚君致辞，首述工程会成立之略史，次言中国工商所以不振与科学教育所以不兴之故。陈君退，汤女士奏琴，周若安女士唱歌。歌竟，主席介绍班斯教授（Prof. Barnes）演说。教授为大同会之会计，亦为始创建筑此间大同会所者也。其辞略谓今日得中国两学会于此室开会，使吾益觉此屋不虚筑，外国学生常生吾钦慕奋发之心，以其志远大也。诸君能成科学社，吾国学子能以科学进步为念者少矣。教授辞毕，已夜十时五十分，主席遂宣告闭会，请会员与来宾进饮食，尽谈笑之欢。

八月三十一日，星期六。今日上午九时廿五分开中国科学社社务会，由社长任鸿隽君主席。首由书记赵元任君查点人数。赵君宣布按章须得社员全数十五分之一到会乃足社务会法定人数，今到者廿五人，已过法定人数。次为社长任鸿隽报告。（所有职员报告全文详后。）报告毕，由杨铨君动议通过，刘树杞君赞成，众一致同意。继由主席介绍范静生先生发表先生对于本社前途之意见。先生首言极钦本社维持科学杂志之精神，科学实为开导国人之唯一利器。继言办事不难，难在无恒，果能坚持到底，筹款亦易。况科学社在中国为此类学社之仅有，故无与人竞争之虞。末略言尚志学社之历史与性质，并此社对于科学社之态度。次为书记赵元任君报告，由刘树杞君动议通过，杨铨君赞成，众同意。次为代理会计裘维裕君报告。照章须由常年会派员查账后始能通过，故由社长指定何运煌君为查账员，众同意。分股委员会会长孙昌克君未到会，其报告由主席代读，由杨铨君动议通过，黄有书君赞成，众同意。次为期刊编辑部长杨铨君报告，由陈体诚君动议通过，罗英君赞成，众同意。继为新编辑部长赵元任君略述来年办事方针。次为选举董事报告，因司选委员三人皆未到会，故由何运煌君代读报告。读毕，主席云报告中有两事须由常年会公决：（一）被选董事陈藩君因已先辞推荐，故不受职。（二）被选董事会函牍书记之孙洪芬君辞不受任。何运煌言对此两事仅有两办法，或任其辞职，以次多数补缺，或坚请其受任。主席言陈藩君未承认推荐，照章有不受职之权，惟次多数当选者过探先、侯德榜两君同票数，如许陈君不受任，将以何法定次多数当选者。杨铨君主张由常年会投票决之，陈体诚君赞成，众同意。投票结果过探先君得十三票，侯德榜君九票，故过君当选为董事。

至孙君辞书记一节,众意不可,须坚请就任。继由主席宣告分股选举结果,新分股委员会长为陆费执君。陆君因众请宣布政见,遂起立略致谦辞。

次议选举民国八年司选委员。赵元任君言,明年司选委员应由国内社员中举出。杨铨君言,无论国内国外,惟举出之三人必在一地乃可办事。继付众决定,赞成由国内社员中举出者十七人,为大多数,主席因请到会者推荐,被荐者共六人。其各人票数如下:

   胡敦复　十九票　　杨　铨　二十票　　朱少屏　十票

   尤乙照　十一票　　程孝刚　七票　　　金邦正　六票

照章当举司选委员三人,故杨铨、胡敦复、尤乙照三君当选。

次讨论与尚志学社交涉及与各书局买书交涉。对尚志学社交涉事,会员意见不一,大多以请资不损名义为是。与书局交涉,在美原由王徵君经理,现所难者,不能得人专办购书细务耳。继由会众同意,以此事付董事会斟酌办理。时已午后十二时三十分,主席因宣告闭会。

是日下午二时为范静生先生演说,由任鸿隽君主席。任君言人性可分为三大类,一为美术的,一为科学的,一为实行的。合科学与实行则为教育家,或教育行政家,范先生其人也。先生之教育事业,为世所知,不待言说,今将聆先生对于中国教育前途之意见。

范先生先述严范孙与孙子文两先生因不能来,嘱吾传语。严先生有三语告诸君:(一)读书之外当观察社会情形;(二)宜时时留心国事,研究应用所学之道;(三)中国之恶劣习惯必痛改。孙先生则盼望诸君为译书报。次述已〔己〕见。先言对于中国政局之见解。略谓中国之亡不亡,各人问心便知。吾信其不亡,努力作事,便不亡矣。今日南北所争为宪法问题,久必自决,实不足深忧。次言中国之根本问题实在社会,社会中之最大问题则为工人问题,因痛论工人自有史以来所受之虐待无告,与其对于中国存亡之影响,及所以补救之方。末于留学生归国办事立身之道复深切言之。

演说毕已三时五十分,主席遂宣告开讨论会,请范先生先述其对于教育之意见。范先生言有三事愿与诸君相讨论:(一)此行所欲研究者为小学高等学校及师范学校之办法,愿诸君以所见中美两国诸校之短长见教;(二)中国学生最苦无参考书,诸君能各以所习科中要书之目钞示,则补助中国教育界不浅;(三)中国留学生宜与国内教育界联络,惟中外须有一机关为执行此事之媒介。

汤震龙君言,联络感情莫若交换报纸。陈体诚君言高等小学以下不宜读英文,当以此时先治国学。中学所习太普通,应加技艺诸科,则不入大学之学生可投身实业界。任鸿隽君言中国教员太重讲义,轻参考书,故其成绩劣。又言审定名词当赖各团体之力。顾振君言:(一)中国教员程度太低;(二)中国学生缺保存秩序与自治两德;(三)大学生当有世界的知识。刘廷芳君言:(一)中国学校重读书,美国学校重为人;(二)教员教书钟点宜少,使有自修之时;(三)中小学校卒业生宜多补习机会;(四)编译书藉〔籍〕当先从通俗者着手。任鸿隽君复言外国教员人才多,因多大学,中国人不重高等教育,安望有好教员,愿范先生于此稍留意。又中国现在大学重文哲不重科学,故学生少用五官,亦当匡正者也。任君言毕已五时十分,遂宣告闭会。是日下午五时原定常年会全体照像,因天忽阴雨,遂改期明日。

下午八时为电影演讲,由杨铨君主席。演讲者为康乃耳大学电机科教授格雷(Prof. Gray)与陈体诚君。教授题为《美国中央电厂发达史》,于近五十年长途传电与水汽生电之源流言之綦详,举凡重要之发电机械无不现之影片。陈君题为《钢铁传》,盖以活动影戏述钢铁由矿块成制造品所经诸阶级之情形也。演讲终已夜十一时矣。

九月一日,星期日。上午十时常年会全体照像,下午一时三十分全体乘小汽轮舟游凯游佳湖①(Cayuga Lake),至湖畔克罗巴村(Crowbar)登岸,散坐水边进小食,至四时复乘舟归绮城②。

下午八时举行交际会,由陈体诚君主席。首由金岳霖、杨铨两君为滑稽翻译。次为金岳霖君说笑说〔话〕。继由潘玉梅女士奏琴,汤爱琳、周淑安两女士合唱。唱竟,刘廷芳、马育骐两君实验催眠术。演毕,主席因言范静生先生明晨将赴中美学生年会,欲得诸君道别。范先生遂起言此行得益良多,谢诸君相邀厚意。继由赵元任君执行答问竞争,洪深君得首奖,杨铨君得次奖。时已夜十时,主席宣告散会,进冰食。

九月二日,星期一。上午九时为工程学会议事会,下午二时宣读论文,由杨铨君主席。论文共十二篇,本人亲读者五篇,为刘廷芳之《美国教科书对华态度之研究》、陆费执君之

---

① 凯游佳湖现译卡尤加湖。
② 绮城即绮色佳(Ithaca),现译伊萨卡,美国纽约州中部城市,是康奈尔大学所在地。

中国科学社第三次常年会摄影
(《科学》第四卷第五期插图)

《诱鸟谈》、颜任光君之《测量光速新法》、顾振君之《电话》(影灯演讲)、汤震龙君之《克尔雷每小时行百英里火车之发明》。其本人未到会请人代读者共五篇,为程孝刚君之《工业之标准》(陈体诚君代),钟心煌君之《植物之应用》,王善佺君之《选择棉种术》(以上两篇皆由陆费执君代),张名艺君之《复性盐对于电流分解之作用》(黄有书君代),卫挺生君之《国外资本输入问题》(金岳霖君代)。又内容太专深,故仅宣读题目者两篇,为茅以升君之 Transition Curves,与王金吾君之《家畜传种秘法》。今年因论文稍多,故讲时多仅述大意,讨论亦极少。会终时已下午四时五十分矣。

晚八时请康乃耳大学代理校长金姆保教授(Prof. Kimball)演说,由秉志博士主席。秉君言教授演说本定期星期一晚,继教授因国事赴华都①,故改期今晚。教授演说首言自存为人类第一急务,欲图自存,遂与自然战,而科学由此萌芽。谚云,"急需为发明之母",可以释科学源流。继言科学的与非科学的之异当以能定性与定量而决。徒能析事物之性质不得谓为科学的,必能析其量然后为科学的。继言工业标准之益,标准定则甲厂之轮乙厂之轴可以成车而纳于丙厂之轨,分工之利由是意矣。末言应用科学为今日欧战之基,战后

---

① 华都指美国首都华盛顿。

各国果仍将以科学预备战争与否,不可得知。中国素好和平,助世界以离战争之祸,是所望于中国者也。教授退,主席请赵元任君奏琴。奏毕,主席言今夜为两学社联合年会正式闭会之夕,愿自此日各努力图中国科学与工程之发达,今当代表全体谢康乃耳大学与其教职员襄助本会之厚意,并谢本会之干事办事之热诚。辞毕遂宣告闭会,进冰食。时夜九时三十分。

4. 第四届(次)年会(1919年8月,杭州)

《科学》杂志刊载的杨铨报道《中国科学社第四次年会记事》[①]

中国科学社第四次年会记事

杨 铨

中国科学社常年会今年已为第四次。往年社员多数皆在美,故常年会亦在美举行。今年归国社员渐多,社中办事机关亦均移归国内,且本社以中国科学社名,则常年会自以在国内举行为宜。合此数因,故今年年会遂决在浙江杭县举行,会期凡五日,以八月十五日始十九日终。今记其逐日开会情形于次。惟今年美洲分部与中国工程学会另有联合年会,其记事尚未寄到,兹先录其开会程序单于篇末,以慰读者之欲知美洲年会消息者。

八月十五日星期五。是日下午一时始,到会社员注册,共得三十余人。三时开欢迎会,地址在杭州省教育会所,由竺可桢博士主席。首由主席致开会辞,略谓此会虽为科学社第四次年会,而在国内则为第一次。末谓廿世纪文明为物质文明,欲立国于今之世界,非有科学知识不可。欲谋中国科学之发达,必从(一)编印书报,(二)审定名词,(三)设图书馆,(四)设实验研究所入手,此皆本社之事业也。辞毕遂介绍胡明复博士代表社长致辞,胡君演说大旨如下:

今年年会于国内学术不振之时在历史名胜之地举行,至可纪念。西湖以风景胜,研究科学者最好自然,故极相宜。古诗人来游西湖,西湖因以得名。科学家虽不若诗人,然科学年会在学术史上实最重要,未始不可为西湖添色也。

今日中国现状至可危,外交勿论矣,政局不定,学术不讲,实业不兴,人以利禄为怀,推其因皆由穷故。穷不足虑也,德国今以战败致贫,然其人有学,不数年且恢复原状。中国以无学,故长贫。救贫必从教育实业着手。吾国近年教育实业发达颇可人意,惟教育仍多

[①] 《科学》第五卷第一期(1919年12月10日发行)第106-116页。

属普通,不及高深。卒业生于学术上苦无自立之能力,不足以济用,而资本家又多眼光太近,不知善用新人材。此均为教育实业之大缺点。细细究之,吾人根本之大病,在看学问太轻。政府社会用人不重学问,实业界亦然;甚至学界近亦有弃学救国之主张,其心可敬,其愚则可悯矣。我科学社以外国一切文明由科学来,而吾国之退化正以无科学,故以研究科学提倡科学事业为宗旨。本社社徽有"格物致知,利用厚生"八字,亦即是意。愿我同人认明此旨,极力做去,将来必有收效之日也。末言科学社募集与建设图书馆之计划。

次为浙江省教育会长经子渊先生演说。略云今日为中国科学社在国内举行第一次年会,会址即在浙江,实为浙江之幸。今日不敢言讲演,惟当借此时机表示欢迎之意。国人多视科学与学问为两事,不知科学就是学问,望贵社加以透切之说明。吾国旧学思想非不富,徒以未经科学的研究,故不能成有统系之学问。末谓科学的精神在其研究者继续不间断的,时时增进的,凡前人所缺漏者后人必谋补成之。又谓中国人于科学多偏重物质科学而忽文科,不知科学之要素在思想与研究,文科理科无所用其轩轾也,甚盼〔盼〕贵社诸君于此观念有所纠正之。

末由俞丹屏、鲍乃德、伍立夫、金邦正、周幼山、王企华诸君相继演说,辞多表欢迎期望之意。五时三十分散会。是晚八时原定举行交谊会,继由众意改为茶话会,仍在省教育会所。到者三十余人,社员乘下午快车由沪来不及与欢迎会者均于此会握手叙旧,谈笑忘形,故此会虽非正式交际会,而其乐则不减也。

八月十六日星期六。上午十时开社务会,由胡明复博士主席。胡君言向例社务会先读职员报告,惟今年社长书记之报告均未来,故先请邹秉文君报告一年来国内董事会之经过情形。邹君报告略云此一年中共设两事务所,一在上海,一在南京。上海事务所专办经理、会计及图书馆筹备等事,南京事务所则专任执行董事会议决事件。此一年中董事会所办事为(一)通过社员一百三十八人,内在中国者八十人,仲社员四人;(二)改组经理部;(三)筹备募集基金;(四)调查书目及审定名词;(五)设立绍介部;(六)筹备图书馆;(七)设立南京杂志部。末提议(一)事务所宜离学校;(二)宜有科学讲演。报告毕,由杨铨君动议通过,周仁君副议,众赞成。

次由孙昌克君报告美国董事会情形。略云本非职员,故报告非正式。美国董事会办事方法列举如下:(一)两书记分权任事;(二)以函牍书记代主席;(三)如仅一书记在美,则兼函牍书记与主席;(四) 如在美仅有董事,无书记,则由董事互举主席与书记;(五) 赵元任君专任编辑部事,吾专任分股委员会事。末言募集基金仅从学生方面着力,未及旅美华侨,且国防会同时寡〔募〕捐,故仅得千五百余元美金,然比较他种募捐成效,已可自慰矣。语毕由胡刚复君动议通过,竺可桢君副议,众赞成。

次由胡明复君报告会计情形(报告另见),报告毕,众推举杨铨君为查帐〔账〕员。次主席言本年募集基金得各界名人赞助之力甚多,兹由董事会提出赞助社员特社员名单,请年会表决,众全体赞成。计被举为赞助社员者九人,为黎宋卿、徐菊人、傅元叔、熊锦帆、杨沧白、赵竹君、谢蘅牕、凌潜夫、王云五诸先生,特社员一人为周美权先生。继推举明年司选委员,被举者为过探先、周仁、孙昌克三君。末由主席提议应由年会致函北京大学、南京高等师范、上海大同学院与朱少屏君,谢其扶持本社之厚意。众一致赞成,遂散会。

下午二时四十分开科学演讲会,到者六十余人,邹秉文君主席。邹君报告是日原有吴稚晖先生演讲,吴先生因误车不及到会。次介绍胡敦复先生演讲科学与教育。

先生首言此来为观科学社之成绩。同社诸君子,具此毅力勇往直前,则吾社作始虽简,前程实未可限量。次言吾国历来教育素不重科学,国人研究事理缺乏科学精神,故观察推理不能真确,设施举措往往易入歧途。三言科学为何物,本社有《科学通论》一书言之颇详。科学之本体,为研究真理,明其关系而著其系统;其可应用于人生者至大且广,虽现代之发明创造,恐尚未足以拟其毫末。四言人类进化,由自存自立以至自成,无时无处不赖科学。使人可以自存自立自成者,教育也;而教育所借以达此目的之具,与夫其施教方法之研究,则科学也。五言近世各科学之发达及其与于人群进化之关系。例如医学卫生之于上所谓自存,应用科学及农工商业之于自立,哲学文学美学之于自成,皆是。六言吾国之积弱,实坐不知科学之故。今者受病已深,不特无以自立,且几无以自存。今犹不务科学,必成不治之症。七言吾国近年已知教育为急务,然于教育之宜重科学则尚未甚注意。当今吾国教育之最大缺点,仍在缺乏科学知识与科学精神。(现今学界之好蹈虚,喜趋时,亦其一证。)末言科学社之目的当一面研究科学,一面以科学精神输入教育。兹事体大,社员力薄愿宏,深望国人有以助之。

次为过探先君演讲中国在世界农业之位置。略云今日非言发达农业之方法,不过先开门与世界比较以见优劣。生产三大要素为土地、资本、劳力。中国常以地大自居,今则土地日蹙,以地方面积论,俄最大,占全球百分之 16(简写作 16%,以下仿此),加拿大 6.9%,白累锡尔①(Brazil)6.2%,澳洲 5.7%,美国 5.79%,印度 5.79%……中国位置甚低。中国又尝以人多自命,若以每方里中所居人数计,英国一方里有四人,日本有三人,中国则仅有二人。以耕地论,美国每人有耕地 21 亩,中国每人有四亩,日本每人有两亩。次言各国农产植物之统计,与中国荒地之多,而以科学农业为振兴中国农业之要图。四时半散会。

晚八时三十分开审查名词办法讨论会,过探先君主席。过君言去年十一月底董事会委探先与美国分股委员会通信,由美担任调查书目,中国担任审定名词。继有中华科学名词审查会成立,本会曾派有代表。此会议决由本社担任物理名词草案,现所欲决者为请何人担任此事。胡明复君言名词会应有常川委员随时研究,故拟以《科学》一部分供其宣布之用,此事已由曹梁厦君接洽,继苏鉴君询此会内容,主席言先有医学名词审查会,继由省教育会改为科学名词审查会,江苏省教育会博物学会均加入。讨论至此,众主张举定办事人,公举胡敦复先生为执行员,胡刚复、竺可桢、周仁、杨孝述、罗英五君为起草员,并举定胡刚复君为委员长,遂散会。

八月十七日星期日,是日全日游览西湖。以讨论学术社务之暇登临胜迹,劳逸相形,其乐益甚。与游者四十余人,小艇六七,点缀湖山,为年会别开生面。晨十一时在公园照像。十二时浙江省教育会在高庄公宴到会社员,由教育会长经子渊先生致欢迎辞。首谓浙江教育会因西湖而得招待贵社,实为至幸。次述浙江教育种种困难,深以不能用本省教育人材为憾,继胡敦复先生代表科学社到席社员答谢,并略言浙江教育有优于江苏者数点。下午三时散席,众游湖至六时乃归。

八月十八日星期一。上午九时半宣读论文,郑宗海君主席。首由钱天鹤君报告吴稚晖先生来书述十六日不及来会讲演之故,并宣读本社名誉社员张季直先生贺电,电文如下:

"杭州清华旅馆中国科学社年会鉴,函悉。年会期届,走以事繁途远,未获躬与盛会,曷胜歉仄,惟祝赴务昌峩,志愿克达,敬此奉祝。张謇霰②。"

---

① 白累锡尔现译巴西。
② 霰为韵目代日,即 17 日。

次郑君致开会辞,谓各学会每年皆有论文,其目的有二:(一)互相策励,(二)公共研究,故余意以为谓之宣读论文,不如曰研究报告之为切当也。本年收到论文甚多,惟因限于时间故仅宣读下列三篇:

(一)《清代汉学家之科学方法》❶　　　胡　适(金邦正君代读)

(二)《细胞与细胞间接分裂之天演》❷　　胡先骕

(三)《汉阳铁厂炼铁法》　　　　　　　黄金涛(周仁君代读)

十一时散会。

下午二时三十分开第二次社务会,到者十八人,胡明复博士主席。首讨论期刊编辑部组织,杨铨君报告编辑现状及一年中之经过。胡君主张举副部长二人,因美国已举定部长。朱少屏君主张举副部长一人,书记一人。苏鉴君云恐美国年会仍照旧章选举。金邦正君动议新章由举出之新职员草定,经董事会通过作为临时章程。苏鉴君副议,众通过。胡先骕君动议先举正部长一人,书记一人,副部长俟得美国消息由董事会推举。周仁君副议,众通过。朱少屏君推荐钱崇澍君为候选正部长,金邦正君赞成。周仁君推荐杨铨君,孙昌克君赞成。竺可桢君动议停荐,周仁君副议。投票结果杨铨君得十五票,钱崇澍君得三票,故杨君当选。

次推荐候选书记。邹秉文君荐胡先骕君,贺懋庆君赞成。胡先骕君荐钱崇澍君,金邦正君赞成。投票结果胡先骕君得十四票,钱崇澍君得四票,胡君当选。

次杨铨君报告本年司选经过情形,谓今年因委员归国周折,寄票稍迟,此时票尚未〔未〕收齐,不能宣布结果。❸ 继讨论经理部组织。杨铨君主张合经理部长与总经理为一人。朱少屏君云发行应托书馆,从前如此办法每期销数极多,托卖利息较少,然销路可广。胡明复君云书馆宗旨不同,且恐本社精神退化,今日时间匆促,须从长再议。

胡刚复君报告筹备图书馆情形,谓图书部成立仅数月,故无成绩可言。现在所欲议者为图书馆性质与筹款两事。性质拟订为社员自用,以供参考研究之助。经费则仅购必需之参考书至少须一万金,每年须有三千元添购书籍。

---

❶ 原注:"见本月刊五卷第二期。"
❷ 原注:"见本月刊五卷第一期。"
❸ 原注:"见1919年司选委员报告。"

继讨论中美年会问题。胡明复君云中美应各有年会，惟其权限须无冲突。孙昌克君言美亦有社事，应有全权议决。孙恩麟君云以性质言，美年会宜改为社友会。邹秉文君云留美社友年会应由董事会召集，仅通过关于美国事务，其他议决事件须得董事会同意方为有效。孙昌克君云同一由董事会召集，若有冲突将如何。杨铨君云有冲突可由董事会取决。讨论至此，社员有出席者，遂不足法定人数，故此议未付表决。此陆费执君报告分股委员会经过，略分为三事：（一）调查书目；（二）名词研究；（三）中美分设分股委员会与总章冲突故不成立。时已五时三十分，遂散会。

八月十九日星期二。上午八时参观工厂及各著名机关，与者二十余人，共分两队。甲队首至贫民工厂，厂中工人三百余人，分木工、漆工、织工、藤工等科。出品皆坚雅可用。次至大英医院、省议会，屋宇布置亦均可观。次至纬成纺织公司，此公司用男女工一千余人，由检茧、缫丝而至织锦、制模版，皆用新法。布置井然，一望而知其经理得人也。闻每日可出绸缎数十匹。出此至武林铁工厂，此厂专制机件，有工人数百人。纬成公司所用机器多为此厂所制。厂中所用车床刨机等亦均自制。以上诸厂在国内均不多见者也。十二时至鸿安饭店赴俞丹屏、俞曹济两君之宴。二时始散，极酬酢之欢。乙队皆习农者，偕农校校长周幼山君至闸口参观该校农伤〔场〕，周君并备午餐招待。

晚七时在教育会所宴会，社员到者二十一人，来宾到者为省教育会长经子渊先生、电灯公司总理俞丹屏君、大英医院院长梅藤更博士、青年会伍立夫君等十人。首由钱天鹤君请金邦正君代表科学社致辞。金君首谓今年年会社员到者不少，实可欣慰，于年会期中得领略西湖风景并瞻仰浙江之教育实业成绩，尤足自庆。次谓此次会议数次，于本社进行之计划多议有头绪，然此后如何实行此计划以巩固本社之基础，是所望于社员者。继为来宾经子渊先生演说，略谓吾国果缺人材乎？尝见事业就人材，不见人材造事业，推其故有二：（一）学问与办事不相合，所学为静的而非动的；（二）学者未获有自创之能力，先欲推翻他人之言论事业。今科学社为学者之集合，其各种计划如建设图书馆研究所等等即表明贵社之建设精神，并足以代表科学精神。鄙人谨祝贵社发达无疆。次为梅藤更、伍立夫诸君演说，语多颂勉之辞。夜九时散席。第一次之国内年会亦从此结束。

附本年本社驻美分部与中国工程学会联合年会程序单

开会地点：美国纽约省脱雷城①冷色利尔工科专门学校②（Rensselaer Polytechnic Institute, Troy, N.Y.）。

九月三日星期三。下午二时到会者注册，晚八时开欢迎会。冷色利尔学校教授格履恩博士（Dr. Arthur M. Greene）演讲，年会委员长致开会辞。

九月四日星期四。上午九时科学社社务会，十一时参观集成电机公司③（General Electric Company, Schenectady, N.Y.），晚八时电机顾询师史登麦博士（Dr. Charles P. Steinmet）演讲。

九月五日星期五。上午九时中国工程学会社务会，下午二时宣读论文，晚八时与国防会合开交际会。

九月六日星期六。上午九时与国防会联合开会，并作名胜旅行，晚七时与国防会合开宴会，联合年会遂于是晚闭会。

《中国科学社、中国工程学会联合年会纪事录》选录④

驻美中国科学社、中国工程学会联合年会记事

吴承洛述

开会程序

地点：美国纽约省脱雷城论塞利尔工科专门大学（Rensselair Polytechnic Institute, Troy, N.Y., U.S.A.）

日期：民国八年九月三日至六日

九月三日星期三

下午二时　报到注册。 ………………………………………… 八七体育馆

---

① 纽约省即纽约州。脱雷（Troy）现译特洛伊，美国纽约州东部城市。
② 冷色利尔工科专门学校即下文所称之论塞利尔工科专门大学，现译伦斯勒理工学院。
③ 集成电机公司即下文所称之奇异电器公司，现译通用电气公司。
④ 《中国科学社、中国工程学会联合年会纪事录（民国八年九月）》，第1-67页。因篇幅较长，且有部分文字不清晰，故内容有所删节。

晚八时　　正式开会。……………………………………………………色隧工学馆
　　主席致开会辞 ………………………………………………………………侯德榜
　　论塞利尔学校代表致欢迎辞 …………………………………………………鹄　林
　　驻美中国科学社代表演说 ……………………………………………………何运煌
　　中国工程学会代表演说 ………………………………………………………胡光麃
　　论塞利尔学校机械科主任教授演说 …………………………………………鹄　林
十时半　谈聚；冰点

九月四日星期四

上午九时　驻美中国科学社事务会
　　主席 …………………………………………………………………………何运煌
　　董事会报告 ………………………………………………………………何运煌代
　　书记报告(记录书记唐钺) ………………………………………………何运煌代
　　会计报告(驻美会计裘维裕) ………………………………………………李　铿代
　　编辑部报告(编辑长赵元任) ……………………………………………何运煌代
　　分股委员会报告(分股会长陆费逵) ……………………………………吴承洛代
　　提议及讨论 ………………………………………………………………全体社员
下午十二时半　　参观赐铿城①奇异电器公司(General Electric Co., Schenactady②, N.Y.)

晚八时　赐铿城万国奇异电器公司欢迎会
　　主席致欢迎辞(该公司副会长) ……………………………………………乌　旦
　　名人演说(编辑长) ……………………………………………………………畜　仪
　　名人演说(电机工程师) ……………………………………………………史登麦
　　电影演说(电机工程师) ……………………………………………………埃　墨
　　联会代表致谢辞 ……………………………………………………………刘树杞
　　果饮小点

---

① 赐铿城现译斯克内克塔迪，美国纽约州东部城市。
② Schenactady 应为 Schenectady。

九月五日星期五

上午九时　中国工程学会事务会 ················· 色隧工学馆
　主席 ······································ 侯德榜
　会长报告(陈体诚) ·························· 吴承洛代
　书记报告(罗英) ···························· 吴承洛代
　会计报告 ·································· 刘树杞
　名词股报告(苏鉴) ··························· 李　铿代
　编辑发刊股报告 ····························· 侯德榜代
　提议并讨论 ································ 全体会员

下午二时　论文宣读会 ························· 色隧工学馆
　主席 ······································ 吴承洛
　《镜片与眼睛》 ····························· 严康侯
　《铁道施电论》 ····························· 周　琦
　《重制铬酸电解新法》 ························ 刘树杞
　《工程师之修养》 ························· (未到)杨耀德
　《电动机于工业上之应用》 ··················· (迟到)许　坤
　《美国东部矿冶考察记》 ······················ 张名艺
　《美国西部矿冶考察记》 ······················ 林士模
　参观论塞利尔学校工科实验所及化学馆

晚八时　俱乐会 ····························· 论校俱乐馆
　游戏竞答 ·································· 何运煌
　单双哑数 ·································· 张兰阁
　巧接地名
　谈欢,冰点

九月六日星期六

上午十时　参与国防会建业大纲讨论会
下午二时　照像

参观克何①电力厂

　　游览名胜

晚八时　宴餐会 ………………………………………………………… 妇女青年会

　　主餐

　　演说——鹄林、克拉、侯德榜、胡光麃、鹄林夫人、向哲濬

　　正式闭会

开会式

　　九月三日晚八时正式开会。首由论塞利尔工科专门大学代表鹄林教授致欢迎辞。略谓,美国最古之工程学校,谨欢迎世界最古国之科学社与工程学会会员在该校开联合年会,本校实与有荣焉。即请主席侯德榜君就座。

　　侯君言此次科学社与工程学会开第二次联合年会,两会会员各得互相磋磨,实中国学术上之最可庆幸者也,同心协力,共谋我国学理与工业之进步,此两会社之天职也。

　　主席请科学社代表何运煌君演说。何君历陈科学社成立之历史,与其现在实情。其宗旨在谋我国科学发达,事事物物,均以科学之眼光与其法则而研究之,庶真理日明,俾我国能于世界科学之将来占一重要位置。

　　次由主席请工程学会代表胡光麃君演说。胡君亦将该会成立缘起及其现状,一一说明。并谓中国古时未尝无工程学也。周汉之际,我国工程学已大发达,惟后世重虚文而轻实用,以致工学一蹶不振。又谓中国亦未尝无工程会也,百工各有同行,惟少以科学方法而研究工程学问而已,今本会一矫前弊,俾中国工程事业,亦随工程学而次第俱兴。

　　两代表演毕,主席即介绍论塞利尔学校机械科主任教授鹄林(Prof. Arthur Greene),并谓先生素以热能学(Thermodynamics)著,今欲讲说首应用热能学以发明近世汽车之瓦特生平事迹,以为吾辈铭箴。鹄林先生出座,题为《瓦特传》(*Life of James Watt*)。

　　"一九一九年八月十九日,适为瓦特卒后一百年之纪念。瓦氏为近世汽机力之祖。苟无汽机,则安有今日之工程哉。且其坚志毅力,技巧灵敏,更足为工程师之模范焉。

---

① 克何(Cohoes)现译科霍斯,美国纽约州东部城市,在特洛伊以北不远。

【瓦】氏生于西历一七三六年正月。其父为苏格兰人,以营商破产,故家穷不能胜,少有大志,身体虽弱而不惮艰苦。年十九,往伦敦某科学仪器店为学徒。后欲自创仪器馆,而为同行所陷,不成。次年,乃往谷拉司高大学①(Glasgow University)为修理天文仪器之业,遂与发明隐热②之白勒教授(Prof. Joseph Black)及落滨生(John Robinson)为莫逆交。

当时机械粗陋,耗费不堪。瓦特从事研究旧有机器,两载无成。至一七六五年,修理纽康木(Newcomer)旧式汽机,因悟理神速,遂发见〔现〕该机种种短处,及其所以补救之方。纽机热之冷之,互相间换,为耗消蒸汽过多及运用甚慢之大因。瓦氏乃令蒸汽凝结于另一机关,与汽筒相联,庶汽筒之温度与凝结水之温度,相差甚多,汽力之功效亦因之而大。

初造瓦特汽机于卢保(John Roebuck)铁厂。厂倒,而瓦氏之望几绝,适得波路堂(Matthew Boulton)工厂之助,乃能竟厥成功。此一七七五年事也。

其后连发明各种机关,如由返动而生环动之法、双连动作、平行动作、膨胀动作、节瓣、整速器、指压器等。于是机汽之枢纽大备,而其应用大著矣。

瓦氏成功之秘诀,则全在刚毅坚耐,推理论证。其所发明,开近世工业上之新纪元,且和顺温雅,有儒者风。

鄙人今晚敢为诸君进一言,遇事有勇,工程师之模范,无过于瓦特辟草莱,斩荆棘,竭力向前,不到虎穴,安得虎子。诸君其勉乎哉。"

鹄林演讲时,由克拉教授(Prof. Clark)影照图片,将瓦氏之发明节节显示焉。

驻美中国科学社事务会

此次联合年会,为本社第四次年会。第一次与第二次年会,由本社独自举行。去岁第三次,始与中国工程学会联合。惟往者年会均在美国,今年则分为国内与驻美两年会。国内年会,定在西湖,为本社国内第一次盛举,而驻美年会,则仍得与工程学会携手,同人等莫不称幸焉。

前此每次年会均由社长主席,惟今年则大异。本社职员,大半均在本国,驻美董事,共

---

① 谷拉司高大学现译格拉斯哥大学。
② 隐热(latent heat)现译潜热。

有二人,赵元任君为编辑长,唐钺君为纪录书记,然二君均因有特别事故,临时不能到会。

年会委员,以胡光麃君与何运煌君为最熟悉社务,故董事以全权托之。是日事务会,何君为主席。

主席首道本社国内情形,以为社务中心已在本国,此固理势应然。南京高等师范学校与上海大同学院二事务所,已为本社立牢固不拔之基。种种事务,国内职员与社员均抱积极进行主义。国内西湖年会,定有一番豪气也。基金之募集者,国内共得 $11 600 元,在美共得美金 $1 506.50 元。惟距五万之数尚远,因征求终身社员,以其纳费悉归基金。(其法详见《科学》,并参观下文唐钺君在美劝募基金捐成绩报告。)何君并报告,驻美经理关汉光君将回国,杜光祖君已担任其事,董事部全体同意。又董事选举结果尚未出,惟明年董事在美者,至少有二人,赵元任、唐钺二君,为任期之第二年。若裘维裕君当选,则在美有三人,故驻美社务,仍可望进行无碍。驻美会计裘维裕君,因功课太忙,有请辞职,董事会以裘君办事热诚老练,已特行挽留,殆可得其俯允。又本年书目调查,成绩卓著,乃陆费执君忠于其事之故,同人所深感谢者也。明年即将调查书目在国内发刊,并连续由新分股委员会调查新书。

主席报告普通社务毕,乃请社员数人,代行宣读各职员报告(详见后,并参观开会程序表),均经全体到会社员承受后,再讨论提议事件。

吴兴业君报告分股委员会选举舞弊事。(按本社函牍书记孙洪芬君回国后,即请吴君于新任书记未选出以前代行职务。)吴君略言本年驻美分股委员会选举股长,由前任委员会会长陆费执君办理,分发选举票与各社员,请其选举所属股股长,结果发表后均甚满意,惟汤震龙君被选为土木工程股股长,大出该股股员意料之外。当时前任该股股长苏鉴君,适有事由中美至东美,路经绮色佳,即康南耳大学所在处也,颇闻该处同人以为汤君素有神经病著名,此次选举,大加运动,闻投票者有一人并非社员,有一人虽为社员而不属土木股,此次当选,大失众望。苏君原拟以交代事项办妥,寄交汤君,而绮色佳同人为维持社务起见,一面拟致函社中告发一切,一面劝苏君暂缓交代。推本求原,此事应商之陆费君,设法补救,惟陆费君于旋期忽促之间,已将选举票一切焚毁,无从查考,且其人现已在国内,函商费时太久,惟知汤君与茅以升君得票相同,由司选者陆费君投汤君票,故汤君竟行被选。后查得该股股员严宏洭君,乃投选汤君,其所得选举白票,系由汤君转给,驻美董事会,以严君得票手续已为不法,可照章作为无效。若是则次多数茅以升君实当选为土木股股长,而汤君之被选举应作为无效,当时即由代理书记函知汤君,告以并未被选及其理由,同时函知茅君,告其被选。严君闻其票作为无效,因特函声明如左:

"前次科学社选举,汤君曾由弟投一票,举为土木股股长。当时弟以初入社,昔日选举情形概未经过,所投汤君之一票,系由汤君转给。逾日见今年新社员均接到委员会寄来选举票各一张,而弟独未接着,似委员会诸君,于办事手续上稍有未到,故后有函致本社质问,并非索票,即如票寄来,弟亦不能再投,此是另一问题,与前投汤君票一节无关系。该票既由弟亲自签名,自应有效。恐生误会,特此声明。"

严君不过为尊重自已〔己〕签名起见,于舞弊事无关,惟是函足证汤君曾得多张选举白票,有运动选举之嫌疑。在他种会社,冒票情事本不为怪,惟本社性质不同,决不应有此行为。然汤君尚不自原谅,改过自新,且来函详细追问,以为既属社员,自应有被选举权,决不承认其股长无效取消,故此事董事会不能解决,请年会全体讨论。

李铿君云:此事既属土木工程股事,应由该股股员设法解决,攻击汤君。

吴兴业君云:若过在汤君,则是土木股分内事,然汤君由陆费君处取选举白票多张,若归罪陆费君,则此事牵动全体。

主席何君云:攻击汤君无理由。既为社员,则自有被选举权。若因谓其得票不法,则执法与纵法者为陆费君。因其选举未依法,既与汤君多张选举白票,遇同票时复投汤君票,且焚毁选举票存根,故陆费君之误居多,其管理选举行为,既为不法,则此次选举,应全体作废。

侯德榜君云:选举全体作废,重选则未免废〔费〕时太多,不如由董事会委任该股股员,调查股员投票为谁,或重举土木股股长。

褚凤章君云:土木股选举,可作为无效,重选股长为宜。

侯德榜君提议请董事会特派土木股员,检察〔查〕股员投票者为谁。

吴兴业君云:土木股员之于今年回国者则何如,此不可不注意也。

主席云:侯君之提议,有李铿君赞成。众通过。

吴承洛君云:此次选举舞弊笑柄,皆由未依选举章程所致。向例股长选举,由各该股前任股长主之,各股长将该股股员名单,与选举次任股长票,一并寄交司选委员,发交社员。回票皆由司选委员所得,结果亦由其发表。若今年分股选举方法,实与向例及正当手续相背驰,然分股选举详细章程,从未刊行,以致股长无从遵守。故鄙人提议,请董事会速将分股选举详细章程,及其他一切细章,概行刊出,或加入社报,庶各职员有法可循,而不再生此种误会及不法行为。

主席言:吴君提议,吴兴业君赞成。众通过。

徐昌君问本社有无选举详细章程。

主席答:恐有之,但未见宣布。

徐昌君云:选举结果,应报告票数,不然有弊。此次选举可称不法。

主席云:正当办法,乃全数无效,惟因时间问题,年会即已决定请董事会特派土木股股员检查,则不牵动全体,于他股务进行可无妨碍。此次年会事务会,到者只十八人,不足法定人数,故所议诸事,悉作为议案,以备董事会采择。

时已十时半,无他事讨论,且十一时众往察观奇异电器公司,遂宣告散会。

纪录书记报告

〈略〉

驻美会计报告

〈略〉

在美劝募基金捐成绩报告

〈略〉

编辑部长报告

〈略〉

分股委员会报告

〈略〉

生计股报告

〈略〉

农林股报告

〈略〉

土木股报告

〈略〉

万国奇异电器公司欢迎会

九月四日上午,科学社事务会毕后,十一时半,群坐专车,由脱雷城往赐铿城。两城邻近,电车只须一时之久,而繁盛相等,大小相似,实业兴旺,工厂林立,又复不相上下,惟前城多制造内衣颈领等工厂,皆属女工,故未嫁女子恃工以生活者五倍于男子,亦称曰颈领城,后城则以奇异电器公司总厂所在之处,故号曰电城。

此公司与西屋电器公司①齐名,为美国电器公司之最大者,所制种种电机电器,上自电力厂、电战船、电铁道等之宏伟,下至量电器、电风扇、电灯泡等之微细,均通用。

国内与国外万国奇异电器公司者,乃即奇异电器公司分枝,专理美国以外之营业,并于外国创设工厂,以辅助母厂所不及。赐铿总厂,又为该公司诸厂之最大者。除制造厂外,并有理化研究所,有著名物理专家、化学名师多辈,格物致知,穷年竭月,故能发明发见〔现〕,日新而月异焉。盖理化为制造工程之先驱及其基础,研究所有新得后,制造厂始为大宗制造,以供商业家之发卖,而专利赔偿,于是公司致富矣。

专车抵赐铿城公司门口,房屋巍巍然,入门由招待员领至食堂,即该厂公认聚餐处也,每人取一铁盆,排队而入,厨女供菜各一份,群至长桌共食。中餐取价极廉,乃优待工人所应为之事,惟此次同人便餐,乃由该公司款待。

食毕已下午一时又半,招待员即分同人等四十人为五队,每队有工师指导,分至各机

---

① 西屋电器公司(Westinghouse Electric Company)又译西屋电气公司。

器厂参观,惟全厂过大,每队只观七八厂,不能遍至。每至一厂,即由导者说明制造方法之大概。实地考察有不明处,亦可随意问难。所有动作,均用机器,工人不过运用各种机器而已。参观毕,时已五时半,工人换班,来替往交,络绎于途,同人亦告辞向导者道谢而出。

会员有数人本在该处奇异公司及车头公司工作,自命为本地主人,即分同人等为多队,游览全城故迹良景,尽欢而毕,夜餐或至中国饭馆,或往用西餐,各听便。

天色朦胧,已将八句钟矣,群往奇异公司所属之爱迭生馆,即其俱乐部也。内有各种球戏抬〔台〕子、象棋、乐器及各种杂志与新闻纸类,以备工人暇时之需。入礼堂,即有主人四十余人,欢待来宾四十人,宾主寒暄团谈,一时握手言欢,几有应接不暇之势。堂上装饰品,只有美国各大学及各专门学校校旗。主人皆该公司工程师及管理员,多出身大学而来宾则亦多曾经美国各大学之训练者,故遇同母校者,自有一番"学校精神"发现,议论母校情形等,纷纷不停焉。

堂上并有台桌七座,每座可坐十人至十二人,备冰冷果饮及饼点并纸烟等于台上。至八时半,主人请就座,宾主每人相间,以示招待周至焉。

首由主席乌旦(M. A. Ondin)君致开会词并欢迎词,乌但〔旦〕君为万国奇异电器公司(International General Electric Company)副会长,代表该公司,其词略述如下:

"今日中国科学社及中国工程学会会员,特来参观奇异电器工厂,是敝公司所最欢迎者,况中美两共和国,尚有特别友谊乎。美国之于工程学术上,至今已雄驾全球。若欧洲各国,则颇注重理论,非如美国注重实用之甚也。中美气候相同,地面相似,关于工程上之难题,亦复相类。中国最大工程事业,莫过于开沟大运河及堤防黄河迁流二事。天文仪器之精,孔教道统之奥,美术也,哲学也,皆中华文化之可称羡者也。近世中国之发展,有数千年之历史,以为其基础,世界各国文化基础之深切而牢固,莫中国若矣。今者中国维新,政归共和,仁人志士,莫不具爱国热诚,而振兴实业,尤为急务。地大物博,山深土沃,富源可谓无穷,人工精勤,工价复贱,工力诚大无比。若能利用美国之经验与资本,则中国实业前途,有厚望焉。关税修正,务使公平,中外交易,务尚平等,又为中国工业繁盛之保障,不可忽也。但南北统一,政治修明,实为贵国今日宜首先解决之事,皆诸君之责也。"

乌但〔旦〕君演词毕后,即请畜仪君(Dr. J. R. Hewitt)演说。蓄〔畜〕仪君为《奇异电学》杂志(General Electric Review)总主撰,历叙奇异公司关于辅助欧洲大战成功之勋绩,至为详细。盖兵力之强,全恃军器之精、军需之厚,故工厂之准备,恒为军营准备之先锋焉。自欧战以来,奇异公司之制造品,百分之九十五均归为战时之需。关于化学上,则制造毒气,固定空气中氮气为硝化合物,以为火药之原料。关于医学上,则有X光管、氪管等,以治理伤兵之用。关于炸弹,则制造特别弹钢、毒气弹、蔽烟帘等,以为战场军品。至于电学原部,则供给海军者为多,若战船上之水轮、探远电灯、电热器、无线电报等。此外购买自由公债票达额二十一百万之多。

次由主席请史灯麦君(Dr. C. P. Steinmetz)演说。史博士为美国最著【名】电机工程师之一,为欧产之移居美洲者,其草创美国电机工程事业,颇有卓功,现为奇异公司顾询工程师。其人矮如侏儒,而肩担宽阔,背骨隆起,有类骆驼,面目凶怖,无异金刚,性癖烟,雪茄含口不停,舌卷圆,英语犹有佶屈,然声音洪亮,而且明朗,所言多是至理。其略曰:

"中国为世界最古之国,美国为世界最新之国,今中国科学社与工程学会同人,群聚于此,得相讲论,实鄙人生平之幸。夫工程师者,乃近世实业之创造祖,而权力之基础也。若科学家者,则万事万物之先导也。工业之力无限,而军队之力有穷,故国之强盛,惟工业是赖焉。一国工业之发达,并非工业发达于其国,实工业为其国所发达之谓也。亦非工业为外国人所发达,实工业为本国人所发达之谓也。故一国工业之发达,应由本国人自办,亦惟本国人是赖。若科学与工程学,则万国一体,无问中外者也。但今日中国工业发展,须有外助。盖工业为外人所草创或受外人之助以开始之,可无妨害,惟须保全本国性质,勿为外人所抚养而已。开设工程学校,培养工程人才,夫然后建设工程事业,富国利民,皆在乎此。美国者,当今世界实业发展之首雄也。因其地位时势使然,但其始亦未尝不借助欧洲各国之助也,今则驾乎而上之。美国文化,本为希腊罗马之文化。若中国,则有固有之文化,惟他国文化之长处,中国亦应尽力仿之。今愿中美两国,各处东西洋最良之地带,诚能互相提携,同力协助,共谋为工程上与科学上之霸王焉。"

次由主席请埃墨君(M. L. R. Emmet)演讲。埃墨博士,亦为奇异电器公司顾询工程师,以电动战舰著名,十年以前,应用电力以驶船艇,已为工程界上之讨论问题,惟埃墨博士首与美国海军部汽工科协办,以有电动战舰,今即此为题,将其半生之经验,悉详于下文演说:

"工程事业,须具共和精神、平等主义,学问之高下视乎教育,而受高等教育之机会则有不同。若使人人能得有正当之机会,以实其所抱负,则工程事业,亦能公之同好,而文化亦因此而有进无疆矣。"

"近世电业之发展,使人人得受其福,已家喻而户晓矣,而电力之应用,以电轮之力为大。电轮之构造,今已十分圆满,用途亦渐广。战舰素用水轮及汽轮以为旋转之机。用电轮者,自美国始,其最要利益,可略言之。"

"战舰宜有最高速,故用高速电轮。然若用两对磁极,则或高速或低速,可应时而换。电力转轮,最简单,又清洁,省地位,节燃料,而且安全。每舰用二架厥梯水轮发电机(Curtis Turb-generators),每架生电至 14 000 马力之多,电由总机关节制,用以供给四架电动机,每架须电 7 000 马力,轮船速度可至二十余里①(Knot)。所有美国大战舰,均用电力,惟尚无他国仿行之。奇异电器公司,现正设法用电力以转旋商轮,惟电轴成本较高,而日费则较低,故大商轮若用电力,比之汽力,节省多多矣。"

埃墨君说毕,即以活动影片,演美国水路交通之历史。其影片名曰《海龙娘》(*Queen of Waves*),首叙野蛮土人,构树为舟,凿木为船,为水路交通之滥舱〔殇〕。及后欧人发现美洲,始有较良之人力船,时西历 1492 年也。至十七世纪中,乃有用骡②以运船者。汽力建船,始于十八世纪之初叶。更一百十年,而最大电动战舰,告厥告功。故"新墨西哥"大战舰,足为水路开一大纪元,为美国海军运莫大之勋业。至一九一七年,美国最大造船厂建筑成功,则将来美国为海上霸王,宜在意中耳。

影片毕,主席请两学会代表刘树杞博士演说。刘君略叙中美商业上之关系,甚为圆满,亦甚得体,末并代表中国科学社与中国工程学会同人,致谢奇异电器公司欢迎之盛意。

钟过十一点,遂散会,会员等共乘专车回脱雷城。

中国工程学会事务会

〈略〉

论文宣读会

〈略〉

---

① 里即海里,现译节。
② 骡应为螺,即螺旋桨。

俱乐会

此次俱乐会并未请客,亦无女宾在座,若以西洋眼光观之,已不成其为俱乐会,惟同人等得畅所乐,毫无遏制。

首由何运煌君作游戏问题,听者竞答,最先答对者,照问题之难易,而定分数,有时答者牛头马颈,指鹿为豹,大惹笑柄,其结果,黄叔培君脑筋灵运最速,得首奖,林士模君次之,得次奖,所奖为何,则三岁小孩之耍具也。

次由张兰阁君顶班,令众作圆形,各依次作哑数,其法单数只用只手,双数必用两手,若非镇静异常,鲜不互相纷乱矣。

末由某君发起,作接英文地名之戏,前人出一地名,以某英文字母为尾,次人则接一地名,或以同一字母为首者,如是互相连环,其不熟悉地名,或不能如限快答者,即如败军之将,低手晦气矣。

同时糖饼冰酪上座,各畅小点,时已不早,遂散会。

游览会

下午往克何参观水电厂(Caboes① Hydroelctic② Power Plant),共有三座发电水轮,每座可供 1 000 马力,其中一切构造,均根据最新电力工程,由胡光麃君领队,因胡君曾于此道深加研究也。

后又往波邓水轮(Burden Water Wheel),此轮称为世界第一大,直径长六十呎,可生五百马力云,惟现今已成为古绩〔迹〕矣。

四时半,格林夫人敦请同人等至其家开茶话会,并聘少年女子数位奉陪,尽欢而散。

宴餐会

星期六晚六时半宴餐会,与国防会联合,群聚于妇女青年会,每席美金一元五角,到者共二十八人。何运煌君为餐主。食毕,何君大显其诙谐之口语,历请数人演谈,而演说者,亦各尽其能,而勉以诙谐之语笑答之,其说演次序如下:

---

① Caboes 应为 Cohoes。
② Hydroelctic 应为 Hydroelectric。

鹄林教授：此次贵国三会，开联合年会于此城，甚羡三会之发达，更羡诸君为国防、科学、工程之先锋也。

克拉教授(Prof. Clark，为论塞利尔工科专门学校土木科教授)：中国科学社、工程学会及国防会，无论战时与平时，均有密切之关系。若无科学之发明、工程之建造，则空言国防，又何益哉。自欧战以来，美国各科工学会之尽力于战争者，当居旋凯之首功。诸位回国后，切勿专为一己富贵功名计，事事均当以国家及人民之幸福为正鹄，则与今日三会社联合年会之至意不背驰矣。

侯德榜君：中美法，世界上三大共和国也，法最老，美次之，中最幼。今美国以方刚之强盛，既越大西洋而拯救老共和国于强权威武之下，则亦应越太平洋而与幼稚之共和国相提携，故甚愿中美之友谊，与日俱长也。

胡光麃君：年会之要旨有三，曰乐所能乐，曰学所能学，曰献所能献，三者尽，而年会之能事毕矣。诸君思之，此次年会，果尽此三旨也，则皆诸君同力合作之赐也。

格林教授夫人(妇女青年会会长)略言：美国女子参政，至今已将成熟矣。

向哲濬君代国防会感谢论塞利尔学校、科学社、工程学会同人之为国防会并助，云山东交涉吾国又已失败，吾人其勿悲，只须注重实行，不尚空虚，则中国进步有日，而世界受其赐无疆矣。

散会已八时钟，互相握手道祥而别。

正式闭会。

联合年会委员股报告

〈略〉

5. 第五届(次)年会(1920年8月,南京)

《中国科学社第五次年会记事录》选录[①]

中国科学社第五次年会纪事

年会书记何鲁纪

中华民国纪元第九年,即西历一九二〇年,八月十五号,中国科学社在南京成贤街旧文德里新社所内举行第五次常年大会;至八月廿一号,年会毕。社员签到者,计五十三人。这七天所经过的事体,都列入后面年会程序内,读者可以一目了然。接着便是逐日的重要记载,对于各事略加说明。若要深明本社内容及进行情形,请读本社职员报告。

本社第五次年会程序

第一日　民国九年八月十五号

　　午后二时半　举行年会开幕式,并纪念图书馆成立

　　　　社长任鸿隽致开会辞,来宾演说

第二日　十六号

　　午前九时四十分　社务会

　　职员报告:1.社长任鸿隽君,2.书记杨铨君,3.会计胡明复博士,4.编辑杨铨君,5.经理钱天鹤君,6.社所委员王伯秋君,7.名词委员胡刚复博士,8.司选委员过探先君

　　午后二时　学术演讲

　　　　颜任光博士演讲实验主义

　　晚八时　通俗演讲

[①] 《中国科学社第五次年会记事录》(1920年刊)第1-26页,附后之《职员报告》各篇及《本社呈领南京社所始末记》《附陈请设立研究所议案》等篇均略。

钱天鹤君演讲蝇蚊与疟疾(用影片)

第三日　十七号

　　午前九时　宣读论文

　　　1. 谢恩增博士：《中国脏腑经络学之沿革》(孙洪芬君代读)

　　　2. 茅以升博士：《西洋圆周率史》

　　　3. 过探先君：《中国棉业之前途》

　　　4. 何鲁君：《中国中等算学教授选材问题》

　　午后二时　学术演讲

　　　任鸿隽君演讲爱恩思坦①重力新说

　　晚八时　学术演讲

　　　黄昌毂君演讲钢铁金图学提要(用影片)

第四日　十八号

　　午前九时　宣读论文

　　　1. 竺可桢博士：《西湖造成原因》

　　　2. 李寅恭君：《鸟对于农林之利害》

　　午后一时　会餐

　　　社长任鸿隽君主席,孙洪芬君演说,来宾演说余兴

　　午后四时　社务会

　　　提议事件

　　晚八时　通俗演讲

　　　严庄君演讲美国某处铜矿之概况

第五日　十九号

　　午前九时　宣读论文

　　　1. 赵元任博士：《注音字母与译音标准》

　　　2. 颜任光博士：《阳极电射》

---

① 爱恩思坦现译爱因斯坦。

3. 经利彬博士：《麻醉剂对于血液成分之影响》(何鲁君代读)

4. 钱天鹤君：《新式蚕种盒》(过探先君代读)

第六日　二十号

午前九时　社务会

提议事件,选举：1. 名誉社员,2. 赞助社员,3. 特社员,4. 司选委员,5. 查账员

午后二时　游览

晚八时　通俗演讲

赵元任博士演讲太阳系

第七日　二十一号

午前　游览

晚八时　交际会,正式闭会

年会第一日　八月十五号星期日

是日午后二时半,在成贤街旧文德里本社社所内开会,各界来宾及社员到者约八九十人,当由社长任君鸿隽致开会辞：

"今天中国科学社第五次年会开会,并且为本社社所及图书馆新立纪念,得诸位社友及好友不远千里,来此赴会。鸿隽先代表本社致感谢之意,次为个人致欢迎之忱。本社成立至今是第六年,本社的年会,今年是第五次。前三次年会,是在外国开的。去年第四次年会,开在杭州西湖,是在国内开年会的第一次。今年的年会,算是在国内的第二次。不过今年还有特别可喜的事,就是我们这次的年会,不但是开在国内,而且是开在本社自己社所之内,这确是一个可纪念的事。"

"为甚么说这开会在科学社的社所内是一个可纪念的事呢？这可纪念的地方,不是因为我们在中国科学社开年会,是因为这茫茫四百州的大中华民国,也有了一个科学社的社所。诸位晓得现今观察一国文明程度的高低,不是拿广土众民、坚甲利兵,和其他种种皮面的偏畸的事体来作标准仪,是拿人民知识之高尚、社会组织之完备和一班生活之进化,为测量器的。现今世界被科学智识之发达,与科学发明之应用,把一切,人类的生活、行动、思想、愿望,都开了一个新面目。那一国之内,若无科学的研究,可算是智识不完全；若

无研究科学的组织,可算是社会不完全。有这两种不完全的现象,那社会上生活的情形,就可想而知了。所以我们现在放眼看看,世界上号称文明的国度,他们国内各种学问的发达,固不消说。再看看各种学问发达的原因,正是因为他们学界中人,对于各种学问研究的兴味常浓厚,那各国中的学社林立,正是他们的研究兴味的表示。我们中国人自来以无学闻于世界,对于后来居上、得之则生、不得则死的科学,尤为瞠然居后,是无可讳言的。但是在现在这廿世纪文明进步一日千里的时代,我们也居然晓得科学。不但晓得讲科学,还要发奋自雄,居然以研究科学为事,组织了这个科学社。既刊行杂志书籍,复设立图书馆、研究所,要使研究科学的事业,一件件实行起来。既不是趋一时的好尚,也不是撑无谓的门面。有了这个社所,不但可以对着英国的皇家学会、法国的科学〔学〕院、美国的史密孙学会说,我们也赶着步趋你们的后尘,简直可以说中国的科学,已经在此地下了一个根子,以后的发达,只看我们如何的培养罢了。所以我说这茫茫四百州的大中华民国,有了一个科学社所,是极可纪念的事。"

"现在要讲一讲本社组织的性质及历史。目下中国的各种团体,非常之多,观者几有目迷十色之概。近见某杂志上,有一篇文章,把这些团体分析得最清楚,中说'号称学术团体,如学会学社研究会之中,有专为译书而设的,可叫做译书团体,有专为办杂志而设的,可叫做杂志团体,这两种算是间接的学术团体;有为结合同志而设的,可叫做学友团体,有联合几个学校而设的,可叫做学校团体,有联合一部分的学生而设的,可叫做学生团体,有联合一地方同职业的人员,研究技术或教术而设的,可叫做技术团体,这几种算是类似的学术团体。此外如包揽政治的祸国党、保全饭碗的讨债团及专事娱乐的俱乐部、招摇撞骗的流氓群亦多窃学术团体的名号,所以学术团体,指不胜屈。'

又说:'诸种团体之中,有严定会员资格,非由专门学校出身,不得入会者,可称为学者团体。学者团体和学术团体的区别,在学术团体的要素,不仅联合学者而已,须有学术上的研究发表,才算得名称其实。……中国科学社,怕还在学者团体和学术团体的中间。'"

"这是外间人议论学术团体的话,我征引起来,是要看看团体的多,学术的少,是现在中国的一个怪现象。至于我们科学社,究竟是学者团体或学术团体,还不是现在所能论定的。"

"中国科学社的唯一宗旨,是图中国科学之〔发〕达。发达科学的方法至少有两方面,一是自己研究科学,发明他人所未发;一是传播他人所发明的于一般公众。前者是为己,后者是为人。前者是科学所由发生,后者是科学所由普及。两件事在学术的进化上,皆是必要的。所以外国的学会,有专为第一项的,如英国的皇家学会、法国的科学院都是。有专为第二项的,如英美两国的科学共进会都是。要做研究科学的事业,自然有图书馆、研究所、博物院等组织,而杂志书籍,不过是一种发表研究所得的机关。要做传播科学的事业,自然以发行杂志书籍为主要事业,而图书馆、博物院也是不可少的辅助机关。所以两方面的办法,虽主点不同,他们的事业,还是有许多可以贯通的。中国科学社成立以来,于今六年。这六年之中,只发行了一种《科学》杂志。换一句话说,就是我们立了发达科学的宗旨,仅仅做了一点传播科学的事业,这是我们最抱歉的。但是我们的意思,却不敢以能讲科学为己足,我们是要自己实行研究,也在世界智识的总数上,有一点贡献。为了这个原故,所以我们赶紧设立了图书馆,以后的研究所、博物院,也要陆续设立。这个勉强实行的意思,第一因为空言提倡,固于科学未见有益,即徒事传播,也不过是一种裨贩的行为,必定要能自行研究,乃为有本有源,于科学的发达,方有希望。第二因为这实验研究,是现今求学的唯一方法。我们既忝然生活于世界之上,也应该于学术的渊海中间有一点半滴的增加,方才不使世界上的人说我们是一种最不中用的民族。这是我们大家的一点微意,至于何时才做得到,就非我们所得知了。"

"说到科学社的历史,诸位晓得这科学社是在美国发起,搬回中国来的。当时发起的时候,不过在外国留学的几个学生。现在我们的社员,却是遍于国内,数在五六百以上。当时开会时地方不过是寄宿舍的一个小室,现在却有了这样美丽的社所。科学社的成立不过六年,何以能为此发达呢?就是因为第一,科学在现今的世界占学术上重要的地位,在目下的中国,尤有特别的须〔需〕求。第二,得国内的明达极力为之扶助。第三,本社的社友,自来有一种为学术牺牲的精神,不但牺牲金钱,而且牺牲精力,不但牺牲精力,而但〔且〕牺牲意见。有了这三种要素,才能维持到现在的地步。我甚希望我们社友永久保持这种精神,猛勇先进,不但无负国内诸先生扶持之盛意,也可以尽我们以学报国的天职。"

"科学的年会,也有几种用意:一宣读论文,使社友们可以交换意见,讨论学术上的问题。二公开学术讲演,使一班〔般〕人知道科学上的新理与新发明。三借到会之便,大家可以温叙旧交,联络情谊。今年的开会程序,对于这三件事体,都豫〔预〕备完备周到,鸿隽请以最诚实的心意,致谢年会干事诸君的劳苦,并希望来宾及到会社友的康健与快乐。"

辞毕，由年会书记何鲁宣读南通张季直先生贺电，及山西阎锡山先生祝词。次社长介绍来宾演说。初为江苏教育厅厅长胡玉荪先生，略谓中国向来偏重文学，所以科学不发达。自科举废、学校兴，大家颇知趋重实学，惜国家多故，教育事业停滞，迄今未见大效。诸君子以发达中国科学为职志，必可辅导国人贯澈〔彻〕此种愿望。欧战以后，群鉴于德国以科学最发达之国而遭失败，皆移其注重科学者而注重哲学，不知德国自有其取败之原因，实与科学本身无关。且科学哲学，一能使人得正确知识，一能助人发达思想，实不可偏废云。（众鼓掌。）

次江苏实业厅厅长张轶欧先生演说。辞甚长，庄谐兼出，听者都无倦容。张先生首言，现在为科学时代，一国能不能存于世界，全看科学发达不发达。故此时研究科学，即我国救亡方法之一种，所以的缘故，因为利用科学方法，便可以启发利源，及改进人类生活。我看在中国最活动的人有两种：一种是不求知识，只凭势位，做过一两次事，便自以为有了经验，自以为是万能的；一种是看了几个新名词，听了几个新主义，对于学说内容，都是道听途说，便满口平等自由，一切分内的事全丢在脑背后。试问中〖国〗偌大土地、偌多人民，为甚么弱呢？因为是穷，所以就弱了。为甚么穷呢？主要原因，就是我们农业、工业、商业，都是依经验得的老法做去，与欧美科学的农工、商业相形见拙〔绌〕；地利多遗，物力未尽，自然有不敷供给的日子。所以我说的根本解决，是要从研究科学同利用科学方法入手，果然能将人类生活改好，又免去一切流弊。莫有不科学的事体，便莫有不近人情的劳苦。那时平等自由实现，才是真正平等自由，要是舍本趋末，不是弄到治丝益棼，便是成了空言无补。继指出中国科学不发达的原因，略谓欧洲科学家对于真理，是说寻；即是真理自然存在，待人寻出的意思。中国学者，受了"人为万物之灵"这一句话的影响，以为自己灵得不得了，便想去造出真理。往往造来造去，力量花费很多，弄得自己都不懂了。一句话说完，科学是天然的，不是人造的。科学的第一步是观察，看定某种现象。第二步是用实验去佐证。第三步是将所得结果汇齐研究，再分类条贯起来。我国古时人极晓得第一步。所谓仰观俯察，所以古时有许多惊人的发明。以后总是遵守旧说，连第一步都忘记了，那里说得上实验条贯呢！

最后张先生说出希望于本社的几层意见：

第一是设博物馆。第二是设研究所。第三是多编书籍。张先生还说所到的会甚多，以这一次为最高兴,并表示愿为本社社员。(众鼓掌。)

来宾演说毕,由本社社员、董事会书记杨铨君致极简单极诚恳之辞谢之,遂散会。

年会第二日　八月十六号星期一

午前九时四十分　社务会

此为年会第一次社务会,由社长任君鸿隽主席,到会者全为社员,约三十人。由本社职员报告一年内经过,计有:

1. 社长报告

2. 书记报告

3. 会计报告

4. 期刊编辑报告

5. 经理报告

6. 图书馆主任报告

7. 社所委员报告

8. 名词委员报告

9. 司选委员报告

1. 社长任君报告,大致谓今年本社进行最力,如得社所及成立图书馆,是其证明。次年拟设研究所,再次一年拟办学校。对于社员方面,则注重团结,共尽力社务云。全体通过。

2. 函牍书记杨铨君报告所经手函件数目,及通过之新社员人数等等。全体通过。

3. 会计胡明复博士报告本社款项出入情形,及基金状况。并拟有预算,言自今年起,每年约不敷四千元,须大家设法维持。报告毕,众举竺可桢博士为查账员,清查后再通过。是时主席任君起言,自去年起,执行机关全年皆在南京,记录书记在美国,其事由杨君铨代理;会计在上海,南京方面由孙君洪芬代理;皆有异常劳绩。于是年会全体通过感谢杨孙二君。

4. 编辑【部】长杨君铨报告,今年社员对于期刊投稿不甚踊跃,且编辑亦无正式机关,如名词、句读,皆无人司其事,以后希望社友大家注意改良云。全体通过。

5. 总经理钱君天鹤报告南京本社月刊销售情形。报告毕,众举邹君炳文为查账员;清查毕,全体通过。

6. 图书馆主任胡刚复博士报告如何改造房屋以适于藏书及阅读之用;如何搜存社员书籍及购置书报等;本社图书馆为社员研究之预备,故所置书籍均系高深者,而于各国科学杂志尤为注重,计订有百数十种,以期了悉世界科学现状。

7. 社所委员王伯秋君报告如何请得南京文德里官产洋房两座为本社办事机关及图书馆,及将来如何扩充社址,以应本社发达时之需要。

8. 名词委员胡刚复博士报告出席北京名词审查会情形,并言名词审查会明年七月初五拟在南京本社开会,由本社担任动物学及物理名词。全体通过。

9. 司选委员长过探先报告,今年应改选董事有五,为任鸿隽、唐钺、赵元任、胡明复、孙洪芬五人。第一次提出候选董事八人,即王纯寿、任鸿隽、吴兴业、何运煌、何鲁、胡敦复、胡明复、孙洪芬。嗣何君运煌病故,胡敦复、何鲁两君力辞职,又由社员杨铨等十【人】以上之连署,提出赵元任、杨允中、郑宗海三君为候选董事。选举票截止时,计得八十票,内有四票作废。其结果如后:

　　胡明复　七十三票　　　任鸿隽　七十票

　　赵元任　五十九票　　　孙洪芬　五十七票

　　郑宗海　五十票　　　　杨允中　三十五票

　　王纯寿　十九票　　　　吴兴业　十七票

故胡、任、赵、孙、郑五君当选。报告毕,散会。

　　午后二时　　颜任光博士演讲实验主义

　　晚八时　　钱君天鹤演讲蝇蚊与疟疾(用影片)

年会第三日　八月十七号星期二

　　午前九时　　宣读论文

　　此为第五次年会宣读论文之第一次,旁听者甚多,由胡明复博士主席。计有:

　　1. 谢恩增博士之《中国脏腑经络之沿革》(孙君洪芬代读)

　　2. 茅以升博士之《西洋圆周率史》

3. 过探先君之《中国棉业之前途》

4. 何鲁君之《中等算学教授选材问题》

谢恩增博士以科学的方法,将中国上下数千年医学上对于脏腑经络的观念,条贯起来,真算得一种大著作。孙君洪芬于此种专门论文,为一种极有兴趣之宣读,听者均极满意。次茅以升博士读其论文,并比较中西圆周率之精密及其近状;末言现在圆周率已求至七百余位,读毕即在黑板上点出圆周率至小数第一百位之数值,经主席胡博士仍旧〔校〕对无讹,见者无不惊羡。最后过探先及何鲁两君之文,皆本其学问经验,对针现状立言,实有关系于实业及教育之前途。散会时已过正午矣。

午后二时　任君鸿隽演讲爱恩思坦重力新说

晚八时　黄君昌毂演讲钢铁金图学提要(用影片)

年会第四日　八月十八日星期三

午前九时　宣读论文

此为第二次宣读论文,由孙君洪芬主席。计有:

1. 竺可桢博士之《西湖造成原因》

2. 李君寅恭之《鸟对于农林之利害》

竺可桢博士言凡湖之成因有三:一由地层之陷落;一由风与水之侵蚀;一由海湾所变成。西湖为第三种。西湖之形势,三面环山,一面为平原。上古时代,系一海湾,后经淤淀作用,自三角洲一变而成冲积平原,此平原成,而湖遂与钱塘江隔断,不复为海湾矣。冲积作用,仍继续进行,若无历朝政府疏浚之力,则悉西湖为冲积平原矣。竺博士又言湖水最深而清之处,在断桥与西泠桥,因其水流甚急也。至于西湖之寿命,由博士依据法国之伦河与意大利波河三角洲变迁远近之推算法,决定西湖之成约在一万二千年前。吾人聆此新说,知彼丽如佳人之西湖,已享此不老之上寿,欣快不可言喻。且历代文士诗人纪咏西湖者众矣,若科学家则自竺博士始,实足为湖山放一异样色彩也。次李君寅恭说明鸟对于农林之利害,并说中国常有之鸟,分类举例,极为详晰。且言猫头鹰为除家农鼠患及他种害虫最为有益之鸟,吾国农人目为不详,除之惟恐不尽;金孙雀最喜毁坏种子及幼芽,而人反爱护之,可见不根据科学,则有失平之爱恶。李君对于中国森林之不振,及益鸟之无保护,良深叹息。论文读毕,已正午矣,遂散会。

下午一时　会餐

本社于是日一时,在图书馆阅书室内开大宴会,一寓同乐之意,一以纪念图书馆之成立,各界来宾及社员到者约六七十人,济济一堂,诚盛会也。未入座以前,由社员招待来宾参观社所。所位于南京成贤街中部迤东半里许。围墙内分南屋北屋两所。南屋下层为办事机关,上层暂有远道赴会社员居住。北屋全作图书馆用,下层备庋藏书籍,上层有阅书室一大间,杂志阅览室两间,管理室一间,月刊编辑室、特别阅览室各一间。由阅览室北望,极为辽阔,钟山鸡鸣寺均在目中,风景极佳,读书其间,必能旷胸襟而怡神志也。旋按时入座,作□字形,由社长任君鸿隽主席,来宾有张轶欧先生及江苏省议会副议长鲍贵藻先生等十数人。酒数巡,任君起言,今日得诸先生诸社友光临,聚于一堂,共庆□□图书馆成立,谨一面代表本社敬致感谢之意,一面祝图书馆的永久同发达,惟是兄弟短于言辞,特介绍本社社员孙君洪芬演说。孙君演说大意,谓设立图书馆,为本社事业之一,惟此事需款浩大,极不易举,现幸得社会各方面帮助,方有今日之粗具规模。欧美各国,科学发达,故图书馆林立。我国科学尚在萌芽时代,故图书馆亦寥寥无几,至于可供人研究参考者,更为希〔稀〕少。无论现时中国科学人才甚少,不易使科学发达;即使由东西洋得有专门学问返国者甚多,处中国今日社会,参考则无书籍,实验则无试验室,亦无能为。所以同人等视设立图书馆为根本之图,以可供研究者之参考,为着手办法,以后遂渐扩充,必兼愿〔顾〕通俗及能应合世界学术潮流。尚望同人努力进行,更望各界热心赞助云云。(众鼓掌。)次来宾省议会鲍副议长演说,略谓江苏现为中国文化之中心点,南京又为扬子江流域文化之中心点,然所有图书馆,多为古式;有仅为通俗用者,有仅为藏留用者,有专重文学方面者,或者无补于社会之实用,或为力用甚小。今日贵社诸君子,就中国之江苏,江苏之南京,特创一完美之科学图书馆,供学者研究参考。吾苏之学者、之青年,首享其利,吾苏人又得荣名,鄙人觉得有一种狠〔很〕大的欣幸,所以要代表苏人感谢贵社。日后由此点发扬扩大,影响全国,是又吾全国学者青年之幸,而全国之荣也。(众鼓掌。)是时江苏警务处长王清泉先生适至,由本社招待邀入座后,社长任君起言,王先生两次到会,极见热心,前次以时间匆迫,同人等未得聆高论,今日必有以教吾人云。旋王先生起演说,略云,从前人常称中国为老大帝国,我说南京亦然。南京的电灯甚暗,好像瞎子;打电话时,总听不着,好像聋子。现在电灯厂已加以扩充,电话亦加以改良,将来这样老大情形必可变成少年气象。鄙人甚希望贵社诸君子出其所学,帮助我们,把南京变成一个极健全的少年,再帮助国人把老大的中国也变成少年,总不外用科学方法这一剂药云。(众鼓掌。)末由新自美国归来之赵元任博士,以和蔼之容色、沉锐之眼光、轻〔清〕澈之声音,为诙谐之吐谈,使人人捧腹。尽欢而散,时已三时半矣。

午后四时　社务会

此为第二次社务会议,到会社员廿一人,由社长任君鸿隽主席。提出事件有三:

1. 本社对外政策

本社自将机关移归中国后,对于团体联络,无专章规定,故当事职员颇感困难。得社所后,亦随发生困难问题。当由众详加讨论,决议如下:

一、本社社所,除学术演讲先期与本社经理人接洽妥协外,余概不借用。

二、本社为纯粹研究学术团体,凡在学术以外举动,概不预闻。

2. 经费问题

初由会计胡明复博士重报告预算毕,主席起言,据会计报告,每年尚差四千元,应为如何筹补救之法,请大众讨论。时有主张向机关请津贴者,有主张多劝社员为永久社员者,有主张募集特别捐者,结果于年会后董事特别开会讨论办法。

3. 研究所

社员黄君昌穀提出设立研究所计划,分化学、物理、机械、金图设计等部,约需经费十万元。全体通过。

晚八时　严君敬斋演说美国某处铜矿概况

年会第五日　八月十九日星期四

午前九时　宣读论文

是日为年会宣读论文之第三次,由胡刚复博士主席。计有:

1. 赵元任博士之《注音字母与译音标准》

2. 颜任光博士之《阳极射电》

3. 经利彬博士之《麻醉剂对于血液成分之影响》(何鲁君代读)

4. 钱天鹤君之《新式蚕种盒》（过探先君代读）

吾国翻译外国人名及地名，向无一定标准，是以一名数出，极为不便。赵元任博士就注音字母定出译音标准，用表式加以详细说明，且举例甚多。读毕，略有讨论及问难，赵博士皆与以满意之答覆。记者甚盼其所定标准之能通行也。次颜任光博士述阳极电射最近在化学分析上之应用。次何鲁君代读经利彬博士论文，其结果皆由经博士实验得来，且极有关于生理学及医学。最后过探先君代读钱天鹤君论文，并有新旧蚕种盒样式，供其比较。选择蚕种，于丝业极有影响，有志此业者不可不注意。

年会第六日　八月二十号星期五

午前九时　社务会

此为年会中第三次社务会，由社长任君主席，到者三十人。首由主席报告董事会所提出之修改章程案，起草员系董事会推定胡明复、王伯秋、孙昌克三君。即请胡君明复说明修改章程原因。胡君起言本社总章，一对于社友会规定太简单，不适现势；二对于基金及财产保管事，亦无如何规定，自应增加此项条则，以适现用；三本社组织，实际上现多感不便，亦宜从长讨论，略加改变。报告毕，众无异议。至于修改手续，则仍依总章通函社员取决。次为选举，由董事会提出名誉社员格林满博士、赞助社员阎锡山先生、特社员胡敦复先生。格林满博士以全体减一票当选为名誉社员，阎锡山先生以全体一致当选为赞助社员，胡敦复先生以全体减三票当选为特社员。（众鼓掌。）旋选举司选委员三人：黄昌穀、竺可桢、过探先三君当选。查账员三人：何鲁、孙昌克、王琎三君当选。选毕，竺可桢博士报告查账结果无讹，全体通过会计报告，并加以感谢。最后对于年会总干事、委员、会计、书记及住社委员黄昌穀先生，亦通过表示感谢之意。

午后　游览明陵、灵谷寺等处

年会第七日　八月二十一号星期六

是日上午游清凉山，由欧美同学会、南京高等师范及南京社友会，招待于扫叶楼素馔，由社友会理事长许君肇南主席，高等师范校长郭秉文博士演说，略谓吾国科学不发达，学术上不能侪于文明国，实为吾人之耻。现在科学社既幸有人才，应极力谋经济发达，则事业庶乎易举云云。旋由任君鸿隽代表由外处到会社友答谢。膳毕往游莫愁湖,随至城内胡家花园茶点而散。

晚八时　交际会

是晚由社员陈衡哲女士主席,有赵元任博士之唱歌,张子高君之考试笑话,涂羽卿君之四弦琴,赵元任博士之滑稽问答,陈鹤琴之心理游戏,最后有美国 Yellow Stone Park① 之风景片。社员来宾均尽欢,由社长正式宣告年会会毕。

中国科学社第五次年会社务会后合影
(《科学》第五十七卷第六期第 41 页插图)

《科学》杂志刊载的杨铨为年会论文专号所作的发刊词②

发刊词

中国科学社之有年会自民国五年始:每岁皆有会,每会皆有论文。曩者以篇幅较少,或与纪事并载而成年会号,如《科学》三卷一期,或散见《科学》月刊,如四五卷诸期。今

---

① Yellow Stone Park 即黄石公园。
② 《科学》第六卷第一期(1921 年 1 月 1 日发行)第 1 页。

年(民国九年)年会论文独多,因有专号之刊。考世界学社莫不以论文为重。英皇家学社于成立之第四年(西历1664年)即出论文专刊,当时科学如日初升,而刊行论文之重要已见。今则先进诸国,凡学会几无不岁刊论文一巨册以至十数册,学者视为鸿宝,科学藉以日新,其功可谓伟矣。然非可倖致也。论文为研究之报告,研究非图书仪器不为功,空言不足尚也。兹篇所载,非有新知创论以饷国人,聊举同人研究所得,以与吾国学者相切磋而已。年来国人皆知提倡科学之不容缓,然惟研究乃真提倡,亦惟研究然后知吾国科学之不足。兹篇之刊,窃取斯意。或因是而得促进吾国科学研究于万一,则斯刊为不虚矣。

九年十一月三十日　杨铨

6. 第六届(次)年会(1921年9月,北京)

《科学》杂志刊载的任鸿隽致中国科学社第六次年会开会词[①]

中国科学社第六次年会开会词

任鸿隽

诸位来宾及社友：今天中国科学社开第六次年会,承诸位先生光临,本社不胜荣幸。回溯科学社六次年会,三次开在外国,三次开在本国,我们科学社的历史,就可以略知大概。本社成立在民国三年,年会第一次在美国安朵宛,第二次在勃朗大学,第三次在康乃尔大学,第四次在中国西湖,第五次在南京本社社所,第六次就是现在,在清华学校。我们今天未讲话以前,先要致谢清华董事会及校长,感谢他们允许我们借用校舍和种种便利的好意。

我说中国科学社前三年的年会是在外国开的,诸君可以知道一件事体：中国科学社是在外国发起,然后移到中国的。这件事并不希奇,因为科学这个东西,原是西方的特产。

我们现在可言归正传了。诸位先生！兄弟说科学是西方的特产,这句话极有关系。第一是说东方和西方学术思想分界的根源,第二是说近世和古代不同的起点,第三是说我们现在研究科学的必要。

所〔何〕以说科学是东西两方学术思想分界的根源呢？诸位晓得我们中国几千年来求学的方法,吾一个大毛病,就是重心思而贱官感。换一句话说,就是专事立想,不求实验。这专事立想、不求实验的结果,又生几个大弊病。简略说起来：

1. 因为不用耳目五官的感触,为研究学问的材料,所以对于自然界的现象,完全没有方法去研究,所以对于自然界的现象,只有迷信的谬误的智识,而无正确的智识。中国古来的学者尽管把正心修为治国平天下的学问,讲得天花乱坠,对于自然界的现象,如日蚀

[①] 《科学》第六卷第十期(1921年10月20日发行)第1058－1064页。

彗星雷电之类,始终没有一个正当解说,其病是偏而不全。

2. 既然没有方法去研究自然界现象,于是所研究的,除了陈偏故纸,就没有材料了。所以用心虽然狠〔很〕勤,费力虽然狠〔很〕大,结果还是剿说处同的居多。近来我们的朋友,狠〔很〕有表彰汉学的科学方法的,其实他们所做到的,不过训话笺注,为古人作奴隶,至于书本外的新智识,因为没有新事实来作研究,是永远不会发见〔现〕的。其病是虚而不实。

3. 用耳目五官去研究自然现象,必定要经过许多可靠的程序和方法。如观察、试验、推论、证明等,处处皆须有质量性质的记录,使他确切不移,覆图可按。专用心思去研究学问,就没有这些限制,其病是疏而不精。

4. 既没有种种事实作根据,又没经过科学的训练,所以有时发见〔现〕一点哲理,也是无条贯,无次序,其病是乱而不秩。

这些话还是就学问上而言。至于那些趋时应世的文字,于学问无关而于人心有害的,更不消说了。西方在中世纪的时代,学术界的黑暗,比中国有过之无不及。自文艺复兴,人心解放以后,经过培根征服天行注重实验的主张,笛卡儿的怀疑和理性的训练,又有洛克、休谟这一般哲学家讨论智识问题,把个智识的基础,放在确实可靠的事实上。一方面又有无数的科学家,去实行研究,把从前梦想不到的区域,开辟成庄严灿烂的智识界的领土。如加里雷倭、牛顿之于物理学,鄱依儿、拉瓦谢之于化学,哥白尼、克勒纳之于天文学,弗兰克令、法勒第之于电学,乃耶儿之于地质学,拉马克、达尔文之于生物学,都在十六世纪以后,渐次出现。各种研究,经了这些人和后来的无数研究家,也成了独立的科学。不但如此,这些自然科学的研究,合并起来,要占西方学术界的大部分。不但如此,这些科学研究的影响,西方学术,就是和科学没关系的,也须受了科学的洗礼,大家才觉他有成立的价值。总而言之,有了科学以后,西方的学术思想,才完成另辟了一条新路。这条新路,就是和东方的旧学术思想分道背驰的路了。

又何以说科学是近世和古代不同的起点呢?这个说狠〔很〕容易明白。科学的发达,既于学术思想上有上面所说的影响了,至于生活上,因为蒸汽机关的发明,在十七世纪又起了一个工业革命。这工业革命影响的远大,诸君是知道的。他把家族工业制度打破,变成工厂的工业制度;把农业国家的国情打破,变成工业的国家。随后轮船火车发明了,我们又可以说交通上起了一个革命。从前天涯海角漠不相关的地方人民,现在都彼此生了关系。柏格森说得好,"蒸汽机关发明了一百年后,我们才觉得他震动的利害。但是他所生的工业革命,已足以推翻从前人类的关系了。由此发生的新思想、新感觉,正在开花结果的时候。设如数千年后,回顾今日,只有粗显的轮廓可以看见,我们的战事和致〔政〕治上的革命,都觉得无是〔足〕轻重了,只有这蒸汽机关和连汇而及的许多发明,可以作一个时代分期的界限,好像我们现在用原人时代的铜器石器来分铜器期石器期一样"。

这是单就蒸汽机关而言。诸君晓得,现在的时代,有人说是电时代。电力的应用,几几乎有取蒸汽而代之之势。还有电信电话及无线电种种发明,都可以帮着改变现在的世界,使他去古愈远,一往不返。这关于电的发明,完全是研究纯粹科学的结果。所以我们说科学是近世与古代不同的起点。

又何以说我们现在有研究科学的必要呢?我们中国人,自来以文明古国自尊自大,只说自己有学【问】,简直不承认他人还有学问。最初和外国打仗,吃了他们船坚炮利的亏,才晓得他们的"奇技淫巧"是不可及的了。后来渐渐的晓得他们有所谓"声光电化"等学。无如翻译这类书的人,大半不懂此种学问,对于西方学问的全体,更是茫然,无怪乎读了此种书的人,还仅仅愿意给西方学术一个"形而下之艺"的尊号。其实这种学问的起原〔源〕,和在西方学术界的位置,他们何晓得一点呢?现在可不同了。现在西方各国的情势,既已大明,讲求西方学术工艺的,也日多一日,把从前鄙弃不屑的意思,已变成推崇不迭了。但是我们想想,设如学工程的只知道工程学,不知此外还有其他科学;学化学物理学的,只知化学物理学,不知这种学问还有甚么意思;那吗〔么〕我们尽管有许多工程学家、化学家、物理学家,于学术思想的发达,还是未见得有许多希望。因为外国的科学创造家,是看科学为发见〔现〕真理的唯一法门,把研究科学当成学者的天职,所以他们与宗教战,与天然界的困难战,牺牲社会上的荣乐,牺牲〔牲〕性命,去钻研讲求,才有现在的结果。我们若是不从根本上着眼,只是枝枝节节而为之,恐怕还是脱不了从前那种"西学"的见解罢。我从前有个比譬,说我们学了外国学问的一样两样,回到中国,就如像看见好花,把他摘了带回家中一般,这花不久就要萎谢,永久无结果的希望。但是我们若能把这花的根子拿来栽在家中,那吗〔么〕我们不但常常有好花看,并且还可以希望结些果子。我们讲求西方学术,要提倡科学,研究科学,就是求花移根的意思了。

本社同人因为(一)科学关系的重要,(二)中国科学的缺乏,(三)科学研究的必要,(四)外国科学会历史的感示,于六年前发起这个科学社。我们的宗旨,是要图中国科学的发达。我们的事业,约分为两方面。关于传播方面的,我们发行了一种月刊名叫《科学》,继续出版,已经有六年多了。关于研究一方面的,我们打算自己设立图书馆、研究所、博物馆等等,要使我们的科学界,自己也有新研究、新发明,在世界的智识总量上,有一点贡献,才算达到我们的目的。关于这方面的事业,我们仅仅在南京的本社社所内,设立了一个图书馆。因为限于财力,规模还是狠〔很〕小。不过在国中求较为完备的科书〔学〕杂志和书籍,恐怕只有这个图书馆。至于研究所一层,现在正筹画,还望会上的贤哲竭力赞助呢。

诸位先生,兄弟去年开会时也曾说过,现今的时势,观察一国的文明程度,不是拿广土众民、坚甲利兵,和其他表面的东西作标准仪,是拿人民智识程度的高低,和社会组织的完否作测量器的。要增进人民的智识和一切生活的程度,唯有注重科学教育,这是欧洲近世名哲如斯宾塞尔、赫胥黎等所主张,并且他们的战争已经打胜了。我们现在的高等教育正在破产的时候,这科学发达,如何能有望呢?对于此层,兄弟还有一个意见。诸君看看外国许多大科学家,如英国的法勒第、达尔文,都不是由学校出身。只要有研究的人才,和研究的机关,科学家的出现,是不可限量的。学校有学校的办法及设备,要办到能够制造科学家的时势,可不容易。但是我们现摆着一个终南捷径,为甚么不走呢?兄弟所说的终南捷径,就是研究所。我们只要筹一点经费,组织一个研究所,请几位有科学训练及能力的人才作研究员,几年之后,于科学上有了发明,我们学界的研究精神,就会渐渐的鼓舞振作起来,就是我们学界在世界上的位置也会渐渐增高,岂不比专靠学校要简捷有效些么?这个意见,真是仅仅一个意见,至于详细办法,我们此刻可说不到。

今天我们还要听来宾的高论,兄弟也不多说了。今年年会的会程,较往年略短,但是中间宣读论文及讨论的时间都狠〔很〕多。兄弟以最诚恳的心,希望大家利用这个时间,发表自己的新得,讨论本社事业成一个具体可进行的方案,并且不要忘记游览运动,增进诸君的健康和快乐。

《科学》杂志报道《中国科学社第六次年会纪略》[①]

中国科学社第六次年会纪略

本社今年年会,原定于八月廿二日至廿六日,在北京清华学校举行。嗣因津浦路被水冲坏,南来社员不能如期到会,改于九月一日至三日举行。初一日下午三时,正式开会,到者七十余人,年会委员长由金仲藩君主席,社长任叔永君致开会辞,于中国科学不发达之原因、近世科学之重要及科学社已办与未办之事业,言之綦详。次为教育次长马振五先生演说,略谓中国古代科学颇多发明,后人不能继续研究,遂让西人独步,甚愿科学社努力前进,光大吾国之科学云云。次为杨杏佛君演说,首代表南来社员致谢年会招待之周,次述对于吾国科学现状之近感。是晚八时开交际会,由清华社友招待,到者三十余人,由杨梦赉、谢秋旦、秦景阳、陈衡哲诸君以猜物游戏娱众,末各进冰其〔淇〕淋尽欢而散。

初二日上午九时开社务会,到者二十余人,任叔永君主席,由各职员报告社务,计社长、书记、会计、编辑部长、图书馆主任、司选委员、经理部长共七人,后两人未到会,其报告由他社员代读。下午二时三十分,开科学教育讨论会,丁在君君主席。丁君首言科学教育之重要,次言吾国大中小各学校采用西国科学教育为标准之不当,良以西国学问为宗教所传,不能充分发展科学,吾人不宜盲从也。次批评吾国各学校科学教育之现状,颇多建设的主张。继由任叔永、丁巽甫、胡刚复、杨梦赉诸君相继发言,讨论甚久,末由主席提议,由年会函请教育当局,公布高等教育情形,以为继续研究之资料,众通过。下午四时,宣读论文,由胡明复博士主席。所读论文为:(一)翁文灏博士之《甘肃地震考》,翁君因调查地震患足疾,不能到会,由丁在君代读。(二)秉志博士之《缺色鼠之神经系》,由唐钺博士代读。(三)竺可桢博士之《中国对于气象学之供〔贡〕献》,由胡刚复博士代读。晚八时,到者几十余人,丁在君君用幻灯影片讲演云南人种之研究,丁君首言亚洲人种之分类,复根据分类,考察云南人种之来原〔源〕与变化,学理经验,皆极丰富,闻者皆叹为闻所未闻云。

初三日上午十一时,开社务会,到者二十余人,仍由任叔永君主席。首讨论社所问题

[①] 《科学》第六卷第九期(1921 年 9 月 20 日发行)第 967 - 968 页。

与筹款问题,经会众举定张孝若、丁在君、王伯秋、金仲藩、黄昌穀、任叔永、杨杏佛诸君为筹备募集基金委员。次讨论编辑问题,由会众推举编辑员十五人。次选举,计被举者,特社员汪精卫先生,赞助社员叶誉虎、梁任公、宋汉章、陈嘉庚四先生,明年司选委员丁燮林、唐钺、周仁三君,查账员何鲁、周仁、李协三君。到者三十余人。下午二时三十分,二次宣读论文。所读论文,为:(一)李世〔四〕光博士之《中国地质》。(二)张泽尧博士之《油脂质分解加速之研究》,由程瀛章君代读。(三)黄昌穀君之《吾对于高速钢之经验》,由任叔永君代读。(四)杨光弼君之《分析矿锌之经验》。(五)谌湛溪君之《沙金采集计算法》,由胡明复博士代读。(六)赵元任博士之《国语罗马字》,由唐钺博士代读。晚八时,宴会。宴终,社长任君叔永代表社中全体致谢年会筹备诸委员及南京社员,年会遂由此告终。初四日游览西山,到者仅南来社员,由金仲藩君招待,与游者皆极形满意云。

7. 第七届(次)年会(1922年8月,南通)

《科学》杂志报道《中国科学社第七次年会纪事》[①]

中国科学社第七次年会纪事

本社今年年会记事,沪、通各报皆登载极详,而以南通报为最,兹篇之作,取材于南通报者亦最多。社务状况与修改章程经过皆别有报告,故记事从略。

十一年九月十日　铨识

本社第七次年会原定在广州举行,由董事会委任广州社友会理事汪精卫、陈伯庄、张天才三先生为年会筹备委员。五月间筹备委员因虑政局变迁,将影响会务,商请董事会异地开会,遂改在南通举行,委任南通社友会理事张孝若[②]、陈心铭两先生为正副年会筹备委员长,郭守纯先生为年会书记,过探先先生为年会会计。以两月之短促时期,积极筹备,定八月二十日至二十四日为会期。兹将本年年会秩序单录下:

中国科学社第七次年会秩序单

会期:八月二十日至二十四日。

会场:假座通崇海泰总商会及南通俱乐部。

宿所:南通俱乐部宾馆,招待处附内。

二十日下午一时在招待处注册交会费

　　　三时在会场正式开会　开会词　欢迎词　演说　摄影

　　　七时南通各法团假座总商会欢迎宴会

二十一日上午九时参观唐家闸各实业

　　　十二时大生厂午餐

---

① 《科学》第七卷第九期(南通年会专刊)(1922年11月20日发行)第974-1008页。
② 张孝若(1898—1935),名怡祖,以字行,江苏南通人,近代著名实业家、教育家张謇之子。

下午二时在会场开社务会　职员报告

四时在会场开科学教育讨论会

七时张退菴、啬菴①及孝若三先生在俱乐部欢迎宴会

二十二日上午九时游览狼山名胜

十二时南通社员假座狼山三元宫欢迎宴会

下午二时会场宣读论文

七时俱乐部晚餐

八时在会场演讲

二十三日上午九时在会场开社务会　修改章程

十二时俱乐部午餐

下午一时参观大有晋垦务

七时俱乐部晚餐

八时更俗剧场伶工学生音乐　电影

二十四日上午八时在会场开社务会　选举

九时参观市政教育各机关

十二时俱乐部午餐

下午二时在会场演讲

七时年会宴会　正式闭会

本年年会之前,适有八月十八日之生物研究所开幕礼,故到会社员于十八日先后莅宁,参与生物研究所开幕典礼。十九日晨七时同乘齐督军②特派"利通"兵舰赴通,下午六时抵埠。是时风雨甚大,年会委员长张孝若及各界代表冒雨在码头招待,军警长官派队欢迎,当即分乘汽车赴南通俱乐部安歇。其他社员直接到会者,上海方面有马湘伯③、胡敦复先生等,京津方面有丁文江先生等。计今年到会诸人,社员方面为张季直、梁任公、马湘伯、张孝若、陈心铭、郭守纯、胡敦复、胡明复、胡刚复、沈籁清、谭仲逵、陶知行、王伯秋、秉

---

① 张退菴、啬菴即张詧、张謇两兄弟。张詧(1851—1939),字叔俨,号退菴。张謇(1853—1926),字季直,号啬菴。
② 齐督军指齐燮元(1878—1946),字抚万,河北宁河人,时任江苏军务督办。
③ 马湘伯即马相伯。

农山、胡步曾、邹炳文、席鸣九、刘寄人、陆费叔辰、熊雨生、郑初年、过探先、杨允中、柳翼谋、何奎垣、徐南驺、李拔荄、熊迪之、推士、尤怀皋、周子竞、萧叔绚、竺藕舫、王季梁、钟心煊、钱安涛、杨子嘉、丁在君、杨杏佛、温嗣康等四十人,来宾方面有梁思成、梁思永两君,及本社图书馆管理员王凤岐君等。

蔡子民先生本定到会,嗣因足疾复发中止。汪精卫先生亦因抵沪事忙,未曾到会,均有函电到社致欢祝之意。任叔永社长原定八月初旬日由川东下赴会,嗣为战事所阻,特电代祝。电文如下:

"南通张孝若先生转科学社公鉴,巧日①吾国第一研究所开幕,哿日②本社第七次年会,途阻不及躬与,无任歉仄,遥祝进步无疆。隽叩篠③。"

抵通后凡外来社员及来宾均下榻南通俱乐部宾馆中,馆新建,极精雅。闻正式启用,此为第一次。南通社友招待之周,于此可见。

南通各法团各机关因本社在通开会,特各举代表合组招待委员会,分八部办事。兹将该会名单录下,亦聊以志谢也。

主任:陈心铭

副主任:徐赓起　郭守纯

文牍及演讲部:管石臣　费范九　袁剑侯　于敬之　李敏孚　方仲谟　易剑楼　邵伯言　柯昌颐

普通招待部:郭守纯　袁剑侯　高观四　朱剑南　徐赓起　管石臣　卢公勉　张遥仙　章埱淳　费范九　周启邦　李际和　钱国纽　黄友兰　陈仲久　邢演初　高琢如　汤逸珊　包远廷

交通部:孙锦章　林仲西　秦子野　卢寿联　袁少初　孙东儒　宗渭川

饮食及旅馆部:章埱淳　郭守纯　卢公勉　徐赓起　习鉴清　徐孝先

陈设点缀部:薛秉初　马息深　钱国纽　陆思成　习鉴清　崔正荣　田献臣

参观部:伍神就　费范九　章埱淳　卢先穗　卢公勉　雷炳林　李敏孚　袁剑侯

---

① 巧日即18日。
② 哿日即20日。
③ 篠日即17日。

张文泉　于敬之　王捷三　郭守纯　钱椎衡

娱乐部：张通武　卢公勉　费范九　卢寿联　章俶淳　李敏孚　徐孝先

女宾捂〔招〕待部：李敏孚夫人　叶孟清女士　于端容女士　张召男女士　罗玉衡李士　马湘衡女士　马湘正女士

会计庶务部：徐孝先　习鉴清

张季直、张退菴、张孝若三先生及南通社友会与各公团对于本社年会均有欢迎辞刊送到会社员，兹分录如下。

（一）张謇、张謇、张孝若之欢迎辞

系维坤轴，干运大光，声传电吸，汽震机翔，鸿秘一启，乔乔皇皇。何以致之？学术丕阐。何以阐之？怀疑其键。进而实验，真理以显。不有集社，安所淬勉。闻昔英伦，皇家学会，实启权舆，培根功最。春雷一声，万绿茁起，欧美学者，纷然继轨。惟心惟物，各著其精，以促实业，腾茂蜚英，遂开新纪，诞孕文明。孰甘蹶后，而不奋争。返观禹域，声教寂寂，若论先民，亦曾著绩，胡至后世，寖以萎折，探思其故，我心欲绝。秦汉而降，士尚拘虚，穷年矻矻，比迹书鱼，以此为学，学益支离，人进我䋲，夫固其宜。謩謩诸子，今之先觉，知耻则奋，殚精科学。格物致知，相励以智，利用厚生，相程以事。假之时日，必集大成，东西一冶，同气同声。会今七载，集于南通，增光下邑，黾勉以从。各本伟抱，竞抒新知，新知新知，实获我私。通之事业，日月而作，匪学曷充，所需正博。以此因缘，丐其膏馥，每每学田，庶几有谷。抑又有言，世重交际，冠履往来，情感所阅。惟此情感，互助之基，愿以一邑，众力持之。此二事者，附以为望，望宁欲奢，意乃可广。宏哉兹会，景暨声祁，敢托祝史，敬贡颂辞。

（二）南通社员之欢迎辞

科学有社，于今七年，年一集会，有章不愆。于何肇始，曰美利坚，继则国内，辙亦屡迁。吾通蕞尔，滨海之堧，地非名胜，学无源泉，乃辱同志，不我弃捐。舟车电驶，冠盖云连，旁皇都邑，流览风烟，旌麾庋止，山水增妍。我以薄植，于社备员，俯仰天地，上下鱼鸢，如观大海，莫测其渊，如登峻岭，莫跻其巅。遇兹嘉会，敬迓高轩，五百里内，德星在天。敢忘缁衣，餐馆周旋，敢忘白驹，朝夕流连。文明之钥，知觉之先，光此禚箪，于古无前。愿我邦人，德业乾乾，高坚前后，式此名贤。

（三）南通报社之欢迎辞

今日为中国科学社就吾通举行年会之日，凡领袖吾国最高学府之巨子，不惮跋涉，联袂偕来，车辙所经，山川生色，下风仰望，荣幸何如。吾通僻处海隅，无名山大川足供游眺，又无著名之科学家以相应求，而诸社员择定本届年会地点，乃不于他县而于吾通，得毋以吾通在中国尚能注意自治、教育、实业诸要端，稍有成绩，欲乘便以考其得失，引而进之，俾入于科学之途径乎。夫吾通比来顺世界之潮流，自治事业诚未敢后于他县，然以语于科学，则程途之相去尚极辽远，曾何足当诸社员之一盼。杜威谓书本上的物理化学天文等为科学之结果，非科学之本身，而工业之非即科学，亦为一般学者所公认。吾通学校虽自中等以至专门及大学，工业虽有纺织、铁冶、电气诸种，然一为书本上之知识，一为机械学之应用，而皆无当于科学之本身。科学之本身不在结果，而在方法，不在前人已经发明之陈旧知识，而在发明吾人将来对于自然界如何支配或指挥之真理。能明此意而从事研究者，在吾通固不多见，即推之全国，恐除今日翩然戾止之诸社员外，亦寥若晨星。盖承数千年文字教育之敝势有必至，无足怪也。吾通自治事业虽稍有可观，而学术上之位置则仍与其他各县同在一水平线上。能认识科学之真义者，何人？能研究科学而有所发明者，何人？能抱负宏大愿力专精于自然界，阐发真理以作吾人之新生命者，何人？盖不但程度幼稚，真可谓竟等于零。此并非谦光之谈，外人知我不若吾通人之自知，虽欲夸饰焉，而实际有所不能也。然则诸社员之至吾通也，亦自适己事而已。吾通人既在不愤不悱之时，诸社员即当付诸不启不发之列，虽欲引进，将乌从而引进之。然而天下事业之兴起必有发端，学术之灌输赖于媒介。诸社员既来吾通，使吾通人得以瞻仰其丰采，倾听其绪言，则必能使人人之脑中知有所谓科学，知有所谓中国科学社，更进而知科学影响于人生观之重要，因以唤起其倾向于研究自然界现象之观念，则所以霑溉吾通者诚至优且渥矣。盖学术之递进，必以思想为前提，而思想之发端不能无感而自动。今必谓诸社员一至吾通，即能饷吾人以科学，宁非滑稽之谈，然必谓于吾人无丝毫影响，则义亦近诬。盖虽不能饷吾人以科学，而未尝不可予吾人以科学之思想，思想既进，学术必因之而兴。倘他日者学风丕变，人才大昌，吾通以弹丸之地得在科学界占一位置，则皆诸社员之所赐也。此则本报对于诸社员表示欢迎之微意，度亦为吾通人士之同情，而诸社员之所默许矣乎。

（四）诚社欢迎中国科学社诸君子序

科学家秉智慧之钥以启天地之秘，固不必为人类社会谋福利，而人类社会之福利以之。自物质文明输入以来，人莫不骇羡乎机械之用，而忽其所以然。富强之说推重功利，凡不见诸实用者，均归屏斥。由是专门家之待遇每在政客市侩之下，士之饱学深思者以其远利绝俗，甚或不得自跻于君人之林，而迂拘疏狂目之，在在足取咎厉。于此足见国人于学问无觉悟，而于人才无识别也。

世界愈文明，则分工愈繁，而专业愈精。学者或穷毕生之力无所发明，而后学基之遂成伟业。是故贤者只问耕耘，不问收获，退而结网，虽不见鱼，又何伤乎。发明三大定律及相对论者不必能为工场生利，著原富及经济史观者不必能为政府谋聚敛，发现微菌者不必能治结核之疾，学自为学，用自为用也。一学者之所得足供多方之用，如有源泉江河不竭。责学者以致用，则必两俱不进，非徒无益而又害之。故学者学其所学，而用者习其所用，斯可矣。

中国专门人才缺乏，识者咸引以为忧，有燨然之曙光焉，是为中国科学社。社为国中名流所组织，社员皆一时硕彦，凡所研究无非供给国人文明之原料，以与世界学者互换其得失，而为人类之先导。其有造于将来者必远且大也。每年一会，去岁会于北京，今年则假南通为会场。南通人士群起以备欢迎，吾诚社愿以崇拜专门家崇拜研究家者竭诚尽敬以欢迎诸君子之临莅。愿诸君子示吾辈青年以科学之真价，指吾辈青年以真理之径途，则忧烦堕落得所拯矣。诸君子自各有其不朽在也。若夫偶像崇拜者之俗典，拜金主义者之虚荣，非敢以亵诸君子者焉。（予倩）

二十日午后三时假通崇海泰总商会正式开会，社员到者四十余人，军政学商各界来宾千余人，由本社名誉社员张季直先生主席，致开会辞。略谓本届年会原拟在广州举行，后以时局关系不克如约，改在吾通。吾通近虽注意自治，而教育实业诸要政建设尚未完备，不足以供诸社员之考察，良用愧恧。然正其愧恧也，亦甚愿诸社员之惠临，发现其阙失而指导之，则获益良非浅鲜。盖今日为科学发达时代，科学愈进步则事业愈发展。譬如此次各处发生蝗蝻，民咸以为忧，而自科学家观之，则惟患其不多，多则可用以为饲鸡之食料。即此一端可见科学与地方事业关系之重要，此即鄙人欢迎科学社在此开会之意也。次年会委员长张孝若君致欢迎辞，略谓孝若为社员之一，亦为南通主人之一，故今日欢迎诸社员之用意有主观客观两方面。主观方面有二,一则诸社员远道而来不能为周至之招待,一则南通社员论文不多,不克有充分之供〔贡〕献,此皆私衷歉仄者也。至客观方面,观欧美各国以研究科学用之于实业教育而致富强,则知我国之不富不强即由于不明科学,益知欲救中国惟恃科学,而不专恃乎政治与法律。中国甫经改造,方谋建设,如造巨屋必先立基础,科学即其基础也。国事蜩螗,漂摇不定,如孤舟之泛大海,安危之责在于舵工,科学家即其舵工也。此以国事言也。至地方之事,如蚊蝇之为害,用何法扑灭,今年各处发现之害虫是否蝗蝻,必待昆虫家解决;城厢各处所凿西式井何以水源俱不纯洁,必待地质学家解决之也。孝若欢迎诸同志微意大略如此,幸诸同志有以教之。谭仲逵君代表到会社员致答辞,略谓科学社年会今已七次,此次在南通举行,较在他处尤荣幸。科学之重要,孝若先生已略言之。中国之不富强由于科学之不发达,小则知的方面不明科学原理,必多误会而不能真确,行的方面不明科学方法,必妄费精神而不能省力,大则无科学之精神,妥当之组织,无论何事必发生许多困难而不能扶助大规模事业之成功。我国前代学者既未有科学之思想,而今人之对于科学亦未十分明了,甚至因误会而生阻力,致各种事业不能进行,实为至可痛心之事。南通张四先生①独能超出于旧环境,不为所缚,以新眼光新精神利用科学知识,创成各种伟大之事业,能令我辈于极沉闷之空气中获见此大放光明之模范区域,得此经验而益坚其信仰科学之心,则所获之利益良非他处所能及。复承四先生乔梓②及诸君子竭诚优待,尤极感激。谨代表全体社员深致谢忱,并希望科学社得藉此光彩而繁荣发达于无既也。继梁任公先生演讲"科学之精神与东西之文化",亘两小时之久。马湘伯先生演讲"科学与大学之需要"。略谓今日开会适遭风雨,令人生无限感触。我国国势固在风雨漂摇之中,科学社本拟至广州开会,后卒不果,以广州亦在风雨漂摇之中也。科学社之欲至广州开会,以其能自治也,观于今曰〔日〕之形势而希望打消.即而言之,希望吾国能成真正民国者,其希望亦无不打消。何则,自治专恃兵力,自治之真髓已失。观于广东攻伐广西之情形,与革命之战何异,与黄巾之乱又何异。广西既受苦痛,吾人则应觉悟欲成立一国家断不可专恃武力。今吾人之至此开会,非依附南通之武力,乃依附南通之自治也。今日讲题为"科学与大学之需要"。顾需要两字谈何容易,姑置不讲,而但讲其区

---

① 张四先生指张謇。张謇兄弟五人,张謇排行第四。
② 四先生乔梓指张謇之子张孝若。

别。科学与大学有别乎？抑无别？曰有别。大学毕业有年限，而研究科学则无年限，又大学虽为学习科学之地，而究非科学之本身。入大学者按部就班至毕业而止，不能登峰造极，养成粹美人材。盖欲研究科学，大学毕业后仍须致力，愈久则愈精，非集社研究不可。外国著名之科学家极多，著作亦极夥，吾人愈读，愈不明了，是真奇妙，是乃真科学。越是真科学，越研究不了。大学者，秧田也，苗圃也，而科学则稻与树也，其区别如此。猿猴戴面具，着衣冠，望之似人，而究不得谓之人者，以其无脑也。国人不明科学则亦可谓之无脑。外国人最注意科学，如此〔比〕利时瑞士皆小国，而天文台甚多。顾我国则如何，稍治科学者大都抄袭外人之成语，事极可耻。故真能治科学者宜与问题奋斗。例如电何以既能生光，又发热，又传声，欲穷其究竟，非有奋斗之精神不能鞭辟入里也。至一种极渺小之微生物为人目所不能见者，有显微镜则能见之，且能使害人者反而供吾人之利用，如西药中之血清，医术中之种痘，农业中之肥料，无一非微生物之利用，而张四先生以蝗饲鸡之说，亦转害为利之一种，于此益见科学之神妙。例如张四先生能具备各种思想组织为有系统之文学，此与搜罗各种岩石而成为有系统之矿物学无异，而四先生犹自以为不知科学，即梁任公先生亦自以为门外汉。此真所以为四先生，为梁任公，亦即所以为科举精神也。讲毕由张君孝若代表答谢，遂散会。

下午七时。南通军政长官张绵湖①镇守使、瞿莘畲县长、唐辅之局长、韩奉持总场长及地方自治会商会农会教育会各代表公宴各社员，就商会西厅晚餐。宾主酬酢，相对尽欢。张季直先生代表官民全体敬致招待之诚意。梁任公先生及推士博士均有答辞。梁任公语极诙谐，略谓我们学者俗呼为书呆子。今夕承南通官绅请书呆子吃饭，鄙人颇有点感想。凡人要成就一个学者，发明一种学术，非有连续不断的呆气，屏除一切嗜好，专精努力不可。这种呆气是社会上不可少的，社会上要优礼他，保养他，使他尽量的发舒〔抒〕呆气，贡献大家享用。中国旧时颇有此象，近却不然。诸公果欲发展社会，请于科学学者身上注意，才有效率。推士博士略云，初至南通得晤见张季直先生，并与梁任公先生及诸社员聚会一堂，至为荣幸。在本国时曾接门罗博士函，告以中国社会如电影一般，无论何时代何国家之状况莫不纷然毕现。及至通境见张先生所办种种事业，皆能利用科学方法及手续

---

① 张绵湖应为张锦湖。张仁奎(1865—1944)，字锦湖、镜湖，山东滕县人，时任通海镇守使。

中国科学社在南通开第七次年会摄影
(《科学》第七卷第九期插图)

以处理之,甚为满意。科学之与国家名誉、社会经济、人民生活,关系重要自不待言。此时中国之要务须贯注科学观念于一般儿童,使其知科学为救国之学,编入各级教科书切实教授。一面劝令社会服务者人人如张先生之行为,则处处有南通之色采。此所希望者也。由李君敏孚翻译。至夜十时餐毕始散。

八月二十一日(星期一)为年会之第二日。上午九时二十分社员三十余人分乘公共汽车两辆,自俱乐部出发往唐闸,四十分至大生纺织公司。该公司执事人员率领警备队军乐队先期排立欢迎。由招待员导入总办事处休息十五分钟,即由雷君马君等引至工场参观,先至清花间,次网丝车间,次打包间,次并条间,次织布间,次经纱间,次浆纱间,次楼上纺纱间、摇纱间。经过各处,诸社员除考察机械外,颇注意厂务管理及工人问题,如工资年龄工作时间,各招待员均一一指点。十时四十分出场,适细雨濛濛,诸社员皆未携雨具,冒雨往资生铁厂及广生油厂,均以例假停工,无从参观,遂赴复新面厂阅十五分钟。出厂至纺织学校,先入成绩室参观各种织品,继参观机织纺纱厂各实习室。出校后已十一时四十分矣,遂回大生厂午膳。午膳后即乘车反〔返〕俱乐部。此次因时间匆促,尚有阜生丝织公司、大生线毯公司、电灯公司及公园等处未能遍至,而铁厂油厂又以停工故未能参观,仍憾事也。

下午二时在南通俱乐部举行第一次社务会。杨杏佛君主席。首由书记杨铨、会计胡明复、编辑部长王琎、图书馆长胡刚复、总经理钱天鹤等职员报告一年来社务之经过。略云去年一年中天灾人祸交迫,社会经济恐慌达于极点,本社经济亦几濒于绝境,然社务进行未尝因而稍懈。计其重要者,如生物研究所之成立,物理名词草案之编纂及通过,南京社所之改造,大规模科学演讲之举行,图书馆贵重书籍之增置,及美洲卡尼基学社之赠书,广州社所之成立,美洲分社之筹备,皆其荦荦大者也。其尤足欣幸者,美洲斯密索林学社①经理之国际交换书籍,其赠诸中国者,已由本社呈准外交部及上海交涉使署归本社保管。此种书籍在各国例由国立中央图书馆或全国最著之科学会社保管,今本社得负此责,良足自庆者也。继由司选委员周仁报告选举新董事之结果。计被选者为任鸿隽、胡明复、丁文江、秉志、孙洪芬五君。报告毕,即讨论修改章程草案,至下午四时散会,举行科学教育讨论会,由胡敦复先生主席,社员推士及王岫卢〔庐〕两君分论中美中小学教育之状况及改进方法。王君因事未到会,其论文由王琎君代读。是日时间匆促,竟未得充分讨论。推士君并拟有调查中国科学教育计划拟提出征求意见,亦未议及。因由主席提议请本社组织常期科学教育委员会研究此项问题,众赞成,遂散会。时已六时半矣。

下午二时当社员举行社务会时,同时南通报社与县教育会、中等以上学校联合会、附属小学联合会四团体假座通崇海泰总商会敦请梁任公、马湘伯二先生演讲。是日天气炎热,听者有七八百人。首由张孝若君介绍。略谓昨烦梁先生讲演,其议论痛切透彻,诸君想已领会,今日复蒙两先生慨允四团体之敦请,曷胜荣幸。梁先生之道德学问经济事业为中外人所钦仰,其思想理论探微阐幽,能发人之所未发,吾人多听一次讲演,即多受一次教训。致词毕,遂由梁先生讲演《先进者之新觉悟与新任务》。

略谓南通是我们全国公认第一个先进的城市,南通教育会和各团体是我国教育界中之先进者,他们价值之高,影响之大,国人共知,也不必我来颂扬。我今日来讲也无非是希望他"百尺竿头更进一步"的意思。

---

① 斯密索林学社(Smithsonian Institution)现译史密森学会。

凡是先进者必定已经先有了觉悟然后才可以叫做"先进者",有许多别人所远没有看到的事自己先见到了,别人所远未做的事自己先做了,然后可以叫做先进。南通是已经有他先乎他人的觉悟与事业,所以是个先进者。他既是个先进者,当然是尽了许多任务的,或是为本身已尽了许多任务。然而因为本身尽任务影响到别的地方,令他们模仿我,这便是对全国尽了任务。然而这些都是旧任务,以后还应当有新的。我们想知道先进者之新任务,要知道他的困难。

第一,对于旧社会阻力之抵抗。

第二,人才缺乏。

因为有这两点难处,所以先进者的事业往往不能完备。

我们若是看看他们事业成功后之现象,又看见有两种流弊。

第一,因为经过多少奋斗之后然后成一件事业,一人精力有限,先进者已经成了一件事业,已经疲倦了,要休息休息,于是进步一定也停一停。他那前进的朝气一停,暮气便立刻乘机而起。

第二,成功的先进者因过去之成功得了经验,以为成功一定要从这条路走,其结果便易偏于保守。

因为有这两个弊【病】,所以先进者的事业不能跟环境开展,然而人类的进步——一切生物都要顺环境——又不能以旧限今。

先进者既犯了这两种弊病,他的结果就足以:

第一,予后进者以坏影响,因为先进者是后进者的模范。

第二,前面已说过先进者是后进者的模范了,因为他不能顺应环境,所以必定要停止不进。例如引路的人停了,跟的必停。若是不停,必定要超过引路的自己前进,如此便有走错路的危险。

先辈和后辈本来是和连环一样的永远不使他断绝,若是先进者不能尽引路之责,使后进者横冲直撞,使环扣断绝,便是一种危险现象。

如此看来,先进者便不能不有一种觉悟,他应觉悟(一)当初之困难,(二)成功后之弊病,(三)有弊病后所生的坏影响。他们应当有这种觉悟,并且求所以免其病以完了他们的任务。

然则其任务何在？古人有句话说"继往开来"，这便是"承上启下"的意思，如同蛇退〔蜕〕皮一般，由旧社会退〔蜕〕到新社会，使他不要断绝。

然则如何指导法子呢？就是将昔日走路之困难，以及所走的冤枉路告知后进者，或是把空理想之做不到者指点给他们，此外还要将自己实在之事业和久远之计划告诉他们，令他们不要以我先进者之事业为满足。先进者要常占在战线第一排上与旧社会开战，个人的先进者团体的先进者皆当如此，一国之所以贵有先进者亦在乎此。

南通在中国是个先进的地方，而在座诸君在南通多半是后进者，然而以团体而论又是个先进的团体。以个人之后辈而维持团体上先进的精神与面目，是一件极不易的事。若南通有许多不足为人模范者而被人学去，那就害人不浅了。或是人家都进前去了而南通还落后，那么南通的庄严要堕下去，亦非社会之福，乃至其他方面的进步亦要受南通的影响。南通诸君要觉悟自己地位之重要，任务之重大，有了这种觉悟就可以进步了。

以上所说都是很普通的，就一切任务而说的。至于教育乃是各种任务中之一件，又是根本上之一件。我希望教育界诸君顺应环境进步，时时都占在第一排。至于具体的条件，不能多讲，请只举四点。

第一，希望教育界注重公民教育。共和国民最普通应做的事，必定要根本上在学校里注意。

第二，希望教育界注重科学教育。纪念科学社在南通开会，是因为社员对于南通有一种景仰，还有一个意思，就因南通是全国之先进者，想在这里开会，可以刺激到南通教育界之一部分，叫他注意科学教育。我望南通率先做去，万不可以为科学是大学理科然后可以做的，乃是要从小打底子。我们中国的中学小学实在没有这门，虽有也不过是些教科书的学问，教法又是非科学的。我望先进的南通教育界率先把南通做成科学的教育的首创人。

第三，希望教育界注重自动的教育。

第四，造成模范的中学。

我望南通教育界能注重这四点，那么南通教育界便不愧为举国承认之先进者。若是南通都不做，别处我更不能去责备了。最后一段话望南通教育界以之自任，前面所说尤愿南通全部人民有那种觉悟拿来做自己的任务。

讲毕，张孝若致谢词。略谓适承梁先生指导巡诲，对于南通无一不对症发药，感激之至,惟承奖先进二字愧不敢当。曾记二年前梁先生在此演讲,讲南通自治系个人的非团体的,系老辈的非新进的。揣其用意,无非希冀南通自治由个人而扩于团体,由老辈而蜕为新进,乃揆诸今日之情形能不辜负所望者为期尚远。譬诸营屋,必先有基址而后可构材兴工,以造成光明高大之象,南通今日现象仅有基址而已。或者受梁先生之教训,从此觉悟,猛力共进,再数年后臻诸特殊境界亦事所或有也。至所云公民教育科学教育,之二者于南通最关切要。南通自治事业似较他县为多,公民之担负亦较他县为重,不有教育提高程度何能胜任而愉快。至科学则尤为重要,南通垦务连年以来频遭打击,然此只可谓之搁浅,不可谓之失败,倘用科学方法以解决之,必有厚利可获焉。自动教育尤为公民教育与科学教育之要素,以非此不足以供二者之实现也。倘受梁先生一言之赐而克底于成,其促进之功良非浅鲜。谨代表南通人民道谢。继即介绍马湘伯先生演讲。

马湘伯先生讲题为《教育之意义》。略谓吾人各种事业所以不能充分进行者,非外力限制之,乃政府限制之也。例如欲创办自来水或电灯,呈部注册非用运动费不可,欲购买化学原料如硝磺等,则以其有涉于军用药品而种种留难是也。惟外国则不然,例如有人测定某处有矿而欲开采,虽为公地亦能由政府给与,其他更无论矣。昔有一安南人穷无所归,乘轮赴美之旧金山,力不能付船资,备受穷辱,既至日以黑面包果腹,后竟获得金矿以暴富闻。设在中国能得如是之机会乎?吾更舍他种事业而言教育。教育普及之呼声已日高一日,以吾观之,就令普及未必即进于文明。试观外国教育久已普及,而人民之犯礼败度者不减于中国。盖教育所以开通其脑,而道德所以检束其心,脑愈开通而心愈险诈,往往成反比例。此无他,但注重于教而未注重于育也。譬如莳花,教仅栽植而已,育则有灌溉培养之功,但栽植而不灌溉,安能期其发达乎。管子谓衣食足而知荣辱,诚为千古名言。而吾谓欲比较中西文明程度之高下,仅有三要项,即衣食住是也。文明程度最高者即衣食住高尚也,文明程度低下亦即衣食住低下也。人莫不求幸福,而所谓幸福者亦不在衣食住以外。国家之保卫己国,即巩固己国人民之衣食住也。由此以言,则欧洲大战五年,无他故,为衣食住耳。欲提高衣食住而出文明,非科学不可,欲人人知科学,非普及教育不可,此即所谓教也。然欲提高衣食住在科学,而欲享用衣食住在道德,则于教而外又当注重于育矣。《大学》云有德此有人,有人此有土,有土此有财,有财此有用。夫土地财用为衣食住所自出,故必以德为本,无德则不能有土地财用,此即欲享用衣食住在乎道德之证。欲达此目的,其责任全在一般之教育者。然教育者何以能尽此责任达此目的,则与国家对于教育者之待遇亦颇有关系。外国小学教员多久任不经更动,达规定年限而去职退隐,则仍与以相当之俸给,俾得优游卒岁,著书立说,传其经验于后人,故教育事业日益进步,愈普及而愈文明也。我国教育无经费,学校无基金,致教员不能久于其位,退隐以后亦多困于生计,不能以著作传后人,故教育事业日渐窳败,吾恐其愈普及而愈不能文明也。抑吾国教育尤有至不平之一事,即高等教育机关必设于首都及省会是也。夫教育与政治不同,设置地点以环境适合及交通便利为标准,不必居于京师及省会,观美之华盛顿大学校之设立,其意已可想见。我国大学及专门多设于京师,就学之便利仅限于特殊阶级,而经费之供给,则责诸全国人民,此岂非至不平之事乎?吾苏之南京,学校之多非苏、常、扬、镇各地可比,其弊亦正类此。如此,则高等教育断无普遍之望。故吾主张地方款项仍宜用在地方。以地方人民所纳之赋税办理地方人民应受之教育,其理至公,其力亦裕。教育既发达,其他各种实业亦将随之而发达矣。吾甚望南通人人发愤,能本此意造成全国惟一模范,则不独南通之荣幸,亦江苏全省之荣幸也。

讲毕复由张孝若代表致谢。时已五钟,遂散会。

下午七时,张退庵、季直及孝若三先生欢宴全体社员于俱乐部中,餐席间觥筹交错。酒数巡,季直先生离席致词。略谓闻诸君明日有将行者,谨于今晚为诸君赠言。鄙人有两种意思贡献于诸君。中国一般人常以为科学家无益社会,此虽谬论,但科学家不可不力谋社会之信用,使所经营之事业效率较普通人为大,则社会自欢迎科学人才之不暇矣。而欲达此种目的,第一须用科学方法研究社会心理,第二须用科学方法量度社会经济,否则所经营之事业必难发展,甚者用旧方法旧人才尚可维持,而用科学家则失败愈大,何怪社会上不重视乎。夫此固非科学本身之过也,而实由于不明社会之心理及实业经济所致。鄙人之为此言,非凭悬想,固由经验而来。数年前有徐某者自日本游学归,颇精制皂术,鄙人令主南通之皂厂事,所出之货经彼改良远胜于前,然工本大而价格昂,人咸不愿购,以是亏损甚巨。后令监造监狱出品,狱犯例无工价,而所出之皂成本仍贵,销路勿畅,一年后结算又损失二千元,遂令仍制次等货品,此一事也。南通唐闸前年组织工业化验处,聘德国化学博士替尔为主任,提炼油厂之油为白油,精美不亚欧货,然以成本贵而价格昂,销路不广,遂令一向获利之油厂忽以蚀本闻。今岁开股东会议,群主辞退之,不及待其约期完满,此又一事也。而皆可为吾人研究社会心理及经济之好资料，盖爱精美而恶粗恶虽人之恒情，然精美而价过昂，在经济萎缩及崇尚节俭之人民必不欢迎，将反乐购粗恶而价贱之物矣。以今日中国之资本家，其眼光尚未能辨科学之足以改进其事业，唯欢迎人能包其赚钱耳。科学家欲取得彼等之信用非能为彼赚钱不可。欲赚钱非徒恃科学之精深，而须能用科学方法研究社会心理量度社会经济以为发展之标准，此鄙人今日贡献于诸君之两种意思也。

张先生语毕，马湘伯、梁任公两先生均有演说。湘伯先生略谓中国科学家所以无甚建树于社会，实由政府之不能辅助，反加摧残。外人开矿制造飞机何尝无失败，因有政府之助故终可告成功。中国则国内捐税苛重，外国入口货捐率反轻。科学家即能改良货品与欧美埒，终以捐重价昂，不能与外货竞争。随举江西瓷器不如日本瓷器之畅销为例，反复言之。又谓外国因科学发达而致文明富强，然亦有因科学发达而发生恶果者。例如杀人之器日益精利，彼已上当矣，吾人不可再上当，须就其造成良果者精研而发展之。任公先生略谓我于科学为门外汉，适闻四先生及湘老所言引起我之趣味，故略讲几句。此次在南京参与生物研究所落成礼，与科学社诸君晤谈，即有人提倡组织中国社会科学社。四先生顷谓用科学方法以研究社会心理量度社会经济，足见社会情形极有待于科学家之研讨，与吾注重社会科学之意实不谋而合。

末由丁文江博士代表全体社员答谢。略谓昨日任公言我们学者是书呆子，岂但我们而已，即四先生亦书呆子也。何以言之，四先生在前清状元及第后，升官发财极易，而四先生愿舍之，独殚力实业，不惮烦难，研究社会心理，量度社会经济。及事业已发达矣，又不以所得利益利一人享受，而以之设图书馆、博物苑〔院〕，捐助各学校各慈善机关。即如本社建筑南京生物研究所，四先生亦曾捐助一万元。凡此种种，非书呆子孰肯为乎。我们为书呆子，四先生亦书呆子，故我们认为同志，举为名誉社员也。虽然，此所谓书呆，特指做人所不敢做，为人所不敢为而言，非谓不明人情世故。若不明人情世故，则一愚骏之书呆耳，何能用科学方法研求社会心理量度社会经济乎。自有四先生为我们书呆吐气，而书呆亦渐为社会所重。鄙人敢断言，如有予我们社员以发展之机会，社员必皆能抱奋斗之决心，以不负此机会。以后社中进行之事亦须望四先生时予协助。丁君言时极诙谐之能事，故鼓掌声时作。十时会散，社员复就俱乐部讨论修改章程，至夜十二时始散。

八月二十二日(星期二)为年会之第三日。上午九时社员三十余人乘公共汽车赴五山,二十分抵军山东林桥下车,步行至东奥山庄,憩于受颐堂。少顷马湘伯先生乘汽车续至。楼台林木远近相映,皆张季直先生所独立经营。时才九时五十分,本可遍游各名胜,因气候炎热,各社员颇觉疲倦,只有一部分登军山参观气象台,马湘伯则驾车游西山村庐。至十二时十分陆续集狼山三元宫,应南通社员之欢迎宴会,张孝若等亦先后偕来。马先生每憩一处,各社员辄就与谈论,先生述少年时在欧洲情形,娓娓不倦,诙谐杂出,闻者每为之哄堂,各社员虽汗流浃背,犹比肩环立以听焉。席次各社员相与畅谈,宴毕由杨君杏佛代表全体社员致谢辞。略谓此次年会于南通举行,南通诸社员颇为辛苦,招待之周至,实为历次年会所未有。今日山林游览之余,更饷吾人以盛筵,实足以令吾人感激无已。谨代表全体社员,敬谢南通社员诸君,敬谢张孝若先生。语毕,众鼓掌。时已下午二时,各社员乃急下山往观音禅院参观各种观音像。二时半匆匆登车返城内俱乐部。下午三时各社员在会场宣读论文,到会者约四五十人。首由张君孝若报告宣读论文诸君之姓名及项目,其读文之次序如下。(一)丁君在君宣读《云南之东部地质结构》。其东部与贵省接界附近地质以铜质为最饶,因有其他特别原因,故地层亦间有一二处错觀者。本其所亲历情形而撰成论文,故愈觉真切有味。(二)何君奎垣宣读《数学之教学法》(将见本报下期之科学教育号)。(三)秉君农山宣读《鸟类耳骨之解剖》。极言鸟耳之构造,分外中内三部及其感觉声音之原理。(四)胡君敦复代赵君元任宣读《研究中国之方言发音法》。中国方言极形浅杂,并历言研究之方法,又举声韵之学以申明之。时已五点三刻,徐君南骃之《江苏水利问题》,不及宣读,改于晚七时半再读,遂由张君孝若宣告散会。

下午八时二刻各社员讲演,先由张君孝若介绍伶工学社奏乐。略谓伶工学者本分二部,一为演剧部已赴汉口献艺,一为音乐部适由上海回通,得参与盛会。诸君连日开会研讨讲论,今午又游览五山,知必疲劳,藉此慰安,并以助诸君之兴会。演说毕,伶生十二人各执西乐器当台奏演,先后共奏三调,音韵悠扬,每奏一调,听者辄鼓掌赞赏。俟乐终已至九时。丁君在君登台讲演,题为《历史人物与地理之关系》,并有各省历代人物表二种张挂台上以俾众览。略谓今日所讲以二十四史为范围,所谓人才者不论历史上评论其为善为恶,只以其有学术或官爵而史书为之立传者,视其产生之地域属于何省,以算数百分之几为标准。北宋以前北方(如山、陕等省)之人才较多,南宋以后南方(如江、浙等省)之人才较多。其关系约有数种,一为建都地点之吸收,二为避乱士民之迁移,三为水利通畅,农业振兴,社会之经济发展,四为气候变迁于人民生活之影响甚大,此皆可以能得文化转移之因果也。此外尚有一事,汉人质朴,其美的思想不甚发达,至唐人文化美术则超出汉人远甚,此系何故?以鄙见观之,一因血统改造,其时种族上之汉胡界限浑杂已久,其证例颇多。一因历史相传之学术受佛教输入之影响,士人思想呈出绝大之变化,遂有此现象。但鄙人未敢自信,仍求历史家指教。至于新地方之新环境,最易产生新人物,则古今所数见不鲜也。次由徐君南驺讲江苏之水利问题。此为下午二时宣读论文之一目,因时间不足,故于此时补讲。其论吾国水利不振之原因有三种:(一)无水利工程人才造就处;(二)人民徒知赈灾而不知防灾;(三)河工官僚无工程学识,盲事舞弊。果欲振兴江苏水利,第一须组织江苏水利技术委员会,设一会长,分领工程、咨询二部,专以解决本省或与他省有关系之一切水利问题。第二须筹足江苏水利经费,其项目约拟数种,甲已得之水利费,乙田亩水利特捐,丙商业水利特捐,丁水陆交通特捐,戊水利劝捐,己水利公债。其立论极为缜密,可为治苏省水利者借鉴。讲毕时已钟鸣十一下,遂宣告散会。

八月二十三日(星期三)年会之第四日。上午九时各社员在南通俱乐部开社务会,由谭仲逵君主席,讨论修改章程事。其修改之处甚多,大体意思已由全体社员通过,惟文字上尚待修饰,故现时未能发表。至选举职员则以修改章程为时过多不及举行,改期次日上午九时。

是日各社员,除列席社务会议外,尚有杨、柳、钱、邹四社员应南通报社与县教育会、中等以上学校联合会、附属小学联合会四团体之敦请,于八时赴总商会讲演。其秩序如下:

一、杨君杏佛讲演题为《科学的办事方法》。略谓世间无论何人未有不办事者,而办事之要义在能节省时间,用力少而成功多,欲达此目的非用科学不可。科学的办事方法,第一当明工作与疲乏的原理。吾人工作如机器然,必需燃料供给原动力,而此燃料则得之于食物。食物入腹如投煤炭于蒸汽炉,所以发生其原动力也。故工作与燃烧同时进行,工作过久燃烧所生之炭养二①与乳酸亦增加,此二物皆能为筋肉之毒,而停止其活动,此为疲乏

---

① 炭养二现写作二氧化碳。

之第一源。又或工作过速体内之燃料已消耗尽,而新者复不及生,亦为发生疲乏之源。第二要减少疲劳。减少疲劳之法,约分下列三项。一为睡眠,睡眠时间有主八小时,有主九小时,有主张愈少愈好者,实则视各人而异,惟总宜使之酣足而无梦,有梦则足以耗其脑力,精神必不能畅适。一为运动,运动与工作不同,工作系身体一部分之发达,运动则能使身体各部平均发达。一为食料,食料不宜多,宜择其滋养料之丰富者。食少而养料多,常使胃力有余,最有益于身体也。吾人所食往往过多,因消化不良,疾病丛生,甚至畏停食而不敢工作,因食废事,不经济莫过于此矣。此外更有两要项。一为工作之环境,温度与湿度务使之适宜,气候之寒暖光线之适否均与工作有密切之关系,可利用科学方法以调剂之。一为工作之心理。心理可分四项言之。一须"忠",忠于所事则成效必多,虽劳而不觉其苦。一须有兴味,即吾人为工作而工作,则兴味自浓,非为工作而工作则兴味必减。一须竞争,竞争不但对他人,尤须对自己,今日比昨日何如,明日比今日又何如,常常如此,则自有进步。一须有从容态度,态度从容则心自静,心静则外物不能相扰。一须乐观,牢骚抑郁为事业失败之原,故须常常乐观,则心神焕发矣。

二、柳君翼谋讲演,讲题为《文化之权威》。略谓今日世界之最有权威者为军阀与金钱。军阀拥兵恣睢,人民无可如何,观于中国十一年来之现状可知。然兵须有饷,无饷则变,是军阀之势力仍有赖于金钱也。试观欧美各国资本家之藉金钱压迫劳动阶级,岂减于我国军阀耶。自大战以后,列强表面虽俱以减缩军备为言,而实则耀武整军,发展经济,不遗余力。是故在今日之世界,唯有军阀与金钱二者势力为最大,文化有何权威可言乎?虽然,文化固有极潜伟之权威,我自来南通后面益信此种观念之不误,试略为诸君言之。十九年前吾因应张啬公之召商榷〔榷〕师范校事,初至南通。彼时学校唯有师范校一所,实业亦极幼稚,道路狭仄,唯有独轮车可乘,一切事业俱极简陋。及此次重来,教育发达无论,而军山有气象台,唐闸用机械之工厂林立,其他若道路,若桥梁,若公共建筑,无不焕然一新,含有科学之意味。自普泛的眼光观察,此新南通似为西洋文化所产生,其实新南通为张啬公①一人所经营缔造,乃旧文化之产物。何以故,啬公之出身,科举而非学生,乃旧社会的人物。旧社会的人物甚众,而独啬公能新其邑者,盖啬公天才卓绝,又有张廉卿、翁叔

---

① 张啬公即张謇。

平等硕学之士为其师友,故能撷取旧文化之精蕴,而本其固有之学术,利用科学发展南通种种之事业。是以中国文化吸收西洋文化,并非以西洋文化征服中国文化。反之,上海之新事业非不多于南通,而所以远不及南通者,即由其尽失却中国文化之精神,而为西洋文化之奴隶也。吾人观此,当可悟文化之权威之有在矣。抑文化权威不但能新一地方而已。日本由明治维新后而富强,一战胜我国,再战胜俄国,在浅见者无不谓师效欧洲变法之故,而不知其维新诸子如西乡隆盛等,实得力于阳明之学。故日本之有识者尝谓新日本之造成,实导源于中国之文化,允为至当。前岁巴黎开中法文化沟通会,有法国著名之学者来会讲演,谓中国人无不以法国为共和先进国,民主之学说实由法人首倡之,而不知法人实得自中国,试观卢梭所著书中尝数引孔孟之言乎。中国学生初闻之,以为法人欲联络邦交,故为此恭维之语也,乃查卢梭所著书,果引有孟子民为贵之说。此事乃某学生亲告我者,某故我昔日之学生也,非虚语者。由此以观,即谓法国之共和亦发生于中国之文化,固未为不可。是故文化之为物,虽有时在本国失其权威,而必显于异国。斯不独中国文化为然,即印度文化,西洋文化,亦莫不有此权威。惟印度是精神的文化,西洋是物质的文化,中国则介于二者之间,能为精神上及物质上之调和,故其权威尤为伟大耳。军阀与金钱之权威足以灭人群幸福,宜求所以消灭之,文化之权威可以促社会进步,宜求所以发挥之。欲文化权威之发挥,不独恃天才,而尤赖于环境之刺激。啬公之能本旧文化精神运用西洋文化以改造南通,半由其天才过人,又有贤师友,半则有感于甲午之役而奋发。今国家之困难又甚于前矣,磨练精神,发挥文化之权威以造成新中国,是吾人之亟宜互勉者也。

三、邹君秉文讲演,讲题为《新农业与南通》。略谓今日讲题为新农业与南通。讲此题之目的,一因鄙人为学农者,二因此问题对于南通之现在及将来均有重大关系。南通之所以为人称誉者,以地方自治事业之发达。地方自治事业之所以能发达者,其原因之一即金钱是也,无钱即不能成事,故钱之有无,事之兴废系焉。张季直先生办理地方自治事业首重经济,故先办纱厂,待纱厂获利,即设立师范学校,其后又注重盐垦,待盐垦获利于是地方事业大举。近年来棉花失败,盐垦不能获利,纱厂亦因此难以支持,地方上自治事业受莫大之影响可知。农业发达则盐垦与纱厂亦随之而发达,农业不发达则盐垦与纱厂亦随之而不发达。既不发达则地方自治事业难以维持。且南通城区之地方自治事业虽称发达,而市乡之景象恐尚有不如是者。真正爱南通者当立定志愿,使今日城区之好景象将来能普及于各市乡。欲达此目的必须有充分经费,而经费之来源端在农业。因南通人民大多数业农,非改良农业无以增加人民收入,非民力充裕,决无从兴办各种自治事业。欲改良农业须先应付以下四项条件:(甲)须有良好之计划,(乙)须有良好之组织,(丙)须有良好之人才,(丁)经费。此四者相辅而行,缺一不可。就南通而论,改良之问题正多,例如:(一)通地每年产棉在六十万包左右,种棉地积约百余万亩。以价值而论,设一亩田能多收五角,则全体收入可增加五十万元。(二)盐垦问题尤为复杂,非仅耕种即可尽其能事,如咸性土之改良、农具之改良、病虫害之驱除等,凡此诸事似不可委之于天,皆当应用科学方法以解决之。解决方法须先定研究计划。至改良农业机关之最重要组织自为农科大学。南通现时已经设立农科大学之职务,在延聘各种专家研究解决农业上困难问题,同时并造就相当人才以应南通农学上之需要。就南通而论,所急于需要者计有二种:(甲)推广人才,(乙)垦务人才。不特此也,大学尤宜用种种方法,每年除派人至乡间演讲及发行印刷品外,更宜就全县分作若干区,每区就原有小学设农业指导员一人,实行指导农民改良农业。至经费一节多固佳,惟少亦应有少的办法,应在一定时期内可以收实效。最可幸者即农业教育果有实效,必为众所目睹,届时不患社会之不予以充分经费。经费之难尚非最急,最急者何,曰良好计划、良好组织、良好人才,此层希望南通人注意。南通为吾国之模范县,全国人民对于南通均有一种景仰崇拜意思,鄙人亦然。惟景仰之深,不觉期望之厚,故言乃较直率。错谬之处自知甚多,幸诸君纠正之。

四、钱君天鹤讲演,讲题为《实业家对于农民之新态度》。略谓各种实业之原料皆由农民生产而供给之,故实业家之于人民恒有密切之关系,余今特将实业家对于农民之态度一研究之。旧的态度有二。一为冷淡,从前各处之实业家对农民之态度异常冷淡,所以然者,因未念及其原料出自农民,一若农民与彼无丝毫之关系者。一为欺压,实业家为图厚利起见,常利用资本之势力攫夺民之利益,或结成团体贬抑物价,或联络议会官厅订立种种苛刻条约,致大利益为所夺,农民救死不赡,不能改良出产,实业之原料物质既因而退化,数量亦因之短绌矣。此旧的态度所必至之恶影响也。至于新的态度则与旧的相反,即一为同情,所谓同情者即利害与共休戚相关是也。一为帮助,帮助分四项。一为促进农民之道德与知识,其办法在多设乡村小学,先使农民识字而后可用种种方法授以农业之原理,其他如讲演会、博览会、通俗报等皆宜及时举办,多多益善。二为增加出产,其办法应多设指导机关,如试验场、印刷品等皆是也,而道路之交通尤应特别注意。三为价格公平,实业家收买原料务使农民有利可图,万不可用欺压手段。四为改良生活,农民之体力卫生生计以及工作时间皆生活中之重要部分,务宜时时注意,使彼日常生活有愉快而无苦痛,而后拾〔始〕能专力于生产,足以供实业家之取求。以上四项皆实业家对于农民必要之新态度也。能如是则民力富裕,秩序安宁,原料充足,实业发达,有必然之良果矣。

是日听者男女约三百人,讲毕已十二句钟,遂散会。

下午一时社员二十余人乘公共汽车赴三余镇大有晋盐垦公司。登车时,某君语某社员以马湘老年高,连日劳顿此行可勿偕行,盖道途辽远,行程时间又长,或有不耐颠播〔簸〕之苦。适为马先生所闻,笑答曰,吾闻南通县道宽平坦,甚愿偕行,若不乘此机会,恐终难见张啬公经营自治之最大成绩,遂相与同往。二时三十分抵大有晋公司,由招待员导入大厅休息二十分钟,即由姚君引导参观,并陈说该公司成立之经过及历年办理盐垦赢绌情形,分赠该公司之报告及帐略。次参观通泰盐垦五公司设立之农事试验场,该场主任王君出为延接,遥见棉苗畅茂,棉铃累累,如无风雨摧残,可望有秋,亦足见其栽培合法也。再次参观遥望港九孔大闸,闸距三余镇二十余里,纯用最新式之钢骨三合土建筑。姚君并详述设闸之功用,一以御海潮使不能内灌,一以泄河水使有所消纳,实与各公司及全县水利有重要之关系,其建筑功〔工〕程之费用共计十七万元。各社员咸叹为淮南之巨观。时已五时许,仍循故道而反。至公司后相与谈论南通农村之风味,竹篱茅舍,鸡犬不惊,洵世外之桃源,而县道宽至四十英尺左右,分植杨柳,既以表道,又点缀风景,尤一举两得之计划。七时该公司款以夜膳,膳毕即乘车返城南俱乐部,时已八时五十分矣。

下午八时五十五分各社员赴更俗剧场听伶工学生音乐,共奏六谱,视昨夜在会场所奏者尤觉和美,其所用西式乐器皆精良之品。金谓伶工学生教授年余,即有美满之成绩如此,虽上海之普通跳舞会亦恐未必能及。西乐奏毕,即开演电影,初为滑稽片、侦探片,最后为纽约风景片,均平常无奇,而中间所演之南通杂志则为本地风光,如陈团长阅兵、张啬公游倭子坟、通城马路之繁盛、更俗剧员之化装剧,布置配合饶有兴趣,为本地之中国影片公司卢君出版,阅者无不欢迎。至十一时四十分电影演完,遂散。

八月二十四日(星期四)年会之第五日,上午九时各社员在俱乐部开社务会,由杨杏佛君主席。首选举赞助社员及特社员,由主席报告各候选人之历史与赞助本社之经过,即进行选举。计被举者赞助社员为张退庵、熊秉三、严范孙、齐抚万、韩紫石、王抟沙、许秋驷、吴秋舫八先生,特社员为马湘伯先生。次选举司选委员唐钺、竺可桢、谭仲达三君,查帐〔账〕员周仁、徐乃仁二君。至此杨君因事离席,由胡明复君继续主席。主席提议本年修改章程草案大体虽经通过,文字尚待整理,且料理通告社员等事亦须有人负责,拟请由年会公举整理修改章程委员三人担任此事,众赞成,计被举者为王季梁、杨杏佛、熊雨生三君。主席复提议今年年会成绩之佳招待之周皆为年会委员长张孝若、陈心铭两君之力,拟发起由到会社员公赠两君银盾以致感谢,众赞成。时已九时半遂散会,分队参观各教育机关。

同日上午八时半科学社王、胡、何、秉四社员应四团体之请在总商会议厅继续演讲,听讲者约有二百人之多。首由王季梁君讲《衣食住之化学常识》,略谓如下:(一)衣之原料甚多,而其成分则一,即纤维素是也。纤维素种类有三,第一植物纤维素,第二动物纤维素,第三人造纤维素。植物纤维素之化学成分为炭轻养①化合物 $C_6H_{10}O_5$,轻养之比例有一定,为一与二之比,恰如水之成分,如棉麻是。动物纤维素之化学成分除炭轻养三原素外尚含有淡②硫二原素。此种纤维素分二类,即毛丝是。人造纤维素乃取原料于植物或取于动物而加人工制造者,成分无异上述二种,如人造丝是。(二)住室与化学有关系者为其构造之原料及与卫生之关系。房屋材料坚固必其内化学成分适当,近所用之水门汀为钙鉨③铝三者之养化物,经化学作用而成。三者之分量如能适当,则其制造物坚固力可增加。工厂所用及建大房屋所用之砖其化合成分,若比例得当则制成之砖坚固,且可耐最高热度焉。室内卫生在调节其温度及湿度,以人身常须发出热量,如温度过高或湿度过大,则人皮肤内水分不易蒸发,热量不易传散,身体自生不快之感。昔人谓处广座稠众中觉不快者以二养化炭气体过多之故,晚近科学家已实验证明其说之非全是。(三)食饮一项与化学关系最为密切,素食荤食或多食少食于卫生有益与否颇难确定,必根据生理学及化学二者研究之。食物无论动植物,其主要部分为蛋白质,蛋白质有九十多种,有滋养者,有不滋养

---

① 炭、轻、养现分别写作碳、氢、氧,下同。
② 淡现写作氮。
③ 鉨现写作锡。

者,其成分由有机酸根与铔①根 NH_2 化合为铔基酸根,复互相凝和而成蛋【白质】。食后在胃下肠上由酵素消化之。其次曰脂肪,动植物俱有之,其组织为有机酸与甘油根 C_8H_5 化合而成,在体内效用与蛋白质不同,不事构造而专供消耗。消耗处有脂肪分解散入四肢,炭变炭养二,轻变水,为保存人身热度之用。北方人喜肉食者以此。又其次曰炭水化物,简单者为糖,复杂者为淀粉,效用如脂肪,亦供热量。重要食物除上述三种外,尚有维他命(Vitamin)为近十数年来之新发明,其化学成分尚不能明了,多数食物如蔬果及脂肪如鱼肝油等含之颇多,其余食物含之较少,故滋养力较逊也。

次由胡刚复君讲《研究与科学之发展》。略谓研究与科学范围均甚广,此次演讲不过就思想所至随便谈谈而已。研究有专门与普通两种,专门的研究有准备有仪器实验,系讲高深学理,普通的研究则所研究不甚高深,随在观察所得,用科学的方法加以研究即是。研究方法有自主观的,有自客观的,主观的多错误,不如客观的从分量上研究。究竟客观的占多少,主观的占多少,实验占多少,逻辑方法占多少,当从科学发达程序及其种种方面研究之。观察为研究方法之一,其法先搜集普通经验,加以分析。抽象得一原理,再应用于种种方面,所谓由归纳而演绎也。有时应用无意间发生几种结果,或中途发生困难,则反诸原理重行观察,则又由演绎而归纳也。归纳与演绎遂成一循环矣。臆说亦研究方法之一,能使理想容易,兴趣增加。有时因发生矛盾不得不推翻,但能不推翻,即不必推翻,要慢慢改革之,纵至根本推翻时,中间必经许多争论研究,甚有益处。故科学家须具有两种精神,一求真,一精密。研究科学,发明与应用,不可偏重,但研究科学并不因立获应用而研究也。今日所讲于研究与科学之发展未能详尽,听讲诸君若能随时随地从事研究,共图科学之发展,是则不佞之所深望也。

胡君讲毕续有何奎垣君讲《数学之应用》。略谓数学之应用分三方面:(一)数学应用在数学上,此甚显著不必详说;(二)数学应用在他科学上如物理学上之公式是;(三)数学应用在社会上如统计学上之公式是。普通高等分析为连续性算学,统计则为断性算学,所以为断性者,因社会上事情甚复杂也。凡数学家当为物理学家社会学家,一方面须专精,一方面须广博,并与其他科学家应有联络之精神。无论自然科学与社会科学,其能成为一

---

① 铔现写作氨,下同。

种科学,均有取于数学焉。讲毕时已过午矣,遂散会。是日原定秩序尚有秉农山君之《生物与教育》,为时间所限,未能讲演。

下午二时科学社员在总商会演讲,先由柳翼谋君略致介绍之辞。继由秉农山博士演讲,讲题为《人类之天演》,携图五幅。首略述细胞学胚胎学之大要,谓人与群动物形体虽异,细胞实同,人类胚胎之初步与鱼类鸟类畜类胚胎之初步无甚区别。次阐明本题,略谓天演或译作演进,或译作进化,人类与其他动物均由一莫可名状之共同始祖分途变化以有今日之万类。其程度最高者为人类,其次为猿类。人类之初民为原人,原人之始曰猿人。猿人者高于猿类而下于人类者也。人与猿唯一之区别厥在脑部,人脑大而猿脑小,人脑有司言语之神经,猿则无之。初时小儿不能言语者,以此部分之神经尚未发达,等于猿也。其次人能直立,他动物则不能,猿类略能之而犹不能久支。人之大指与其他四指能为相对之动作,因此动作,生出许多功用,猿则否,小儿亦与猿同。猿类不能以手操作工事,而人类辄能之者,惟大指是赖焉。人类既独具充分之脑筋,又有完全之两手与灵活之拇指,此其所以异于万物而高于猿类也。秉君又谓吾尝亲见大猩猩攘夺食物,喃喃作声,如相争而怒骂者,聚夫妇子女而居,如简单之家族,其父挞其子女,其母辄出面阻止,有严父慈母之况,是以此类动物其下于人也只一间耳。讲毕,柳君起谓适秉博士所讲与吾人以新智识不少,此种新智识非科学发达不能取得也。

复介绍竺藕舫博士演讲,竺博士之讲题为《飓风》。略谓空气流动则成风,空气何由流动则因气压有高低,气压高处之空气必趋于气压低处,犹水之就下也。地球五带赤道最热为低气压,南北两极最寒亦为低气压,故南北两温带之空气常趋于赤道及两极。北温带空气之趋赤道者常为东北风,趋北极者常为西南风,南温带之趋赤道者常为东南风,趋南极者常为西北风,是曰贸易风,事之常也。至所谓飓风者乃非常之风,《南越志》所谓具四方之风是也。其尤剧烈者曰台风,其较缓和者曰暴风,皆飓风之类也。其成因有二:一由发生低气压,致四方之风具备;二由地球上相反之风遇合。北太平洋、南太平洋、北大西洋等部皆飓风之发生地,多在北纬五度至十度及东经一百三十度至一百五十度之间,赤道虽易得低气压而非飓风之发生地也。吾国沿海之飓风咸自菲律宾来,故各气象台飓风之预示多得自菲律宾气象台之报告。其来也扬子江口及沿海各埠常蒙其灾,及溯江而上,至南京已鲜有之,若汉口成都则绝无所谓飓风者矣。其时期及次数,据某气象家最近之考察,平均六月2次,七月3—5次,八月3—5次,九月4次,十月3次,十一月2—5次。讲毕,复由柳君起立致辞,略谓今日为科学社末次之演讲,而最后之讲题为飓风,实含有君子之风泱泱乎大国之风之寓意。方今学潮激荡,吾人可置之不问,但愿此后南通学风如飓风之四方之风备具,科学社学风如飓风之从菲律宾吹来。吾人悬此希望,谨为南通致祝,为科学社称庆。语毕,众鼓掌而散,时已四时四十分矣。

下午七时各社员柬请南通行政长官及地方法团绅士会餐于俱乐部,宾主五十余人。酒行既酣,马湘伯先生起立致辞,略谓本社年会会务已竣,各社员将于明日离通,故今夕置酒高会,与南通官绅作别。古人有言"黯〔黯〕然魂消者惟别而已矣",是别为可哭之事,而古今从未有人谓别为可笑者。吾人今日将循例而哭乎,抑创例而笑乎,余以为哭可也,笑亦可也。南通之事事物物皆含有科学的色采,在全国各县中实所仅见,吾人见佳象,虽身离通境,能无欢迎鼓舞之余情乎,此可笑也。然吾国人之惯性喜空谈而鲜实事,因循夸诞,相尚成风,遂致结果一千七百县中仅有一南通,四万万人中仅有一张啬老,讵非吾人痛心之事,此可哭也。但以余最后之决心,奉劝各社员还是笑,不要哭,共带着欢迎鼓舞之兴会而别,对于一切学术事业努力做去,使人人皆为张啬老,县县皆为南通,庶毋负连日官绅招待之盛意。说至此,众大鼓掌,遂止。张季直先生起立,承马先生之意而言曰,鄙人对于湘老所说有许多感慨。鄙人自脱离科举后投身实业界,适当中国否塞之时,官僚奚落我,商侩轻视我,而我个人一切不顾,并力开辟,经过许多困难,方得最后之稍许顺利,但所得顺利不能算偿还困难,惟拿来增加奋斗。盖天下最有力的是金钱,最有作用的是势利,立时冷暖,人非受其薰蒸不可,能至大冷不觉其冷、大暖不觉其暖之一境,即庄子所谓入水不濡、入火不热者,便可以处世,便可以成事。鄙人当为商时初招募纱厂股本,官商谁肯应募,及稍有成效,人又造谣谓欲发财,而鄙人则一本其预定之计划,明明白白向前进行。当办垦时咸疑沿海滩地卤气太重不能开垦,有人见筑堤为难,且说虽有洋钱铺满地上亦不能筑成,后竟筑成,而其人未死,尚经看见。又前清盐务归盐运使管辖,盐运使执蓄草供煎不许开垦之说,极力阻挠。鄙人谓煎盐有引额,则蓄草即有限数,为之详测地积宽留荡地,草即有余,煎何患不足,如此凡在规定荡外之地皆可开垦,而盐运使仍坚执不允,终至江督处交涉始得解决。凡此种种,皆鄙人亲历之实事。鄙人经商而不为市侩,办垦而不为沙棍,营正当之业,赚正当之钱,给正当之用。此可向诸君表明者也。至于反对我者趋附我者向不注意,能反对我即能趋附我,能趋附我亦即能反对我,不过时间上之差别耳。诸君嗣后做事,无论在学校在社会,勿畏事太难,亦勿视事太易,切实忍耐黾勉前进,没有做不到的,请将此意作为临别赠言。张先生讲毕,主席又邀瞿莘畬县长演说,略谓诸君惠临,嘉惠南通甚伟,连日既饱聆最有价值之演讲,今夕又招与极为殷挚之款待,实深纫感。惟科学之发明日进不已,南通之事业发展亦日进不已,其有所需求于科学之灌输者至无限量,仍望诸君随时赐教,并祝贵社科学昌明。说毕,柳君翼谋代表全体社员向在座官绅致谢,并宣告本社年会于今夕正式闭会。

8. 第八届(次)年会(1923年8月,杭州)

《科学》杂志报道《中国科学社第八次年会记事》[①]

中国科学社第八次年会记事

本年第八次年会原拟择地于江西之庐山开会,嗣因缺乏相当会所,遂改在杭州举行。由董事委任杭州社员何柏丞、郑晓沧、钱天鹤、李熙谋、俞曹济、周子竞为本年会筹备委员,委任何炳松、钱天鹤、任鸿隽为总务委员会委员,张乃燕、周仁、胡明复为会程委员会委员,应时、吴钦烈、杨铨、杨炳勋为招待及膳宿委员会委员,黄人望、应时、竺可桢、胡适为讲演委员会委员,李熙谋、俞曹济、胡刚复为游览委员会委员,任鸿隽、翁文灏、竺可桢为论文委员会委员。兹将本年年会秩序单录下:

中国科学社第八次年会秩序单

会务日程

地点:杭州。

会场:浙江省教育会。

宿舍:环湖旅馆、东莱旅馆。

会期:八月十号至十四号。

会程:十号 星期五 上午九时至十时报到,十时至十二时正式开会。下午二时至四时社务会(报告议事)。四时至六时交际。晚八时至十时讲演,讲演者为马君武、胡敦复二君。

十一号 星期六 上午九时至十时社务会(选举)。十时至十二时宣读论文。下午三时至五时讲演,讲者为翁文灏、曹梁厦及吴伟氏。晚八至十时则有汪精卫、柳翼谋君之

[①] 《科学》第八卷第十期(1923年10月20日发行)第1105-1112页。

演讲。

十二号　星期日　游览名胜,宣读论文。

十三号　星期一　上午社务会、科学教育讨论会。下午讲演,讲者为李熙谋及吴承洛君。晚间讲演者为马湘伯君。

十四号　星期二　上午实业问题讨论会。下午参观实业机关及胡适之君讲演。晚宴会及正式闭会。

本年年会于本年八月十日在浙江杭州省教育会开会,社员到者,为任鸿隽、胡敦复、胡明复、曹惠群、叶元龙、杨杏佛、钱天鹤、裘冲曼、何育杰、何炳松、张乃燕、应时、汪兆铭、吴钦烈、胡适、李定、柳诒徵、周仁、龙文焯、王琎、竺可桢、翁文灏、李拔峨、朱其清、胡刚复、吴承洛、席德炯、原颂周、马君武、许炳堃、王荣吉、李熙谋、吴伟士、郑晓沧、程瀛章等三十五人。来宾方面有卢督办①、张省长、张教育厅长、马科长、戴勋臣、王治岐、程震旦、李杰、朱谋先、王新令、吴鸣业、尹志仁、袁俙德、章箴、李光业、赵心呆、褚嘉龄、朱文园、盛在衍、钱望之、王璧华、詹雁来、傅炳然、吴剑飞、胡齐省、汤国琛、胡炳旒、龙文焯、张拜庭、张辉庭、庞柄枢、陈文模君等。

梁启超先生来电因得信太迟,不克与会道歉。张季直先生来电,以事阻不克预〔与〕会,特嘱席德炯君代表到会。韩紫石先生来函以政务纷繁未能到会,特派郑义卿代表赴会。尚有吴毓麟、熊希龄、严家炽君等,均因事不能赴会,皆函电到社致懽祝之词。

十号开会时,社员因道远尚有未至者,而来宾则极多。任鸿隽社长致开会词后,卢督办、张省长及张厅长,并李君俊夫、张君君谋、汪君精卫、胡君适之、杨君杏佛等皆相继讲演。

(一) 任鸿隽社长开会词如下

今天中国科学社借浙江省教育会会场开第八次年会,承浙省军民两长暨政界绅界商界学界各位先生惠临,我们实在觉得荣幸之至。兄弟请把中国科学社的宗旨及历史,略述几句,作为今天的开会词。

中国科学社是纯粹的学术团体,他的宗旨是极简单的,就是要图中国科学的发达。我

---

① 卢督办指卢永祥(1867—1933),字子嘉,山东济阳人,时任浙江善后督办。

们因为要达到这个目的,就拟定几种事业打算分年进行,几种事业是:

一、发刊科学杂志。

二、著译科学书籍。

三、编订科学名词。

四、设立图书馆。

五、设立各种研究所。

六、设立博物馆。

七、举行科学演讲。

八、组织旅行团。

九、受公私机关的委托研究及解决科学上的一切问题。

本社自成立以来,已经有九个年头了。对于上列的各事,已经实行有年的,发刊科学杂志、编订科学名词、举行科学讲演等。已经创办略具规模的,是科学图书馆、生物研究所等。诸君来宾若把今天奉送的一本科学社的过去及未来细阅一遍,就可以知其大概了。本社成立以来,极承社会各界的称许与赞助,而本社对于社会的贡献,不过是这样一点,实在是我们所自引为惭愧的。

以上是简单的把科学社的宗旨和历史说明了。不过现在世界上重要的学术甚多,我们何以专要提倡和研究科学呢? 这有两个理由:一因为科学是现今世界上最重要的学术,二因为科学是中国最缺乏的学术。大家晓得现今世界和三四百年前的世界不同的所在就是因为现今有科学而三四百年前没有科学。从前的工业用手工,现在的工业用机器。从前的交通用骑马坐轿,现在的交通用轮船火车。从前的打仗用短兵长枪,现在的打仗用相隔几十里的炮火和空中的炸弹。因为科学上的种种发明,我们生活的情形都改变了。我们不研究科学,简直不能生活于今世。科学既是这样重要,偏生吾国的学术界自来不产生这一种东西。我们要讲道德伦理学有孔子、孟子一派的儒家,讲人生哲学的有老子、庄子、墨翟、杨朱各派的哲学家,要讲政治名法之学,有管子、韩非子、惠施、公孙龙各派的刑名法家。但是讲到科学,却自古至今数不出一个来。我们看看西湖葛岭上面的抱朴子,被人家认作色染化学的始祖,就可见古化学家的缺乏了。照这样说起来,科学的重要既如彼,我国科学的缺乏又如此,这岂不是我国现在将来生死存亡的一个大问题么?

现今我们国内上上下下的一班人心对于科学的重要问题似乎已有觉悟了,不过对于如何才能使科学发达的问题,似乎还没有人想到。科学是试验室中辛苦研究的结果,他的发达当然不是做几篇文章或讲几句白话可发生效力。我们科学社的宗旨,不但是要做提倡科学机关,而且要做一个实行研究的团体。因为这样,所以我们把设立研究所图书馆等事,看来比发行杂志、审定名词等还要重大。我们要使科学成为中国学术的一部分,同时也求中国于科学上有所贡献。诸位先生记得这两句话,就可以明中国科学社几个字的意义了。

现在要说说年会的意思,本社每年举行年会一次,有三个用意:(一)讨论本社进行的事宜;(二)社员研究有得的可以作成论文在会中发表讨论;(三)可以同各地方的领袖的人物接洽,讨论学术上实业上一切问题。今天的年会是第八次,到杭州来算是第二次了。我们对于各界先生惠然肯来,非常感谢,并且希望诸先生赐教。

(二)卢督办演词摘要录下

今日与此会幸甚,对于各社员亦甚钦佩。现今世界之竞争在工商,商又实根于工,工业之发达,全视科学之进步。如战争之利器,亦由科学之发明,至今日似已至极点。吾国科学尚在幼稚,希望竭力追赶,科学前途不患不发达云云。

(三)张省长颂词

人群进化,物质文明,集思广益,众志成城。济济诸君,为国之秀,教泽仔肩,学识渊薮。商量邃密,日就月将,阅时八稔,成绩优良。世界潮流,炫异标新,急起直追,精益求精。嘉会欣逢,朋簪重盍,敬业乐群,湖山生色。

(四)张厅长演辞摘要

中国之科学知识发达甚早,何以至今反不及外国,因以前政府提倡,偏于非科学方面,而漠视有用之科学于不顾。民国以来,政府亦不提倡,幸有此社之创,将来可为全国之学府云云。

(五)李君俊夫演辞摘要

近来社会观察之错误有二点,科学是什么?科学知识之有无,即关人之野蛮文明,整理思想,辨正知识。今日错误之点,以为科学偏于理性,而薄于情感,因此人类相互之冲突多,充其量不过物质之文明,如交通便利于人类非真幸福。此等语似是而非。科学社员责任,当纠正谬见及为社会谋幸福云云。

(六)张君君谋演辞摘要

科学是求真理之学,从前只包括自然科学,现在范围甚大,如文学、美术、化学、电、医等等,均应用科学也。战争实科学之竞争,故一国不用科学,则此国必败。科学能使和平,无国界,无党派。欧洲如皇室学社等等,均有科学社,而社员之头衔为最荣誉之事,本社将来亦能渐渐办到云云。

……

(八)胡适之君演辞摘要

今日我们甚喜。想起科学社之发起,均在唐〔康〕奈尔大学小屋中少数人谈论而起,今见此状,自为甚喜。初时社员均甚热心,于学求学,决不让人。至今反渐如石沉大海,六百人中今专研究科学者,止少数人。其重要之原因,在毕业后得到职业,故心中已无想研究之问题。故吾人无论如何,必须有一个问题以上,保持在心,否则心一死即无望矣。故我社员,每人至少心中有一终生要研究而甚有兴味之问题云云。

(九)杨杏佛君演辞摘要

以科学上〔与〕美术为不相容,今见各文人跻跻〔济济〕于一堂,可知科学非战争的。今日见各长官所言,对于科学均甚希望。浙江教育会会长举科学家,副会长之言亦甚于科学有研究。本社去年植物之收集,多属浙江。今动物之收集,亦正在进行。将来此种标本为礼物送与浙江云云。

十日下午三时开社务会,到会者约四十人。先由社长任鸿隽君、书记杨铨君、会计胡刚复君、图书馆主任胡明复君、编辑部主任王琎君,先后投〔报〕告各部进行状况。各部报告另有专刊印行,兹不列载。又社所报告因过探先君未到会,由胡明复君代读。

十日下午晚八时,有马君武及胡敦复二先生之演讲焉。

十一日上午十时,在教育会开社务会,到者约三十余人。由任君主席。先报告美国分会之理事已选出。于是选举司选委员,共选出者为唐钺、竺可桢、翁文灏三君。又选出查账员周仁、王琎二君。再选举赞助社员,被举者为卢子嘉督办、张载扬省长及严孟繁厅长,俱全体通过。又举特社员,被举者为吴伟士、马君武、张轶欧三先生,亦全体通过。最后查账员周子竞君报告会计报告无误。胡明复君因提议年会致谢过探先、杨允中二君,亦一致通过。

十一日上午十一时,宣读论文,由竺藕舫君主席,所读之论文,有吴伟士博士之《显微镜理论》(文见英文专刊)、翁文灏博士之《中国中生地质述略》、朱其清君之《晚近无线电之发明》(文见年会专刊)①。

十一日下午之通俗演讲,有翁文灏先生之《何谓地质学》。翁先生先言地理与地质之分,继言地质之分类,如构造地质学、历史地质学等等。最后言研究地质,可为极专门之研究,亦可为极普通之研究,惟必须明了学理,浓抱兴趣,方有进步也。第二讲演为曹梁厦先生之《人类之恩仇》,详述微生物对于人类之损益。第三讲为吴伟士博士之《自然学研究》,对于蚊蝇之驱灭,三致意焉。且言各学校,如但肯专研究一虫,已可得益不浅。又吾人对于学生,不可直接告诉以各种事实,惟提出某研究之要,而使学生自引寻觅其智识焉。

十一日晚间之演讲,则有汪精卫先生之《个人对于科学之概念》及柳翼谋先生之《人类与科学》。当晚雷雨滂沱,而听者仍极多也。汪先生言同光间科学入中国,其目的但在制造枪炮与机器,于科学之真义及精神毫无注意,此即当时科学不振之原因。惟彼向知注重实际,如购办各种机器,实引制备,此则其一部分之成就也。近来对于科学真象,已较明了,不但视科学为机器学,已知将其余学科,如政治等等作科学之研究,此可谓好现象。然实际上对于科学成就,反不如前,皆由托诸空言、不求实在之故。苟吾人不于此点力求改进,则亦必无科学成绩之可言也。柳先生以目前人类引为非科学的,吾人当思以科学指导之。

十二日上午本定游览名胜,惟因尚有论文数篇未读,故在沧州旅馆宣读论文。其代读者,有董常君之《江苏火山遗迹》、谢家荣君之《中国坠石考》、冯肇传君之《玉蜀黍之遗传形迹》、张景欧君之《蝗患》、陈桢君之《新式融蜡炉》,其自读者有王琎君之《五铢钱成份〔分〕及古代用铅锌考》与吴承洛君之《化学史研究》(俱见年会论文,今不赘述焉)②。

十二日下午为游览名胜。十二日晚杭州军政学界公宴本社同人于陆军同袍社,颇极

---

① 在《科学》第八卷第八期(杭州年会专刊)中,朱其清发表的论文题目是《晚近无线电信之发展》。
② 在《科学》第八卷第八期(杭州年会专刊)中发表的论文题目,董常的是《江苏西南部之火山遗迹及玄武岩流之分布》,谢家荣的是《中国陨石之研究》,陈桢的是《新式熔蜡炉》,王琎的是《五铢钱化学成份及古代应用铅锡锌镴考》。

一时之盛云。

十三日早九时开社务会,讨论及明年年会地点。主任干事、编辑部用人各事,皆因人数不足,未能正式通过。十时改开科学教育讨论会,由胡敦复君主席。讨论结果,皆觉中国科学教育之不满意,尤以中学为然。翁咏霓君因言中国科学社有下列数项,应尽一义务:(一)定中学科学教师应有之参考书目;(二)科学社应定在中学应有之各科学实验目录及其所需之仪器与价目单。闭会时,主席建议请社务会推举科学教育委员会,以使执行接洽与征集材料及定方针云。

十三日下午,有李熙谋之演讲,讲题为《无线电》,又有吴承洛君之讲演,讲题则为《创造与他学》云。

十三日下午六时,杭州实业界公宴本社同人于头发巷绸业会馆,招待者有龙章绸厂、振新绸厂、鼎新纱厂、光华火柴公司、工业专门学校、大有利电汽〔气〕公司、武林造纸公司、武林铁工厂、瑞新绸厂、正丰绸厂、虎林公司、九成公司、天章丝织厂、竞新绸厂、大新绸厂、悦昌文绸厂、日新公司、庆成绸厂、袁震和绸厂、纬成公司。席终时,由朱谋先君代表招待团体,言极诚欢迎之意。本社则由马君武君代表答谢,并极望科学界与实业界之互相提携焉。

中国科学社第八次年会摄影
(《科学》第八卷第八期插图)

十三日晚八时马湘伯君讲演《世道人心由于同化力》。马先生为海内之耆年硕学,不辞跋涉,来杭赴会,又善于讲演,故当晚听者,人极拥挤云。

十四日上午九时,开实业讨论会,由钱天鹤君主席,讨论之范围极广。吴钦烈君讨论浙江之化学原料,董荣清君讨论在瑞昌试验木材蒸馏之经过,最后讨论及纱厂问题焉。

十四日下午有胡适之君之通俗演讲,题为《科学方法整理国故》,言如何用科学方法,读古代诗画〔书〕经史,及辨别真伪之法。听者极多。胡君文不久可在《科学》杂志发表云。

十四日下午六时本社设宴于教育会,与杭州各界话别。各界俱有临别赠言,尽欢而散。八次年会遂行闭会矣。

9. 第九届(次)年会及成立十周年纪念会(1924年7月,南京)

《科学》杂志报道《中国科学社年会纪略》[①]

中国科学社年会纪略

"中国科学社"第九次年会及十周纪念会在南京成贤街本社社所举行。年会正式开始,在七月一日下午四时。二日上午十时,为科学社成立十周纪念大会,除社员外,并请各界来宾,参与盛典。因社所狭小,不敷应用,假"金陵女子大学"新落成之中央礼堂为会所。纪念会主席为社董范静生。各界来宾及社员马君武均有演讲。下午三时,即在"金陵女子大学"开社务会,各职员报告一年来经过情形,入晚在社所开游艺大会。三四两日,秩序相同,上午宣读论文,下午为社务会,晚间通俗科学演讲,佐以幻灯或影片。五日本社社员联袂赴南京各名胜,作竟日之游览。至本届各社员之研究论文颇多,今将其论文题附录如下:《中国樟科之分类》(陈焕镛)、《呀〔蚜〕虫之发长及他生物现象》(陈席山)、《浙江沿海动物采集之报告》(秉农山)、《南京蜥蜴之分类》(孙稚孙)、《南京原生动物之调查》(王仲济)、《蟹类神精〔经〕系之解剖》(喻慕韩)、《中国植物名词商榷》(陈焕镛)、《金鱼之变异》(陈席三〔山〕)、《扬子江鲸鱼之解剖》(秉农山)、《中国蚌壳之类别》(秉农山)、《蜥蜴类脑部细胞之比较观察》(秉农山、曾巍夫)、《燕京大学育种试验场之组织及成绩报告》(陈隽人)、《凝聚现象之化学与物理化学观》(查德莱 Chatly)、《中国山脉考》(翁文灏)、《陕西旱灾之统计》(丁文江)、《自由振荡与继续连接之电路及其对于无线电信之应用》(朱其清)、《晚近发现的磁学新现象及磁学理论之改造》(叶企孙)、《中国历史上气候之变迁》(竺可桢)、《长江流域地质之新调查》(翁文灏)、《结晶体分类》(湛湛溪)、《【昆】仑山化石岩层纪略》(徐韦曼)、《土壤反应及植物对于地灰需要之检定法》(姚醒黄)、《周代合金之化学成分》(梁津)、

[①] 《科学》第九卷第七期(1924年12月11日发行)第858—859页。

《新郑发现之人骨》(李济)、《石灰、石膏、石溶磷酸盐与土壤之反应及其对于植物生长成份之影响》(姚醒黄)、《土壤反应对于植物汁内气〔氢〕游子浓之影响》(姚醒黄)。

《中国科学社第九次年会及成立十周纪念会记事录》选录[①]

中国科学社第九次年会及成立十周纪念会记事

本社自成立以来,迄今已达十稔,故本年年会与十周纪念会同时在南京举行。当由理事会推定各埠年会招待委员,北京秦景阳,天津丁在君,上海胡明复,杭州钱天鹤。年会职员如下:任叔永为年会委员长,竺可桢为书记,过探先为会计。丁在君、柳翼谋、任叔永、杨杏佛、竺可桢为会程委员会委员。张翼后、过探先、孙洪芬、杨允中、胡明复、秦景阳为招待及膳宿委员会委员。秉农山、胡刚复、刘季辰、周子竞、段育华、徐宽甫为展览委员会委员。王季梁、翁咏霓、何奎垣为论文演讲委员会委员。胡润德、陆志韦、涂羽卿为娱乐委员会委员。

中国科学社第九次年会秩序单

会务日程

地点:南京。

会场:本社所。

宿舍:东南大学宿舍。

日期:七月一号至五号。

会程:一日上午九时至下午三时到会者注册,下午四时在本社社所正式开会,晚七时南京社友会欢迎宴会。

二日上午九时在金陵女子大学开十周纪念大会,中午十二时宴会,下午二时社务会职员报告,游览莫愁湖、清凉山、科学图书馆、生物研究所展览会,晚七时在社所开娱乐会。

三日上午九时宣读论文,下午二时开社务会,晚八时葛拉布教授通俗演讲。

四日上午九时宣读论文,下午二时开社务会,选举特社员及赞助社员,晚七时德国林

[①] 《科学》第十卷第一期(1925年5月20日发行)第141-149页。另见《中国科学社第九次年会及成立十周年纪念会记事录》(1925年6月刊)第1-16页,文字大致相同,附后之《各部报告》各篇均略。

登博士及朱其清先生演讲。

五日游览明陵、灵谷寺、后湖及秀山公园。

本年年会在南京本社社所开会,社员到者为裘冲曼、任鸿隽、陈克恢、竺可桢、傅友周、胡刚复、过探先、徐韦曼、徐南骃、杨杏佛、熊迪之、谌湛溪、鲁德馨、王琎、王家楫、应尚德、徐世大、何鲁、张泽熙、杨孝述、孙洪芬、崔苹村、徐志芗、张作人、陈纳逊、丁文江、翁文灏、熊正理、赵九畴、原颂周、曹惠群、陈桢、何尚平、宋梧生、周仁、蒋德培、路季讷、薛次莘、纪育津〔沣〕、黄叔培、吴承洛、李永振、柳翼谋、葛拉布、陈隽人、范源廉、鲍国宝、沈祖伟、梅光迪、张子高、刘寰伟、胡敦复、叶企孙、葛敬中、喻兆琦、陈衡哲、方子卫、张鸿年、胡明复、曾省、刘式庵、段育华、秉志、李寅恭、丁绪贤、胡润德、冯肇传、沈星五、朱其清、罗英、杨肇燫、饶育泰、姜立夫、刘季辰、董时、查谦、陈裕光、谭熙鸿、张轶欧君八十余人。

中国科学社第九届年会开幕记事

一日下午五时开会,丁在君社长提议推举竺藕舫先生主席,主席登台略述本社主旨及此届会集之特趣,计报名到会者一百余人,今日虽只到四十余人,大约明日尚有多人到会云。继由南京社友会会长赵石民博士致欢迎词。略云,天下最高尚之结合为志同道合的友谊,科学社之以科学相标榜,乃足以自豪者。旷观国内团体不下数十,而其他如教育团体、文学团体,集会时动辄千数百人。今以科学之重要,到会者乃只数十人,一方殊为科学憾,一方亦当为本社勉。盖科学为文化之中枢,社友既少,责任愈大。社会上之不能明了科学之重要,我侪尤当设法提倡。通俗科学之灌输,殊为急务。致辞毕,众鼓掌。主席起谓科学社友以南京、上海、北京三区为最多,遂请北京社友会会长翁文灏博士致辞。翁君起立谓北京社员因路远不能全数到会,殊为抱歉,但北京社员之致论文者不少,可知北京社员之热心,不亚于南京、上海之社员。至于今年会中论文之多,社员到会之众,为数届所未有,尤见本社之精神,故望大众努力对于中国科学作绝大之贡献。继上海社友会会计宋梧生博士报告上海社友会之经过。是会成立于去年,一以联络感情,一以共同组织理化研究所,使国人知有科学,知有科学社,并谋科学上之造就。筹款方法已由各社员分头担任,内容注重物理、化学二大部云云。演毕,主席谓时间已晚,可以散会,俾得参观本社所设之科学展览会,明日当于金陵女子大学举行十周纪念会,遂散会。晚间南京社友会在棉鞋营鉴园设宴招待外来社友。

本社十周纪念会记事

二日上午十时本社假南京东爪〔瓜〕市金陵女子大学新建筑之中央礼堂,开十周纪念大会。除各地社友外,齐督军①、韩省长②以及各界人士,到会者甚多。范静生先生主席。依秩序单:(一)主席致开会词,大致谓科学社发起在美国,曾开会三次,后始迁到中国,在中国可谓最新之组合。但西方科学昌明,东方不甚发达,因有富强贫弱之不同。中国人虽有勤俭、忍耐等美德,仍不免贫弱者,即坐此故。欲图补救,正赖此十龄小孩之科学社。现在为萌芽,异日发挥光大,有厚望焉。今日此十龄小孩生日,承各长官及各位来宾,翩然莅止,实无任荣幸。(二)任叔永先生报告本社经过,大致谓本社自民国三年迄今约可分三时期。民国三年至五年为在美萌芽时期,六年至八年为迁回中国时期,八年至现今为生长时期。当成立之初,其时社员均负笈他邦,以课余之时间而为编辑之事业,是为萌芽时代。最要事业为发行《科学》杂志,编辑科学丛书。民国七年迁回中国,始设事务所于上海大同学院。因人数不多,继复迁至南京。科学社于是得根据之所在,是为迁回时代。既有根据,乃得发展。第一步办图书馆,成立于民国九年,第二步设立生物研究所,成立于十一年,此为生长时代。现在北京、广东、上海均有社友会,不啻是科学社放的叶开的花,将来结果是最有希望的。(三)齐抚万先生演说,大致谓中国人对于科学约分两派,一派为主张,一派为怀疑。怀疑派有两点,第一点以为形而上为道,形而下为器。物质方面不值研究,此实错误。古人造舟车,造指南车,论道之圣人何尝不论器。第二点以为科学为杀人之文明,有心人不当研究,此亦错误。中国文明在精神上确可自负,但对于科学,不敢自信。科学大部分是便利一般人民,杀人机巧不过一小部分。现在科学社之所研究,是便利人民的,所以可不怀疑,并当公共努力。(四)韩紫石先生演说,大致谓中国团体,近来日见其多,但学术团体则甚少,科学社其先声也。西方科学月异日新,而犹以为幼稚,则中国自问,诚小而又小。将来之艰难困苦,尚不知如何,但希望救中国只此一途。(五)马君武先生演说,大致谓科学社成立迄今,已经十年。试思地球成形约七万万年,人类有史约数千

---

① 齐督军指齐燮元,时任江苏军务督办。
② 韩省长指韩国钧(1857—1942),字紫石、止石,晚号止叟,江苏海安人,时任江苏省省长。

年,而有科学不过二三百年。中国科学社今已成立十年,并不算过小。科学应合作,不应分东方与西方,亦不应分精神与物质。同是科学,强为分别,未免太狭。太戈尔①说物质文明,西方因此不太平,其实不尽然。中国从前战事,杀人盈野,其时何尝有科学。每历二三百年,必有一次大杀戮,如波之起伏。其原因实在生计问题,人口增加,失业人数增多,生活困难,是最危险的。中国自通商以来,若纺织,若钢铁等业,均为外人所攘夺,失业者不知凡几,生计受若大压迫,实为变乱原因。欲图救济,必利用西方已有科学,改良生产事业,应用各种方法,不必用旧时惨酷杀人法子也。希望与一般社友努力改革之。(六)丁在君先生致答辞,大致谓本社成立,蒙督军、省长赞助为多,我们是沿门托钵和尚,亦是刻苦修行和尚。人须受科学教育,做人方有条理。现在研究学问之人,每因经费困难,多不免悲观。其实不怕无公道,只怕不努力。今日承诸位来宾到会,实深荣幸,代表谢谢。说毕摄影散会。

中国科学社第九次年会并十周纪念摄影
(《科学》第九卷第四期插图)

---

① 太戈尔现译泰戈尔。

二日下午假金陵女子大学开社务会,丁在君先生主席,到会者四十余人。由社长丁在君君、书记竺可桢君、会计胡明复君、图书馆主任胡刚复君、生物研究所所长秉志君、编辑部主任王琎君及社所委员会过探先君,先后报告。全文另刊,兹不赘述。美国分社报告由竺可桢君摘要代读。

竺可桢君报告今年司选委员,以年会开会时期过早,故仅能发一次通告,以致有三候选理事之名,未曾列入选举单中。如未投票或已投票而愿改投者,乞将选举票于明日投匦。报告毕,任叔永先生提议到会会员对于本年职员应致谢忱。无讨论一致通过。

杨杏佛君临时提出对英、美、日退款用途之议案。杨君先说明对英、美、日退还赔款之用途及管理问题,本社及各团体曾屡有表示,惟尚无一致之主张。以事关系中国文化之前途至大,本社似应有通筹全局之计划。经众讨论,议决用本社名义发表宣言,并委托理事会办理此事。同日下午五时及晚十时,复由理事会招集特别会议,讨论此事。宣言内容大致如下:(一)英美退还赔款,据两国朝野之表示,【用】于文化及教育事业,已无异议。惟为数年仅数百万元,绝不能尽中国所需之文化及教育事业而举办之,惟有择最根本、最急需而又能建立中国文化永久基础及增进世界人类之幸福者进行。故主张以此款用于研究学术,其范围当兼顾各方。(甲)纯粹研究,如设立研究所、津贴各大学研究设备。(乙)辅助研究机关,如设立图书馆、博物馆。(丙)关于普及学术知识、造就专门人才与沟通国际文化,如举行学术讲演、选派留学生、国际交换教授及在外国设中国文学哲学讲座之类。(二)日本对中国文化事业,据该国政府之设施,完全为日本内政之一,于中国各团体及个人之主张,既全未采纳,国人应认之为租界政策之文化侵略,当联合全国各界,一致主张不合作。以上两种意见,本社并当联合他团体共同主张云。

是日下午四时社员游清凉山、莫愁湖。晚间本定为宣读论文,后改为娱乐会。有独奏、合唱、独唱等节目,而殿以焰火。社所大门扎以松柏,间以彩色电灯,社内旷场则悬有各色灯笼。开会时万炬齐明,彩色斑斓,雅奏天上,衣香裙影,履舄交错,颇极一时之盛。

年会第三日记事

三日为开会之第三日。本定上午八时半起宣读论文,后延至十时宣读,故未按原来秩序单。由王季梁先生主席。陈席山君宣读《蚜虫之发长及他生物现象》,秉农山君宣读《浙江沿海动物采集之报告》,孙稚荪君宣读《南京蜥蝎之分类》,陈席山君宣读《金鱼之变异》,秉农山君宣读《扬子江鲸鱼之解剖》,又读《中国蚌壳之类别》,陈隽人君宣读《燕京大学育种试验场之组织及成绩报告》。七文宣读完毕,其余尚有十数篇,以时间促迫,不及卒读。

下午三时在社所开理事会。丁在君君主席,竺可桢君记录。讨论明年年会开会地点,先后推定北京、天津及济南三处,将来由理事会决定。推定周子竞、宋梧生二君为下年度查账员,徐韦曼、熊庆来、朱经农三君为下届司选委员。翁文灏君主张司选委员主任由大会推定,一致赞成。宋梧生君提议朱经农先生为司选委员主任,胡敦复先生副〔附〕议,表决通过。次讨论修改章程。任叔永君代表葛拉布君提议改本社英文名称为 Chinese Association of Advancement of Science(C. A. A.),一则因本英文原名 Science Society 似太简单,二则 C.A.A. 名称足与美国之 A.C.C.、英国之 B.C.C.①鼎足而立也。讨论结果,赞成反对参半,以会场人数太少,不能议决,俟将来通信或留待下届年会决定。

晚间八时通俗演讲,由葛拉布氏演讲《生物进化之要素》。首由翁文灏氏介绍,葛拉布氏遂登台演讲(演词登《科学》杂志)。葛氏精神殊健,虽年逾五十,而叙述之时,神采奕奕,如三四十岁壮者,历三小时,滔滔不倦,演词既讫,已在十一时矣。是晚听者皆极欣愉称颂,学者勤毅,至足令人感兴也。

年会第四日记事

四日为中国科学社年会第四日。上午八时半起论文宣读,王季梁先生主席。朱其清君宣读《自由振荡与继续连结之电路及其对于无线电信之应用》,叶企孙君宣读《晚近发现的磁学新现象及磁学理论之改造》,竺可桢君宣读《商〔南〕宋时代我国气候之揣测》,谌湛溪君宣读《晶体之天然排列》,徐韦曼君宣读《昆仑山化石岩层纪略》,谌湛溪君读《昆仑山构造纪略》,姚醒黄宣读《土壤反应及植物对于地灰需要之检定法》,梁津君读《周代合金之化学成分》,姚醒黄君宣读《石灰、石膏及石溶磷酸盐与土壤之反应及其对于植物生长成分之影响》,又读《土壤反应对于植物汁内氢游子浓度之影响》,谌湛溪君读《唯咈石之发现》,

---

① C.A.A 应为 C.A.A.S。A.C.C.应为 A.A.A.S., 全称为 American Association for the Advancement of Science,中文译名为美国科学促进会。B.C.C.应为 B.A.A.S., 全称为 British Association for the Advancement of Science,中文译名为英国科学促进会,现已改名为 British Science Association(英国科学协会)。

陈焕镛君读《中国樟科之分类》，王仲济君读《南京原生动物之调查》，喻慕韩君读《蟹类神经系之解剖》，陈焕镛君读《中国植物名词商榷》，曾藜夫君宣读《蜥蜴类脑部细胞之比较观察》。论文宣读，每人只限十五分钟，至十二时将论文完全读毕。到会者除社员外尚有来宾多人，对于各论文均有讨论，兴趣甚多。午刻科学社南京社友设宴于城南老万全①，款待外埠社友。

下午二时即假老万全开社务会议，由任叔永先生主席。当由社员翁文灏博士推举北京大学古生物教授兼北京地质调查所所员葛拉布君为特社员。【葛】氏掌教美国哥仑比亚【及】其余各大学，已历十八年之久，著作极富。于前年来华，对于中国地质学、古生物学，已多贡献。葛氏近患腿病，行路不便，此次闻中国唯一之科学机关，在南京开会，决南下与会。中外友人咸劝其勿过跋涉，有伤身体，葛君未允，其仰慕中国科学社可谓至矣。翁先生介绍毕，全场一致通过。当由葛拉布起立感谢，并谓渠之来华，一因中国为研究自然科学之大猎场，观其地大物博，宝藏尚未大开，诚为将来最有希望之国。二因近代科学应用甚广，因有渐趋于偏重物质应用及谋利方面，失去研究科学之真精神。中国向来注重自然科学，此种正确研究科学之精神，亟宜提倡，定能领袖世界作纯正科学研究之国家。鄙人此次来华，对于家庭安乐、自人幸福，不能谓全无牺牲，但鉴于上述种切，觉此次被聘来华，以从事于中国科学事业之研究，实为荣幸。今更被举为贵社社员，此后得追随于诸君子之后，为研究开发宝藏以福利世人之一人，更较被举为英国及其他国之会员为荣幸矣。中国科学方在萌芽时代，理应联合同志，亟力提倡。今观诸君热心异常，宗旨纯正，甚为愉快，甚为钦佩，谨为诸君及贵国前途祝福。演毕全场鼓掌。继由胡明复君推举袁观澜先生为赞助社员。袁先生为当今教育界巨子，其事业道德为社员所共知，且袁先生对于本社极为热心，曾为本社募捐巨款。当由在会社员全场通过。赞助社员特别社员选举毕，司选委员会委员翁文灏博士报告本年理事选举结果。继讨论明年年会地点，当决定在北京〔方〕举行，于天津、北京任择一处，俟日后由理事会与各处社员通信，再行决定。最后讨论组织编辑部问题。该社编辑向由王季梁君一人主其事，但年来论文日见增多，内容更形复杂，初非一人之力所能胜任。当由杨君杏佛提议添设四科，为天算理化、工程科学、社会科学及

---

① 老万全是民国时期南京一家著名的酒家。

自然历史,每科各推一人。当推天算理化叶企孙、工程鲍国宝、社会科学叶元龙、自然历史翁文灏。总编辑仍为王季梁君。讨论毕已五时许矣。

晚间八时起为通俗讲演,地点仍在本社社所,到会人数约有七八百人,演讲者为德国远东学会总干事林登博士及无线电工程师朱其清君。林登博士此次代表德政府及德国学会来华参预〔与〕吴淞同济工校开幕典礼,今日便道来宁,本社因临时请其莅会演讲。林氏用德语,由阮介藩君翻译。继朱其清先生讲演无线电学。此次朱君本拟携带自制之无线电发报机到会试验,嗣以南京各地无有百十伏而特之直流电,而朱君之电机系藉百十伏而特直流电方可开动其电动机,而该机分量甚重,南京所请之免税证又未及时领到,故即带宁,亦不能试验。惟备有接收机多种,当日由胡刚复博士、周子竞先生等帮同架设临时天地线于本社备用。至八时四十分,即能接收各地电报及上海无线电音乐。惜本社大都被山阻止,故收音不十分强大。但他处来之电报,均能听得异常清晰。朱君又备有仪器多种,一面讲演,一面试验。演毕,听众鼓掌。继为活动电影,共计四大本。先为慎昌洋行之爱克斯光影片,表示 X 光机之装造及关于工业及医学上之应用,并用活动图形解明可立基管①等。末二本为盛〔威〕斯丁好斯②影片,表示水力之功用,极为详细。至十一时半始演毕散会。

五日为开会第五日,全体社员游览后湖、秀山公园、明陵及灵谷寺等。

---

① 可立基管即美国物理学家柯立芝(W. D. Coolidge)于 1910 年发明的钨灯丝 X 射线管。
② 威斯丁好斯(Westinghouse)现译威斯汀豪斯,即西屋电气公司。

10. 第十届(次)年会(1925年8月,北京)

《科学》杂志报道《中国科学社第十次年会纪事》[①]

中国科学社第十次年会纪事

中国科学社于民国十四年八月二十四至二十八日,在北京开第十次年会。二十四日辰〔晨〕九时,社员赴欧美同学会报名注册者,计有由南京、上海、青岛、天津、张家口等处来者三十余人,北京五十余人,外国社友亦有数人。十时后即在欧美同学会大讲堂开会,首由社长丁文江报告该社成立略史及所有成绩。略云本社成立已十一年,其初但发行《科学》杂志,近年图书馆、生物研究所等第次成立,研究成绩,本年已印成报告。年来时局不靖,而科学研究并未中辍,虽视世界科学之进步不无愧色,然在同人未尝不可引以自慰。此次第十次年会论文甚多,尤可为本会庆幸云。次来宾教育总长章士钊演说,略谓本人知有科学社已经多年,科学社在学术界的重要自不消说,此等学术团体,应使充分发展。但传达学术的方式有二:(一)为口讲;(一)为著术〔述〕。中国目下著述成绩最为幼稚,其原因由于无辅助的机关。本人现在拟设立国立编译馆,以期多出几本好书,希望各科学家通力合作。大家见为当做的事,即当尽力做到几分,若认为不当,本人亦愿认罪承教云云。次交通部代表俞星枢,演说交通事业与科学之关系,略谓交通愈发达,交通器具愈多,因之有待于科学研究亦愈甚。并举无线发电机、铁路等事为例。次主席请北京社友会会长翁咏霓致欢迎词,翁略谓此次南方各地社员不远千里来此赴会,我们固当竭诚欢迎,但有人疑虑我们研究学问,闭户读书可矣,何必跑来开会。此言却不甚然,因为:(一)学问之道,每因互相讨论,相引愈深。举一事为例,如前数年有人偶然分析几个古钱,就引起章鸿钊君中国用锌考的文字。又因章君的文字,引起了王季梁君古钱的分析,他的结论,是唐以前中国无锌。后来章君复分析王莽钱,知汉时已知用锌。这种辩论,于锌的发见〔现〕历史

[①] 《科学》第十卷第十期(1925年12月30日发行)第1301-1304页。附后之《自民国十三年七月至十四年七月(入社新社员表)》略。

很有关系,现在已成为世界学者的问题矣。(二)各科分立,学此科者每对于他科的进步漠然不感兴味,开会时聚各科学者于一堂,可以得商通参观之益。如去年我们听了金鱼研究的论文,亦可以悟到进化的原理即是一例。因为这些原故,我们视年会一事极重要,而对于远方到会诸君尤表欢迎云云。次南京社友会会长赵石民致答词,略谓科学社于某一部分的科学研究,虽觉略有贡献,但于科学的根本问题,仍未解决。要解决根本问题:(一)须使科学与社会发生关系,即以科学解决社会问题,使社会实受其益。(二)须科学家本其牺牲精神,不为他种利益而异其研究事业云云。时已十二时,主席遂宣告散会,继乃摄影而散。是日午后二时仍在原处开社务会,社务中除各种报告外,通过参与明年联太平洋科学会议筹备委员会,并举定翁咏霓、任叔永、秦景阳、秉农山等为委员。晚八时欧美同学会开欢迎会,到者科学社社员及欧美同学会会员共百余人,由欧美同学会董事长颜惠庆致欢迎词,略谓欢迎的理由有二:(一)为科学社之成绩;(二)为科学【社】社员的归国后仍不废学云云。是时南方社员更有叶企孙、王季梁等十余人新到,济济一堂,至十一时乃尽欢而散。

二十五日为开会之第二日,上午宣读论文,在北京大学第二院举行。当场宣读者,有过探先之《中美棉种生育状况之比较》。据过君近年研究之结果,知美棉与中棉不同之点,最要者为美棉发芽开花吐棉之期多在同一时间,而中棉则否,美棉自开花至吐棉之时期,较中棉为长,故美棉收获,并不较中棉为佳云。次为陈焕镛君《中国植物之新种及中国槭属之研究》,谓中国植物新种近年发明〔现〕者达三十余种之多。次为金叔初君 *The Ontogeny of the Shells of Rapanea Found at the Peetaho Beach*。该论文系与北大古生物教授葛拉布氏所合著。最后为秉农山博士之《鲸鱼睾丸及精管之组织》及《蜥蜴类舌苔之研究》两论文,该两论文乃科学社南京生物研究所年来研究长江鲸鱼及南京蜥蜴之结果也。中午北大宴请科学社到会社员。席间由蒋梦麟致欢迎辞,谓北京大学所最崇拜者,有两位先生:一为赛先生,一为德先生,德先生即为德谟克拉西①,赛先生即是科学。科学社为吾国提倡科学最力之机关,社员皆为我国科学优秀分子,故极为欢迎云云。次胡适之君演说,谓北京大学对于地质、物理两科,已略出成绩,化学,正在建设,惟生物尚付缺如,希

---

① 德谟克拉西即英语"民主"(Democracy)的音译。

望科学社对于北大生物一科有所供〔贡〕献。次科学社社长丁在君致谢辞。散席后参观北大理科设备。下午三点赵元任博士在大讲堂演说《你可注意到么》,听者座满。凡关于吾人耳所常闻目所常见之事物,为司空见惯不以为奇者,一经赵先生科学上之解说,即觉新奇生趣,颇足引起一般人应用科学方法,以观察极普通之现象。晚间中央观象台台长高曙清讲演《超然空间之对角线消灭论》。

二十六日为年会之第三日。是日北京社友邀外埠到会社员游览名胜,分为两路,一路为八达岭长城等处,一路为颐和园、香山碧云寺等处。中午清华学校宴请社友,由清华校长曹云祥及教务长张彭春及各教授招待参观。

二十七日【为】年会之第四日。上午假南池子政治学会宣读论文,本日所宣读者大抵关于社会科学方面。首由李济之读《湖北人种测量之结果》,文为李君近在鄂省实地测量各县人士身高鼻广头圆之结果,知湖北西北部与东南【部】人种之构造,颇有不同。次为北大教授马寅初《关于中外经济关系之几个要点》一文,其重要之点,为:(一)租界上之经济关系;(二)国外汇兑上之经济关系;(三)协定关税上之经济关系;(四)交通上之经济关系;(五)从领事裁判权所发生之经济关系。次为刘大钧之《中国最近之经济趋势》与丁在君之《前清历史人物之地理关系》。丁君论文系继续前年在科学社南通年会所发表《中国历史人物地理关系》一文者。中午地址〔质〕学会、工业化学会、经济学会、天文学会四团体在中央公园来今雨轩公宴科学社社员。席间由工业化学会会长张新吾代表四团体致欢迎辞,后由科学社理事会书记竺可桢及社长丁在君致答辞,宾主尽欢而散。下午在政治学会开社务会。最要事项为:(一)修改社章。(二)推举下届编辑员,当场推定任叔永、翁文灏、王季梁、秉农山、赵元任、竺可桢、叶企孙、叶元龙等八人,其余再由编辑部推选。(三)任叔永提议筹划基金为每年度发给奖章之用,并自愿捐助一百元,以资鼓励。由社务会决定筹款一千元铸制奖章,每年赠给在科学上最有供〔贡〕献之人。推定赵元任、丁在君、翁咏霓、任叔永、秦景易〔阳〕五人,为奖章筹备委员。(四)在南京社所建筑无线电台,并请政府准许私人设立收音器,推定无线电台筹备委员会委员长李熙谋君向各方接洽。(五)决定明年年会开会地点在青岛与杭州两地,由理事随时酌量决定。(六)司选委员会熊迪之君报告理事选举结果,新当选之理事为翁文灏、赵元任、竺可桢、杨铨、过探先、王季梁六人。晚八时南开大学数学教授钱琢如讲演《中国数码之起源》,极有兴趣,对于五字与九字数码之起源,解释尤为新奇。

二十八日为年会最后之一日,上午在兵马司地质调查所宣读论文。首由赵笃明讲《中国教育如何改革》。次竺可桢读《中国天气之种类》,依据天气图足以知晴阴、雨晦、寒凉、温热变迁之由来。次为青岛气象台台长蒋右沧《近十年来中国之气候》一文。再次为叶良辅、谢家荣《近年来扬子江流域地质之调查》,根据江苏、湖北、安徽诸省地质调查所实地测量之结果,将长江流域地史地文地质结构等制成图表影片,为近来地学界之重要供〔贡〕献也。最后由叶企孙代读饶树人《地球之年龄》一文,饶君介绍英美两国物理天文学家三种学说。此外尚有翁咏霓、袁复礼、孙云铸等之论文,以限于时间,不能尽读。晚八时假欧美同学会作年会公宴并请来宾。由丁在君主席,来宾演说者有清华校长曹云祥、中华工业化学会会长张新吾,社员演说者有胡适之、翁咏霓、叶企孙、王季梁、赵元任。此次年会论文之盛,人数之多,为历届年会所仅有,而北京社友会翁咏霓、刘季辰、章元善诸君招待极为周到,使外埠莅会者有宾至如归之乐,各社友均称谢不止云。

《中国科学社北京年会记事录（第十次年会）》选录[①]

中国科学社第十次年会纪事

年会第一日纪事

八月二十四日上午十时在欧美同学会大讲堂开会,首由社长丁文江报告该社成立略史及所有成绩。略云本社成立已十一年,其初但发行《科学》杂志,近年图书馆生物研究所等次第成立,研究成绩本年已印成报告。年来时局不靖,而科学研究并未中辍,虽视世界科学之进步不无愧色,然在同人未尝不可引以为自慰。此次第十次年会论文甚多,尤可为本会庆幸云云。次来宾教育厅长章士钊演说,略谓本人知有科学社已经多年,科学社在学术界的重要自不消说,此等学术团体,应使充分发展,但传达学术的方式有二：（一）为口讲；（一）为著述。中国目下著述成绩最为幼稚,其原因由于无补助的机关。本人现在拟设立国立编译馆,以期多出几本好书,希望各科学家通力合作,大家见为当做的事,即当尽力

[①] 《中国科学社北京年会记事录(第十次年会)》(1925年8月刊)第1－18页,附后之第十次年会报告各篇均略。

做到几分,若认为不当,本人亦愿认罪承教云云。次交通部代表俞星枢演说,交通事业与科学之关系,略谓交通愈发达,交通器具愈多,因之有待于科学研究亦愈甚,并举无线发电机、铁路等事为例。次主席请北京社友会会长翁咏霓致欢迎词,翁略谓此次南方各地社员不远千里来此赴会,我们固当竭诚欢迎,但有人疑惑我们研究学问,闭户读书可矣,何必跑来开会,此言却不甚然,因为:(一)学问之道,每因互相讨论,相引愈深。举一事为例,如前数年有人偶然分析几个古钱,就引起章鸿钊君中国用锌考的文字,又因章君的文字,引起了王季梁君古钱的分析,他的结论是唐以前中国无锌,后来章君复分析王莽钱,知汉时已知用锌。这种辩论,于用锌的发见〔现〕历史很有关系,现在已成为世界学者的问题矣。(二)各科分立,学此科者每对于他科的进步漠不感兴昧,开会时聚各科学者于一堂,可以得商通参观之益。如去年我们听了金鱼研究的论文,亦可以悟到进化的原理即是一例,因为这些原故,我们视年会一事极重要,而对于远方到会诸君尤表欢迎云云。次南京社友会会长赵石民致答词,略谓科学社于某一部分的科学研究,虽觉当有贡献,但于科学的根本问题,仍未解决,要解决根本问题:(一)须使科学与社会发生关系,即以科学解决社会问题,使社会实受其益;(二)须科学家本其牺牲精神,不为他种利益而异其研究事业云云。时已十二时,主席遂宣告散会,继乃摄影而散。

八月二十四日下午二时假座欧美同学会开社务会,丁在君主席,竺可桢纪录。

出席者已足法定人数,当开会。首由书记竺可桢君,报告本年度重要事务(报告见后)。报告毕,任叔永君谓今年津浦、京奉各路兑票到南方过迟,是以有若干社员均未能依期到会。会计胡明复君、生物研究所主任秉农山君,均尚未到,故今日不能报告。至于竺可桢君报告经费情形,只有在广州方面所允拨之捐款及各国赔款项下或可设法,但须自己有成绩方有把握云云。次南京社所委员过探先君报告南京社所情形。

丁在君君谓书记报告中,有明年秋间日本东京将举行联太平洋科学会一事,本社应如何筹备,望大家发表意见。过探先君谓最好由本社联络各学会筹备,如其他学会不去,再由本社单独进行。任叔永君主张本社筹备出席,并提议举定委员四人筹备去事。主席付表决,无反对者作为通过。当推定翁咏霓、秦景阳、任叔永、秉农山四人为联太平洋科学会筹备委员。

次熊迪之君代表司选委员报告理事选举结果。依章本年应改选六人,满任理事为胡刚复、秦景阳、竺可桢、王季梁、杨杏佛、赵元任六君。此次选举结果,共收票八十七张,翁咏霓君得七十一票,赵元任、竺可桢二君各得六十二票,杨杏佛君得四十九票,过探先君得四十五票当选。尚缺一人,王季梁与秦景阳二君各得四十票,由拈阄决定王君当选。

推定周子竞、卫深甫二君为下届查账员,胡适之、熊迪之、饶树人三君为下届司选委员。主席提议本年年会委员筹备极为勤劳,欧美同学会事务所长章元善君招待极为周到,社中均应函谢,全体起立赞成通过。五点散会。

晚八时欧美同学会开欢迎会,到者科学社社员及欧美同学会会员共百余人,由欧美同学会董事长颜惠庆致欢迎词,略谓欢迎的理由有二:(一)为科学社之成绩;(二)为科学社【社】员的归国后仍不废学云云。是时南方社员更有叶企孙、王季梁等十余人新到,济济一堂,至十一时乃尽欢而散。

年会第二日纪事

二十五日为开会之第二日,上午宣读论文,在北京大学第二院举行。当场宣读者,有过探先之《中美棉种生育状况之比较》。据过君近年研究之结果,知美棉与中棉不同之点,最要者为美棉发芽开花吐棉之期多在同一时期,而中棉则否。美棉自开花至吐棉之时期,较中棉为长,故美棉收获,并不较中棉为佳云。次为陈焕镛君《中国植物之新种及中国工属之研究》,谓中国植物新种近年发明〔现〕者达三十余种之多。次为金叔初君 *The Ontogeny of the Shells of Rapanea Found at the Peetaho Beach*。该论文系与北大古生物教授葛拉布氏所合著。最后为秉农山博士之《鲸鱼睾丸及精管之组织》及《蜥蜴类舌苔之研究》两论文,该两论文乃科学社南京生物研究所年来研究长江鲸鱼及南京蜥蜴之结果也。中午北大宴请科学社到会社员。席间由蒋梦麟君致欢迎辞,谓北京大学所最崇拜者,有两位先生,一为赛先生,一【为】德先生,德先生即为德谟克拉西,赛先生即是科学。科学社为吾国提倡科学最力之机关,社员皆为我国科学优秀分子,故极为欢迎云云。次胡适之君演说,谓北京大学对于地质、物理两科,已略有成绩,化学正在建设,惟生物尚付缺如,希望科学社对于北大生物一科有所供〔贡〕献。次科学社社长丁在君致谢辞。散席后参观北大理科设备。下午三点赵元任博士在大讲堂演说《你可注意到么》,听者座满。凡关于吾人耳所常闻目所常见之事物为司空见惯不以为奇者,一经赵先生科学上之解说,即觉新奇生趣,颇足引起一般人应用科学方法,以观察极普通之现象。晚间中央观象台台长高曙清讲演《超然空间之对角线消灭论》。

年会第三日纪事

二十六日为年会之第三日。是日北京社友邀外埠到会社员游览名胜,分为两路,一路为八达岭长城等处,一路为颐和园、香山碧云寺等处。中午清华学校宴请社友,由清华校长曹云祥、教务长张彭春及各教授招待参观。

年会第四日纪事

二十七日年会之第四日。上午假南池子政治学会宣读论文,本日所宣读者大抵关于社会科学方面。首由李济之读《湖北人种测量之结果》,文为李君近在鄂省实地测量各县人士身高鼻广头圆之结果,知湖北西北部与东南【部】人种之构造,颇有不同。次为北大教授马寅初《关于中外经济关系之几个要点》一文,其重要之点,为:(一) 租界上之经济关系;(二) 国外汇兑上之经济关系;(三) 协定关税上之经济关系;(四) 交通上之经济关系;(五) 从领事裁判权所发生之经济关系。次为刘大钧之《中国最近之经济趋势》与丁在君之《前清历史人物之地理关系》。丁君论文系继续前年在科学社南通年会所发表《中国历史人物地理关系》一文者。中午地质学会、工业化学会、经济学会、天文学会四团体在中央公园来今雨轩公宴科学社社员。席间由工业化学会会长张新吾代表四团体致欢迎辞,后由科学社理事会书记竺可桢及社长丁在君致答辞,宾主尽欢而散。

二十七日下午二点半假政治学会开社务会。主席丁在君,纪录竺可桢,到会者廿四人。

首由生物研究所所长秉农山君报告生物研究所一年中经过事实(报告见后)。翁文灏君谓以后生物研究所各种出版品,应注重外观,使购者心怡云云。

次科学图书馆主任胡刚复君报告图书馆状况,总编辑王季梁君报告编辑部一年来之进行状况,又次杜光祖君代表会计胡明复君报告一年来之账目。杜君并谓胡明复君因教课事繁,不能兼顾科学社会计职务,提出辞职。任叔永君谓账目请由去年年会所举定之查账员周子竞、宋梧生二君审查,辞职事可以不必讨论。丁在君君议〔谓〕辞职不应提出于大会。

次讨论修改章程。主席谓依据社章,应有到年会人数三分之二之通过,始能有效。本年到会者共八十六人,依章应有五十八人之出席,始得修改章程,今日到会者只二十四人,不足修改章程法定人数。竺可桢君提议修改章程中,去年南京年会中已经提出,亦以不足法定人数而中止,今年情形亦复相同,但社章已有修改之必要,故只有在年会中讨论,将讨论结果,以通讯征求会员之同意。无异议,作为通过,当依照修章程委员会所提出草案,逐条讨论(草案附后)。

修改社章第一章加入英文名称,主席付表决,赞成者十三人,占到会之多数。胡敦复、秦景阳二君主张本社英文名称不应改变,仿〔仍〕用 Science Society of China 为议〔宜〕。赵元任君提议通讯表决时,将第一章修改英文名称一条,特别提出,请社员投票表决。主席付表决通过。

修改第三章八章十章草案,讨论后通过。又于新加他种性质类似之团体,其会员转入本社一条,钱琢如君以本社入社金比其他学术团体为多,如他种性质相类之学术团体,其会员可以不纳入社金而至本社为社员,则人人将以此为免纳本社入社金之捷径。徐宽甫君反对他种学术团体之社员,可以不纳入社金而为本社社员。刘树杞君以性质相类四字为不精确。胡敦复君与刘君同意。翁咏霓君提议请将草案中新加条文付表决,赞成者仅三人,此条遂根本取消。修改章程事竣。

叶企孙君代表丁绪宝君提议本社年会,应与他团体同时开会,目的在于联络国内各学术团体。翁咏霓君谓各学会开会时期不同,如地质学会在冬季开年会,科学社在夏季开年会,势难同时,但为联络感情起见,可以互相商榷,即多开一次学术讨论会,亦无妨。翁君主张讨论后,正式通过。

次讨论明年年会地点。任叔永君提议于青岛与济南二处择一举行。李熙谋君代表工程学会请本会往青岛开会,可与工程学会同时举行。赵元任君主张在杭州开会,李济之君赞成赵君主张。熊雨生君主张在广州开会。翁咏霓君提议明年年会地点由理事会决定。无异议通过。

无线电建筑委员会李熙谋君报告建筑无线电之计划,举定宣传委员与筹款委员,并拟向政府提议三事:(1)准私人制设无线电。(2)准无线电机器进口,但须加以限制。

(3) 准私人制造无线电仪器。社中设立无线电已得省政府之应许,但目前私人不能设立无线电,必须办到上述三层,社中之无线电台始有效用。讨论后,决定:(1) 本社在南京社所设立无线电台,由省长转陈交通部核准。(2) 呈交通部请开放禁例,托李熙谋君与中国工程学会接洽共同进行。

推定明年《科学》杂志编辑员王季梁、叶企孙、叶元龙、鲍国宝、翁咏霓、竺可桢、任叔永、赵元任、秉农山、胡明复、李四光、钱琢如、丁燮林、赵石民、曹梁厦、胡步曾、陶孟和、庄泽宣、李熙谋、朱其清、茅唐臣、李济之、钱雨农、唐擘黄,指定下年度司选委员以胡适之君为主任。

任叔永君提议为奖励研究提倡学术起见,本社应设有奖章基金,为分年颁奖章以给国中科学家研究之有成绩者,任君并愿自认一百元为奖章基金之用。讨论后,通过。翁咏霓君报告地质学会颁给奖章之办法。当推定秦景阳、任叔永、丁在君、翁咏霓、赵元任五君为奖章章程起草委员,拟定颁给奖章之办法。

主席提议以编辑主任王季梁君与年会筹备主任翁文灏君劳苦功高,本社应各赠与《科学》第十卷装订完好者一份。无异议,通过,散会。

晚八时南开大学数学教授钱琢如君演讲《中国数码之起原〔源〕》,极有兴趣,对于五字与九字数码之起源,解释尤为新奇。

年会第五日纪事

二十八日为年会最后之一日,上午在兵马司地质调查所宣读论文。首由赵笃明讲《中国教育如何改革》。次竺可桢读《中国天气之种类》,依据天气图足以知晴阴、雨晦、寒凉、温热变迁之由来。次为青岛气象台台长蒋右沧《近十年来中国之气候》一文。再次为叶良辅、谢家荣《近年来扬子江流域地质之调查》,根据江苏、湖北、安徽诸省地质调查所实地测量之结果,将长江流域地史地文地质结构等制成图表影片,为近来地学界之重要供〔贡〕献也。最后由叶企孙代读饶树人《地球之年龄》一文,饶君介绍英美两国物理天文学家三种学说。此外尚有翁咏霓、袁复礼、孙云铸等之论文,以限于时间,不能尽读。晚八时假欧美同学会作年会公宴并请来宾,由丁在君主席,来宾演说者有清华校长曹云祥、中华工业化学会会长张新吾,社员演说者有胡适之、翁咏霓、叶企孙、王季梁、赵元任。此次年会论文之盛人数之多,为历届年会所仅有,而北京社友会翁咏霓、刘季辰、章元善诸君招待极为周到,使外埠莅会者有宾至如归之乐,各社友均称谢不止云。

第十届年会到会社员

竺可桢、冯锐、钱宝琮、丁文江、吴文利、过探先、赵笃明、赵石民、杨允中、熊迪之、杨石先、余泽兰、傅友周、庄长恭、李熙谋、顾毓成、王正黼、何鲁、徐韦曼、张兰阁、刘普钰、张景欧、陈焕镛、张巨伯、钱崇澍、秉志、黄钰生、余谦六、路敏行、杜光祖、胡明复、周仁、程瀛章、胡刚复、王琎、欧华清、叶企孙、邹炳文、周厚枢、方颐朴、翁文灏、叶良辅、谢家荣、袁复礼、孙云铸、章鸿钊、张贻惠、胡石清、经利彬、胡适、吴承洛、李济、任鸿隽、章元善、秦汾、颜任光、赵杨步伟、赵元任、张祖训、徐志芗、关汉光、陈长蘅、张奚若、杨光弼、张轶欧、梅贻琦、丁燮林、韦尔选、陈传瑚、应时、谌湛溪、高鲁、汤承佑、袁同礼、杨肇谦〔爔〕、韦以黻、谭熙鸿、金叔初、胡敦复、丁绪贤、李顺卿、陶孟和、马寅初、蒋梦麟、刘季辰、刘树梅,共八十五人①。

第十次年会修改社章草案

第一章　定名

第一条(原文)本社定名为中国科学社。

(新加)英文名称 Chinese Association for the Advancement of Science (formerly Science Society of China)。

第三章　社员

第八条(原文)赞助社员,凡捐助本社经费在数百元以上……

(修改文)赞助员,凡捐助本社经费在五百元以上……

第八章　理事会

第二十七条(原文)理事会,以理事十一人组织之。

(修改文)理事会以理事十人及总干事一人组织之。

---

① 根据上列名单统计,实际应该是共86人。

第二十八条(原文)理事任期各二年,每单数年改选五人,双数年改选六人,由司选委员提出,经全体社员投票选决。

(修改文)理事任期各二年,每年改选五人,由司选委员提出,经全体社员投票选决。

第二十九条(原文)理事会设会长一人,书记、会计、副会计各一人,由理事中互选出之,理事会会长即为本社社长。

(修改文)理事会,设会长一人,总干事、会计各一人,会长、会计由理事中互选出之,总干事由理事会推举,呈请董事会聘任之,任期无定,理事会会长,即为本社社长。

第三十一条(原文)社长代表本社,……社长有事故不能执行其职权时,甲〔由〕书记代行之。

(修改文)社长代表本社,……社长有事故不能执行其职权时,由总干事代行之。

第三十二条(原文)书记之职务如下,(一)管理理事会及常年年会开会一切手续;(二)……

(修改文)总干事之职务如下,(一)襄助社长执行理事会一切事务;(二)管理理事会及常年年会开会一切手续;(三)……

第三十四条(原文)副会计,……(此条删去)

第三十五条(改为三十四条,余类推)

第十章 选举

(原文)第四十九条,司选委员之职务如下:(一)决定候选董事及候选理事之名单,于年会四个月以前通告各社员。(二)社员有依次条之规定,提出候选董事及理事,于年会三个月以前将名单交到司选委员者,司选委员即承受之,并编定最后候选职员名单。(三)司选委员应于年会三个月以前,将决定最后之理事姓名履历单及理事选举票,分寄各社员,并将选举结果,报告于年会。

(修改文)第四十八条,司选委员之职务如下:(一)决定候选董事及候选理事之名单。(二)结〔社〕员有依次条之规定,提出候选董事及候选理事者,须于年会三个月以前,将最后之候选职员名单及选举票,分寄各社员,并将选举结果报告于年会。

第十一章 分社

(原文)第五十三条,凡国外重要都市,本社社员人数在三十人以上,……

(修改文)第五十二条,凡国外相宜区域内,本社社员人数在四十一〔人〕以上,……

(新加)第十三章,其他科学团体会员入社办法,第六十七条,凡与本社性质相类之科学团体,其会员愿入本社为社员者,经该团体之请求,与本社理事会之通过,得免缴入社金。

第六十八条,凡由他科学团体转入之社员,其权利专务,除依上条之规定,可免缴入社费外,其余概与普通社员相同。

(原文)第十三章　基金及捐金

(修改文)第十四章　基金及捐金

(其余条数照前类推)

11. 第十一届(次)年会(1926年8—9月,广州)

《科学》杂志报道《中国科学社第十一次年会记事》[①]

中国科学社第十一次年会记事

本社此次年会地点由上届年会议决在广州举行。先是由理事会推定年会职员如下：孙哲生、许崇清、张君谋、汪精卫、黄贻荪、邓植仪、黎耀生、陈其瑗为筹备委员会委员。翁文灏、孙哲生、汪精卫、竺可桢、胡明复为会程委员会委员。王季梁、翁文灏、秉农山、赵元任、叶元龙、周子竞为论文委员会委员。金湘帆、褚民谊、许崇清、伍梯云、吴铁城为招待员。竺可桢、邵元冲、任叔永、过探先、杨杏佛为演讲委员会委员。钱天鹤、何奎垣、胡刚复、胡步曾、杨杏佛为文牍委员会委员。

开会日程

地点：广州。

会场：中山大学农科学院。

宿舍：培正学校宿舍。

日期：八月二十七日起至九月一日止。

会程：二十七日午后三时假座中山大学农科学院行年会开幕礼。到会者约百余人。散会后,赴欧美同学会欢迎宴会。

二十八日上午九时同时举行公开演讲及宣读论文。公开演讲者,为吴稚晖与过探先。宣读论文者,为胡步曾及黎国昌等。散会后,全体社员赴黄埔军校午餐。下午参观该校。是日三时许,该校开欢迎会。夜赴中山大学欢迎宴会。

二十九日上午九时仍假座中山大学农科学院开社务会。各部职员报告一年来之经过

[①] 《科学》第十一卷第十期(1926年10月20日出版)第1471-1475页。

情形及讨论改组社内之组织系统。散会后,赴教育行政委员会宴会。午后参观岭南大学。夜赴培正学校欢迎会。

三十日上午九时复举行宣读论文及公开演讲。宣读论文者,为曾昭抡、冯锐等。公开演讲者,为杨端六、李熙谋及曾昭抡。十一时乘船参观石井兵工厂;在船上开第二次社务会。三时抵兵工厂,参观毕,晚赴市政厅欢迎会。

三十一日上午出席社务会调查讨论会。午时赴省教育会、中华工学会、留东同学会及统计学会宴会。午后三时往游观音山、六榕寺等。是晚为本社答宴广州各团体。

九月一日上午胡步曾及褚民谊在中山大学公开演讲。下午七时王季梁及何奎垣在长堤青年会演讲。

本年年会到会社员为吴稚晖、孟心史、杨端六、褚民谊、过探先、杨杏佛、胡明复、胡刚复、余谦六、李熙谋、王季梁、胡步曾、孟心如、路季讷、李乃尧、华祖芳、曾昭抡、许守忠、何奎垣、何衍濬〔璿〕、刘孝勤、雷沛鸿、胡懋风、魏璧、黎国昌、陈宗南、许陈琦、王瑞琳、陈燕山、吴之椿、周炳琳、刘忱、童启颜、赵畸、冯次行及广东社友等约百余人。

第一日记事

八月二十七日下午三时假座中山大学农科学院举行本社第十一次年会开幕典礼。到会者七十余人。孙哲生主席,报告筹备经过并致欢迎词。毕后,由谭组安致欢迎词;次何香凝、经子渊、韩竹坪、钟荣光、吴稚晖、杨杏佛相继演说。王季梁并代表本社社长翁文灏发表改进中国科学之意见。继以摄影。散会后,同赴欧美同学会欢迎宴会。

中国科学社在粤举行第十一次年会摄影(八月二十七日)
(《科学》第十一卷第八期插图)

第二日记事

二十八日上午九时至十时半同时举行公开演讲及宣读论文。公开演讲者,为吴稚晖与过探先,地点在中山大学大礼堂。吴稚晖之讲题为《科学与洋八股》。大意谓八股为前清束缚人材之一种方法,非实用之学问,现在欧美之偏于美术的科学颇多,其不切实用与中国八股同,故可称为洋八股,实不能认之为科学云云。过探先之讲题为《科学与中国农业之革命》。大意谓欲革命完全成功,须先从事于农业革命工作,但农业革命工作非宣传所可济事,须从实际上做去,方能收效;为实际工作,非采取科学不为功,盖因政治革命乃为一时的,不澈〔彻〕底的;农业革命方为根本的及澈〔彻〕底的云云。论文宣读地点在中山大学农科学院。胡步曾宣读《东南诸省森林植物之初步观察》,黎国昌宣读《植物原形质中颗粒之研究》,其后复由胡步曾代读秉农山之《虎口硬腭之构造》、孙宗彭之《白鼠小肠表皮组织之变迁》、喻兆琦之《螃蟹神经结之研究》、秉农山之《炎亭之海蛇》及方炳文、张宗汉之《温州之苍蛙》。宣读毕,同赴黄埔军校午餐。下午参观该校,三时许该校开欢迎会。由孔编译处长代表教育长主席,报告校内设备情形;王宣传科长说明政治工作需要科学人材之孔殷;旋由杨杏佛、孟心史、何奎垣、胡步曾诸人次第发表意见及致谢词;遂散会。本拟游览虎门、波罗①,以天雨不果。晚赴中山大学欢迎宴会。

第三日记事

二十九日上午九时起开社务会。地点在中山大学农科学院,到会者三十九人。过探先主席,胡明复报告一年来社务之发展与遣派出席美国、比国、日本各种学术会议代表之经过。过探先报告会计收支状况。胡明复报告基金管理之现状。王季梁代编辑部主任任叔永报告编辑杂志之状况。胡刚复报告最近科学图书馆之内容。胡步曾报告生物研究所一年来之事业。各人次第报告毕,由杨杏佛代表理事会提议于修改章程内删去第七十五条;增加理事人数;改组社内组织系统,分工程、社会、生物、物质四大学会,使社员皆得从其所专,各展怀抱。以上各案,皆得通过。并举定筹备委员八人,计物质组竺可桢、王季梁,生物组邓植仪、黎国昌,社会组杨杏佛、杨端六,工程组周子竞、李熙谋。次过探先提议

---

① 波罗应为博罗。

增加司选委员人数。胡步曾及沈鹏飞等提议修改章程第七十四及七十六条,结果通过。本日上午同时举行公开演讲。孟心史讲《废除不平等条约》,王季梁讲《化学研究与实业》。十二时散会,赴教育行政委员会宴会。下午参观岭南大学,该校美国教授对于中国生物学上问题,颇多询问,由胡步曾一一答复之。夜赴培正学校欢迎会。

第四日记事

三十日上午九时复举行宣读论文及公开演讲。论文计有九题,为曾昭抡之《有机定性分析之研究》,冯锐之《应用科学改进中国农业之原则及方法》,秉农山之《中文之双名制》,窦维廉之《中国北部食物之研究》,伊博恩之《食品与疾病》,周君通之《近世物理中之电磁光浪说》,孟心如之《四价钒盐及其复杂化合物》,吴承洛之《有机化学统系名词平议》,刘晋钰之《中国度量衡制刍议》。公开演讲者有三人,杨端六讲《法制与思想》,李熙谋讲《无线电》,曾昭抡讲《化学战争之常识》。十一时乘船往观石井兵工厂,在船上开第二次社务会。仍为过探先主席,冯次行纪〔记〕录。议案共有七起:(一)沈鹏飞提议请求国民政府拨地助款建设广州科学博物馆。结果推褚民谊、邓植仪、黎国昌、杨杏佛、沈鹏飞办理此事。(二)明年年会地点决定成都或长沙。(三)公推谭组安、蒋介石、张静江、宋子文、陈陶遗、傅筱庵、江恒源、张乃燕、张乃骥、王岑等十人为本社赞助会员。(四)公推吴稚晖、孙哲生及葛雷布三人为特社员。(五)公推孟心史为董事。(六)公推褚民谊、叶企孙、宋梧生三人为司选委员。皆得通过。(七)胡明复提议设立建设服务委员会,专任代人计划工程,委托研究及介绍人才等事。结果举王季梁、李熙谋、胡明复为筹备委员。三时抵兵工厂,参观毕,晚赴市政厅欢迎宴会。

第五日记事

三十一日上午出席市政厅所发起之社会调查讨论会。孙哲生主席,报告广州市社会事业调查之经过及困难诸点。次农工厅代表报告统计调查经过情形。杨端六报告上海方面社会调查进行情形。杨杏佛报告北京、山西、南京社会调查历次失败之经过。十二时散会,赴省教育会、中华工学会、留东同学会及统计学会宴会。下午参观财政厅、民政厅、国民政府诸机关。三时后往游观音山,瞻仰镇海楼,视察预备明年开全国运动大会之新筑运动场及该处之战迹,下山更游六榕寺。是晚为本社答宴广州各团体之期,宾主不下百余人,济济一堂,尽欢而散。

第六日记事

九月一日本为闭会之期,但尚有公开演讲。上午胡步曾讲《生物学研究与人生》,褚民谊讲《科学与生命》。下午七时长堤青年会并邀王季梁讲《科学与民生》,何奎垣讲《科学与救国》。是晚听众颇多,咸露忻愉之色云。

12. 第十二届(次)年会(1927年9月,上海)

《科学》杂志报道《中国科学社第十二次年会记事》选录①

中国科学社第十二次年会记事

本社此次年会,日期几更,地点屡易。原由理事会议决在青岛或庐山举行,嗣以该两地交通不便,改在南京开会,日期定八月二十日。继以今夏天气较热,恐届时溽暑未消,转多困感,故开会之期遂又更于九月一日,地点如旧。孰知八月之梢,孙军②南犯,沪宁中断,交通梗阻,会期乃改于九月三日,地点择在上海。先是由理事会推定本届年会职员如下:年会名誉委员长吴敬恒,年会委员长张乃燕,书记路敏行,会计过探先,演讲委员会委员褚民谊、竺可桢、翁文灏、何尚平、何鲁,会程委员会委员胡刚复、杨铨、周仁,招待委员会委员杨孝述、李垕身,论文演讲委员会委员王琎、徐名材、任鸿隽、秉志,娱乐委员会委员赵元任、蔡无忌、柳诒徵、陈燕山、过探先、路敏行。尔时一部分职员,以道阻不克赴会,而会中盛况,犹不减于昔,斯则至堪欣忭者也。兹纪〔记〕其会况,先述撮要,后叙日记,有如次录。

开会日程

地点:上海。

会场:上海总商会常会室。

宿舍:沪上各旅馆。

日期:九月三日起至九月七日止。

会程:九月三日下午四时,在总商会常会室举行年会开幕典礼,到会六十六人。晚赴上海社友会欢迎宴会。

---

① 《科学》第十二卷第十一期(1927年11月20日出版)第1616-1629页。附后之《总干事报告》《新社员录》《会计报告》《生物研究所报告》《图书馆报告》《编辑部报告》等篇均略。

② 孙军指直系军阀孙传芳的军队。

四日上午九时,假座静安寺开追悼胡明复博士会,到五十余人。下午二时在总商会开社务会,到四十余人。下午五时蔡元培在总商会公开演讲。晚赴中央教育行政委员会、第四中山大学、上海市教育局欢宴会。

五日上午十时,为宣读论文会。宣读者如竺可桢、叶企孙、严济慈、钱宝琮、梁伯强、阮志明、费德朗等。下午一时赴白卫戍司令①与郭外交次长②欢迎宴会。午后三时参观徐家汇天文台。晚赴大同大学、中国公学、同济大学、光华大学、复旦大学、暨南大学、寰球中国学生会欢迎宴会。

六日上午十时,开社务会,到四十余人。下午一时赴商务印书馆欢迎宴会。下午四时又赴总商会、县商会、商业联合会与闸北商会四团体之欢迎茶话会。会毕,胡适作公开演讲,是晚为本社答宴沪上各团体。

七日下午二时,参观江南造船所及兵工厂。晚赴上海特别市党部欢迎宴会。

本届年会到会社员为蔡元培、胡敦复、褚民谊、马良、杨铨、竺可桢、何尚平、何鲁、任鸿隽、胡适、陶孟和、钟荣光、陈衡哲、胡刚复、张乃燕、曹惠群、郭任远、叶企孙、严济慈、钱宝琮、阮志明、梁伯强、费德朗、刘晋钰、程瀛章、段育华、孙昌克、周仁、朱经、金湘帆、钱崇澍、唐启宇、杨孝述、杨端六、朱葆康、蔡堡、董时、汪胡桢、叶元龙、徐渊摩、徐韦曼、梅光迪、周厚枢、丁绪贤、何畏冷、李垕身、陈宝年、李孤帆、郑初年、高曙青、吴谷宜、张铁欧、陈传瑚、张宗成、张耘、赵志道、钟季襄、金秉时、饶树人、姜立夫、陆费执、萧友梅、朱箓、郭承志、邰重魁、荣达坊、许陈琦、陈燕山、贺闿、徐名材、孟心如、何炳松、刘寰伟、宋梧生、颜任光、乐文照、徐尚、崔宗埙、杨炳勋、胡宪生等共八十余人。

年会第一日记事

九月三日下午四时,在上海总商会常会室举行开幕典礼,来宾及社员到者共百余人,由本社董事蔡元培主席。(一)全体会众向国旗党旗及总理遗像行正鞠躬礼。(二)主席恭读遗嘱,并致开会词。略谓今日为科学社第十二次年会开幕典礼,本届年会地址早定南

---

① 白卫戍司令指白崇禧(1893—1966),字健生,广西临桂人,时任国民革命军第二路军总指挥兼上海警备司令。
② 郭外交次长指郭泰祺(1888—1952),字保元,号复初,湖北广济(今武穴)人,时任南京国民政府外交部次长兼江苏交涉员。

京,兹因政局关系,交通不便,改移上海开会,筹备期间虽短,而有此规模,实为难得,各地社友到会者,又如此之多,尤为庆幸。次述年来政治及社会虽多变化困难,本社事业仍进行如常,科学家不因成败变更态度,由此可见。末述总理之"三民主义"完全根据科学,故为同人所信仰。(三)摄影。(四)杨铨报告该社成立之经过及历次年会进行情形。略云本社成立已十三年,其初社员仅十余人,今则有七百余人,欧美各大学留学生加入者几无校无之,至于本社所有成绩,除发行《科学》杂志外,南京建有社所、科学图书馆、生物研究所,上海则有理化实业研究所之计划,惜尚未实现。年来时局不靖,本社同人本科学家之精神,研究迄未中辍,虽不若欧美各国科学进步之速,然处此国民政府节节胜利之时局中,希望必大。本社年会和本届共计十二次,在美国三次,国内九次。初则开会于军阀势力下之北京杭州等处,去年则在革命根本策源地广州开会,国民政府招待极优,表示最热烈之欢迎,今年在上海开会,国府欢迎不减于去年,同人应加倍努力云云。(五)团体代表致辞。计演说者为中央教育行政委员会代表褚民谊、第四中山大学校长张乃燕、上海社友会代表周仁。褚君详论革命之理论,略云中山先生之知难行易学说,完全用科学方法研究而来,故革命须采用科学始可以救国。后述革命固重破坏,但破坏后必须建设,欲图建设又非借助于科学家不为功。张君以个人为例,略谓中国科学不发达之原因,在于政变无常,所以各国留学生归国,泰半不出于教书之一途;生计问题尚难解决,遑论研究。(六)来宾及社员演说。首为白卫成司令代表张参谋长定璠,略述科学与战争及建设之关系。末述对于科学家之希望,在各科学家用科学方法建设一切事业,以期实现总理之"建国方略"。次为该社董事马良,马先生年已古稀,而精神矍铄,演讲时人恐其不耐久立,经主席蔡先生之请,改为坐讲。先生乃侃侃而谈,声极宏亮,其设喻颇有兴味,大意谓科学界重在有打破一切之精神,宇宙为闷葫芦,发明即打破,研究亦为打破,打破须逐一耐心打破,须打破一层进一层。不宁惟是,科学家对于道德上亦应具有打破一切之精神,须打破一切恶习惯,打破一己之偏见。惟物质不宜打破,竹头木屑,皆有用处,全视利用之者如何。次为胡适,述其最近游历欧美所得各国提倡科学之努力与成绩,希望国人抛弃哲学文学生活,而集中于科学事业、物质建设。再次为外次郭泰祺代表郭泰湛,大意谓中国之病,由于缺乏科学化之精神,希望各科学家负建设中国物质文明之责,而使全国事业科学化。最后由任鸿隽代表全体社员答词,来宾遂散,时已六时矣。晚七时,上海社友会公宴各地到会社友及各团体,席设静安寺路①华安保险公司楼上,社友及来宾到者共六十余人。社友会理事长周仁主席,并致欢迎词,略谓本社年会虽已举行十一次,在上海从未开会。此次本定南京,后因时局关系始移上海举行,上海社友会借此得尽地主之谊,实为难得机会,谨代表上海社友会欢迎各地到会社友及各团体。次理事何尚平报告社友会建议上海理化实业研究所之计划,虽因募款困难尚未成功,然在此提倡科学政府之下,将来希望甚大,盼各社友一同努力,以观厥成。演说者,来宾有市党部冷欣,表示二点:(一)现在虽属军政时期,建设实刻不容缓,希望各科学家用科学方法,建设一切科学事业,以为达到训政时期之基础。(二)吾国人民科学观念极浅,希望各科学家设法使科学教育普及,成为科学民众化。陈德徵初述个人思想应科学化,继述社会科学与物质科学同属重要。社员有陈衡哲、杨铨、陶孟和、胡适、钟荣光等演说,均庄谐杂出,至九时宾主始尽欢而散。

中国科学社在沪举行第十二次年会摄影
(《科学》第十二卷第十二期插图)

① 静安寺路即今南京西路。

年会第二日记事

四日为年会开会之第二日,上午九时在静安寺开追悼胡明复理事会,社员到者五十余人,张乃燕主席。(一) 恭读总理遗嘱。(二) 静默三分钟。(三) 向胡明复理事遗像行礼。(四) 主席致开会词,谓胡理事为本社最热心最努力之一人,功名利禄早已忘去,一身心血全注于提倡科学、研究学问,科学社之有今日,胥胡理事是赖,遽遭逝世,同人曷胜哀恸。(五) 曹惠群报告胡理事事略。(六) 社员演说,计有任鸿隽、何鲁、胡适、钱宝琮等,相继为极沉痛之演说。(任君演词将载《科学》胡明复纪念号内。)何君演词,大意谓诚如第一次大同大学开追悼胡博士大会时杨君杏佛所言,明复之死为社会所杀。一则科学社与大同大学事务俱极干苦,理事毕生精神消磨于此,《科学》杂志自开办迄今全为胡理事一手校对与标点;大同大学则为其每年在各校教授所得办成。二则政治不良,科学无发展之机,使明复向生于他国,早成为世界上之科学家。末述死者已矣,来者犹可追,希望国民政府此后对于国内之研究科学专门人才,予以辅助,至少可以解决生活问题,专心研究;次则对于新回国之专门人才,亦应给以进展精研之机。胡适演说,云叔永、奎垣两先生所讲,予感责备社会太过。平心而论,明复之刻苦如此,乃为其个人之决心;牺牲毕生精力与校对标点《科学》杂志,十余年如一日,亦为其个人之志愿,吾人对之表二十四分同情,此种事体虽属干燥无味之苦工,然其精神所及影响于无穷。大凡有意识的行为、有意识的努力,纵一滴一点之微,决不至无有酬报。科学家之研究不必俟设备完全待遇优美而后可,必要时,典衣节食以购仪器,在所不计,欧美大科学家如牛顿等当时何尝有极完备之图书馆与器械,供其试验参考。最后希望各社友抱定主张专力研究,以期我国科学之发展,否则人寿几何,河清难俟,直等于中国科学界之自杀。再次钱宝琮演说,谓个人在英时亦曾有科学社之组织,会员达数十人,及回国则各自星散,不能成一种组织,后竟解散,乃加入本社。其根本原因,全在缺乏如明复理事一类人物,触景伤情,尤觉悲悼。(七) 讨论纪念方法。——1. 报告。竺可桢因事未到,由曹惠群代表报告。政府方面曾由上海政治分会通过,请中央明令褒奖,中央业已批准;同人方面拟建一"明复科学馆"以纪念之。又明复纪念委员会公推杨铨、竺可桢、曹惠群三人为常务委员。上次开会结果各委员承认募捐有二千余元之多,现仍积极进行。2. 讨论。曹惠群提议纪念方法甚多,如:(甲)《科学》杂志出明复理事专号;(乙) 科学教育通俗演讲;(丙) 提基金一部分奖励泗水救人,(因理事溺死时,路人不救。)建一纪念物于出事地方,以免后来者之再蹈覆辙。胡适提议编论文文集以纪念之,举凡明复之先生学生及族戚亲友,将其最近之心得,草为论文,如此非特纪念明复,且可引起社会上研究学术之精神,如日本最近内藤①六十岁论文集是也。此种方法由同人中组编辑委员会主持。最后由家属代表胡先生致谢辞。至十二时始在寺素餐而散。

四日下午二时,在总商会开社务会议,社员到者四十余人,任鸿隽主席。

(一) 报告

主席谓今年因时局关系,交通不便,各地社友重要事务报告俱未收到,兹幸南京社友徐尚带来会计报告、总干事报告、图书馆及基金监胡敦复报告(报告见后)。任鸿隽代为报告,众无异议;惟总干事报告最后一款提议各节,未通过。

(二) 讨论

1. 先由竺可桢报告北京社友翁文灏来函提议:(甲) 各社友如有关于海洋学及太平洋之气候生物等著作,请寄美国太平洋学术会议办事处;(乙) 本社历年章程应译为英文。任鸿隽主张第一提议不成问题;第二提议最好交总干事办理,或组委员会专司此事。何尚平主张总干事主持,社友帮助。议决推定竺可桢、胡宪生二人帮助总干事于最短期间,将本社历年章程译成英文。

2. 主席谓:北京社友翁文灏来信提议本社参加太平洋学术会议。何尚平主张由本社发起联络中华农学会、工程学会、青岛气象学研究会及其他国内之重要学术团体,共同筹备。竺可桢主张组织委员会,专办筹备发起事宜。议决组织筹备参加太平洋科学会议,推定竺可桢、秉志、翁文灏、过探先、胡先骕五人为委员,竺可桢为委员长。

3. 任鸿隽谓:本社社员已有七百余人之多,但查本届会计报告,缴费者仅十之二三,为会务发展计,理应照章清理,以溢收入。又新社员按章须经全体理事签字,而各理事散处各地,致有入会半年尚未有正式加入者,手续太繁,反碍进行。朱少屏、竺可桢先后发表意见,赞成此议。议决旧社员欠费,交总干事从速慎重办理,并规定社员徽章;新社员入社手续困难,请理事会想一敏捷办法解决之。

4. 黎国昌、邰重魁两君谓:据本届会计报告,余等前由广州汇宁之汇票各十元,称过

---

① 内藤即内藤湖南(1860—1934),日本汉学家。

期仍退回广州,余等并未收到。议决,交会计清查。

5. 北京司选委员叶企孙谓:此次理事选举票,一则人数不足,二则本委员又未同意;照章司选委员三人中,如有一人不同意,则选举作为无效。后由上海司选委员宋梧生解释选举经过。唐启宇主张完全改选,附者颇多。议决请司选委员会三委员重新议定候选理事名单,于下次(六日)社务会开会时,请列会社友投票,未到会社友由本会立刻发出选举票,一月后开票。(照章为三月,今年因特别情形,故改为一月。)末由周仁补充下次社务会开会时(六日),除司选委员会委员三人所拟定之候选理事名单二十一人外,大会如有人主张加入者,则加入之,惟须二十人以上之同意。议决通过。

6. 竺可桢谓:科学名词审查委员会基金一万元,据查尚未存入银行,本社为该会重要分子,是否可由本社建议,请国民政府专理此事,或由本社发起邀请科学名词审查委员会各团体共同讨论。议决由本社向中央教育行政委员会建议,请其管理此事。

下午五时公开演讲。由蔡元培演讲《各民族记数法之比较》,到会听者百余人。先生征引繁博,听者皆乐而忘倦,直至六时半,方行散会。晚间由中央教育行政委员会、第四中山大学、上海市教育局在大东酒楼欢宴全体社员,社员到者六十余人。由金湘帆主席,并致欢迎辞,大意谓科学社去年在广州开会后,影响国民政府之政治及教育不少;今值国民革命军势力发展至大江以北,科学社又在上海开会,其影响所及,当比前更大。次朱经农云:上海教育界科学智识全未普及,此次科学社在此开会,感觉无穷快愉,谨代表上海市教育界表示极诚恳之欢迎,并希望各科学家设法使科学智识普及于上海民众。再次为张乃燕致词。社员演说者,有钟荣光、郭任远、杨铨、何鲁、叶企孙等。十时宾主始各尽兴而散。

年会第三日记事

五日为年会之第三日,上午十时,在总商会开宣读论文会,社员到者五十余人,由竺可桢主席。宣读论文者,有竺可桢之《春秋日蚀考》、叶企孙之《清华大礼堂之余音改正问题》、严济慈之《石英结晶之两重反射》、钱宝琮之《春秋历法置闰考》、梁伯强之《最近血液类别研究之趋势及其与我国民族变迁之关系》、阮志明之《我的日晷五种》及费德朗之《国际单位刍议》等,要皆材料丰富,理论详明。此外尚有多篇,以限于时间,未能一一宣读。至十二时半散会。下午一时,社员齐赴白卫戍司令与郭外交次长之欢迎宴会,席设交涉署外交大楼。列席者,除社员五十余人外,政界有李景曦、郑毓秀、张寿镛、胡震修;党部有冷欣、陈德徵、黄惠平等。席中,由白卫成司令之代表张参谋长定璠致欢迎词。首述白司令因军事在宁,不能亲到招待,命鄙人代表,并致歉意。继述近年中国之混乱,军人革命,似不能挽救。次述革命目的在于建设,非借科学之努力奋斗不可,希望科学家应用科学方法,实现总理之建国方略,以建立中国之物质基础,然后国民革命乃告成功。次由郭外交次长泰祺致词。首代表国民政府谓,因军事倥偬,故招待不如去年在粤时之盛,惟精神则无二致。继言国民政府对于本社欢迎之意有二:(一)科学之精神目的,与国民政府革命之精神目的,完全一致。科学求真理,故打倒一切不科学之事物与思想;国民革命亦根据真理为人民谋幸福,故打倒一切不合时代潮流之障碍物。(二)国民政府自去年北伐以来,由珠江流域直达长江流域,进展不可谓不速,惟建设尚未着手,其原因由于缺乏科学人材之援助。此后需要科学家,实较去年在粤开年会时为尤急迫,甚望科学家能早日参加革命建设。末由杨铨代表全体社员致谢词。首述社员感谢政府招待之盛意。次述科学社与国民党早有密切关系;本党总理为医学家,由研究生理及物质科学,进而研究社会科学,创立"三民主义",故本党之革命实为科学之应用;科学社同人之从事科学事业,实多得总理之感化。本党同志为社员者亦众,惟自去年在粤开会,关系乃益密切。中国之科学家与革命家至是乃入订婚时期,此后当联合而谋中国之改造。今订婚已及一年,吾人甚盼早日结婚,而产生一自由平等之新中国。三时后,由何尚平、竺可桢偕同社员十余人,往徐家汇天文台参观,该处招待甚优。晚七时,由大同大学、中国公学、同济大学、光华大学、复旦大学、暨南大学、寰球中国学生会等,设欢宴于新新酒楼,到者七十余人。由郑洪年主席,致欢迎词。朱少屏、曹惠群继之。竺可桢代表全体社员致谢词。演说者,有金湘帆、朱经、陈衡哲、王云五、张乃燕、任鸿隽、杨铨、胡刚复、钱崇澍、周仁、钱端升、丁绪贤夫人[①]、王星拱、饶玉堂等,语辞皆庄谐杂出,直至十一时,始各尽欢而散。

年会第四日记事

六日为年会之第四日,开会地址仍假上海总商会。上午十时开社务会,到者四十余

[①] 丁绪贤夫人即陈淑。

人,由竺可桢主席。(一) 胡刚复报告南京科学社近状;(二) 讨论各种社务及以后发展计划,经三时之久。所有议决案如下:

(一) 竺可桢提议,因鉴于南京科学社所驻兵骚扰,拟由本社呈请国民政府,此后对于学术文化及教育机关,不得驻兵。周仁附议。全体通过。

(二) 竺可桢提议,由本社向国民政府呈请设立国家研究机关。朱少屏附议。董时主张从长计议。末由朱少屏主张由本社组织委员会,搜集学术上各种材料,详细规划,以备向政府建议组织国家研究机关,参加国际学术会议,请理事会推定计划委员,推定时期限于三月以内。全体通过。

(三) 杨铨报告历届年会修改章程之经过详情,末谓修改章程,按章手续复杂,各理事散处各地,尤为难决。朱少屏,陈传瑚先后发表意见。最后杨铨提议,由本年会重新组织修改章程委员会,整理历年修改章程草案。竺可桢附议。全体通过。公推竺可桢、唐启宇、杨孝述三人为修改社章委员。又修改草案应于本年阳历年底发出。

(四) 叶企孙报告本届选举理事,北京司选委员未同意,法律上无有根据,应作无效。议决除照章任鸿隽、丁文江、秉志、周仁、胡明复留任外,本届应选七人,将来如在章程上查出为六人,则以全体投票中之最多六人为当选。

(五) 照章年会到会人数中有二十人以上之同意,可提出添加理事候选人。钱崇澍提出何鲁,郑初年提出朱少屏,何鲁提出段育华,结果何鲁、朱少屏、段育华三人各得二十一票,当选为理事候选人。

(六) 公选程瀛章(得二十一票)、何鲁(十九票)、段育华(十九票)三人为司选委员;杨端六(二十二票)、何尚平(十三票)二人为查账委员。

(七) 下届年会地址(十七年)提出北京、青岛、太原、南京等地。议决北京或青岛。

(八) 杨铨提议,组织《科学》杂志经理委员会,筹备向商务收回自办一切事宜。何鲁附议。全体通过。推定杨铨、朱少屏、程瀛章、周仁、竺可桢为委员。

(九) 杨铨提议,《科学》杂志编译部负责人太少,主张分物质、社会、生物、工程四组,每组举一人负编译专责,会同王琎部长改组《科学》杂志编辑部。何鲁附议。全体通过。推定严济慈(物质科学组)、董时(社会科学组)、蔡堡(生物学组)、汪胡桢(工程学组)四人为编辑委员。

（十）张宗成提议凡新社员入社应作一篇论文。何鲁附议。议决请理事会执行。

（十一）胡刚复主张在国内中心地方，适宜于编辑之处，须物色该地社员中之能负编辑之责者担任编辑事宜。原则通过。

（十二）董时主张《科学》杂志应增加普及科学智识材料及书报介绍。原则通过。

（十三）何鲁主张新回国之社员，本社须请其担任编辑事宜。原则通过。

下午一时，商务印书馆在大东酒楼欢宴年会社员，到四十余人。席中由王云五致欢迎词。首述商务印书馆与科学社之关系，商务如一贩卖科学文化机关，科学社则如制造文化之工厂；又商务似工头，科学社似工程师，互相合作，不能分离。末述对于科学社之希望，在大家共同奋斗为我国宣传文化，不但商务如此，即全国出版界亦莫不希望各科学家加倍制造，增加文化之出产。次由杨铨代表科学社全体社员致谢词。首谓诚如云五先生所云：商务为收买文化出品之主顾，科学社同人则居乎出售人之地位。今反由主顾宴出售人，诚空前之举，故大为感激。继言同人以后当加倍努力，为文化上之贡献。尤望商务对于科学文化上之著作，尽量予以出版机会。因商务虽为一营业机关，同时在我国文化史上实占一极重要之地位。三时宾主尽欢而散。散后，由社员分赴江湾劳动大学及东方图书馆参观，该两处招待极为殷勤。

下午四时，由上海总商会、县商会、商业联合会与闸北商会四团体开茶话会，欢迎本社社员，到者近五十人。主席冯少山致欢迎词，谓鄙人代表上海总商会、县商会、商业联合会、闸北商会四商团，略备茶点，欢迎诸君，自知太不恭敬，至为歉仄。盖以值此军事期内，商业同人为公奔波，日无暇晷，以此不能从容款待，尚希鉴原。诸君为我国科学家，不辞溽暑，孜孜于科学之研究，将于建设方面有所贡献，以使我国一切事业成科学化，实为中国一切进步之最大关键，不胜钦佩，敬举杯恭祝诸君健康云云。当由褚民谊代表科学社答谢，略谓同人等蒙贵会慨假会场，在此开会，骚扰多日，颇抱不安。今日又蒙贵团体在百忙中，优予款待，尤为感激。本社前在广州开会时，得到两句结论：革命家要科学化；科学家要革命化。因此鄙人在此席上，敢易两言为谢曰：科学家要工商化；工商家要科学化云云。次胡适致词，谓褚君代表全社答谢，引起鄙人一些感想。在今日之前为九月五日，意大利首相墨索利尼以大政治家之手腕，召集全世界科学专家及工程家开国际科学管理会议。其观察力为何如，其于求物质上之进化为何如。顾我中国则尚在革命过程中，军事未结束，政治未开展，一切工商业之程度，更属幼稚。今日主人诸公所谓于百忙中款待同人者，我知散会之后，行将商议前线运沪之三万俘虏，如何筹款给养问题。须知科学社同人之地位，正与俘虏同。曷言之，敢举数例。同人中研究科学得有相当学位之社员，不但无发展所学之机会，甚且欲谋噉饭地而不可得者。此次社员中，有擅工程而开照相馆者，有擅机械而开福禄寿饮食馆者，言之可胜慨叹。较之欧美各国之大学，每逢造就人才将届毕业之前，社会上早已合组征才所，搜罗之不遑，其相去又为何如。因此敢贡愚见，少顷诸君商量招待俘虏问题时，曷勿多筹款项建设科学化之工商厂，使三万俘虏悉成为科学化之工人，同时使同人中之科学家为工商化，则物质上增进必有可观。一举而大家有饭吃，不亦善乎云云。散会后，胡适又作公开演讲，题为《国外佛学史料》，听者约百余人。胡君所讲各节，材料极为新颖，听者无不乐而忘倦，至六时半始毕。

晚八时，本社社员在华安保险公司答宴上海各团体，到八十余人。除本社社员外，到有李石曾、郭泰祺、王云五、盛同荪、李厘〔厓〕身、石瑛、冯少山诸君，申、新两报馆①亦派代表参与。先由蔡元培主席致词，谓本社此次在上海举行第十二次年会，蒙各团体之热烈欢迎，谨代表全体社员致谢招待之盛会，同时承总商会慨假会场开会，骚扰多日，尤为感激。今年年会本定南京举行，后因时局关系，交通不便，改移上海开会。为时至短，各地社友到会者犹如此之多，更为快慰。至科学与人生有绝大关系，人由初生至于死，不能离开科学。科学之产生不过三四百年，人常以为理化方称为科学，实则举凡生物学、社会学及一切商业上之管理法等，无不在科学范围之内，即如哲学、美术等学科，亦可用科学方法解释，仍得谓之科学；他如释迦牟尼之思想，非天生而来，实由其家庭环境与社会各方面所产生，亦可谓之科学。故无论何种学问，俱可以科学方法究其源，探其极，科学范围之大，可以想见。同人既属科学家，应抱定宗旨，努力研究，以期科学之应用，决不因政局关系而中辍。本社历届年会在国内各地举行，咸受极热烈之欢迎与赞助，足证同人研究科学之结果，能得社会各方面的同情，以后同人尤应加倍努力，以副社会之期望。末对于此次筹备年会各社友，如朱少屏、何尚平二先生，特别表示感谢。次王云五演说，略云：上海为吾国第一商埠，居民有二百万之多，既无设备完美之公园与规模宏大之图书馆，可供各科学家游览参

---

① 申、新两报馆指《申报》《新闻报》两家报馆。

观,复少一科学社社所为各科学家开会之地,致今年年会尚假总商会开会,甚愿明年新社所成立,在本社社所开会云。继为李石曾演说,略述科学社业已开会多日,余因抱病不能前来,歉仄之至。今日承杏佛先生再三力嘱,故冒病赴会。对于云五先生所言,颇有感想,深觉上海为吾国重要商埠,理想上之科学设备可云无有,即如余此次就医上海,中国医院无一适宜,乃改住外国医院,病愈欲在中休养,亦无地方,医生劝余往日不愿,遂赴法属西贡达那儿的地方休养。该地交通方便,空气新鲜,树木成荫,花草咸备,计面积仅二千迈当①。以我国之大,岂乏二千迈当之地土②,无如缺乏科学上之设备,不适宜于休养,试观天津、青岛德俄租界收回后之设施可以想见。现全国收回租界之空气异常浓厚,余以为收回租界固为政治问题,但若政治问题解决,而无科学上之各种设施,是与恢复原人时代无异。故科学问题与政治问题虽同等重要,而科学问题尤为政治问题之根本,不容忽视。希望各科学家积极用科学方法,使全国科学化云云。再次为上海兵工厂厂长石瑛演说,略谓在此抵制外货空气浓重之上海,本厂重要材料,全由日本供给,言之殊为痛心,但国内无有制造者,为之奈何,推厥原因,在应用科学不发达所致,故最希望各科学家注意于应用制造方面,以期早日挽回利权。此后演说者,有李厪〔垕〕身、胡刚复、杨铨等,至十时乃尽欢而散。

年会最后一日记事

七日为年会之最后一日,下午二时社员十余人齐集铭德里③一号,由何尚平引导参观江南造船所及兵工厂,该两处招待甚殷,直至五时始毕。六时上海特别市党部欢宴于西门林荫路市党部内三层楼上,到者六十余人。席间由陈德徵代表市党部致欢迎词,略谓科学社开常年大会已有十二次之多,但从未在上海开会;今年年会在上海举行,使上海市民众愈明了科学家热心与奋斗及科学之精神,本市党部尤为感激。次述我国不科学之事物太多,科学知识急应普及,故对于各科学家之希望有二:(一)希望各科学家于研究科学之余,设法使一般民众认识科学之功用。(二)现代物质与社会科学之材料,丰富已达极点,

---

① 迈当(法文 mètre)是公制长度单位米的旧译。
② 应为土地。
③ 铭德里即环龙路(今南昌路)100弄,俗称老渔阳里。

大有"落花水面皆文章"之概,甚盼各科学家整理出来,成为有系统、有科学精神之学问。继由杨铨代表全体社员致谢词,谓本社今年年会在革命空气浓厚之上海开会,本社同人非常荣幸;今日又承上海革命之大本营特别市党部欢宴,十分感谢。前曾有革命与科学订婚谐语,实则中国之革命与科学为弟兄。中国革命家首推本党领袖中山先生,然其知难行易学说,又为中国科学社之先导。国民党同志承总理之遗教而革命,科学社同人亦受总理之感化而致力科学事业,殊途同归。弟兄若能合作,必可早奏中国改造之功,今谨代表全体社员道谢上海特别市党部之盛意,并祝国民革命成功万岁。继起演说者,有黄惠平、何中流、廖斌、叶元龙等。至九时始散。

13. 第十三届(次)年会(1928年8月,苏州)

《科学》杂志报道《中国科学社第十三次年会记事》选录[①]

中国科学社第十三次年会记事

本社第十三次年会由理事会决定在山水秀丽亭榭幽雅之苏州举行,并推定年会职员如下:年会委员长蔡元培,书记路敏行,会计过探先,演讲委员竺可桢、翁文灏、何尚平、何鲁、王琎,会程委员胡刚复、杨铨、周仁,招待委员潘慎明、汪懋祖,论文委员翁文灏、曹惠群、路敏行,娱乐委员钱宝琮、沈慕曾、吴元涤,借定苏州东吴大学为会场并社友宿舍。每届年会开社务会时,常患出席者不足法定人数,本届年会开社务会二次,出席社友常过于法定人数多人,此则本届年会之特色也。兹将本届年会情形记录如下:

开会地点:苏州东吴大学林堂。

社友宿舍:东吴大学学生宿舍及苏州各旅馆。

日　　期:十七年八月十八日起二十二日止。

会　　程:八月十八日下午四时举行开会式,到会人摄影

八月十九日上午九时演讲

正午苏州十八团体在怡园公宴社友

下午二时游览城内园林

下午七时林堂娱乐会

八月二十日上午九时纪念周

上午十时宣读论文会

下午二时半社务会

[①] 《科学》第十三卷第五期(1928年4月20日出版)第685－695页。附后之《总办事干事报告》《附新社员录》《会计报告》《图书馆报告》《生物研究所报告》《编辑部报告》等篇均略。

八月二十一日上午九时第二次演讲

上午十时半第二次社务会

下午访孔庙宋代天文地理石碑，青年会茶话会

下午七时沧浪亭公宴答谢苏州各团体

八月二十二日游览城外各名胜地

本届年会前后到会社友为：朱少屏、翁文灏、钱宝琮、过探先、朱庭祐〔祜〕、吴谷宜、路敏行、贺闿、竺可桢、陈隽人、王琎、胡步川、蔡堡、钱崇澍、王金吾、丁绪宝、高均、吴旭丹、朱斌魁、宋梧生、何尚平、胡刚复、秦汾、徐渊摩、徐仁锐、严济慈、朱其清、任鸿隽、徐作和、纪育沣、曹梁厦、汪典存、潘慎明、周仁、杨铨、赵修鸿、徐世大、曾昭抡、钱端升、张奚若、吴元涤、张正平、朱箓、高鲁、丁绪贤、顾翼东、吴正之、何德奎、罗家伦、叶企孙、庄长恭、萧纯锦、程孝刚、叚〔段〕育华、许植芳、张绍忠、赵元任、刘大钧、黎国昌、邰重魁、丁燮林共六十一人。

中国科学社第十三次年会摄影
（《科学》第十三卷第五期插图）

年会之第一日

八月十八日下午四时,在东吴大学林堂开会。本届年会主席本推定蔡元培,蔡先生以公务纷纭不及赶到,由社长竺可桢主席,行礼如仪。

(一)主席报告:略谓年会目的有三:(甲)社友将一年来所得之研究成绩报告讨论,本届论文有二十余篇,均系社友所研究之成绩;(乙)讨论本社各项进行事宜,以及内部组织;(丙)社友千余人散播各方,不得晤面,借此机会可以联络感情。去年在上海开会,几将大半之时光消废于各种酬应宴会,似觉于社务方面减却几分讨论之机会,今年在历史上科学上最著盛誉之苏州开会,是同人所十分愉快者也。吴中山水固尽人皆知,乃不知科学上最有价值之宋代天文图石碑亦在苏州学宫。又有进者,年来国内各种学会相继成立,开会亦时有所闻,倘一人而为数会会员者如欲参与各会,往往疲于奔命,若得各种彼此略有关系之会议同时在一处开会,则时间经济精神均得节省。最后本社在苏开会,得苏州诸社友之殷勤招待,设宴相款,是同人所十分感激者也。

(二)苏州社友汪典存演说:略谓今日兄弟代表苏州社友及苏州人士来欢迎诸君,前次听胡适之先生说科学社之产生,乃系少数社友在美国一乡村小屋内讨论一二天之结果,至今不过十余年,而进步神速,足见诸君子之努力精神。回忆幼年求学时代,一般学子往往视科学如魔术,竟不敢问津,今日则迥然不同。吾苏号称文化之区,而细察其市政学校及各种建设,均有不及他人之慨,尚希各位科学家有以指导之。此次在苏开会,固同人所十分欢迎十分企盼〔盼〕,而招待却处处不周,还祈诸君有以谅之。鄙人谨代表苏州诸社友表示歉意。

(三)南京社友王季梁报告:南京社友自新都成立以来,人数骤增,对于本社各项事业曾屡次讨论,并有种种计划。惜南京社友会会长蔡子民先生公忙不克来会报告详情,计划中有每二周开会一次,由社友轮流演讲,切磋琢磨,于科学之进步自不无几分影响,曾在金陵大学、中央大学先后举行。并拟作几次公开之演讲。关于南京附近之建设事业或与科学有关系各种工程,亦拟次第参观。但以南京社友虽多,大都公务甚忙,不能常持继续,至以为憾也。

(四)北平社友任叔永报告:去年年会原定南京开会,当时战事正盛,于枪林弹雨中改在上海举行,今年则在此山明水秀之苏州举行,两相比较,不可同日语也。北平方面向来学术团体甚多,在旁人看来本社亦不过一小小之学术机关,社所既无,经济又窘,社务难于进行。自定南京为首都以来,北平公产有余,曾向当局请求拨给社所。交通部长王伯群先生莅平之时,曾许将前交通部一部分拨借本社,讵派员前往接收之时,该处已被某军队占据,现正设法接洽或当有接收之希望也。

（五）上海社友曹梁厦报告：略谓上海系通商之中心点,物质文明比较发达之区域,而对于科学方面之贡献实少。在社所购置以前,开会讨论往往在菜馆中举行,言之实深惭愧。今年始获建屋一所,占地约二亩,足供社友开会之用。以后拟分期添辟图书馆、理化研究所；虽不能在短期间内全部计划成功,只能将轻而易举者先办,如数学研究所得社友捐助书籍,业已成立,可供同人研究之用。中央研究院虽已在沪设立理化实业研究所,但本社理化研究所仍拟从速成立,俾便合作进行,深盼〔盼〕诸社友有以襄助并指教一切也。

（六）东吴大学潘慎明欢迎辞：略谓敝校校长因事不能到会,躬自欢迎,殊为抱歉。慎明被各教职员之推举,谨代表欢迎。慎明亦为科学社社员之一,故对于本社事业之扩充猛进不愿多言,免自夸之嫌。此次诸社友不远千里而来,敝校无任欢迎,惜会场狭小,建筑简陋,深恐诸社友均感起居饮食之不适；如有所需要,尚望随时告及,敝校当竭力设法。对于敝校一切,亦望多所指教,敝校幸甚,慎明个人亦欣幸无已矣。

（七）公安局长殷石笙演说：略谓今日到会较迟,对目的未甚明了。兄弟系一介武夫,不知科学之奥妙,不过从其名词略述一二。很希望苏州当局能提倡科学以副诸君之雅意,以谋苏州社会之改进,不文如兄弟不敢在高明之前多言,不过用十二分之诚意欢迎诸君而已。

年会之第二日

八月十九日上午九时开演讲会,翁咏霓主席,略谓中国科学社年会常有演讲会及论文会二种,前者讨论范围广大,后者范围较狭,注重社员专门讨论,但二者均公诸大众则一也。今晨请本社社员杨杏佛先生演讲,题为《生活革命与科学精神》。

杨杏佛演讲：各国每次革命有二骄子：即老百姓与科学家。革命时不曰吊民伐罪,即曰替天行道,如美国之独立、法国之大革命、俄国之共产党,皆以解除人民苦痛为号召。科学家地位亦不变动,在国家主义时代科学家固为人所崇拜,即在帝国主义、资本主义时代,科学家亦为无冠之王。社会主义亦言不能打倒科学家,在共产主义盛行之俄国,他人无薪水,惟科学家有之。无政府主义最推崇科学家。可见无论何时何地,科学家终是不倒翁、三代元老。

但老百姓与科学家亦为革命失败之二大罪人,此何故欤?因老百姓及科学家皆是超革命也。一若时空之外之人类,无与休戚,坐观成败,全忽视本身之地位与责任,则革命安得不失败哉!造成现在社会混乱状况,老百姓与科学家实不能辞其咎也。若欲革命成功,则必须全民革命方可。

每次革命之目的,无非为求物质方面之改进,或求个人或团体之自由,畅快些说,就是为饭碗问题。德人 Henry de Mau 尝谓倡言一种主义,当然有批评它功罪的地方。在批评者不能徒然根据其最后之目的,务须根据其即时的反应。以同一理来说革命的原因,不能从革命者所标的主义来求,应当从产生革命的社会里求,所以即时反应可以满足实际的需要,即为革命成功,否则即为失败。确实讲来革命的原因与动机,乃是整个社会生活之不满足,往往为了极小的原因即牵动全部。我们负改进社会责任之人,应当明了革命之真正原因。

整个社会生活的需要,惟有整个社会革命方可满足,我们的有机体的社会,决不能借一部分热心人的努力,使全部的成功。譬诸人体以局部的运动决不能使全身的健康。讲到民生主义和全民革命,一则是明了我们的革命的动机与来源,一则是全民皆有革命的义务。

一部分老百姓是不知不觉,一部分科学家以科学为唯一之责任,坐观社会各种不合理之现象发生,对于应尽的革命责任皆漠然置之。要知科学家当然以应用科学来谋个人和社会之幸福,一方面更当根据因果律,借正大之态度,来解决一切革命,亦包括其中。

科学家应当用科学方法处理一切。片面的科学家是社会所不需要的分子,倘以科学家自命视革命为科学家责任以外之事,则犹如老百姓之无知无觉,不肯参加革命,二者同为革命不能成功之根本原因。我希望到会的诸位科学家之最低限度,应以科学方法及科学眼光应用于一切问题并指导民众,是科学界前途之荣光,而革命亦庶几乎成功。末附新诗一首,并录如下:

没有主人,也没有客;

有工大家做,有饭大家食;

劳动是人生的幸福,知识是社会的公仆。

问革命何时成功?

除非科学变成生活。

正午由苏州十八团体公宴社友于尚书里怡园。席间吴县县长王引才致欢迎词,社友任叔永代表全体致答词。餐毕,赴北寺塔、狮子林、拙政园等诸名胜游玩,黄包车蜿蜒如长蛇,待万家灯火,始尽兴而归。晚七时在东吴大学林堂举行娱乐会,有昆曲、唱歌、舞蹈各项游艺,散会已十时余矣。

年会之第三日

八月二十日上午九时纪念周,杨杏佛主席。罗志希演说,略谓此次军事之成功,实吾国历史上南方势力及于北方之第一次也。太平天国抵抗满政府,始从事革命,由珠江而达长江流域以北,惜即被阻遏。但此次太平天国之失败,实非黄河流域之人民,乃长江流域及淮河流域之人民为之也。至辛亥革命时,长江流域之人民亦感革命之需要,乃起义于武昌,各省纷纷响应,不幸于民国二年又被黄河流域之人民所破坏。惟此次革命,自南至北,转战数省,历时一载,竟能长驱北上,戡定幽燕,成功之速,设非黄河流域之人民亦感革命之需要,曷克臻此。是此次之成功非特表面上之统一,三流域人民之思想并已统一矣。故今之领袖与人民,均知无用兵之必要,无论中央与地方不满意之事,皆可以政治解决之。而国家与地方之事业,亦当注意于建设,如广西之路政科学地图均有重大之发展,此种佳象各省急宜取法之。人才方面刻下人人寻事,事事需人,虽使调查之不周,或应用之不当,但人才缺乏,确系事实。奈何世人不察,反责人心不古,道德不良谬矣。惟今欲造成廉洁政府,则须向科学家计划一方式,使政府不能不廉洁,故为今之计,一方宜培植人才,一方在吾社会人之努力焉。虽然已欲立而立人,一民族之文化关系綦大,我国之学术基本今虽有我国科学家之努力,与外国科学家之襄助,至今仍未能独立,欲国家之独立自由平等岂可得哉!故此后我国更须有正当设备、健全学者,再延聘外国科学名家,实地指导,同心协力,从事研究;庶几吾国学术可以独立自由平等,而我国之独立自由平等亦可得而求焉。

十时宣读论文。本届论文共有下刊十九篇,其题为:

（一）《中生代地壳变动之时期》 翁文灏

（二）《南京音系》 赵元任

（三）《中国科学研究趋势之一班〔斑〕》 任鸿隽

（四）《北平一带谷类黑穗病之研究》 陈隽人

（五）《蚕之研究》 蔡　堡

（六）《金鱼之孟德尔遗传》 陈　桢

（七）《软质体变化程中之索隐》 黎国昌

（八）《捷克木中国东南部安息香料之新属》 胡先骕

（九）《中国桤属之研究及其分布及产地之记述》　秦仁昌　胡先骕

（十）《安徽黄山植物情状之初步观察》 钱崇澍

（十一）《半趾蜥蜴舌部之观察》 秉农山

（十二）《螃蟹之蜕皮与复生》 喻兆琦

（十三）《蛙肾细胞各季之变迁》 崔之兰

（十四）《白鼠之生活史》 张春霖

（十五）《白鼠脊髓中动作神经细胞之发长》 欧阳翥

（十六）《蚂蝗肌肉系之解剖》 谢泗成

（十七）《鸳鸯肠部之回旋》 张宗汉

（十八）《广西宾阳县铋矿》 朱庭祜

（十九）Development of a Method for Synthesizing Heterocyclic Compounds Containing Condensed Pyrimidine Rings 纪育沣

（一）（三）（四）（五）（十）（十八）（十九）七论文，以次宣读讨论，其余十二篇以著者均未到会，遂未宣读。诸论文均得由本社各印刷品发表，兹略而不述焉。

下午二时半在苏州东吴大学林堂开社务会，社友到者三十八人，竺藕舫主席。

（一）修改社章。竺藕舫说明广州年会即拟修改章程，以人数不到法定人数未果。现由理事会提出将社章第七十三条改为"本章经董事会理事会或年会过半数之多数提议，得议改之"请公共讨论。罗志希、徐厚孚、杨杏佛讨论后，付表决通过社章第七十三条改为"本章经董事会或理事会或年会出席社员过半数之多数提议，得议改之"。次讨论社章第七十五条理事会提出改为"本章修改案,经年会到会人数三分之二通过,或由社员通信投票五分之四通过,即为有效;但通信投票人数如不及本年度出费社员总数之四分之一时,仍无效"。罗志希、胡刚复、杨杏佛、任叔永、段抚群、丁绪宝、赵元任、陈叔时详细讨论,意谓照社章第十四条当然只有出费社员方可投票,后杨杏佛提议罗志希附议社章第七十五条"到会"二字改作"出席"二字付表决多数通过,故社章第七十五条修改为"本章修改案,经年会出席人数三分之二通过,或由社员通信投票五分之四通过,即为有效;但通信投票人数如不及本社社员四分之一时,仍无效"。

(二)总干事路季讷报告(报告后详)。竺藕舫、任叔永、丁绪宝略有讨论。杨杏佛主张总干事仍改为专职,任叔永提议总干事事交理事会议定办法,付表决多数通过。丁绪宝主张中国科学社与他学术团体应多联络。

(三)会计周子竞报告(报告后详)。声明现在基金保管委员为蔡子民、宋汉章、徐新六三人,以前基金应归前基金监报告,并提议胡明复先生经手而未报销之中币七百八十五元一角二分五厘及美金一百十五元一角二分,作已报销论,付表决通过。杨杏佛提议接受会计报告,付表决通过。程叔时主张以后会计报告改用新式。

(四)司选委员段抚群报告。略谓此次选举理事由司选委员提出候选理事十五人,登报通知后,又由社员联署提出候选理事六人,司选委员于六月一日将候选理事二十一人名单送各社员表决,共收到选举票一百五十三张。司选委员均未投票,除根据社章第五十条二票作废外,开票结果表刊如下:

任鸿隽	一百〇一票
秉　志	九十四票
王　琎	七十票
周　仁	五十四票
叶企孙	四十八票
杨端六	四十五票
姜立夫	三十九票
李熙谋	三十五票
凌　冰	三十一票

饶毓泰	二十九票
何尚平	二十八票
曹惠群	二十五票
唐钺	二十四票
高鲁	二十二票
宋梧生	十九票
程孝刚	十八票
孙昌克	十七票
钟心煊	十六票
严济慈	十六票
刘树杞	十四票
何衍璿	四票

任鸿隽、秉志、王琎、周仁、叶企孙当选为十七年至十九年理事。

下午五时社友均赴东吴大学茶话会，并参观图书馆及科学馆毕，已日落西山矣。

年会之第四日

八月二十一日上午九时演讲会，任叔永主席，略谓音乐亦为美术之一，似与科学无关，但亦得以科学方法研究之。后赵元任博士演讲。赵君于音乐、科学均深有研究，讲题为《中国音乐》。赵元任博士根据其所著之《白话歌集》（商务书馆出版）先讲中西音乐之异同及所用记号之意义，讲毕再就钢琴实验，自弹自唱，音调和协〔谐〕，掌声不绝。

上午十点半在东吴大学林堂开第二次社务会，社友到会者三十余人，竺藕舫主席。

（一）编辑部王季梁报告（报告后详）。（甲）经曹惠群、竺藕舫、杨杏佛、任叔永等略加讨论，后任叔永提议接受编辑部报告，并申谢意，通过。（乙）杨杏佛略谓根据历年经验，《科学》应有独立预算。任叔永谓除编辑经理应有酬报外，须备投稿金。杨杏佛提议《科学》之编辑印刷及经理一切用费，每月以一千元为限，其详细支配方法由理事会酌定，付表决通过。（丙）全体推定王季梁为编辑部部长。（丁）朱少屏谓《科学》征求广告，应有专人负责。杨杏佛提议中央应充补助之三万元及各省之补助费尽先为《科学》支用，丁绪宝附议,付表决通过。(戊)竺藕舫提议编辑部部员共九人,除部长已推定外,年会推定四人,编辑部推定四人,付表决通过。先公推翁咏霓、钱琢如、丁绪宝、曹惠群、赵元任、程叔时、丁巽甫、朱物华,再投票选举,结果翁文灏二十九票,丁绪宝二十八票,钱琢如十九票,朱物华十四票,赵元任十三票,程叔时十二票,曹惠群十一票,丁巽甫八票。翁咏霓、丁绪宝、钱琢如、朱物华当选。

(二)图书馆路季讷报告(报告后详)。任叔永提议推举图书馆购书委员五人,曾昭抡附议,付表决通过。推定胡刚复、竺藕舫、曾昭抡、周子竞、刘君谟为图书馆购书委员。

(三)查账委员何伊椠(何君已返沪,竺藕舫代)报告:本社十六年至十七年度账,自己核对无误。

(四)推举吴正之、丁绪宝、段抚群为司选委员。

(五)杨杏佛提议查账委员仍推杨端六、何伊椠担任,全体赞同。

(六)筹备参加太平洋科学会议委员。竺藕舫报告筹备之经过。

(七)杨杏佛提议,全体赞成,函谢东吴大学招待本届年会社友之盛意。

下午三时一部分社员应苏州青年会茶话会之招,到二十余人,由该会总干事尤君及干事苏君致欢迎词。朱少屏代表本社答词,意谓苏州青年会为苏州人士特别为苏州青年造福无涯,希望日进无疆。继钱琢如述苏州青年会初创时之惨淡经营,始有今日。用茶点后,即散。

一部分社员访苏州学宫之宋代天文地理石碑,有二十八宿图、中国全国地图及苏州地图,同为全世界天文地理图原刻之最古者,应善保存之。

七时在沧浪亭设宴答谢苏州各团体,社长竺藕舫致词,汪典存代表苏州各团体,汪胡桢代表中国工程学会致词。继杨杏佛演说,诙谐百出。赵元任倡三一八语。苏州美术学校校长顾文樑弄梵哑呤①。九时余兴尽而散。

年会之第五日

八月二十二日晨八时齐集葑门吊桥下船,由太湖水利工程局用汽油船拖赴宝带

---

① 梵哑呤即英语"小提琴"(violin)的音译。

桥,继至木渎,社友登陆历游灵岩、天平、童梓门至西津桥下船,已晚八时矣。虽步行三十里,皆不觉疲乏,而咸觉山水清秀,皆抱后日再游邓尉、洞庭诸胜之想。在舟中蒙中国工程学会设宴招待,非常感激。舟抵葑门,已夜间十一时矣。本社第十三次年会即以此闭幕。

14. 第十四届(次)年会(1929年8月,北平)

《中国科学社第十四次年会记事录》选录[①]

中国科学社第十四次年会记事录

本社第十四次年会,由理事会决定在富有文化名迹庄严建筑之北平举行,并推定职员如下:

年会名誉会长孙科　书记杨光弼　新闻宣传王琎　总务白敦庸、李汝祺

年会委员会:任鸿隽(委员长)、赵元任、翁文灏、章元善、吴旭丹、胡经甫、叶企孙、杨光弼、袁同礼

会程委员会:翁文灏(委员长)、任鸿隽、赵元任、竺可桢、杨允中

招待委员会:胡经甫(委员长)、全绍文、叶企孙、章元善、李汝祺

论文委员会:赵元任(委员长)、秉志、翁文灏、叶企孙、杨光弼、李四光、丁燮林、王琎

讲演委员会:杨铨(委员长)、吴旭丹、竺可桢、袁同礼、任鸿隽

交际委员会:袁同礼(委员长)、赵元任、杨光弼、赵学海、白敦庸

假燕京大学校舍为会场,燕大校址在北平西郊,建筑宏丽,风景清幽,诸到会社员于讨论会务之余,颇得欣赏之乐。燕大吴雷川校长,司徒雷登教务长,胡经甫、韦尔巽、李汝祺诸教授及诸同学,对于本社社友,皆表热烈欢迎,此为到会社员所尤愉快者也。此次年会开会日期,为十八年八月廿一日至廿五日。其逐日会程如下:

八月二十一日(星期三)

下午四时　正式开会。本社社长致开会词。来宾演说。各分社理事报告。

下午七时　燕大欢宴。

[①] 《中国科学社第十四次年会记事录(民国十八年十月刊)》第1-20页,附后之《各部报告》各篇均略。另见《中国科学社第十四次年会记事》,《科学》第十四卷第三期(1929年11月1日出版)第442-451页,文字略简,内容基本相同。

八月二十二日(星期四)

上午八时至十时半　社务会。

上午十时半　公开演讲。

正午十二时　北平社友会宴会(在欧美同学会)。

下午二时　参观故宫。

下午八时　交际会(在燕京大学)。

八月二十三日(星期五)

上午八时至十二时　宣读论文。

下午二时至五时　社务会。

下午五时　公开演讲。

下午七时　清华大学欢宴。

八月二十四日(星期六)

上午十二时　中华教育文化基金董事会及洛氏基金会欢宴(在欧美同学会)。

下午二时至五时　参观北平学术机关。

下午五时　报告各种科学最近进步。

【八月】二十五日(星期日)

全日游览西山、颐和园诸名胜。

下午八时　年会宴会。

此次到会社友前后共计七十四人①,如下:

任鸿隽　白敦庸　张子高　竺可桢　姜立夫

陈彭棋　艾　伟　经利彬　蔡　堡　余泽兰

陈传湖〔瑚〕　章元善　王　琎　孙国封　庄长恭

薛培元　冯庆桂　杨光弼　姚文林　袁同礼

陶孟和　丁绪宝　赵元任　杨步伟　刘季辰

冯　锐　路敏行　钟心煊　秉农山　钱天鹤

---

① 根据下列名单统计,实际应该是73人。

陈衡哲	钱端升	顾翊群	李顺卿	李继侗
翁文灏	张正平	胡先骕	陈哲航	曾　义
孙云铸	王恭睦	张克忠	乐森璕	何　鲁
朱广才	陈燕山	胡经甫	谢　惠	蔡　翘
李汝祺	韦尔巽	何衍璿	张　云	黄　巽
韩旅尘	张　卓	沈宗瀚	谢玉铭	萨本栋
周　仁	胡刚复	熊庆来	孙光远	曾昭抡
唐　钺	吴有训	杨克念	徐宗涑	董荣清
张奚若	纪育沣	黄人望		

八月二十一日

下午四时在燕大文学馆(丙楼)大讲堂行开幕典礼。出席社员七十余人,到会来宾有北平研究院院长李煜瀛,中央研究院历史研究所所长傅斯年,社员眷属,燕大、清华两校教职员学生及各通信社记者,共一百三十余人。由科学社社长竺可桢主席,行礼如仪。

主席开会词:略谓此次开中国科学社第十四次年会,承燕京大学作东道主,甚感。忆本社于民国三年产生于北美绮色佳城之康乃尔大学,弹指光阴,已十有五载,依中国之算法,本社已有十六岁矣。在此时期之中,社务几经变迁,发展以至今日,社友由发起者十余人,至今已有九百余人,散处国内国外,几徧〔遍〕全球,总会已于民国七年移归国内,九年设立总社所于南京之成贤街。本社以提倡增进国人科学知识与发展科学研究能力为宗旨,编辑《科学》杂志之外,搜集图书。民国十年在南京总社增设生物研究所,请秉农山先生主持所务。此为本社直接提倡研究工作之始。十七年在上海法租界购买亚尔培路房地,为本社上海社所。近又在上海自行设立科学印刷所。社中出版之《科学》杂志,收回自印。此为本社已办事业。将来应办之事尚多,如生物研究所外,尚须多设其他各种科学研究所,对于各种科学研究工作,亦应尽力提倡发展,将来庶可与东西各国在世界科学竞争之中,占一位置。甚望到会诸社友,努力合作,以达到此目的云云。

燕京大学校长吴雷川欢迎词:略谓中国科学社今日在燕京大学开第十四次年会,鄙人得此机会厕身其间,非常荣幸。兹谨代表燕京大学全校,致欢迎之忱。诸君皆为科学专家、当代学者,对于科学事业,皆有远大计划,鄙人无须词赘。然借贵社此次在北平燕京大

学开会之机会,鄙人有两种希望,似不能已于言者:

(一)第一关于北平,自客岁国都南迁,北平百务萧条,故有人提倡将北平改为文化中心,同时亦有希望北平为工业区域。虽有各种计划,尚皆未能实现,政府百务待理,恐无暇及此,莫如社会人士,自行努力,且工业之发展与科学有关,此次科学社在北平开会,正如庄子所谓空谷足音,实可欣幸。此北平市民对于贵社在北平开会,尤表欢迎者也。(二)第二关于燕京大学,燕大约于十年前由汇文、协和大学及协和女校,合并而成,本为基督教会所设,晚近国人对教会学校,似不十分满意,政府取缔,社会歧视,此实同人所感受困难者也。今贵社在本校开会,则可借以引起社会一般人对于本校之好感,本校可谓得附骥尾,并望诸君能借此谅解燕大,时赐指导,并与以精神上之援助,无任荣幸。且本校原系外人投资于文化教育事业,吾人应表欢迎,并加扶持,故吾今日以"北平"与"私立燕京大学"数字,欢迎中国科学社,并希望贵社同人与"北平"及"燕京大学"以援助与鼓励也。

燕京大学学生会代表欢迎词:略谓中国民主困苦已达极点,欲苏民困,端赖科学。西势东渐,中国受外界影响极大,甚望中国能科学化,以便与世界各国文化并进,故中国科学社此次在燕大开会,鄙人代表燕大学生会表示极热烈之欢迎。

李石曾先生讲演词:略谓科学社开会,鄙人得此机会参加,深觉荣幸。惟兄弟近以多病,不能大声说话,尤不能作长篇演说,甚为抱歉。且事前未曾预备,故不能多讲,请仅将以下三点,简单与诸位一谈。(一)理论;(二)方法;(三)最近事实。

忆科学社在美发起之时,鄙人在欧即得通告,甚表同情。当鄙人在欧时,与蔡子民先生及其他同志,亦曾组织世界社,其工作为发展人道主义与研究科学真理,盖因科学与人类进化有密切之关系也。研究科学方法,必须互助与合作,盖科学事业甚为广博,个人之能力精神有限,必须彼此帮助,互相合作,方能收相当之效果。

最近在上海曾与蔡子民、杨杏佛诸先生议及研究科学及他种学术互助合作之方法。望将来对于此事可有具体之方案,俾于中国各种学术之发展,彼此分工合作,以免重复,而得良好结果。

各分社理事报告

(一)辽宁分社孙国封报告:东北各省在民国以前,对于科学几完全无所注意。民初以还,东北科学亦极幼稚,关内之人来东省者,非政客即军人,最近东北大学成立,始竭力提倡科学教育,广集科学人才。现该大学科学各系仪器之设备,已不下三十万金,将来拟再尽力发展,以增加研究工作。东北各省物产丰富,强邻垂涎,国人必须以科学方法,利用藏宝,否则外人必代为发展,故东北人士渴望国内各科学家前来相助,以免利权外溢。

【(二)】上海分社周仁报告:上海分社工作,于总社分社两部,皆有关系。盖上海社所为总干事驻在地,如建筑图书馆、招待国外来华各科学家,皆于总社事务有关。最近自办科学印刷所,亦粗就绪。

【(三)】南京分社王琎报告:南京分社事务大多与总社事务有关。(一)社友精神甚好;(二)生物研究所工作极为发达;(三)图书馆理化、工程书籍均将移沪。南京为新都,北平为旧郡,鄙人深望本社将来除以各省为小中心外,更将南北两都为本社之大中心,务祈诸位社友共同努力。

【(四)】广州分社张云报告:广州分社理事,现皆不在广州。惟有社所,亦复阒寂无人。是以现在无法工作,尚希总社设法鼓励。广州市民日用所需,大多科学化,然皆系泊〔舶〕来品。国人之研究科学者,多数皆在中山大学。植物方面有陈焕镛君积极工作,动物方面前在猺山采集标本,不下五十余万分〔份〕,数学研究会业已成立,校中天文台亦已竣工,化学与物理两系,亦皆有研究所之设立,故广州科学教育之中心,皆在中山大学。前广西科学建设成绩甚佳,如硫酸、酿酒等工厂,皆经成立,惜以政局变迁,现皆停顿矣。

【(五)】北平分社任鸿隽报告:北平本拟请政府划旧交通部一部分,为分社社所,至今尚未能实现。北平因研究科学机关极多,故各社友之工作均极有精彩。此次年会在北平开会,承诸社友远道光临,实为本分社同人无上之荣幸,尤希各社友共同努力,不惟令中国科学化,且更进一步,使科学中国化,则将来吾社对于世界之贡献当尤宏大。

散会时已下午六钟,当即全体摄影,六时半赴燕大茶会,七时赴燕大欢宴,宴毕教务长司徒雷登致欢迎词,大意谓科学无国家及种族之界限,此次科学社在燕大开会,本校深觉荣幸。诸君在此,时间虽短,请尽量利用此间校舍等等,备极欢迎。再校中科学设备不周之处,尚希指示一切。本社社友翁文灏博士致答词,略谓科学本无国家与种族之界限,燕大以司徒博士之引导,于科学教育与研究,皆有相当地位。近代科学本发源于泰西,迄来始流传于东亚,渐立基础,甚望将来由科学之发展,改良人民之生活。此次科学社在燕大开会,承吴校长、司徒教务长及诸位教职员格外厚遇,鄙人代表到会全体会员,十分感谢。

中国科学社第十四次年会摄影
(《科学》第十四卷第三期插图)

八月二十二日

上午八时至十时半开社务会,由竺可桢社长主席。

(一)路敏行代总干事杨允中报告一年来社务进行概况。(有印就报告书。)

(二)会计周仁报告基金保管之情形及本年度之费用。(有油印报告。)

章元善提议,丁绪宝副〔附〕议:"关于社中账目,在京沪附近聘请会计师,为本社查账员,于每年度终了时,由会计编清账目,请会计师查明,年会时再交本会所举之查账员复核。"主席付表决时,到会全体社员赞成通过。会计师可由理事会聘请。

(三)社长请追认聘请宋汉章、吴稚晖为本社董事,全体赞成通过。

(四)编辑部王琎报告《科学》杂志进行情形(另附详细报告),由王琎提议,任鸿隽附议,表决通过"由年会选举委员,办理《科学》杂志及论文专刊"。

（五）选举委员会报告补选理事结果：胡刚复九十一票，杨铨八十三票，竺可桢八十一票，赵元任七十八票，翁文灏七十四票，胡先骕五十三票，当选。

以上各案议毕，已十时一刻，稍事休息，十时半由颜任光博士在燕大物理生物馆大讲堂讲演"近二年来中国无线电业之发展"。大意谓建设委员会所造无线电仪器，非常精美，较外国所造者尤佳，且价格低廉，又极适用，实为中国无线电之大进步。无线电本为军用，将来改为商用，又为更一层之进步，兄弟希望早日达到此种目的，尤盼研究科学之同志，奋起直追，使中国无线电临〔凌〕驾欧美各国之上，开中国科学界之新纪元云。

十二时社员赴欧美同学会北平社友会欢宴，到会者共计男女社员七十余人。下午二时半参观故宫博物院，晚间赴燕大学生会欢迎会，继开交际会，有刘天华君之琵琶，赵元任君之钢琴，及演映新疆考古团所摄活动影片，散会时已过夜午矣。

八月二十三日

上午八时至十二时在燕大文学馆宣读论文，由赵元任博士主席。其所读论文各题及著者如下：

（一）《分析铝铁组金属根的新系统》　　　　　　　　　　　　余泽兰

（二）《酸根分析统系》　　　　　　　　　　　　　　　　　　余泽兰

（三）On the Intensity Distribution between the Compton Lines　吴有训

（四）Emulsion and Surface Tension　　　　　　　　　　　张克忠

（五）Analysis of Some Commercial Samples of Coal Collected in North China

　　　　　　　　　　　　　　　　　　　　　　　　　　　　韦尔巽

（六）《微量燐质定量法之研究》　　　　　　　　　　　　　曾　义

（七）Representation of Polyphase Systems by Multi-dimensional Vectors

　　　　　　　　　　　　　　　　　　　　　　　　　　　　萨本栋

（八）Parametric Osculating Quadrics of a One-Parameter Family of Curves on a Surface　　　　　　　　　　　　　　　　　　　　　孙光远

（九）Systems of Hyperquadrics in Space of Dimensions　　孙光远

下午二时开社务会。

秉志报告生物研究所状况：略云上年植物方面，有教授三人，动物方面四人，书记一人,共计八人。研究结果已印就者十二篇,已付印者二篇,尚未付印者六篇,共二十篇,内中偏重于分类研究居多数。并曾派人赴四川、青岛、烟台、大连及南京本地等处采集标本,现动物标本有六七千件,植物标本共有一万五六千件,仪器购置在植物方面较多,动物方面较少。本年研究人员动植物双方共有十八人,加书记一人,共十九人。其他机关与生物研究所之合作互助者如下:(甲)中央大学,(乙)静生生物研究所,(丙)中央博物馆,(丁)晓庄乡村师范,(戊)无锡民众学院。馆〔所〕中研究生多数出洋,作更深之研究。本馆〔所〕于研究工作之外,犹含有训练人才之意,故研究工作,不仅注重于专门方面,即广博方面,亦极注意。本所创立于民国十一年八月,彼时常年经费仅二百四十元,故只能用一书记,教授不受薪俸,近年来得教育文化基金董事会补助,始得尽力工作。以上所述,为本所工作之大略,将来另有详细报告发表。

路敏行报告图书馆近况。(有油印报告书。)

选举下届司选委员,丁绪宝、章元善、钱天鹤当选。选举查账员,孙光远、章元善当选。关于编辑《科学》杂志政策,通过任鸿隽提出之下列议案:"《科学》杂志内容,应注重通俗方面,每期应有两篇特约文章。"讨论时,赵元任解释"通俗"意义之限制如下:凡中学教员大学学生不觉太浅,而"大同行"读之不觉太专者,谓之"通俗"。

选举王琎为《科学》杂志编辑主任。选举新编辑,下列社员当选:(1)吴有训二十一票;(2)翁文灏十九票;(3)任鸿隽十七票;(4)庄长恭十四票;(5)艾伟十四票;(6)杨铨十三票;(7)钱天鹤十三票;(8)杨克念十三票;(9)萨本栋十三票;(10)蔡堡十三票。

选举科学专刊编辑:秉志、李四光、叶企孙、姜立夫、曾昭抡、竺可桢、赵元任七人当选。

议决十九年年会地点,以青岛大学为正选会址,辽宁东北大学为副选会址,下午五时毕会。

下午五时余,康乃耳大学 Love 博士讲演《农产之改良》。

下午七时社员赴清华大学欢宴,宾主尽欢。席终时已过十时矣。

八月二十四日

上午八时至十一时半在燕大文学馆宣读论文,由翁文灏博士主席。各论文题目及著者姓名如下:

(一) *Sex Determination in Some Common Eastern China Frogs and Toads*

蔡　堡

(二) *A Preliminary Report on Physiological Regeneration in Oats*　李继侗

(三)《玉簪花胚之发育》　李建藩

(四) *Two New Species of Carpinus from Szechuan*　胡先骕

(五) *Three New Species of Ligneous Plants from Kwangsi*　胡先骕

(六)《中国沿海星鱼类之调查》　秉　志、伍献文

(七)《豚鼠大脑皮动作区之测定》　秉　志、张宗汉

(八)《广西、四川之新爬岩鱼类》　方炳文

(九) *Evolution of Rhinoceros in the Late Tertiary Period*　王恭睦

(十)《改良陈列馆之意见》　王恭睦

下午一时，社员赴欧美同学会、中华教育文化基金董事会及洛氏基金会欢宴。下午二时半参观协和医学校、中央研究院之历史研究所及地质调查所。下年六时，在地质调查所之图书馆，报告一年来各种科学之进步。

(一) 天文竺可桢代余青松报告：

  (甲) 天河系中核点之发现

  (乙) 天河系的旋转

  (丙) 最高速率旋螺星云之发现

  (丁) 太阳之新研究

  (戊) 新发明之天文仪器

(二) 气象竺可桢报告关于 Stratosphere[①] 与 Troposphere[②] 两区域最近之研究。

(三) 无机化学张子高报告：

  (甲) 晚近关于原质转变之工作

  (乙) 关于新原质发明之研究

(四) 有机化学曾昭抡报告：

---

① 同温层。
② 对流层。

(甲) Chaulmoogric acid① 之研究与功用

(乙) 鉴定蛋白质份〔分〕子量之方法

(丙) 组合蔗糖 Sucrose 之新法

(五) 地质翁文灏报告地质学思想之改变：

(甲) Permanency of Continents and Oceans

(乙) Migration of Sedimentation

(丙) Predominance of Horizontal Movement

(丁) Low Temperature of Magnetic Phenomena

(六) 动物学秉志报告关于下列四点之进步：

(甲) Exploration and Classification

(乙) Comparative Anatomy, Physiology, and Embryology (Homology and Analogy)

(丙) Philosophical Speculation

(丁) Experimental Studies

研究动物学者，关于以上四点，皆须注意，不可偏重。

(七) 农作物学沈宗瀚报告：

(甲) Artificial Productions of Mutations

(乙) Effect of Environmental Conditions upon Pure Lines

(丙) Heterothalin in Rust

(丁) 金陵大学小麦产量试验(民国十五年至十八年)之结果

散会时已过九钟。

<h2 style="text-align:center">八月二十五日</h2>

上午八时社员竺可桢、赵元任、章元善、王琎、曾义、路敏行、艾伟、钟心煊、何鲁、钱天鹤、胡刚复、周仁、姜立夫、陈燕山、曾昭抡及夫人等三十余人，在欧美同学会齐集，赴西山、颐和园及其他诸名胜游览。正午在甘露旅馆聚餐，畅谈风景之美，讨论花草之奇，颇饶兴

---

① 大风子油酸。

趣。迨返城中时,已万家灯火矣。

晚八时余,诸社员在北海董事会赴年会宴会,到会者,除社友外,尚有来宾多人。宴毕,由竺可桢代表本社致词,致谢各团体招待之殷,继由燕京大学校长吴雷川、清华大学校【长】罗志希相继演讲,最后由葛利普博士讲演,博士首述科学在各国之进步及其在美国数十年之发展,表明当初提倡时极为困难,全赖数个坚毅卓绝之科学家,百折不挠,始有今日。中国之将来科学发展,亦必经此阶级。对于普及科学、科学教育及科学研究三方面,俱当进行。而科学研究,尤属紧要。希望科学社抱此宗旨进行,将来可为 Chinese Association for the Advancement of Science,可与美国之 American Association for the Advancement of Science 及英国之 British Association for the Advancement of Science,可鼎足而成 A. B. C. 焉。博士言词恳挚,听者无不感动,散时已近十一时矣,第十四次年会遂于此闭幕。

15. 第十五届(次)年会(1930年8月,青岛)

《科学》杂志报道《本社第十五次年会记略》[①]

本社第十五次年会记略

本社第十五次年会于八月十二日至十七日在青岛大学举行,到会注册社员五十五人。第一日开幕典礼甚盛,由社董蔡子民先生主席,有来宾市长葛敬恩、教育厅长何思源、中央委员张道藩、青大校长杨振声,及社员陈宗南、任鸿隽、杨杏佛、竺藕舫等演说。会期内宣读论文二十四篇。总干事、会计、图书馆长、生物研究所所长、编辑部主任,各有详细报告。社务会通过议案十七件,其中以切实组织科学教育委员会、科学咨询委员会、改理事会人数为十五人,论文专刊年出四期,援助青岛观象台撤消日本职员等案,为最重要。公开演讲凡二次,蔡子民讲实验的美学,秉农山讲人类天演问题,杨杏佛讲婚姻问题。改选理事五人,由任鸿隽、王琎、周仁、高君珊、钱宝琮当选,改选编辑员:王琎当选编辑主任,赵元任、翁文灏、吴有训、曾昭抡、秉志、任鸿隽、周仁、王崇植、胡先骕、蔡元培、姜立夫、钱崇澍十二人当选编辑。司选委员由吴有训、陈宗南、姜立夫当选。查账员由何德奎、顾季高当选。科学教育委员会由张子高、丁绪宝、王季梁、钱崇澍、姜立夫、周厚枢当选。各团招待宴会者有青岛大学、山东省政府、青岛市政府、胶济铁路局、青岛市港务局、工务局、教育局、社会局、农林事务所、青岛总商会、青岛观象台十一团体。东北海军司令部特派"江利"军舰招待游览崂山,并在华严寺欢宴。年会详细情形,另有年会纪事专刊出版,兹不具述。

《中国科学社第十五次年会记事录》选录[②]

中国科学社第十五次年会记事录

本社第十五次年会,于十九年八月十二日至十六日,在瑰丽雄伟冠绝各埠之青岛举

[①] 《科学》第十四卷第十二期(1930年8月1日出版)第2056页。
[②] 《中国科学社第十五次年会记事录(民国十九年十月刊)》第1-35页,附后之《各部报告》各篇均略。

行。年会职员如下：

年会主席：蔡子民

年会委员会：杨振声(委员长)、蒋丙然(常务委员)、杨孝述(常务委员)、周锺歧〔岐〕、宋春舫、何思源、凌道杨〔扬〕

论文委员会：赵元任(委员长)、王琎、秉志、叶企孙、翁文灏、丁燮林、李四光、杨光弼

会程委员会：任鸿隽(委员长)、竺可桢、翁文灏、周仁、胡刚复

演讲委员会：杨铨(委员长)、陈宗南、孙国封、王琎、胡先骕

招待委员会：林凤歧〔岐〕(委员长)、张名艺、周锺歧〔岐〕、宋春舫、鲁德馨

交际委员会：郑肇经(委员长)、蒋丙然、林凤歧〔岐〕、凌道扬、何尚平

本年年会会场及社员宿舍均在国立青岛大学，黉宇宏厂〔敞〕，风景宜人，并承杨今甫校长招待殷勤，到会社员莫不愉快。年会期内，青埠各机关皆表热烈欢迎，或饫以郇厨，或伴寻幽胜，此尤到会社员所感谢者也。年会逐日会程如下：

八月十二日(星期二)

下午三时　正式开会，主席致开会词，来宾演说，社员演说，摄影

　　七时　青岛大学宴会(在正兴楼)

十三日(星期三)

上午八时　社务会

　十二时　山东省政府欢宴(在青大)

下午二时　游览观海山、青岛市、炮台、第一公园

　　五时　公开讲演

　　七时　青岛市政府宴会(在市长官舍)

十四日(星期四)

上午八时　宣读论文

下午二时　游览四方机厂、四方公园

　　五时　公开讲演

　　七时　胶济铁路局欢宴(在国际俱乐部)

十五日(星期五)

上午八时　宣读论文

下午二时　社务会

　　　四时　港务、工务、社会、教育四局及农林事务所在海滨青岛咖啡茶会

　　　七时　青岛总商会欢宴(在总商会)

十六日(星期六)

上午八时　讨论会

下午二时　参观青岛电话局

　　　四时　青岛观象台茶会

　　　七时　年会宴会(在亚东饭店)

十七日(星期日)

上午七时　在前海栈桥乘海军"江利"兵舰游崂山

十八日(星期一)

上午七时　在青大起身乘汽车参观李村水源地及游崂山

本年会到会社友共计五十五人,如下:

蔡子民	吴有训	丁绪宝	孙云铸	张子高
谢家荣	胡经甫	任鸿隽	李顺卿	汪典存
胡刚复	杨孝述	秉农山	杨津生	韩　安
杨杏佛	赵志衎	蒋丙然	王硕甫	金剑清
周　仁	荣达坊	陈燕山	周厚枢	钱崇澍
陈宗南	竺可桢	姜立夫	傅尔攽	王季梁
叶企孙	严宏准	郑肇经	褚凤章	葛敬应
宋春舫	林凤歧〔岐〕	张名艺	张鸿基	卢平长
张心一	何德奎	许守忠	杨振声	胡适之
丁嗣贤	葛敬恩	张道藩	王崇植	刘鸿生
周钟歧〔岐〕	程其保	何恩源	蔡怡庭	李石曾

年会第一日,八月十二日

下午三时在青大大礼堂举行开幕典礼,出席社员五十余人。到会来宾有青岛市长葛敬恩,山东省政府委员何思源、陈名豫,中央委员张道藩,市党部周申甫、杨兴勤,省党部于恩波,青大校长杨今甫,港务局长郑权伯,工务局长王受培,东北海军司令部姚葵常,总商会黄竹年,《新闻报》记者姜子正,国民社赵庶常,记者联合会萧觉先,胶济铁路委员陆梦熊,中华工程学会高大纲,社会局楼际霄,公安局余晋龢等六十余人。由本社董事蔡子民先生主席,行礼如仪。

主席致词:诸位社员,诸位来宾,今日科学社在青岛开会,我们得到青岛大学及各机关的帮助,才得开成。回想到以前我们最初在美国的时候,社员不过七八个人,现在已经有七八百人了。本着格物致知的精神,一方面研究学理,一方面研究事实。我们科学社的发起,是因为中国科学尚未有丝毫的成功,所以我们为求促进中国科学的进步,才有科学社的成立。

科学社工作进行的方法,第一步就是发行刊物。其中《科学》杂志已发行了十多年,虽他的内容不十分完备,这也是限于种种困难,不过有机会,我们总要努力,使他完美,使他成功。第二,就是养成科学人材,最初在南京社中,创立生物研究所。内中研究员皆是学校中人,一方面担任教授职务,一方面从事研究生物学,后来研究的成绩很好,并且造就出许多生物学的人材。现在有许多好生物学者,多是那时候的学生。现在生物研究所很是发达,我们意思,待社务再进发展,更须多招研究生,训育中国科学人材。第三,设立科学图书馆,本社最初存有许多社员所赠的书,就把他整理起来,在南京设立了一个图书馆,现在上海方面,已经造了一座图书馆,大约在今年九月中间可以落成,并议定他的命名是明复图书馆,是纪念胡明复先生的。第四,是社员论文专刊,本社社员有许多各本心得,作出各项的论文,汇订起来出版。第五,每年开年会一次,除讨论社务宣读论文外,并且邀请名人讲演,对于科学上,得到深切的研究。最初我们设立科学社的目的,就为发展中国科学。起初因为基本金的不充足,所以有许多要办的都没有办到,发展的机会也很少,后来因为社员努力的结果,才有今天这一点的成绩。但是我希望我们科学社的同人,不要以此自满,更希望日后更能有充分的发展。

再就现在科学对于物质文明的贡献来说,青岛在三十年以前,不过一个渔村,经过德日的经营,以致成为商埠要区,有今天这种的繁荣。并且青岛的地价,一天一天的增高,人口渐渐稠密,这没有一件不是科学的帮助和科学的成效。现在当局对于科学事业,非常热心的提倡,我们也非常感激,尤其是能在此地聚会,也是很好的机会。

市长葛敬恩讲演:主席、各位及科学界诸位前辈同志,今日科学社在青岛举行此年会,是非常荣幸,青岛科学前途的发展,是可想而知了。兄弟本是个军人,对于科学上面是个门外汉,方才主席讲演科学社组织经过情形,我想在民国十九年内这样纷乱的时期,仍然有科学界诸位同志来到会研究科学,继续不断的直到如今,这种精神和毅力,是值得大家来赞美的。现在中国有显著的文明进步,这都是科学上的成功。回溯从前在上海从事研究科学的时候,仅仅有几具人体模型,和现在科学物品设备完美的比较起来,真有天渊之隔了。科学上的进步是这样的快,并且在从前我们看小说里面,有飞船和水底潜行的器具,都以为是梦话,是理想,是不可能的。谁知道自从欧战发生以后,潜水艇和飞机都出现了,给我们一个很显著的证明。又如战事上所用的绿气①炮和其他的利器,从前都认为是办不到的,现在也都完全实现了。这以上各项,都是由理想而成为事实的明证也。就是科学上的绝大的进步、绝大的成功。现在中国人对于科学的态度,一部分持惊诧,又一部分以为不可能,如此的模糊过去,倘一旦再有世界的大战争发生,那么现在所认为惊诧和不可能的,将要有更显著的证明。譬如近来有一种传说,谓有种利器可以使人为肉糜等等,我们决不可以再认为这是梦话。倘若再不猛醒,急起直追,仍然如此模糊过去,将来中国的前途,终不得了。今天兄弟侥幸得参加科学社的年会,希望诸位科学前辈,对于科学事业,努力提倡,使中国国民皆有科学的知识,促成中国文明的进步,这是兄弟个人所极盼望的。现在中国情形,各军阀都拿国家的公物,当作私产。如石友三在浦口兵变,就把火车完全扣留,其后虽然向中央表示悔过,现又反复。国家战乱频仍,今天诸位科学社同志到会如此的少,也是因为交通阻碍的种种原故。再谈到青岛市政方面,青岛的社会经济设施,从前德国人在青岛施行土地制度,与先总理的土地政策,是大同小异。自从中国人接收以后,种种贪赃舞弊的行为,百出不穷。所以今天有这机会,希望科学社诸位同志,将社会中间种种弊端,研究出来,能够把他改良,这不但是青岛布〔市〕政的幸福,也是全国政治

---

① 绿气现写作氯气。

的幸福。兄弟本是军人,所说的都是些粗话,希望诸位不吝指教为幸。

省府代表何思源演说词:诸位先生,科学社今日在青岛开会,山东省府早知道有在青举行的机会,并且打算邀请诸位在山东各处游览,因为山东的古迹遍于各地,但是现在因为地方政变问题,也就不能履行了。我们看中国内部,这种纷乱的情形,常常想到中华民族必须有一个有生机的发展,以解决自己的民族和世界上的民族,求世界人类共同的进步。现在省府所属望于诸位的,就是请诸位能够发展中国的文化,使他进到国际平等的地位。省府现因政局关系,对于诸位没有尽一点意思,这是很抱愧的。希望中国政局不久能够平定。在中国科学社下次年会的时候,山东省府一定要履行他所想的一点意思,今天只好向诸位道歉。

市党部代表张道藩演说词:诸位同志,今天科学社在此地开第十五次年会,在以前的十四次,兄弟都没有机会参加,今天能够与会,真是不胜荣幸。本党总理孙先生就是一个科学家,他一生本着科学的精神、大无畏的精神,来建设革命的事业。鄙人既为党员,所以前来参加,并且贡献一点意见。科学是促进文明的要素,现在我国没有一点能及得欧美各国,使人不胜惭愧。科学史促进文明的种子,不过若用科学做战斗的工具,来扰乱世界的和平,这是研究科学者所不取的,科学输入中国,已有几十年了,进步很慢,很难使人满意。不过今天能有科学社在此地开会,将来中国科学的发展,大有希望。我科学社的诸位同志,对于现在中国的科学,决不能认为满足,而现在民众对于科学,也是不能满足。我国人民方面,知识程度太低,固然不知道帮助科学的发展,然而政府及党部,究竟是否辅助科学的发展?在从前军阀时代,他们只知道为个人打算,怎样可以升官发财,其余的都是非所问非所知。现在国民党已获有政权,此后很可以帮助科学界的发展。回想民国以来,常有提倡科学的机会,不是因为政变,就是因为财政匮乏,都把机会错过。现在国民政府已设立中央研究院,希望此后中国的科学,能够尽量的发展了。从前兄弟有一同学,留学法国。他的学问很好,对于功课非常用功,学校教授对于他的感情也很好,都格外的用心帮助他,所以他的学业进步是非常之快。在毕业之后,成绩列在最优等,他很想回中国找一相当职业,来发展所学,并且希望政府能帮助他继续研究。但是到底没有这种机会,他只好流落在外国。中国现在对于很好的留学生,不能给与相当的帮助和机会,这是政治上最大的缺点。又有几个同学,是发明家,要造成几种制造药水的机器。他们很希望政府当局,给他们一点帮助,使他们所发明的能够供用到社会。然而政府对于此事毫无办法,没有丝毫的意思。后来他只得同外国公司订合同出售,只给他三千元,等到机器造成,专利权都归公司所有。后来有一同学知道,就出来阻止,而该研究机器之同学,后来非常穷苦。中国现状不良,对于种种事业,都不能有发展的机会,但是我们希望诸位仍本着十五年奋斗的精神,向前努力进步,并且希望国民政府能够不久建设巩固。那时政府同党部都可以尽力来帮助科学社的发展,尤其是希望科学社同志,不要因为前此的阻滞而灰心,仍当本着进取的精神,以图发展于无穷。

胶济路局委员长萨福均演说词:兄弟今天代表胶济路委员会来说几句话。现在各处战乱,时局不定。然而我们今天仍然能在这风景宜人、气候适中的青岛来举行这个盛会,在天时、人事、精神上都得着快感。现在中央军事,这几天已有很显著的开展。国家完全平定以后,种种建设方面,均须要科学的帮助。现在拿铁路的材料来讲,皆须赴外国购置,现在因为金价的高涨,都是非常之贵,而铁路又亟需备用,中国自己又没有代替的材料,所以只好向他们购买,结果吃亏很大。如果国内平定以后,中国科学社在中国科学界,一定占极重要的位置,那么发展起来,使样样都可以自己发明,用自己本国货物,可以无须购买外货,利权不致外溢,国家的富强可期。所以要求中国的进步,非仰仗科学不可。

青大校长杨振声演说词:兄弟以代表学校资格来说几句话。我们对于诸位,实在是十二分的欢迎,但是学校方面因为限于经济的关系,种种设备,都非常简陋,款待不周到,这是应当道歉的。我们对于这一次欢迎科学社来青岛开年会的理由,约分几点如下:第一,中国人民居住在德国经营后的青岛,环顾我国人民种种不良习惯和行为,相形之下,非常惭愧。希望在科学社诸位来此之后,给他们一种刺激。

第二,就学校发〔方〕面来说,青岛大学是私青和山东六中合并成功的。大学初设未久,内部种种都欠完备,希望诸位能加以指导。姑就大学内部的设备约略来说一说,现在大学分文学、法学、理学、农学、工学、商学等系。兄弟报告青岛大学现状的意思,就是希望科学社诸位加以指教。山东古迹遍全省,将来科学社如有考古之举,大学方面极愿帮助。

刘鸿生演说词:鄙人得以参加本会,非常的荣幸。不过主席命令演讲,事前没有准备,姑就本人事业,作几句简单的报告。本人做煤业,做到第六年,人家问起我开了多少B.t.u.,我当时莫名其妙。后来问起友人,始知B.t.u.①为煤之热量单位的专门名词,说起来真是非常惭愧。从此之后,我才知道科学的重要。如以煤的价值来说,必须要用科学的方法来研究。如果科学上认为这煤是有价值的,那么他的用途一定很广。如果科学上认为这煤是没有价值的,那么简直是没有用处。后来更知道煤对于科学的重要。我们不要说中国的科学是如何的进步,就拿现在的商人来讲,能知B.t.u.的已经很多,这不是科学进步的明显证据么?不但是煤对于科学上占非常重要位置,即如洋灰、拼花搪磁②种种,在科学上都有密接〔切〕关系。所以商人不知道用科学的方法来经营商业,不会有显著的成功,而科学家如果不能辅助实业的振兴,那么他所研究的也可以说是没有用处。希望科学社的诸位社员,能与实业界有密接〔切〕的关系,并希望实业界能受科学社的指导,使实业能够有充分的发展,这是鄙人小小的一点希望。

北平社友任鸿隽演说词:本来年会到会社员,应该格外的多,而今年比较的虽少,然国内广东各处社员,均能远道按期赴会,在这时局不定的时候,可以说是很难得的。方才主席及各位对于本社经过及社会的希望,均已讲过。兄弟在各位之后,还要补充几句,就是科学的源起。在中古时代,科学非常变动,三百年前,欧洲政治、科学等都很幼稚。即东亚的日本,亦自明治维新以后,始有显著的进步。就拿我国胶州湾的青岛来说,三十年前仅为一渔村,假若没有科学的发明,就是德国有威廉第二③的雄心,也不能到中国来建设这样伟大的事业。中国自接受西方文化以来,已经有七八十年之久。自前清咸丰年间,即派遣留学生出洋考察,不过中国科学进步,非常之慢,所以仍然是很幼稚。中国人对于科学,看错了一点,所以所学的都是人家的皮毛。要知道科学非从根本上入手不可,应当明了科学的天然奥妙,以成就科学的知识,来应用到事实方面,自然会有很大成效。现在仅学到一点皮毛,这有什么用处呢?譬如我们在外国看到一朵很好看的花,我们把他摘下带到中国后,那朵花已经萎谢了,若把他的根本一齐带来,就可营养生长起来。所以对于科学也应当求他的根本,把他的根本带回国之后,才可以有发〔繁〕荣长大的希望。希望科学社同人,以后能分播科学种

---

① B.t.u. (British Thermal Unit),英国热量单位,表示能使一磅水的温度增加华氏一度所需要的热量,等于一度电力。
② 搪磁现写作搪瓷。
③ 威廉第二即德国末代皇帝威廉二世。

子于各地，使国民具有科学的知识，以促进中国科学的进步。更希望本社将来开会，在任何地点，就能灌输科学知识，给那地方的人，并望政府能给予种种便利和帮助。

至此以天色已晚，全体至礼堂前草地上摄影，摄影毕即至户外继续演讲。

中国科学社第十五次年会摄影
(《科学》第十四卷第十二期插图)

广州社友陈宗南演说词：广州社友会久已乏人负责，去年十二月准理事会函请张云、何衍璿、朱仲翔、陈宗南四社友为重组广州社友会委员，并请陈宗南召集开会，自是以后，旧社友从新登记得十九人，新入社社友十二人，先后开会凡三次，关于征收社费、调查社址及征求新社员各案，业经决定，并于第三次会议时推举陈宗南任理事长，张云任书记，黄炳芳任会计，黄巽任编辑。但社址问题尚未确定，径请伍伯良、许崇清两社友调查旧址，并请金曾证、许崇清、伍伯良三社友另觅新址，均在进行中，此为广州社友会改组后之大概情形也。广州社友会之从事于科学上研究者，甚为努力，大抵是以国立中山大学为中心。中山大学理科设有化学工业研究所、心理学研究所、天文台。生物系有猺山采集队。地质系与两广地质调查所连络，本年暑期曾组织川边考察团。地理系有滇边考察团，其研究及调查结果，俱在理科自然科学季刊发表。医科有五研究所，即生理、解剖、细菌、病理及药物学。农科设有农林植物研究所、第一农场、第二农场(在石牌，约有地八千亩)、广东第一模范林场、南路稻作试验场及南路蚕业试验场等。现因战事影响，经费支绌，故于研究上不无妨碍，吾等惟有希望战事早日结束，以得从事于科学上的建设。

上海社友杨杏佛演说：谓科学家应具和尚修道的精神和军人不怕死的精神来从事研究科学，我国第一个留学生就是唐僧，他往西天去取经，遇着了不少天魔鬼怪、冶容女子，有的想害他，有的想使他堕落，但是他一心一念只要往西天去取经，什么引诱都不能动其心,什么危难都不能寒其胆,到底西天的经给他取回了。我们研究科学,要讨西洋人的关子,非要像唐僧那样的诚心毅力,不能到手的。我们知道青岛是个神仙地,因为他有崂山道士。他们吸风饮露,跋涉山川,到处为佛殿募缘。我们研究科学,也要像崂山道士一样方能把研究的场所,设备周详,内容充实,以供我们的工作,这是一种修道的精神。几年来国内战争不已,一班军人,奋勇直前,一个死去,一个又来。他们不怕死的精神,实在是可敬。但是他们的不怕死,把科学家的建设不断的摧残了,然而科学家决不可因此而灰心。他们破坏得快,科学家确〔却〕要想方法建设得快,他们不怕死一个去一个来,科学家也要前仆后继,给他们看看科学家的勇气和牺牲,以引起他们的觉悟和同情心。这样的奋斗,方才可使国家和平,科学有进步。

社长竺藕舫致谢辞:今天是科学社第十五次年会,承诸位来宾的光临和指教,感激得很。科学社从民国三年成立到本年已足足十六岁了,讲到成绩还是很少,但对于科学的推广和研究,自信还能尽力的去做。科学社的目的有两个,一是灌输科学智识,二是提倡科学研究。关于第一项社中所办的事业,有《科学》杂志和各处的科学演讲。关于第二项的事业,有南京的生物研究所和上海的明复图书馆。从光绪戊戌到近来,三十年间从科学方面看起来,可以说中国是在翻译时代,从格知书院制造局时代以到如今,这也是科学进化必经的路程。近年来各大都会电气事业的发达和工厂的增加,不能不归功于灌输科学智识的能效。但科学是国际的,不是欧美所专有的,十九世纪初叶的时候,德国的垓爱德说道:"若要科学能在德国发达,科学必须说德国话。"到如今德国语差不多变了科学界公认的通用语了。所以我们要发达科学,单靠翻译,专从灌输科学智识着手,是不够的,中国若是要在科学上有所建白,必须从研究入手,这就是创设科学社的第二个目标。近几年来,研究机关如中央研究院、地质调查所、北平研究院和各大学各工厂所设研究机关,一天多似一天,这是一个极好的现象,不久希望科学也能说中国话了。今年在青岛开会,蒙青岛大学、市政府、省政府的厚意的招待,鄙人敬〔谨〕代表科学社竭诚的感谢。

七时全体赴正兴楼青岛大学宴会,宾主尽欢。

第二日,八月十三日

上午八时在青大图书馆三楼开第一次社务会,由社长竺可桢主席。

（一）主席报告：略谓一年来本社图书馆及生物研究所设备，均有增加，科学杂志资料较往年为多，科学印刷所出品颇佳，以上均各有报告，无庸由本人详述。据最近消息，美国分社业已重行成立，实为可喜之事。审查科学名词，原为本社事业之一，惟自科学名词审查会事业由教育部接办后，毫无进行，是当要求教育部重行开会。又科学演讲近年少有举行，亦应继续办理。

（二）总干事杨孝述报告一年来社务进行状况。（详见本刊各部报告。）

（三）杨孝述提议：本社自本年起设置科学咨询处，备答复各界对于科学上之疑难问题，数月以来，尚见效用，惟组织简单，不能尽量服务。兹特提议推举各科专家，组织科学咨询委员会，以期负责之人较多而便于征求答案案。

全体赞成，通过委员人选及人数，交理事会酌定办理。

（四）杨孝述提议：研究并改进中等学校科学教育应为本社重大任务之一，本社组织系统表中，向列科学教育委员会一项，应请大会推定委员，从事计划进行案。

议决通过并推定张子高、丁绪宝、王季梁、钱崇澍、姜立夫、周星北六人为科学教育委员会委员，张子高为委员长，拟定计划，负责进行，于必要时得在各地指定社员，组织分委员会，协助进行。

（五）会计周仁报告本年度收支账目。（有油印报告，详见本刊各部报告。）

（六）议决致谢本社基金保管委员蔡子民、宋汉章、徐新六三先生。

（七）杨孝述代图书馆主任路敏行报告图书馆进行情形。（有油印报告详见本刊各部报告。）

（八）生物研究所秘书钱崇澍报告一年来研究所进行状况。（有铅印报告，详见本刊各部报告。）

（九）编辑部主任王琎报告编辑部一年工作情形。（详见本刊各部报告。）

（十）讨论改良《科学》杂志及年会论文出版事宜。

议决：(1) 年会论文视收到先后，分期发刊，以每年出版四次为原则。

(2)《科学》杂志论文不必多，以通俗、新颖、合时为原则，并尽量扩充"科学新闻"一栏。

(3) 添聘专任编辑一人，辅佐编辑主任，负责处理编辑事宜。

（十一）南京社员倪尚达、熊正理、张江树提议，请编辑部将《科学》杂志中各稿件之译名，于付印之先，就本已经审定者为标准，加以修正，俾科学名词易统一案。

议决交编辑部郑重办理。

（十二）司选委员会委员丁绪宝报告本届选举，开票结果如下：

任鸿隽　一百五十六票

胡刚复　一百五十二票

周　仁　一百四十三票

王　琎　一百三十三票

钱宝琮　六十六票

高君珊　六十二票

汪懋祖　五十四票

庄　俊　五十票

顾季高　三十六票

孙光远　三十三票

应以任鸿隽、胡刚复、周仁、王琎、钱宝琮五人当选。

胡刚复声明本人现任理事，系于去年举出，理事任期二年，本年度重举，应作无效。

主席询补救办法，讨论无结果，交第二次社务会续议。

十二时散会。

十二时半全体社员赴山东省政府宴会。

下午二时社员二十余人，乘坐汽车，游览观海山、炮台、第一公园等名胜，承农林事务所赠送该所出品水蜜桃五大篮，味美汁富，询〔洵〕属贵品，社员莫不饱尝之，于五时回校。

下午五时蔡子民先生在青大大礼堂公开演讲《实验的美学》，听讲者三百余人。其大意为审美之研究，近代亦趋向于用科学方法，作实验之研究。欧西各国中，尤以德国为最。盖物体之美，有形式上之关系，如长短部位比例等，有颜色配合之关系，如各色之是否调和等，皆可用测验方法审定之。又美感与心理关系，尤为密切，世界大文学家、美术家，每有特别心理现象，极可供研究云云。

下午七时全体社员赴葛市长宴会，宾主尽欢，九时半始散。

第三日，八月十四日

上午八时，在青大图书馆三楼宣读论文，由王琎主席，各论文题目及著者姓名如下：

1.	吴有训	《单原子气体所散射 X-线之强度》
2.	吴有训	《清华大学新设备之 X-线仪器》
3.	陆学善	《醛之雷曼效应》
4.	施汝为	《气化铬及其六水化物之磁性系数》
5.	王淦昌、龚祖同	《大气放射性与北平天气之关系》
6.	陈可忠	《烟基二烷酮盐类酸根之检查法》
7.	陈可忠、施嘉钟	《烟基二烷酮溴盐之酸根检查法》
8.	赖士尊	《山苍子油之初步研究》
9.	孙镕	Projective Differential Geometry of Line Complexes
10.	孙镕	Contribution to Geometry of N Dimension
11.	高均	《配合论中之旁支》
12.	张鸿基	Transformation of Linear Partial Differential Equations
13.	倪尚达、王佐清	《百分调幅之分析》
14.	竺可桢	《近九十年北平之气候》
15.	钱崇澍、汪振儒	《南京玄武湖植物之观察》
16.	王友逢	《氢电子价对于果子氯化媒之影响》
17.	蔡翘	《割去副甲形腺及注射副甲形腺精对于胃收缩之影响》
18.	蔡翘、徐丰彦	《离体小肠在正常及挛痉血液之收缩》
19.	徐丰彦、蔡翘	《割去副甲形腺及注射副甲形腺精及草酸对于肌钙之影响》
20.	曾义	《温度与生物之关系》
21.	谢家荣	《中国煤炭的显微镜下研究》
22.	孙云铸	《动物的地质史》
23.	张心一	《全国农作物种收之时期》
		《中国农产预测之试验》
24.	金树章	《白菌的细胞研究》

除其中有大部分论文以原著者未到,未曾宣读外,其余于十二时半宣读完毕,并定明日社务会移至上午八时开会。

下午二时社员二十余人,参观胶济路四方机厂并游览四方公园。下午五时秉农山、杨杏佛在青大操场举行露天公开演讲,听讲者五百余人。

秉农山讲题为《人类天演之问题》,兹纪其撮要如下:人类天演,其现象颇繁复。兹所讲者,约分三问题:(一)人体原始。此问题已经解决。最初由父母之雄雌精细胞,交媾成为一混合之细胞。此细胞继续分裂,由一而二,而四,而八,以至于不可计数。当胚胎发达,有所谓"重演"现象者,即人之胚胎,将所有较下动物之胚胎形象大约重复一次,最后成为人体之形象。(二)化中人位。此问题已解决十之八九。人类与各种猿类相近,然其体之构造及其脑部之发达,实非猿类所能及。最下等之原人,发见〔现〕于爪哇。中国北方发见〔现〕者,似稍进化。英国之辟尔当原人仍高。其余尚有较高者。人类究来自一源或多源,尚须俟证据搜集较多,方能定也。(三)生存竞争。此问题尚未解决,人类仍未能脱离最初蛮野之现象。在一群中,则爱其同种,爱其所有之风俗习惯,而于不同群者则必仇视。故侵掠残害,直至今日,犹未能免。必俟人类演进,达于最高文化之程度,始有解决此问题之希望也。

杨杏佛之讲题为《婚姻问题》。首述婚姻之原理,次及中外现行婚姻制度之缺点与其原因,并介绍最近各国研究婚姻者所主张之补救方法,杂以诙谐沉痛之词,合座为之动容。演讲毕已七时半矣,全体社员遂赴胶济铁路局宴会。

第四日,八月十五日

上午八时在青大图书馆三楼开第二次社务会,由社长竺可桢主席。

(一)继续讨论理事选举问题。原司选委员丁绪宝主张,照本社章程,理事会以理事十人、总干事一人组织之,但自十七年起,理事会共有十二人,已属错误。今年新选理事五人,其胡刚复一名,任期未满,误入被选。今如将胡刚复选举票作废,则连旧理事适合十一人之数,并可纠正以前之错误。

杨杏佛谓理事会连总干事系十一人抑或十二人,十七年苏州年会似曾讨论过,应调查记录,方可决定。惟无论如何,本年司选委员提出五人之数,业经全体社员总投票,决不能推翻,应另定补救办法。

丁嗣贤提议本年选举错误,应重行选举,否决。张子高提议改选胡刚复一票,否决。

杨孝述提议取消胡刚复选举票,以次多数高君珊候补,大多数通过。

任鸿隽提议推定委员三人,调查苏州年会记录,以证明章程是否符合,并须在三个月内将调查结果,通告司选委员会。大多数通过,并由主席指定杨孝述、钱崇澍、路敏行三人为调查苏州年会记录委员。

(二)周仁提议本社社员,人数日增,社务亦日形发展,理事会人数应自十一人增至十五人,总干事在内,按照修改章程之手续,提交下次年会取决。大多数通过。

(三)丁嗣贤提议本社理事任期终止年份,应在《科学》上印明。大多数通过。

(四)投票选举十九年度司选委员会委员。

吴有训、陈宗南、姜立夫三人当选。

(五)叶企孙提议司选委员会在提出候选人之时,应将关于选举理事之章程印出分发。多数通过。

(六)公推十九年度查账员二人。

顾季高、何德奎当选。

(七)选举十九年度《科学》杂志编辑。

1. 议决先举编辑部主任。

一致推举王琎担任。

2. 议决投票选举编辑十二人。

赵元任、翁文灏、吴有训、曾昭抡、秉志、任鸿隽、周仁、王崇植、胡先骕、蔡元培、姜立夫、钱崇澍十二人当选。

(八)主席报告收到东北大学及辽宁分社请函,请本社明年第十六次年会在辽宁东北大学举行,并谓向例每年决定两个年会地点,以供理事会酌定。

杨杏佛谓十八、十九两年年会地点,均在北方,明年可在南方,又上海及南京社所颇有新建设,可供各地社员参观,故提议明年年会地点定在辽宁与上海二处。大多数通过。

(九)议决致谢青岛招待年会各团体及年会筹备委员会。一致通过。

(十)孙学悟提议本社应增加研究菌学案。

议决交生物研究所参考。

（十一）任鸿隽代社员庞敦敏提议,拟将其制造痘苗之微生物仪器移赠本社,但本社须继续办理其事业。

议决因经费关系,现尚不能接办其事业。

（十二）社员韩安提案二件（有油印提案书）：

1. 科学社似须提倡通俗科学教育以增进一般民众之科学知识案。
2. 科学社似须加重注意实用科学以谋解决中国种种紧要问题案。

讨论意见后议决交理事会办理。

十二时半散会。

下午四时全体社员赴青岛市港务、工务、社会、教育四局及农林事务所茶话会,由港务局长郑权伯代表致欢迎词,社员蔡子民、杨杏佛、任鸿隽、张道藩均有演说,均表示青岛系完全建筑于科学基础之上,现在青岛市长及各局长所长均是科学家,必能使青岛益形发展,至六时宾主尽欢而散。并承港务局赠送本社图书馆《胶澳志》二部、五彩胶澳图二巨幅、青市港工照片一册,工务局赠送青市工程照片一册,弥足珍贵。下午七时全体社员赴青岛总商会宴会。

第五日,八月十六日

下午二时社员十余人赴青岛电话局参观,茶点毕,由该局局长、工程师引导参观自动电话机室及发电室,说明一切,历二小时始出。

下午四时赴青岛观象台参观,已先有社员十余人在台,杨杏佛君并在彼对台员演讲。杨君演讲毕,由蒋丙然台长及各职员导往仪器、测候、天文、地震、无线电等各部,设备周详,秩序井然。参观后进以茶点,由蒋台长致欢迎毕,继以报告该台接收经过,谓自华盛顿会议决定日本交还该台于中国,即由本人办理接收事宜,惟当时有一条件,规定须俟日人训练华职员后,方能交还,及训练完毕,各部均由华人负责办理,日人又借辞中国未加入世界地磁力协会,该项测定须由日本职员办理,且凡有报告于日本人方面联络者,亦须由日本职员传递。其处心积虑,无非想把持该台,以达其侵略之目的。本人虽迭向教育部外交部请求交涉,而至今有日本职员盘据〔踞〕台上,悬案未能解决,特请本社同人予以援助。

杨杏佛起立谓此事非政治问题,乃求我国科学独立之问题。本社以学术为立足点,故对于此事,应以年会到会同人名义,对外宣言,促政府及社会之注意,以达到撤除日本职员、解决悬案之目的,并提议立即改为临时社务会讨论此事。全体赞成,公推杨允中主席。

  议决:(1) 以年会到会同人列名,发表对于解决青岛观象台日本职员悬案之宣言,向政府呼吁,并促国内各学术团体注意,一致援助。

    (2) 公推蒋丙然、竺可桢、杨杏佛三君为该项宣言起草员,三君商定后,即行发表。

下午七时全体社员赴年会宴会,男女来宾到葛市长及夫人,省政府及胶济路各委员与夫人,市政府各局长,东北海军司令部李处长及其他各团体代表五十余人。餐毕由蔡子民先生主席,代表本社致谢青岛各团体招待年会之盛意。次葛市长演说谓:科学社同人以如此盛暑之时,不远千里而来此相距战线不满百里之青岛开会,以联络情谊,讨论学术。前闻杨杏佛先生谓须具和尚与军人之精神,今观诸君确有此精神,不胜敬佩。次青大校长杨振声演说文学与科学之关系。次由来宾唐家珍、朱传霖二君唱京戏,谢宅山君唱四川道情,合座大鼓掌。次李石曾先生演说北平研究院与世界学社之宗旨,谓前者在求学术之独立,后者在求学术互助。独立与互助不可分离,最后论及婚姻问题,主张以妻与子女为家之本,国家应设法扶助女子经济独立,而后婚姻问题可得一解决云。最后请杨杏佛演说,杨君以年会见闻,朗诵七言打油诗一首,谓可作为年会报告,诙谐百出,合座捧腹。散席时已钟十下矣,十五次年会于是正式闭幕。

【第六日,】八月十七日

本日由东北海军沈司令①派遣"江利"军舰招待全体社友游览崂山名胜,于上午七时自栈桥出发,午刻抵华严寺上陆。司令部已先期派人在寺设席欢宴。饭后下山,沿海军新筑之路步行三十余里,直达下清宫。一路山水雄伟,风景宜人。途中经过二三村落,均陈列台凳,煮茗以待,借资稍憩,盖亦由司令部预为布置,招待周至如此,同人感谢不尽。自下清宫登原船返,抵埠时已万家灯火矣。

---

  ① 沈司令指沈鸿烈(1882—1969),字成章,湖北天门人,时任东北海军总司令部副总司令(总司令为张学良)。

16. 第十六届(次)年会(1931年8月,镇江)

《社友》报报道《第十六次年会纪略》[①]

第十六次年会纪略

本社第十六次年会于八月二十二日至二十六日在镇江举行。实到社员七十二人,大都下榻焦山,宿舍幽僻,远隔尘嚣。面临大江,山林环拱,风景绝佳。社务会论文会亦均在此举行,精神甚为贯注,列席人数之多,为历届年会所仅见。又承江苏省政府预为布置,车楫往来,起居饮食,颇为便适。在镇社友亦复招待周致。是以社员莫不有宾至如归之感。年会详细纪事及演讲词,将另刊专册,兹仅纪其大略如次。

八月二十二日下午三时在教厅举行开幕典礼,同时并有小规模之科学成绩展览会,到社员来宾一百五十余人,由蔡子民先生主席。略述本社之过去,水灾与科学之关系,并致道谢省政府招待之意。次苏省政府代表民政厅胡朴安厅长致欢迎词。再次由镇汪〔江〕社员邹树文、南京社员竺藕舫、沈阳社员丁绪宝、广州社员陈宗南、杭州社员钱宝琮、苏州社员汪典存、上海社员王季梁相继演说。摄影散会。晚间省政府公宴于品芳[②],以全省水灾,故不具宴会形式。

八月二十三日上午开社务会。王季梁君主席,有本社各部报告。对于《科学》编辑略有讨论。新理事选举开票,以翁文灏、秉志、杨铨、胡刚复、赵元任五君当选。并通过一重要议案,即自民国二十一年起,理事会理事名额自十一人增至十五人。下午游览金山。并请美国洛夫教授在教厅礼堂公开演讲,题为《科学对于农业之重要》。晚间农矿、建设、教育三厅在教厅大草地上举行匹克尼克[③],佐以电影。省府叶主席[④]、吴稚晖、杨杏佛二先生

[①] 《社友》第十四号(1931年9月15日发行)第1-2页。
[②] 品芳是当时镇江比较著名的西餐馆。
[③] 匹克尼克即英语"野餐"(picnic)的音译。
[④] 省府叶主席指叶楚伧(1867—1946),原名宗源,字卓书,笔名楚伧,江苏吴县周庄(今属昆山)人,时任江苏省政府主席。

及俞庆棠女士均有极简短之诙谐演说。

八月二十四日上午宣读论文,竺藕舫君主席。宣读者有纪育沣、秉志、蔡堡、胡泽四君共论文六篇。本年送到论文三十四篇,十八【篇】均依论文委员会之办法,作有提要,由本社先期分类编印,分送到会各社员,实为创例。下午游览北固山并参观四摆渡合众蚕桑改良会之育种场。该场设备完美为全国冠,且适值制种最重要时期,故一切工作得浏览无遗。晚间镇江商会公宴,由王季梁君代表年会答词致谢。

八月二十五日上午开第二次社务会。王季梁君主席。选出何尚平、陈宗南、钱天鹤三君为下届司选委员,顾翼〔翊〕群、何德全二君为下届查账员,王季梁君为编辑部主任。通过编辑十二人,由年会选八人,编辑部主任就其所在地推荐其余四人于理事会聘任之一案。选举结果以翁文灏、秉志、蔡元培、竺可桢、曾昭抡、胡先骕、周仁、胡刚复八君当选为下届《科学》编辑。又通过明年年会地点,定为武昌、西安、沈阳三处,供理事会参考定之。下午开第二次论文会。秉农山君主席、宣读者有罗河、王金吾、丁绪宝、汤震龙四君共论文五篇。五时在镇江公园演讲厅公开演讲,罗家伦君讲《史学新义》,竺藕舫君讲《七月份长江下游雨量特多之原因》。晚间假座镇江商会举行年会宴会。王季梁君主席。有孙揆伯、胡健春、茅唐臣、曹梁厦诸君演说,佐以京曲、昆曲等余兴。

八月二十六日镇江社友二十人全日招待到会社员游览镇江名胜鹤林、竹林、招隐三处,中午并在鹤林设素席公宴,尽一日之乐。第十六次年会自〔至〕此告终。

《科学》杂志报道《中国科学社第十六次年会纪略》[①]

中国科学社第十六次年会纪略

本社第十六次年会于八月二十二日至二十六日在镇江举行,实到社员七十二人,大都下榻焦山,社务会、论文会亦均在此举行,兹纪略如次:

八月二十二日下午在教育厅举行开幕典礼,同时并有小规模之科学成绩展览会,到社员来宾一百五十余人,由蔡子民先生主席,略述本社之过去、水灾与科学之关系,并致谢省

---

① 《科学》第十五卷第十一期(1931年11月1日出版)第1896-1898页。

政府之招待。次有邹树文、竺藕舫、丁绪宝、陈宗南、钱宝琮、汪典存、王季梁诸君相继演说,摄影散会。

中国科学社第十六次年会摄影
(《科学》第十五卷第十一期插图)

八月二十三日上午开社务会,王季梁君主席,有本社各部报告,对于《科学》编辑有所讨论。下午请美国洛夫教授在教厅礼堂公开演讲,题为《科学对于农业之重要》。

八月二十四日上午宣读论文,竺藕舫君主席。宣读者及文题如次:

秉志：*Zoological Notes on the Lower Yangtse Valley*

秉志：*The Latency in Producing Effect on Limbs by Electric Stimulation on the Cerebral Cortex of the Guinea Pig*

蔡堡：《蛙类性腺之分化、互变及与脑下腺之关系》

纪育沣：*The Molecular Rearrangement of 2-Ethyl-Mercapto-4-Methyl-6-Thiocyanpyrimidine into its Isocyanate Modification*

纪育沣：*The Preparation of Iodophenols through Mercury Derivatives*

胡泽：《四川银耳之研究》

下午参观合众蚕商改良会之育种场。

八月二十五日上午开第二次社务会,王季梁君主席。选出王季梁君为编辑部主任。通过编辑十二人由年会选八人,编辑部主任就其所在地推其余四人于理事会聘任之。选举结果以翁文灏、秉志、蔡元培、竺可桢、曾昭抡、胡先骕、胡刚复八君当选为下届《科学》编辑。

下午开第二次论文会,秉农山君主席。宣读者及文题列次:

丁绪宝：《在旋转地球上上射物体之偏距》

《牛肉条虫之少效西药及有效中药之经验谈》

黄金吾:《鸡脚洋棉之发见〔现〕》

罗河:《桥梁第二应力之最小工作原理分析法》

其余论文因著者未到未能宣读者如次:

庄长恭、马集铭:*A Preliminary Report on the Chemical Constituents of the Chinese Drug Yuan-Shen*(玄参)

庄长恭、田遇霖:*A Preliminary Report on the Chemical Examination of the Chinese Drug Lang-Tu*(狼毒)

庄长恭、张维屏、沈海峰:*A Preliminary Report on the Chemical Constituents of the Chinese Drug Tse-Hsien*(泽泻)

罗宗洛:*Studies on the Absorption of Ammonia and Nitrate by the Root of Zea Mays-Seedlings, in Relation to the Concentration and the Actual Acidity of Culture Solution*

余泽兰:《哈斯螟之研究》

余泽兰、陆志安:《氢氯离子对于高锰酸钾标准溶液之影响》

曾昭抡、朱汝华:*Tastes of Some Derivatives of d-Glutamic Acid*

曾昭抡、朱汝华:*Optimum Conditions for Preparing d-Glutamic Acid Hydrochloride form Wheat Flour Gluten*

张仪尊、曾昭抡:*The Reaction between Isonitrosoacetophenone and Phenylmagnesium Bromide*

曾昭抡、张仪尊:*The Reaction of Polyhalogen Compounds on Magnesium in Ether Solution*

王葆仁、曾昭抡:*An Improved Procedure for the Preparation of Nitromethane by Kolbe's Synthesis*

王葆仁:*Ammoniacal fuchsin solution as a Reagent for Aldehydes*

王葆仁:*The Reaction between Nitro-Compounds and Grignard Reagents*

黄友逢:*Death Temperature of Spore bearing Bacteria*

蔡方荫:*Mohr's Stress Diagrams and their Applications*

李之常:《中国东南部造山运动》

周培源: Diamagnetism of Free Electrons in Metals

萨本栋: Application of Space Vectors to the Solution of Three Phase Electric Networks

吴有训: Scattering of X-Rays by Monatomic Gases

吴有训: On the Intensity of Total Scattering of X-Rays by Polyatomic Gasese

吴有训: Temperature and Diffuse Scattering of X-Rays from Crystals

龚祖同: A Modified Form of Discharge Tube and Lichtenberg Figures

严济慈:《氢的连续光带》

陶延桥:《国内植物鞣革材料之考查》

倪尚达、王佐清:《测量调幅百分数之又一法》

晋运春:《利用木炭瓦斯运转自动车之新法》

李寅恭:《森林与水利》

五时在公园演说厅公开演讲。罗家伦君讲《史学新义》。竺藕舫君讲《七月份长江下游雨量特多之原因》。

八月二十六日镇江社友二十人全日招待到会社员游览名胜,第十六次年会于此告终。

《中国科学社第十六次年会记事录》选录[①]

中国科学社第十六次年会纪事录

本社第十六次年会,于二十年八月二十二日至二十六日,在江苏之新省会镇江举行。年会职员如下:

年会委员会:吴敬恒(委员长)、杨孝述(书记)、邓福培(常务委员)、茅以升(常务委员)、孙鸿哲、陈和铣、柳诒徵、俞庆棠、周厚枢

论文委员会:翁文灏(委员长)、秉志、王琎、何衍璿、何育杰、竺可桢、鲍国宝

[①] 《中国科学社第十六次年会记事录(民国二十年十月刊)》第1—25页,附后之《总干事报告》《会计报告》《生物研究所报告》《图书馆报告》《编辑部报告》等篇均略。

会程委员会：周仁(委员长)、胡刚复、任鸿隽、钱宝琮、路敏行

演讲委员会：王琎(委员长)、杨铨、汪懋祖、朱文鑫、茅以升

招待委员会：陆费执(委员长)、邓传、方颐朴、陈体仁、裴益祥、葛敬中、周厚枢

交际委员会：俞庆棠(委员长)、叶家俊、卢孝侯、管际安、邓福培

本年会赴会社员均下榻焦山。宿舍幽僻，远隔尘嚣。面临大江，山林环拱。风景绝佳。又承江苏省政府预为布置，车楫往来颇为便利。在镇社友亦复招待周致，是以社员莫不有宾至如归之感。年会逐日会程如下：

二十一日(星期五)

下午二时　开始注册(省庐)

八月二十二日(星期六)

下午三时　正式开会，社长致开会词，来宾演说(教育厅大礼堂)

　　　七时　省政府公宴(城内省府路品芳)

二十三日(星期日)

上午九时　社务会(焦山枕江阁)

下午二时　游览金山

　　　五时　公开讲演(教厅礼堂)

　　　六时　农矿厅、建设厅、教育厅会食公宴(在教育厅草地)，电影

二十四日(星期一)

上午九时　宣读论文(枕江阁)

　　十二时　午餐(焦山)

下午二时　游北固山参观蚕桑改良会

　　　七时　镇江商会欢宴

二十五日(星期二)

上午九时　社务会(枕江阁)

下午二时　宣读论文(枕江阁)

　　　五时　公开演讲(镇江公园)

　　　七时　年会宴会(商会)

二十六日(星期三)

上午九时　出发游览鹤林

　十二时　镇江社员公宴

下午四时　游览竹林招隐

　六时　返镇江

本年会到会社友共计七十三人,如下：何尚平、汪懋祖、吴敬恒、蔡元培、姜立夫、熊迪之、黎国昌、陈和铣、孙鸿哲、柳诒徵、邹树文、顾燮光、杨孝述、赵药农、曾义、胡泽、葛绥成、陆费执、黄人望、管际安、邓福培、王维克、路敏行、王琎、陈端、方颐朴、项志达、罗河、钱宝琮、王金吾、朱物华、许应期、竺可桢、傅焕光、刘梦锡、胡博渊、邓传、丁绪宝、钱昌祚、陈宗南、叶家俊、张天才、张巨伯、周仁、朱其清、罗家伦、顾世楫、吴承洛、陈燕山、赵学海、赵连芳、钱天鹤、彭谦、张泽尧、汤震龙、曹梁厦、阮志明、褚一飞、秉志、杨铨、徐韦曼、蔡堡、郑厚怀、胡敦复、纪育沣、魏元光、张一志、朱觉卿、胡刚复、朱文鑫、茅以升、俞庆棠、周厚枢。

年会第一日,八月二十二日

下午三时在镇江江苏教育厅大礼堂举行开幕典礼。出席社员六十余人。到会来宾有江苏省政府秘书长金体乾,民政厅长胡朴安,农矿厅长何玉书,教育厅长陈和铣,建设厅长孙鸿哲,镇江中学校长任中敏,南通中学校长张海澄,商会会长胡健春,新闻记者龚夔、石尹百等五十余人。由本社董事蔡子民先生主席,行礼如仪。

主席致辞：本社于十六年前成立于美国。民国七年办事机构迁回中国,以江苏为文化发达之区,即设于江苏之南京。近数年来社务日渐发展,办事机构扩展至上海,仍在江苏省内,是以本社之与江苏有亲切之关系。本社宗旨在求科学之普及,故每年年会在全国各地方更番举行。镇江为江苏之新省会,风景秀丽,建设方兴,本年在此举行,非常愉快。又承省政府招待殷殷,更觉可感。本社工作区为二部,一为自办之事业,一为各处社友所办之事业。自办事业已有南京之生物研究所。该所工作十余年来未尝或间,进步甚速。近来更添建新馆,设备更周。除每年将研究结果,著为论文,公诸世界外,造就研究人才亦复不少,其影响及于全国。其次上海方面科学图书馆,建筑美备,收集科学图书亦甚广,为纪念本社发起人胡明复先生故名明复图书馆。至于社外事业,国内名大学教授及中华教育文化基金会所设之讲座,大半均为本社社员。本社努力于科学研究贡献于社会者甚多,故科学社渐渐为社会所认识。科学社之宗旨在发展科学普及科学。吾国无科学实不足以立国。如以现在水灾而论,吾人觉得从前之人预备不足,其故由于科学不发达。既成水灾之后,又无法以救济之。所以吾国人对于科学亟宜推广而利用之。

江苏民政厅长胡朴安致词:世界进步,可以说是科学进步。没有科学,不能利用一切。最初人类虽能利用物质,但全凭经验,进步甚缓。中国有很好的思想,而事业落后,其故由于科学不发达,不能成系统之故。总理遗教根据科学,故能确定巩固。现在水灾为目前最感痛苦之事,然而铸此大错者亦惟缺乏科学智识之故。近来因开坝不开坝问题,多所争执。其争执原因,亦不外科学智识幼稚之故。科学之重要于此可见矣。今天科学社在此开会,使社会对于科学注意,是很有价值的事云云。

镇江社友邹树文演辞:略谓镇江社友人数只有二十人,尚未有社友会之组织,因此无相当之联络,并无事实足为大会报告。此次承诸社友莅临,招待殊未能周,同人等深引以为歉。二十六日在镇社友拟请到会社友全体赴鹤林寺小宴,届时拟成立镇江社友会,务望莅临,以襄盛举云云。

南京社友竺可桢报告:南京社友约计一百余人,然皆以职务所羁,未能朝夕聚首,因之事业亦未有若何讨论而谋发展。在去一年中,曾因招待地质学会会员之便,社员曾全体聚集一次。至于建筑,自图书馆迁至上海后,生物研究所同时起造新屋一半,其他一半须视需要与经济而增添。该所现已竣工启用。旧图书馆房屋现为社友宿舍。近来洪水泛滥,南京社所亦蒙其灾,将来须设法预防。南京社友本年到会不多,水患亦其大原因也。

沈阳社友会丁绪宝报告:先述因人事变迁,未能招待社友赴沈阳开会,且声明抱歉。次述沈阳社友,本届未能赴会,大都以时间迫促之故。沈阳社友现在已增至四十余人,其中四分之一为永久社员。曾在沈集会数次,出席者每次必二十余人。近来开会略少。又沈阳社员来自外省者居多云。

广州社友会陈宗南报告:去年青岛开会,广州社友只弟一人到会。今年在镇举行又复如此。路途遥远,实为一大原因。近因政变停薪,经济不裕,是亦未能到会之又一因也。吾国人祸连绵,未有解决,近更益以天灾。凡吾科学家自当谋所以解决之方,然而战争不息,解决未有方,而新祸更迭相继起,为可叹耳。广州分社成立后亦无大进步,社所尚未觅定,近拟请两广地质研究所图书馆借其一部为分社社所,倘能成功则社所问题可以解决。

杭州社友会钱宝琮报告:去年自庆祝十五周年纪念通知后,即召集杭州社员,成立杭州社友会。杭州社员,对于本社之进行与提倡,皆未果实行。其故由于人数太少。研究科学者在杭州人才颇多,惟大多数对于科学社之宗旨尚未十分明了。望希本社论文,博征刊印,胥一般人对于本社有彻底之了解,并望论文须有专集云云。

苏州社友会汪典存报告:苏州有社员二十二人,去年成立分会。惟常在苏州者只十余人,而常聚首者更少,余者散处各地。理科教本类用西文,然因文字之难明而实效返〔反〕失。编订介绍,科学社自当引以为职。仪器用品希科学社亦当设法,创立制造公司以应须〔需〕求。更当确定理化室设备标准以为各中学校倡。

上海社友会王季梁报告:上海社友因散布甚广,不易常常召集,然社友之间颇有相当之连〔联〕络。社友于本年元旦乘举行图书馆开幕时聚集一次。现在本社上海方面有总办事处、图书馆、编辑部及印刷所。自明复图书馆成立后,办事处集中于图书馆,而老屋专供社友宿舍云。

演讲毕即在礼堂前摄影一帧。建设厅新制道路模型,尚待运沪展览,各社员便道赴建厅参观。七时许群赴品芳,应省政府公宴,宾主尽欢而散。九时半渡江宿山。

此次年会中,以论文委员会之建议,举行小规模之科学成绩展览会。会场即设于教厅礼堂内,沿东西二壁而陈列。有本社及中央研究院、中央大学医学院、广州中山大学理学院与天文台、北平地质调查所及两广地质调查所等一年来之论文单行本、工作写真及设备写真等二百余件。自开幕日起连续展览二日,参观者甚多。

年会第二日,八月二十三日

上午九时在焦山枕江阁开第一次社务会,出席社员四十四人。由王季梁主席,杨允中纪〔记〕录。由主席报告开会程序并宣读社友丁文江、翁文灏、赵元任、胡适、任鸿隽自北平来电:"……本届年会,未能参加,甚歉,敬祝成功。"

总干事杨孝述报告一年来社务状况(见后各部报告)。

会计周仁报告十九年度收支账目(有油印本)及经济状况,该项账目曾经查账员顾翊群、何德奎二君于八月十九日负责查账。稍有讨论。秉志提议接受报告,钱天鹤附议,全体通过。

生物研究所所长秉志报告该所进行状况(有铅印本)。

图书馆主任路敏行报告(有油印本)。

专任编辑路敏行代表科学编辑部报告(有油印本)。对于科学编辑方面,稍有讨论。

丁绪宝谓适闻非社员投稿者较社员为多,不妨请非社员投稿者入社。

邹树文提出三项意见:(一)《科学》之外再出《通俗科学》一种;(二)将《科学》文稿分类出版,每一期为某某专号;(三)由编辑部选定文题,分请专人著作。

丁绪宝谓每期出专号或有困难之处,可将每年十二期《科学》内文章重行分类,各出汇编。竺可桢谓一年内分类范围太狭,不若于历年《科学》内选出性质相同之文章编为单行本。又谓去年年会曾讨论《科学》杂志之外,再办周刊。鄙意可发行一种如 Nature 及 Science Progress 性质之周刊,多载新书介绍与书评,及接近社会之论文如本年水灾原因之类。因时间不多,停止讨论。

陈宗南代表司选委员会报告新理事选举之结果:共收到选举票一百七十二张,开票结果:翁文灏得一百二十一权,秉志一百十九权,杨铨一百十九权,胡刚复一百十五权,赵元任九十六权,以上五人当选为民国二十年至二十二年理事。次多数叶企孙四十六权,钱崇澍四十四权,张子高四十一权。

杨孝述提出去年年会通过增加本社理事会理事名额自十一人至十五人,总干事在内,提交本年年会取决一案,业经理事会依据社章第七十四条"本章修改草案,须由理事会于投票取决前二个月通告各会员"于六月二十日在《社友》第十一号首页通告在案,特代表理事会提出取决。

杨铨等附议理事会名额增至十五人,以四十二权通过。

武昌社员汤震龙君报告武汉水灾情形,并代表武昌中华大学邀请明年年会往武昌开会。中午十二时散会。

下午二时渡江直赴金山游览。游毕,群至教厅礼堂听洛夫博士公开演讲。洛夫博士为美国康南尔大学农学教授,主持计划美国各处农事试验场垂数十年,近应实业部之聘来游吾国。本社特约博士来镇作公开演讲,讲题为《科学对于农业之重要》,由社员陈燕山君口译。是日听讲者除社员而外百余人。由社长王季梁主席,致介绍辞。博士演讲辞详载

《科学》,兹掇其大要如次:

略谓从前研究农业分为二途。其一以为农业之发展由于自然,不借科学。其一以为人口增加,需求更亟。若不借科学以谋农业之加速发展,实无以应需要,因此谋国者亦改为两派。一则任其自然,国家不予以若何补助。一则求其速进,国家尽量为之补助。

次述美国农业发展之历史。美国发展农业之方,端赖教育,造就专门人才。同时广设农事试验场,作实地试验。在创设之初教育亦甚幼稚,试验亦甚浅近。待后人才辈出,研练益精。政府对于农业亦加重视,国会亦通过条例以为之倡,于是农业进步斐然可观。向之拘守自然发展之见者,至此亦一释成见,同声附和矣。

美国农业之发展有至可注意之一点,则采集外国良好种籽是也。每年政府派遣专家,往各国收集优秀种籽以代国内弱种,其结果生产增加。近来中国各省水灾,有人提议采集美国麦种移植中国,吾决其必然失败,甚为危险。不若预储中国长江一带之良麦为种类,而以美麦为食粮,因土壤性质气候宜否均未经试验也。

对于中国农业需改良者甚多,选种为第一要务,种籽良好生产必增。其次为驱除病害。驱除之法有二:一用药治之,一用能抵抗之种籽以敌病害。病害能除,生产亦必增加不少也。

发展农业需要有改进计划、相当人才及充裕经济。中国诚能在位者毅然提倡于前,在野者亦复努力从事于后,则必能不持外贷而衣食充裕。改进计划当以培植人才为先,是宜设立专校、研究所,选拔优秀者派遣出洋,以谋精研。中央政府尤宜设立农业研究所,包罗一切农业行政及一切有关系之学科,并由该所定全国农业之方针,与全国农业场所合作,收效必宏。然研究有果,必需年月,经济保障尤为要图云云。

演讲毕已六时半,农矿厅、建设厅、教育厅,即在教厅草地上公宴赴会社员。省府主席叶楚伧及吴稚晖、杨杏佛二先生,俞庆棠女士,均有极简短之诙谐演说。宴毕佐以电影始尽欢而返。

年会第三日,八月二十四日(星期一)

上午九时在枕江阁宣读论文,到四十余人,由竺可桢主席。宣布每文宣读时间限于十五分钟,另加讨论五分钟。本年论文共计三十四篇,除宣读之十一篇外,皆有提要,汇编排

印成小册,先期分发到会各社员(各篇提要全文附于本书之后)。是日宣读之文如下:

1. 纪育沣、陈运煌:The Molecular Rearrangement of 2-Ethylmercapto-4-Methyl-6-Thiocyanpyrimidine into its Isocyanate Modification

2. 纪育沣:The Preparation of Iodophenols through Mercury Derivatives

3. 秉志:Zoological Notes on the Lower Yangtse Valley

4. 秉志:The Latency in Producing Effect on Limbs by Electric Stimulation on the Cerebral Cortex of the Guinea Pig

5. 蔡堡:《蛙类性腺之分化(sex differentiation)、互变(sex reversion)及与脑下腺之关系》

6. 胡泽:《四川银耳之研究》

每篇宣读后均有深切之讨论,尤以对于蔡堡君一文中动物雌雄可用人力互变一问题引起极浓之兴趣。读毕,已十二时半。其他各论文待下次开会时宣读。

午后二时渡江,便道往北固山游甘露寺诸胜。过江后驱车至四摆渡参观合众蚕桑改良会制种场,由该会总技师何尚平及葛敬中二社友等详为指导。时适制造蚕种最重要时期,一切工作皆在进行。社员等适逢其会,得参观浸酸育蚕冷库等一切最新设备及方法,经两小时之久。葛君笑脸迎客,招待殷殷,饷客以各种汽水。复由何君解释各种工作理由,头头是道,诸社员无不满意,至六时始道谢而出。京沪铁路镇江工程处项志达社友特备摇车二辆,往返接各社友返城。

下午七时镇江商会在该会大厅欢宴,到七十余人。主席陆小波,常委胡健春、于小川、周子庚殷勤招待。席间陆小波举杯属客,表示欢迎,略谓:镇江原属商埠,徒以近年农工不振,历年灾歉,缺乏科学整理,以致商业一落千丈,希望诸君以科学的精神,多多赐教,谨以杯水祝诸君健康。次由社长王季梁起言:我们到镇江来开会,可谓五官并用。眼睛所见的,是方兴未艾的市政及美丽的名山大川。耳所闻的,各位东道主人的勉励本社同人的名言。口所忙的,一方要讲所要讲的话,一方要问所要问的话,一方又要忙各界所赐给我们吃的盛馔。另外还有一官要用的,就是两条腿,登山探幽,虽劳不倦。我们开会,觉得无甚供〔贡〕献,而反觉镇江各界供给我们的,非常之多。谨借主人一杯甜水,转祝主人康健。继由邹树文报告今明日大会日程。次由《新江苏报》记者包明叔起言:镇江新闻记者向来无多工作,可以坐在家里做新闻记者,自从首都南迁省会移镇,时有盛大的集会在镇举行,于是镇江新闻记者地位也同时提高。但是每逢集会,我们记者觉得五官亦复要并用,眼睛要看诸位的丰采,耳朵要听诸位的伟论,那一张嘴有时还要向诸位寻根问底。此外还要四肢合作,两条腿更加不要说东跟西随,忙得不亦乐乎。得到了新闻材料之后,又要用两只手,把它写出来。虽然有时遇着宴会,亦得叨陪来座,但是此种五官四肢并用的工作,亦觉苦得了不得。鄙人闻诸君口头都说镇江无一样不好,但我代表诸君心中说一句老实话,就是不无总有山川形势柳市的轮廓,其质地都不错,但究嫌太没有科学化的感想。那末我们要望诸君开会之后,以数日之所见所闻,认为不满意的老实不客气写一点意见,交给我们报纸发表,指导我们镇江人,使得有所改革,作为本届年会的一个纪念。此外对于诸位还有三个希望:一,望诸君先要使政府科学化。因政教不统一,各事不能分功〔工〕,不能合作,社会状态、农工商事业,皆无轨道可循。诸君虽有科学论文,亦无地为诸君试验。二,望诸君要把中国文字科学化。中国近年"文艺的白话""白话的文言",一闹个不休。文言已将打倒,白话不能成章。诸位的论文发表,无所适从,弄到中国人科学论文,还是要借重西文,大都人仍是不懂,这是何等的可惜。三,望诸君要把中国语言科学化。中国语言南北迥殊,集会场中广东话北平人不懂,上海话四川人不懂。演讲起来,使我们新闻记者倾耳静听,纪〔记〕录时也觉十分吃力。至于个人寒暄,只可意会不可言传,有时反以西文为普话之代表,尤觉可惜云云。继由社员俞庆棠女士起谓:希望"商业""科学""教育"合作,以谋中国之进步,商业不科学,营业不能进步,教育不科学,效力不能发现云云。九时散席,各社员渡江返焦山,惟行至半途,狂风骤雨,顷刻而至,舵工以危险殊甚,立即回头返江边。于是社员相率招觅饭店,是夜遂不过江。

年会第四日,八月二十五日

上午九时在焦山枕江阁开第二次社务会,出席社员三十八人,由王季梁主席,杨允中纪录。

(一)选举司选委员三人:由何尚平、陈宗南、钱天鹤当选。

(二)选举查账员二人:由顾翊群、何德奎当选。

(三)选举编辑部主任一人:由王琎当选。

(四)选举《科学》编辑十二人。

杨孝述提议：《科学》编辑部编辑向例由大会选举，但以散处各方，联络非易，开会讨论，更无论矣。兹特提议编辑十二人中，由年会选举八人，由编辑部主任就其所在地之社员中推荐其余四人于理事会聘任之。阮志明附议。

大多数通过。

选举结果：翁文灏　　二十八票　　秉　志　　二十五票

　　　　　竺可桢　　二十二票　　曾昭抡　　十九票

　　　　　胡先骕　　十七票　　　周　仁　　十五票

　　　　　胡刚复　　十四票　　　蔡元培　　十三票

以上八人当选为二十年度编辑。

次多数姜立夫、吴有训　各十二票　　邹树文　　十一票

（五）通过明年（第十七次）年会地点定为武昌、西安、沈阳三处，供理事会参考定之。

（六）议决专函道谢江苏省政府及其他招待年会机关团体。

中午十二时散会。

下午二时在枕江阁开第二次宣读论文会，秉志主席。宣读者下列五篇：

一、罗河：《桥梁第二应力之最小工作原理分析法》

二、王金吾：《中国新发现之鸡脚洋棉》

三、丁绪宝：《在旋转地球上升历定高及升历降历同高时之向西偏距》

四、丁绪宝：《治牛肉条虫之中药验方与多数无大效之西药方之经验谈》

五、汤震龙：《武昌市政计画〔划〕》

各有讨论，四时散会，即乘轮过江。

下午五时至镇江公园演讲厅公开演讲，到社员及市民三百余人，杨孝述主席。首由罗家伦讲《史学新义》，次竺可桢讲《七月份长江下游雨量特多之原因》，兹将二讲之大意述于下：

一、《史学新义》略谓：

宇宙间各行星、动物、人类、国家皆有历史。史书是记载人事，就是人类过去活动，值得记载的记载。史学是研究如何能得到此项正确适当的记载的科学。史学大体分为两部分，一部分是对于史事的解释，一部分是研究史事的方法，二者是相辅相成不可分离的。

兹分述如下：

解释史事，是一种哲学。史学家必须有哲学的眼光，因为选择事实，必须有标准。若是隐而不言，则见解更易错误，而且这种错误足以影响人群社会发展的途径。以前的错误在以一元论的态度，就是以一种标准、一付眼光，去解释一切。兹就解释史学者，列举而论述之。（一）黑格尔，彼以宇宙一切事物，皆可由正负两方，比较冲突之结果，而后产生第三者之新事实，但人事有时绝不能由正负两方面即产生新的事实也。（二）马克思的经济史观，以经济条件的满足，为人类一切生活的基本。不知经济虽系人生重要条件之一，但决非惟一条件。没有面包吃的时候，固然想吃面包，但是有了面包吃的时候，还要做诗谈恋爱。历史上许多事实，不是一个经济史观可以解释得通的。（三）圣奥格斯汀的宗教史观，是一种目的论，也不足以解释一切的事实，更不足以解释近代的事实。（四）卡莱尔的伟人论，虽然持之有故，但是牛顿、爱因斯坦何以不产生于非洲。（五）白格尔的环境论，也是有道理的，但是人类力量的伟大，就在打破最近的环境而造成较远大的环境。（六）达尔文的进化论。人类进化，当然要承认，但有时变则有之，进化则未也。（七）达德的模仿说。（八）曲特尔的本能说。皆有一部分理由，未足据一说即可解决史学也。（九）惟心论，其弊适与马克斯〔思〕相反，同一不能根据。（十）为循环论，一治一乱，人生一切终久〔究〕在这圈子内。不进不退，更无此理。以上十种观念，皆病在据一点而抹煞〔杀〕其他一切。盖宇宙是多元的，人生也是多元的，譬如一处风景，可以有多少照片，但是决不能以一种照片认为全景。

解释既定，观念即明。进一步谈如何研究的方法，亦觉有数缺陷。（一）先存定见，来求事理。尤之先制空书架，然后去购书，充实书架，而不先充实书籍，然后再去分类。（二）是研究一件特殊事件的性质而不寻求产生这件特殊事件的客观条件。（三）是过求综合，而不求分析的。（四）是专讲事而不讲变，问何以是这样的事实，不问何以这样的过程，因此使人误会，以为历史科学和自然科学，在性质上根本不同。有人说史学不是科学，但地质是不是科学，它有历史。生物是不是科学，它亦有进化史。万物尤如此，人的史学，焉能说他不科学。

认真实的时间和真实的空间，相合而构成事。历来分过去、现在、未来三时期，是强制的分法。过去是实在的，谁也不能改变的。将来是还没有的。现在是把未来实现为过去的过程,所以现在最当注意。我们对于过去要有真确的了解,则在现在不断过程中,方才不至错误。

二、《七月份长江下游雨量特多之原因》略谓:

长江下游,今年七月,何以雨量独多,我要在讲这个问题之前,先要说明雨之成因。(一)为地面蒸气上升遇冷下降。(二)空中冷热气交流而成雨。前者就一地上升之空气为雨,雨量不大,且不长久。后者空中交流之冷热空气,两方差度愈大,则成雨量愈大。如两边不断的交流,则所下的雨不但大,而且长久。今年七月长江下游,因西南来了极热的暖气流,同时东北上又来了极寒的冷气流,而适相遇于镇江南京之间,所以下了极大的雨量。

冷热两气流既因风向而定其趋向,同时且因风之大小而定其快慢。今年七月长江下游竟有七个风暴,以雨势既大且久,集中焦点,既在京镇之交,故遇雨亦较早,所以镇江南京于初四、五及二十四、二十五雨最大,而汉口均较迟两三日方见雨也。据往年纪〔记〕录,光绪十三年雨量过于今年,而宣统三年之雨量,则不及今年。前后三次大水,皆为特别之现象。而第一次在西历一八八七年,第二次在一九〇九年,第三次在一九三一年,适巧每隔二十二年遇大雨一次。而日中黑子作用亦适合此时期,是否有关系虽不可确定,但吾人于今后的水防,固不可不引以为戒也。

六时半散会。

下午七时假座镇江商会大厅,举行年会宴会,到社员、来宾八十余人。席将终,主席王季梁起立致词,略谓此次年会承省政府及其他各机关团体殷勤招待且多加指教,同人特于今晚略备粗肴,以答盛谊,且希各来宾再予同人以临别赠言,以资自勉。次孙揆伯厅长演说,谓中国一般民众,太无科学知识,希望本社予以提倡通俗科学,以增民智云云。次商会代表胡健春演说。

胡谓:人说科学救国、科学万能。中国既穷且弱,其尤有望科学之救亡无疑。吾人受日人侵略,每遇一次国耻,必有〔有〕一次抵货。但是实际方面,中国已无货可抵,故在未抵之前,大家争先购货,日商故意垄断居奇,提高货价,于是日本可得一批大宗收入。待至五分钟热度过去,则抵货取销,而一般商人因久不进货,又源源猛进。日人在抵货期间,早已将取销后之货制造完好,以待中国之需要。所以每一次抵货,日本不但无大损失,且其大工厂，反可以零聚趸卖也。故中国人今日第一要去其虚荣心，不以中国土货为劣，然后始能谈抵货。但美观精致，为人类所同好。其如何改良国货，非赖科学帮助不可。希望诸君努力奋斗，以科学救国。

次镇江社友茅唐臣演说。茅谓：鄙人此次因水灾赴高邮、淮阴防灾，未能在镇招待。今日因海塘问题回镇，而得与诸社员欢聚一堂，欣幸之余，不觉有无穷感慨。盖运河防水之提〔堤〕，高不足两丈。淮水、沂水无处归海，两河下游，皆假道运河水入归江。乃一遇大水，入江不足宣泄，势必谋东导归海。但归海又无轨道，势必借下河五县之良田民屋为过道，逮水势汪洋，然后始可入海。如此无人道不科学之治水，不图在中国今日尚存在。当其境者，见水势浩大，不开坝则堤决为祸更烈；开坝，等于人工的决堤。言之实深痛心。望诸君以后努力于科学的实际工作，以救国救民云。

次曹梁厦代表本社致谢各机关团体招待年会之意，第十六次年会于是正式闭幕。是晚有唱京曲及昆曲者各四人，均由交际委员会俞庆棠女士等事先约定来会者，故一次演说必闻一次音乐，甚为热闹。至九时方宾主尽欢而散。是夜复大风雨，轮渡不能启锭〔碇〕，社员均宿江边各旅店。

年会第五日，八月二十六日

上午九时，全体社员乘坐大汽车出发，游览镇江名胜鹤林、竹林、招隐。镇江社友十九人设素席欢宴于鹤林寺，中午入座，肴馔精美可口别有风味。一时音乐声、猜拳、诙谐谈笑声，相继而起。是日天雨乍霁郊游畅怀，乐乃无吃。席终由杨孝述代表外埠到会社员致谢词，殿以《新江苏报》记者摄影而散。下午二时许，复前进至竹林而招隐。一路山林秀丽，赏心悦目，方知镇江之胜景，尚不仅在焦、金、北固间也。返江边时已鸣钟六下矣。

此次年会日程中，原定有游览扬州之一日，只以水阻作罢。

17. 第十七届(次)年会(1932年8月,西安)

《社友》报报道《第十七次年会记略》①

第十七次年会记略

本社第十七次年会于本月十三日在西安民政厅训政楼举行开幕典礼。十四日上午八时仍在训政楼开社务会议,由社长王季梁主席。出席者有李俨、路敏行、李协、寿天章、杨鹤庆、沈良骅、陈燕山、周仁、徐乃仁、葛绥成、余谦六等三十余人。首由路敏行代表总干事报告:(一)本年度通过新社员入社者计有四十六人。(二)本年度新出版物除《科学》及《社友》外有四十六种。(三)销售《科学》计二千七百七十五份,其他书籍一千四百余册。②(五)高女士奖金本年度收到论文五篇,但无及格者故未给奖。考古学奖金未定。(六)募集爱迭生纪念奖金因适值水灾外祸时期,仅募到一千七百余元。给奖办法定于本年十月发表。(七)科学图书仪器公司日渐发展,新屋可于九月底落成,并于本年起刊行教科书。(八)本年科学咨询处为各界解决问题十六件。次由路敏行代表生物研究所报告。本年研究之结果,著成论文计有二十八篇。与国外交换之机关已增至五百余处。文化基金之补助费年四万元,以一万元为购图书之用。次由会计周子竞报告经济状况及本年度账目,交大会通过。该账目已由会计师顾翊群、何德奎审查无误。遂由李协提议接受。李俨附议,遂通过。次由常任编辑路敏行报告《科学》之著述,社员投稿不如往年之踊跃,希望各社员多投稿件,尤以心得之著述为佳。次图书馆主任路敏行报告,略谓金价暴涨,书价尤贵。希望社员同谋开源之法,庶几能多置书籍,以供社员之用。末由李协提议,杂志分类宜以各国文字为标准,并通告社员捐输册籍,以宏收藏。报告毕,揭晓本年度选举理事之结果。当选者为任鸿隽、秉志、竺可桢、丁文江、王琎、周仁、胡庶华、孙洪芬、李协、胡先骕。次选举司选委员由葛绥成、徐乃仁、李乐知当选。查账员何德奎、顾翊群当

---

① 《社友》第念三号(1932年8月30日发行)第1—2页。
② 原文漏印报告第四点。

选。编辑员李协、李俨、竺可桢、葛绥成、沈良骅、赵修鸿、萧纯锦、杨叔吉等当选。王琎当选为总编辑。次讨论明年开会地点，假定福州、成都、开封三处中择一。议毕散会已十一时。下午二时，社员朱其清在民众教育馆公开演讲无线电发明之历史及其效用，并佐以实验。是日听讲者五百余人。朱君携有机械，表演无线电之原理，并以通俗之演辞说明奥义，听者无不满意。晚由西安各厅邀请宴会，五时许社员群赴西北饭店，宾主尽欢，席散已八时余。

十五日上午七时宣读论文，仍在训政楼举行。由社长王琎主席。是日宣读论文计有九篇：（一）李俨，《中国算学史大意》。（二）胡博渊，《我国最重要的几个科学问题》，如木料、药料、油料、燃料、植物、纸料、食品、瓷器及旧有建筑方法。① （四）陶延桥，《不受潮之火柴》，又《国内植物鞣革材料之考查》。（五）李国桢，《陕西种植脱字〔籽〕棉的结果》。（六）倪尚达，《百分调幅之分析》。（七）周厚福，《含淡〔氮〕环状有机化合物诱导体之研究》。（八）周厚福，《拉曼效应有机化学应用》。（九）纪育沣，《蛋白质含淡〔氮〕诱导体之预备》。读毕已十时半，遂赴西北饭店应陇海铁路局公宴。下午一时余赴南郊参观杜公祠、小雁塔等，五时在西北饭店举行年会宴会，并请西安各界来宾。到者计有省主席杨虎城、建设厅长赵友琴等四十余人。济济一堂，觥筹交错，莫不尽欢而散。

十六日上午访碑林，游街市。下午在钟楼演讲。四时许谒董仲舒墓，赴东岳庙参观画壁。

十七日上午五时出发，赴泾阳参观泾惠渠工程，翌日始归，途次谒周陵，返训政楼。十九日束装赴骊山华清池洗澡，复东行宿华山。二十【日】抵潼关。下午三时始各出关分途。大会于焉闭幕。

此次在西安开会，备受欢迎，颇能引起一般人对于科学之兴味。愿意加入本社者有十余人。

《科学》杂志报道《中国科学社第十七次年会纪事》②

中国科学社第十七次年会纪事

本社第十七次年会于廿一年八月十三日至廿日在陕西西安举行，年会职员如下：年会名誉会长杨虎城，年会委员长李协，秘书寿天章，委员李百龄、李俨、杨孝述、许心武、李赋

---

① 原文漏印论文第三篇："（三）陶延桥，《国内植物鞣革材料之考查》"。
② 《科学》第十六卷第十一期（1932年11月1日出版）第1683－1688页。

京;论文委员会委员长竺可桢,委员翁文灏、陈宗南、钟心煊、王琎;会程委员会委员长周仁,委员胡刚复、沈百先、秉志、路敏行;演讲委员会委员长杨铨,委员王琎、汪懋祖、任鸿隽、许心武。

本年赴会社员均下榻于民政厅内训政楼,民厅为唐中书省,训政楼为本年之新建筑,屋宇巍峨,房舍宽敞,承建设厅预为布置,会场宿舍莫不处置适宜,饮食尤为注意,是以虽当虎疫①盛行之时,而诸社友仍得安心集会。兹将年会情形撮要纪〔记〕录如次:

本年年会到会社友共二十一人如下:

王琎、周仁、路敏行、凌鸿勋、胡庶华、胡博渊、陈燕山、葛绥成、孙云铸、冯景兰、余谦六、顾鼎梅、朱其清、李永振、徐南骖、沈良骅、孙延中、杨鹤庆、李俨、李协、寿天章。

年会之第一日

八月十三日　下午二时在西安民政厅训政楼大礼堂举行开幕典礼。出席者社员二十余人,到会来宾有省主席杨虎城,暨各厅长、新闻记者及西北实业考察团等六十余人,由年会委员会委员长李协主席,行礼如仪。

主席致辞,略谓:在这二十世纪民族生存争斗的过程中,完全运用科学的力量战胜一切,也可以说科学是国家和民族间,强而有力的武器。中国之所以贫弱受列强的压迫侵凌的原因,就是科学不发达,一切的自然现象和天然富源,没有充分的力量和超越的智识去利用它,贡献给社会,使人人享同等的权利。中国科学社是国内科学家暨国外留学生组织而成,各社员均能本着一种创造精神,坚〔艰〕苦毅力,诚恳的提倡科学,督促进行。一切物质科学、工程科学、生物科学、社会科学,现在已经各社员的努力设施,渐渐的在国内各地萌芽了。其他生物地质调查及物质创造,亦有相当的成绩。从前开年会,都在沿海各地举行,这次在西安举行,确有不可思议的伟大成功。因为西安是中国古代文化策源地,天然富源的荟萃所。一面举行年会,作实地之研究,一面从事考查,供将来的设施。流通欧美各国的科学方式,普遍于中国各地,然后中国才可富强与列强抗衡云云。

社长王琎报告:本社到西安后,承陕西各界,备极招待,使我们精神上,物质上,种种得

---

① 虎疫即霍乱(Cholera)的旧称,旧时音译为虎力拉、虎烈拉。

到愉快,实深感谢。本社成立以来,实际已有二十年历史,好像长成的孩子。本社的目的,是在阐发科学与国家之关系。长安为中国故都,文化策源地,以古代而论,实为东西文化交接之处,故本社采定为开会地址,实有深刻的意义。至本社社员研究科学之目的,并非徒务表面,乃是帮助政府之建设。本社组织虽小,而其志甚远,想把科学提高在中国有相当的地位。现在我们的工作,一方面研究,一方面实习,但因限于经济,致碍研究进行,后因各方帮助,始成立生物研究所于南京。科学不外两大类:一,物质科学如工程、理化等,二,社会科学如人类学、社会学等,尤以物质科学为切要,但同时对于社会科学亦甚重视。至宣传方面使民众对于科学先有认识,方法为出刊物,如《科学》杂志、科学丛书、科学通论等,并在上海、南京设立图书馆,存科学书籍数万册。上海为工业区,有此图书馆,可供研究以期达到本社之目的。此外各地办理关于科学事业甚多,不及详细报告云云。

社友凌鸿勋演词,略谓:陕西为古代文化发祥之地,有许多事业,均已有科学之表现。如禹治洪水、春秋时之郑国渠,均以科学方法利用或征服自然,足见过去科学事业之发展。现在社会进化,国家强弱更以科学为转移云。

中国科学社第十七次年会摄影
(《科学》第十六卷第十一期插图)

末由社友周仁致词,散会已五时余,即在训政楼前摄影一帧。六时共赴新城大楼,应省主席之公宴。是晚杨主席除欢迎科学社社员外,并宴西北实业考察团团员。席次由建设厅厅长赵守钰代表主席致欢迎词,略谓:陕西连年灾患,民多四散逃亡,近复虎疫流行,益觉无以为生,然而推究其原因,所谓灾患与疫疬非绝对莫可抵御。昔日禹凿龙门以平水患,今日水利局通泾惠渠以息旱灾,饮食清洁疫疬自不能蔓延,凡此皆可以人力抵御,然而一般人民奔走骇汗,一若天灾之莫可抵抗,坐是失望而不加努力,驯至灾患愈烈而不可收拾,是皆由于不明科学之巧妙。殊不知所谓天灾皆得利用科学方法以解除之也。今承科学家实业家联袂莅临敝省,唤起民众科学之观念,提倡实业之先声,解倒悬而出诸水火,不胜庆幸云。

社长王琎答词,略谓:陕西地广物博,只以连年灾患,以致民不聊生,所谓地有余利、民有余力而库绌民贫者,无科学方法以为之助耳。邦人君子有鉴于此,竭力提倡,他年民众具科学之观念,知科学方法之万能,利用科学,然后民尽其力地尽其利,不难民殷库裕。本社本年在此开会,到会人数不多,实少贡献。承蒙招待优渥,深为感谢。希望陕省经一度考查〔察〕,进而建设,以造成灿烂庄严之西京,殷实充裕之都市,他年再有机缘,重来集会,以观厥成,不胜祷祝焉。辞毕进餐,宾主尽欢而散。

年会之第二日

八月十四日　上午八时在训政楼大礼堂开社务会议,出席者社员十二人,列席来宾五人。由社长王琎主席,并报告开会程序。

总干事杨孝述报告一年来社务状况(由路敏行代表报告)。

生物研究所报告(由路敏行代表报告)。

会计周仁报告二十年度收支账目及经济状况。

图书馆主任路敏行报告。

常任编辑路敏行报告。

报告毕揭晓当选理事为任鸿隽、秉志、竺可桢、丁文江、王琎、周仁、胡庶华、孙洪芬、李协。

次选举本年度职员:

（一）司选委员：葛绥成、徐乃仁、李俨当选。

（二）查账员：何德奎、顾轼〔翊〕群当选。

（三）编辑员：李协、李俨、竺可桢、葛绥成、沈良骅、赵修鸿、萧纯锦、杨叔吉当选。

（四）编辑部主任：王琎当选。

选举毕，通过明年年会地点定为福州、开封或成都三处，供理事会参考决定之。

下午一时参观民众教育馆科学运动周开幕，并由社员朱其清演讲无线电，佐以实验。四时毕讲，五时赴西北饭店应教育厅、建设厅、财政厅、民政厅、高等法院之宴，至八时始尽欢而泛。

年会之第三日

八月十五日　上午八时在训政楼大礼堂宣读论文，出席社员九人，来宾列席者四人，由王琎主席。本年论文共十一篇，是日宣读者共六篇：

（一）李俨：《中国算学史大意》，演讲 $\pi=3.14159265$，四元论，明朝算盘，$(a+b)^2$ 指数系数各种发明比外国为早

（二）胡博渊：《我国最重要的几个科学问题》（王琎代读）

（三）陶延桥：《国立植物鞣革材料之考查》（路敏行代读）

（四）陶延桥：《不受潮之火柴》（路敏行代读）

（五）李国桢：《陕西种植脱字〔籽〕棉之结果》（演讲）

（六）杨鹤庆：《全国虎力拉弥漫传达之研究及预防法》（演讲）

未宣读者有：

（一）倪尚达、王佐清：《百分调幅之分析》

（二）周厚福：《含氮环状有机化合物诱导体之研究》

（三）周厚福：《拉曼效应在有机化学之应用》

（四）纪育沣：《蛋白质含氯①诱导体之预备(pyridin)》

（五）余兰园：《酸根分析新系统》

---

① 氯应为淡〔氮〕。

下午一时游杜公祠及小雁塔，五时返。六时举行年会宴，并邀请陕西省主席、各厅长暨各界人士，计到宴会者共五十余人，入席后由社长王琎起立致词，略谓：本社此次来陕开会，深蒙西安各界招待，使本社同人在物质上精神上受到极大的愉快，本社向各界深为致谢。陕西年来在各方面均有勃勃生气，在科学方面有研究者，有正在作科学事业者，故在一二年后陕西定可放出光华灿烂之异彩，他日同人若能重新来陕，其愉快必更有胜于今日云。辞毕举杯敬祝在席诸君康健。次由建设厅长赵守钰代表致答词，略谓：中国科学社在科学落后之西北开会，使西北民众能接受科学因缘，望今后科学家多来西北开会，使科学流传西北云云。

年会之第四日

八月十六日　上午游览碑林及城市，下午谒董仲舒墓，赴岳庙观壁画。

年会之第五日

八月十七日　上午出西关赴钓儿嘴，参观泾惠渠，途次因汽车损坏，遂渡渭水，即于咸阳渡口少憩，复入咸阳城游览，返渡口时车已修竣，遂首途渡泾水，直趋泾阳。午饭后赴泾惠渠，沿渠而行，考察河渠工程、放水闸口以及水道分途之堤等，是渠可灌溉田万顷，其有利于民生可谓大矣。晚不及返泾阳，宿张家山水利局办事处。

年会之第六日

八月十八日　上午返泾阳，抵郊外，舍车，步行荒草间，观前代牌坊，雕缕精细，见艺术之工。午后返西安，途次谒周陵，除文武二陵外，旧代建筑已不可见，陵前碑碣略有存者。返咸阳渡河抵西安已四时余矣。

年会之第七日

八月十九日　上午七时各社员均束装出东关，离西安，赵建厅长及西安社友等送至灞桥，始各握别。午餐于渭南，四时抵华镇，游华山。

年会之第八日

八月二十日　上午八时各社员下山,午抵潼关,下午二时各乘火车出关,第十七次年会于此闭幕。

《中国科学社第十七次年会纪事录》选录①

中国科学社第十七次年会纪事录

本社第十七次年会,于二十一年八月十三至二十日,在陕西西安举行。年会职员如下:

年会名誉会长:杨虎城

年会委员会:李协(委员长)、李百龄、寿天章(秘书)、李俨、杨孝述、许心武、李赋京

论文委员会:竺可桢(委员长)、翁文灏、陈宗南、钟心煊、王琎

会程委员会:周仁(委员长)、胡刚复、沈百先、秉志、路敏行

演讲委员会:杨铨(委员长)、王琎、汪懋祖、任鸿隽、许心武

招待委员会:寿天章(委员长)、熊正理、钱天鹤、赵福基、杨鹤庆

各地招待员:杨孝述(上海)、钱天鹤(南京)、杨光弼(北平)、严宏淮(青岛)、李得庸(汉口)、陈宗南(广州)

本年赴会社员均下榻于西安民政厅内训政楼。民厅为唐中书省地,训政楼为本年之新建筑。该处屋宇巍峨,房舍宽敞。承陕西建设厅预为布置,会场宿舍莫不处置适宜,尤以饮食特别注意。是以虽当虎疫猖盛之时,而诸社友处于其中,仍得间开怀畅饮,绝不以虎疫为虞。本年年会适值陕西实业考察团同时在西安集合,本社社员参加是举者颇不乏人,因将年会日程临时更变以避冲突。会程如次:

八月十三日(星期六)

上午九时　开始注册(训政楼)

下午二时　正式开会,年会委员长致开会辞,社长报告,来宾演说,社员演说(训政楼礼堂)

---

① 《中国科学社第十七次年会纪事录(民国二十一年十一月刊)》第1-20页,附后之《总干事报告》《会计报告》《生物研究所报告》《图书馆报告》《编辑部报告》及美国分社第三次年会报告(英文)等篇均略。

七时　陕西省政府公宴(新城大楼)

八月十四日(星期日)

上午八时　社务会(训政楼礼堂)

下午二时　公开演讲(西安民众教育馆)

　　四时　游碑林

　　五时　建设厅、民政厅、财政厅、教育厅、高法院会食公宴(西北饭店)

八月十五日(星期一)

上午七时　宣读论文

　十一时　陇海潼西段工程局午宴(西北饭店)

下午一时　游览小雁塔、杜公祠

　　七时　年会宴会(西北饭店)

八月十六日(星期二)

上午　　游览城市

下午二时　公开演讲(钟楼)

八月十七日(星期三)

上午五时　出发参观泾惠渠

下午一时　泾阳午餐(渭北水利工程处宴会)

　　　　宿张家山,参观泾惠渠闸

八月十八日(星期四)

上午六时　出发返西安

　　　　泾阳午餐

下午一时　游览周陵,返西安,游览城市

八月十九日(星期五)

上午七时　离西安赴华清池

下午三时　游华山(宿)

八月二十日(星期六)

下午一时　出潼关,年会闭幕

本年年会到会社友共计二十一人如下：王琎、陈燕山、沈良骅、路敏行、葛绥成、周仁、李俨、徐南骃、孙延中、余谦六、寿天章、孙云铸、杨鹤庆、朱其清、李永振、胡庶华、胡博渊、李协、冯景兰、顾鼎梅、凌鸿勋。

年会第一日，八月十三日

下午二时在西安民政厅训政楼大礼堂举行开幕典礼，出席社员二十余人。到会来宾有省主席杨虎城（省秘书长南汝箕代表），秘书景萃农，建设厅长赵友琴，教育厅长李寿亭，财政厅长韩威西，民政厅长李子光，西京筹备委员魏叶贞，水利局工程师孙绳斋，新闻记者崔志学、张益参及西北实业考察团等六十余人。由年会委员会委员长李协主席，行礼如仪。

主席致辞，略谓：在这二十世纪民族生存斗争的过程中，完全运用科学的力量战胜一切，也可以说科学是国家和民族间，强而有力的武器。中国之所以贫弱受列强的压迫侵凌的原因，就是科学不发达，一切的自然现象和天然富源，没有充分的力量和超越的智识利用它，贡献给社会，使人人享有同等的权利。中国科学社是国内科学家暨国外留学学生，于民国三年前，在美国组织成立。自民国三年回国后，到现在已有二十一年历史了。在这二十年的期间，举行科学年会十七次，各社员均能本着一种创造精神、坚苦毅力，恳诚的提倡科学，督策进行。一切物质科学、工程科学、生物科学、社会科学，现在已经各社员的奔波设施，渐渐的在国内各地萌芽了。其他生物地质调查及物质创造，亦有相当的成绩。从前十六次年会，都在沿海各地举行，这次在西安举行，确有不可思议的伟大成功。因为西北是中国古代文化策源地，天然富源的汇聚所。一面举行年会，作实地之研究，一面从事考察，供将来的设施。流通欧美各国的科学方式，普遍于中国各地，然后中国才可富强与列强抗衡云。

陕西省政府秘书长南汝箕代表杨主席致词：科学社诸君在此溽暑炎夏及虎疫流行时期，能不辞艰苦，不惮烦劳，来僻处西北的长安举行年会，我们除钦佩精神之伟大外，更是十二万分的感谢！因为西北民众在此天灾人祸严重时期，虽亦有知科学之需要，但未得到过科学的因缘。所幸今日贵社在此举行这样的盛会，望对本省政治、军事、教育……等以科学精神和方法，不客气的加以批评和指导，使得到美满的改进。再者，我们知道现在世界上无论有形或无形的战争，人与人或国与国间之奋斗，科学发达者必归胜利，此乃定例。

此次贵社在长安举行年会,使科学流传西北,使西北民众能接受科学,故除感谢外,更诚恳的接受。最后更望科学不仅流传于西北,尤须流传于全国云云。

本社社长王琎报告:本社到西安后,承陕西各界,备极招待,使我们精神上、物质上,种种得到愉快,实深感谢。本社成立以来,实际已有二十年历史,好像长成的孩子了。本社目的,是在开发科学与国家之关系。长安为中国故都、文化策源地,以古代而论,实为东西方文化交接之处,故本社采定为开会地址,实有深刻之意义。至本社社员研究科学之目的,并非徒务表面,而是帮助政府之建设。我们折一枝花,并不要插在瓶内,是要将花插在地上,使其滋长起来,结实成为有用之物。本社组织虽小,而其志甚远,想把科学提高,在中国有相当的地位。现在我们的工作,一方面研究,一方面实习。但因限于经济,致碍研究进行,后因各方帮助,始成立生物研究所于南京。科学不外两大类:一,物质科学如工程、理化等。二,社会科学,如人类学、社会学等,尤以物质科学为切要,但同时对于社会科学亦甚重视。至宣传方面使民众对于科学先有认识,其方法为出刊物(如《科学》杂志、"科学丛书""科学通论"等等),并于上海南京等处设立图书馆,存科学书籍数万册。上海为工业区,有此图书馆,可供研究以期达到本社之目的。此外各地办理关于科学事业甚多,不及详细报告云云。

建设厅长赵守钰演词,略谓:中国物产丰富,人口众多,而贫弱之一大原因即是科学不发达。我们日常所需物品,多由外人供给,实足令人痛心。现代民族生存斗争,完完全全以科学为保障。要实现民族精神,必先提倡科学。现在中国科学家还在萌芽状态中,这次在西安举行年会,也就是科学社进一步的工作,更希望于最短期间,科学设施,进行到中国边境,务使国内各地人民,一致享受科学幸福云。

社友凌鸿勋演词,略谓:陕西为古代文化发祥之地,有许多事业,均已有科学之表现。如禹治洪水、春秋时代之郑国渠,均以科学方法利用或征服自然,足见在过去科学事业之发展。现在社会进化,国家强弱,更以科学为转移云。

社友胡庶华演词,略谓:一个科学家,应有两种精神:第一创造精神,我们今天开会,是在烈炎夏日疫疠盛行的陕西而无畏缩事,这便是我们创造精神的一种,此后我们还要继续祖宗创造精神,努力研究,如神农之尝百草、黄帝之造舟车等,尽量发挥广大。第二奋斗精神,要知我们奋斗,是为大多数人类利益,故不避一切困难,向前干去,今年之年会在此举行者,亦本社社员奋斗精神之表现也。

社友杨叔吉演词,略谓:科学常识之重要,即以本省今年虎疫蔓延之盛可以想见。虎疫之传染由于食料,食料清洁则虎疫自可免。此是极普通之科学常识。一般人无此常识,因而不注意食料,遂使虎疫蔓延几及三十余县,皆不解科学之故。提倡科学实为最急之务云云。

末由社友周仁致词。散会,已五时余,即在训政楼前摄影一帧。六时许共赴新城大楼,应省主席之公宴。新城在城之西北隅,小碑林在焉。是晚杨主席除欢迎科学社社员外,并宴西北实业考察团团员。宾朋满座,济济一堂。社员等登楼少憩,即往小碑林摩挲石刻。新出土之颜勤礼碑耸立中央最为可贵,其他石碑林立,不愧为碑林之称。复登城远眺,西望周陵,南瞻雁塔,风景绝佳。迨夕阳西下,全集大楼摄影一帧,遂入席。首由建设厅长赵守钰代表主席致欢迎词,略谓:陕西连年灾患,民多四散逃亡。近复虎疫流行,益觉无以为生。然而推究其原因,所谓灾患与疫疠非绝对莫可抵御。昔日禹凿龙门疏九河而水患平,近日水利局通泾惠渠而旱患息。饮食清洁而疫疠自不能蔓延。凡此皆可以人力抵御。然而一般人民奔走骇汗,一若天灾之莫可抵抗。坐是失望而不加努力,训至灾患愈烈而不可收拾。是皆由于不明科学之巧妙有足以夺造化之力,所谓天灾皆得利用科学方法以解除之也。今承科学家实业家联袂茇临敝省,唤起民众科学之观念,提倡实业之先声,以解倒悬而出诸水火,不胜庆幸云。继由铁道部次长钱宗泽代表陇海局致辞,略谓:陇海局此次发起招集国内科学专家以及实业专家组织西北实业考查〔察〕团有二种意义。陇海铁路现已进入潼关,潼西一段亦正在进行建筑。维是道路为运输谋便利而物产能畅流为目的。陕西物产丰饶,平原千里,然而生产不盛,近复因水旱之灾出产大减,常此不振物产之来源绝而道路之效用失。此所以有考查〔察〕团之组织而谋提倡生产之方也。陕西既有宝藏而民众无科学方法以开发之,一任其朽蠹而无补于民生,诚为可惜。此所以组织考查〔察〕团以辅佐民众以开发富源而裕民生也。

次由社员胡庶华致辞,略谓:长安为文化策源地。吾等由东南来到西北,犹如回到老家,看看老家的情形。吾等离开老家已经好几百年,年年向东沿海而去,渐渐地与海外文化相接触,与家乡日远,与海外日近。海外文化已领略了一些,现在回到老家来看看。如有好的老法,吾等要保留而推行之。如有坏的老法,吾们搬些海外科学方法来贡献西北。

这是吾等此行之目的云。

末由社长王琎致答词,略谓:陕西地广物博,只以连年灾患,以致民不聊生。所谓地有余利民有余力而库拙民贫,无科学方法以为之助耳。邦人君子有鉴于兹,竭力提倡。他年民众具科学之观念,知科学方法之万能,利用科学,然后民尽其力地尽其利,不难民殷库裕。本社本年在此开会,到会人数不多,实少贡献。承蒙招待优渥,深为感谢。希望陕省经一度考查〔察〕,进而建设,以造成灿烂庄严之西京、殷实充裕之都市。他年再有机缘,重来集会,以观厥成,不胜祷祝焉。辞毕进餐,宾主尽欢而散。

年会第二日,八月十四日

上午八时在训政楼大礼堂开社务会议,出席者社员十二人,列席来宾五人。由社长王琎主席,并报告开会程序。

总干事杨孝述报告一年来社务状况(由路敏行代表报告,报告附后)。

生物研究所报告(由路敏行代表报告,报告附后)。

会计周仁报告二十年度收支账目(报告附后)及经济状况,该项账目曾经查账员顾翊群、何德奎二君于八月三日负责清查无误。由李协提议接受,李俨附议,全体通过。

图书馆主任路敏行报告(报告附后):希望社员谋开源收入之方,庶能增购新出杂志及书籍以备社员之用。李协提议书籍统计以后以文字分析,如英文类法文类等,并通告经费开源法。

常任编辑路敏行报告(报告附后):本社出版之《科学》,据一年来统计,社员投稿少而非社员投稿反多。非社员所投之稿多译述之类,价值较少。是后希望社员多投有价值之稿。

报告毕,揭晓候选理事选举结果。共收到选举票一百六十张,当选者计:任鸿隽135票,秉志127票,竺可桢126票,丁文江120票,王琎111票,周仁86票,胡庶华76票,孙洪芬74票,李协67票。

次多数:胡先骕59票,钱崇澍51票,曹惠群50票,黎照寰50票,曾昭抡50票,高君珊37票,丁绪贤36票,宋梧生36票,蒋丙然34票,董时进32票,李熙谋31票,钱宝琮31票,朱庭祐〔祜〕20票。

报告毕,选举本年度职员。

(一) 司选委员：由葛绥成、徐乃仁、李俨当选。

(二) 查账员：由何德奎、顾轶〔翊〕群当选。

(三) 编辑员：由李协、李俨、竺可桢、葛绥成、沈良骅、赵修鸿、萧纯锦、杨叔吉当选。

(四) 编辑部主任：由王琎当选。

选举毕,通过明年(第十八次)年会地点定为福州、开封或成都三处,供理事会参考决定之。

主席以第九十九次理事会议议决建议修改章程案提交大会,众以修改章程非少数人能负责通过,本届年会到会人数不多,宜交下届大会通过,遂不付议。

此次在西安举行年会,备受各界招待,议决闭幕后备函致谢,遂散会。

下午一时参观民众教育馆科学运动周开幕,并由社员朱其清演讲无线电,佐以实验。由该馆主席杨兴荣致介绍辞后,朱君起立演讲无线电与思想,略谓：记得七八年前兄弟在南京参加本社年会时,曾作公开演讲,预备自带无线电机,但因笨重携带不便。至今七八年后进步甚速,不惟较前形式巧、重量轻,而效用尤大。至此次兄弟带此机器,有以下四种原因：(一) 因现在无线电机能测量矿苗,兄弟此次随考察团来陕考察,即预备为考察矿学团员作助。(二) 因近五年来短波无线电电台增加,困难亦多,故带此机探听各地无线电波声浪,减少困难,借作研究。(三) 传达考察团消息。(四) 公开演讲时可作表演。至今日为什么拟定《无线电与思想》这个题目,因前数年外国人奥勃生曾带无线电机往各地讲演,或者来到过西安,大家听过他的无线电讲演。兄弟今天拟定此题,可与考察发生关系,并可启发新的知识。孔子说"举一反三",大家听过此次讲演,或可联想到其他。我们知道：无线电发明至今仅二十余年,而其进步与变化,较之他种科学均很快。以五六年前之无线电机与现在比较,可知其形式、内容、作法、效用,均比以前大有进步。今举其进步之例说明于次：(一) 无线电是利用两机经一电火花及杆,即可发波浪。如用石击水发生水波,但其效力小、距离短,厥后始发现挥扇杆,挥快则风大,挥慢则风小,无线电亦如此理而改进,至今始功效大、距离远。(二) 最先无线电只能以机附耳而听,不能写,后因发现田鸡触电则足动之现象,始改良,至今不惟能听亦能书写。(三) 最初发明无线电如以石击水,四面八方均能听到,不能保守秘密,厥后因发明五金能阻止电波前进,故利用此理而进步至为某地发电,只某地能接到,由此始可保守秘密。(四)因五金能阻止电波进行,故至今日又利用无线电机探采矿苗。总之,无线电机近年来发展甚速,利用甚广。在无线电历史上有重大意义者,为大发明家爱迪生发明以灯泡代用矿石收音机,更进而用小机器可通至五百里至一千里之路程。由无线电机之发明可知它对人类思想之功效与贡献之伟大。故今日拟定《无线电与思想》这个题目,因为它可增加并开启一般人科学知识,并可引起研究兴趣。现在中国科学落后,望大家对此踊跃研究云云。朱君讲时并实验所带之无线电机,全场甚为忻悦,至四时尽欢而散。

五时赴西北饭店应教育厅、建设厅、财政厅、民政厅、高等法院之宴。席次互相讨论陕西近年灾害之烈,谋所以救济之方,宴毕已八时,始尽欢而返。

年会第三日,八月十五日

上午八时在训政楼大礼堂宣读论文,出席社员九人,来宾列席者四人,由王琎主席。本年论文共计十一篇,是日宣读者共六篇。

(一)李俨:《中国算学史大意》,演讲 $\pi=3.14159265$,四元论,明朝算盘,$(a+b)^2$ 指数系数各种发明比外国为早。

(二)胡博渊:《我国最重要的几个科学问题》(王琎代读)

(三)陶延桥:《国内植物鞣革材料之考查》(路敏行代读)

(四)陶延桥:《不受潮之火柴》(路敏行代读)

(五)李国桢:《陕西种植脱字〔籽〕棉之结果》(演讲)

(六)杨鹤庆:《全国虎力拉弥漫传达之研究及预防法》(演讲)

未宣读者有:

(一)倪尚达、王佐清:《100% Modulation 百分调幅之分析》

(二)周厚福:《含淡〔氮〕环状有机化合物诱导体之研究》

(三)周厚福:《拉曼效应在有机化学之应用》

(四)纪育沣:《蛋白质含淡〔氮〕诱导体之预备(pyridin)》

(五)余兰园:《酸根分析新系统》

论文读毕已十时余,略加讨论即散会。本日上午十一时为西北实业考察团由西安出发考察，本社社员参加斯团者共十余人。考察团出发后，各社员应陇海铁路局之公宴，十一时赴西北饭店。路局由黄学周君代表招待。席间讨论新发明木炭汽车之构造、效用及其提倡之法。复讨论硫酸之制造以及工厂之管理等各问题。宾主尽欢而散。

下午一时由张午中君偕同社员出南关游杜公祠及小雁塔，五时余始返民政厅。

六时假西北饭店举行年会宴会，并邀请陕西省主席各厅长及各界人士，计到会者共有五十余人。入席后由社长王琎起立致词，略谓本社此次来陕开会，深蒙西安各界招待，使本社同人在物质上精神上受到很大的愉快，本社向各界深为致谢。陕西年来在各方面均有勃勃生气，在科学方面有研究者，有正在作科学事业者，故在一二年后陕西定可放出光华灿烂之异形。他日同人若能重新莅陕，其愉快必更有胜于今日云。辞毕举杯敬祝在席诸君康健。次由建厅长赵守钰代表致答词，略谓中国科学社在科学落后之西北开会，使西北民众能接受科学因缘。望今后科学家多来西北开会，使科学流传西北。末谓此次招待不周希望原谅云云。致词毕即进餐，席散已八时。复由旅陕社友寿天章君请全体社员赴三意社参观秦腔戏剧。观毕而返，已十时余矣。

年会第四日，八月十六日

上午游览碑林及城市。

下午二时本定在钟楼请孙纯斋工程师公开演讲，题为《泾惠渠》，后因接洽地点未就绪，改为游览。由建厅长赵守钰偕诸社员谒董仲舒墓，考察城堡，趁〔乘〕车至岳庙赏古代壁画。返至赵君寓所茶叙，畅谈一时余始兴尽而返。

年会第五日，八月十七日

上午六时由张午中君引导全体社员分乘两汽车出西关，赴钓儿嘴，参观泾惠渠。途次因汽车损坏，遂渡渭水，即于咸阳渡口少憩。入咸阳城游览。进谒县长，即在县署略进早点。返渡口少息，车已修竣，遂共登车首途，渡泾水，直趋泾阳。县长等均出关相迓，社员下车握手为礼，相偕入城，抵孙纯斋工程师之寓所，时已下午一时余，渭北水利局即在孙寓设宴款待社员。宴毕略息，复登车首途，直趋泾惠渠。沿渠而行，时复下车考察河渠工程、放水闸口以及水道分途之堤等，均由孙工程师一一指点。沿渠一带土地，丰草绿溽、佳木葱笼〔茏〕，不啻江南沃壤。以视乎咸阳以西沿途田地，荒芜不毛者，远不相谋。据孙工程师言，是渠可以灌溉田万顷，其有利于民生可谓大矣。车行屈曲抵山坡，渐转折上山，迨夕阳西下始达山巅。社友乃共下车，渐闻水声潺潺。俯视山麓，则涧水奔流，渠之源在焉。遂步行下山止于张家山之麓，于水利局办事处略息。时已薄暮，再下山屈曲行五里许而至渠之源。由孙工程师指示堤之建筑、闸之设备等，遂返张家山麓办事处。是夜因不及返泾阳，遂宿于水利局办事处。该局已豫〔预〕备晚餐，即在山麓野宴，莫不尽兴而息。

年会第六日，八月十八日

上午七时各社员全体步行上山登车，直驶泾阳。抵郊外，舍车，步行荒草间，观前代牌坊，雕镂精细，见艺术之工。入城复抵孙寓，进午餐，餐毕始出发返西安。途次谒周陵，除文武二陵外，旧代建筑已不可见，陵前碑碣略有存者。秦瓦汉砖，周陵办事处略有保存，该处即在二陵之前。有姬先生者文武之后裔也，出与社员等周旋，并导观二陵。参观毕，返咸阳，渡河抵西安已四时余矣。

年会第七日，八月十九日

上午七时各社员均束装乘汽车出东关离西安。赵建厅长及西安社友等送至灞桥，始各握别。是日本定游骊山，华清池洗澡，后因社友等来时已经游过，且已洗澡，遂定直趋华镇，畅游华山。于渭南略进午餐。四时许抵华镇，改雇洋车，止于山麓。时已薄暮，舍车步行上山。抵谷口，涧水湍激，两旁山石峭然壁立。入谷缘涧而行，时复跨涧而过。回旋曲折，高下崎岖。山谷幽隧〔邃〕，山径险隘。行五里许抵五里关，已天色黑暗，道途莫辨。社员中有劳顿不堪继续进行者，乃投宿于三教堂，山中之古刹也。其余复鼓勇前进，至于莎萝坪而止，下榻于庙中。因太华山奇趣，多在青柯坪以上，莎萝坪以下尚未达险处，社员中有身体不佳、不愿登峰造极者，遂议定不再上登。次日即下山遄返。

年会第八日，八月二十日

上午八时各社员全集下山，抵华镇改乘汽车。中午抵潼关之东关。下午二时始各乘火车出关，第十七次年会遂闭幕焉。

18. 第十八届(次)年会(1933年8月,重庆)

《社友》报报道《本社第十八次年会记略》[①]

本社第十八次年会记略

本年在四川重庆举行年会,社员参加者极形踊跃。会期内各种集会均全体认真列席,公开演讲达十余起,年会论文更有四十二篇之多。重庆、北碚、成都各地各机关团体及军政当局,更热烈欢迎,优予招待。全体同人始终精神焕发。诚为本社空前之盛会。兹将会期内情况,略述梗概如次,至于详细报告,则另有年会记事专册也。

参观铁厂

由沪启程各社友,皆于八月四日晚登民生公司所派之"民贵"专轮。于五日清晨启椗〔碇〕出发。六日晨抵南京,因上煤停泊十小时之久,天气十分酷热。遥望长江轮渡,正在建筑,工程殊伟大。八日下午抵大冶,特停船上岸参观大冶铁厂。由锻冶厂、修理厂、造冰厂,次第及于冲风炼铁厂,有该厂负责人员引导及说明事业成败经过情形。冲风炉虽停止已久,但全厂规模宏大,足资观瞻。参观毕,到俱乐部稍事茶点,旋即返船。

按大冶在武昌之东南,附近富于煤铁等矿,而赤铁、磁铁、褐铁等矿尤称富饶,其已开者有狮子山、纱帽翅山、铁山等处,为汉冶萍公司所经营,年产约四十万吨,足供汉阳铁厂之用而有余。自铁厂筑有铁路达石灰窑,以为运输。惟照民国二年与日本借款合同,四十年内,应售与日本铁矿一千五百万吨,生铁八百万吨。竭大冶之矿藏而供其需索,而廿一条内又钳制汉冶萍公司不得向他国借资,其用心所在,非欲尽攫冶矿而何;孰料该厂甫成而欧战停止,铁之需要骤然减少,以致停工迄今日。前虽有少量生产,但因成本过高,销路停滞……煤路断绝,尤感困难。

[①] 《社友》第三十五期(1933年10月25日发行)第2-10页。

参观武大

九日清晨抵汉口,年会筹备主任卢作孚氏,乘飞机甫由京来汉,特临船商量各项问题。汉口社友张延祥君因知船到,特预雇汽车及小火轮至码头竭诚招待,至为可感。乃相偕渡江参观武汉大学,承该校周鲠生、钟心煊、皮宗石、查啸仙等诸教授十余人招待,引导参观该校图书馆、各学院、各工场一周,最后到招待所茶点。该校离城数里,有湖山可睨,风景绝佳。一切建筑,极辉煌宏壮。十一时返江边,复登黄鹤楼一望。京汉社友,先后上船,至此全船社友共有七十七人。

夔巫三峡

十二日拂晓,船由宜昌开驶,生足火力,鼓勇入峡。入西陵峡以后,重岩陡峙,波涛汹涌,两边连峰夹岸,江中滩险环生。往往走到山穷水尽,忽又见河道当前。睹景象之变迁,叹天地之造化。是时船上同人,或持望远镜,或提照相机,争看两岸风景,拍摄前后山水,左右上下,追逐奔走,莫不有应接不暇之感。船员等并为指解"牛肝马肺""巫山十二峰""白帝城""滟滪堆""八阵图"等之地址及形势。尽一日路程,于下午七时半抵夔府停泊,因川江险阻,不许停泊也。

万县欢宴

十三日下午四时抵万县,王方舟师长①特派专员暨当地各机关代表上船欢迎。先至西山公园休憩,王师长亲来招待,并导游全园风景。该园为中国之著名公园,占地数千亩,玲珑怪石,异花古树,布局精雅,气魄宏壮。回至园门口全体摄影后,分乘汽车至王师长公馆欢宴。王致词中有张文襄②、王闿【运】③入川,蜀中文风因而大盛之语,以张王待同人。本社由秉理事农山代表答谢,乃有杜子美、陆放翁因游川而文名益盛之语,谦谦君子,亦颇为自负也。

---

① 王方舟师长指王陵基(1883—1967),字方舟,四川乐山人,时任国民革命军第21军第3师师长。
② 张文襄指张之洞(1837—1909),字孝达,号香涛,贵州兴义人,晚清重臣,谥号文襄,故又称张文襄,同治年间曾任四川学政。
③ 王闿运(1833—1916),字壬秋、壬父,湖南长沙人,晚清经学家、文学家,斋名湘绮楼,故又称王湘绮,光绪年间曾在成都担任尊经书院山长。

游酆都城

十四日下午五时舟抵酆都,分批上岸,游览举国迷信之天子殿。阴司护照,买路纸钱,各收得不少。酆都以雅片①著名,质地最优,而每两市价仅大洋三角。不特用以家常敬客,且以敬神。该地各庙宇中偶像口边,大都涂擦阿芙蓉膏,殊堪发噱也。当晚酆都县政府暨新闻界教育界人士,相偕上船,致欢迎之意。

抵渝情形

十五日整日赶路,至下午六时始抵重庆。"民贵"专轮于军乐爆竹声中,驶抵嘉陵江口磨儿石码头。其时岸上观众达数千人。当地军政商学各界代表以及重庆社友约七八十人,均在囤〔趸〕船上翘首遥望。船上各社员齐与欢迎者相互举帽挥巾,以示敬意。抛锚靠岸后,欢迎者为商会代表温少鹤,银行界代表陈晓钟,军部代表张德敷、喻正衡等,市府代表刘芥青,教育界代表李觉鸣、何聘九等,峡防局长卢作孚,航务处长何北衡,社友会代表曾义宇等数十人,接踵登轮,在甲板上互道寒暄。由杨允中接收欢迎各员签名簿,并致谢意。移时全体社员分乘备就小轮,至大溪沟转车赴巴县中学住宿。该校校舍精美轩厂〔敞〕,风景极佳,加以招待委员会设备周至,办事有序,处处予省外社员便利,故到会同人莫不感有宾至如归之乐。斯则不得不感谢年会筹备处以及招待委员会诸同仁之热心也。

年会开幕

十六日上午注册,实到社员一百十八人。下午由本社理事王季梁、秉农山、杨允中、周子竞四人代表年会,拜访军部。即晚刘甫澄督办②在陶园设宴,欢迎全体。由政务处长甘典夔代表主席。席间对于川省之科学建设以及开发富源,有详细之讨论。莫不感到东省沦亡之痛,开发四川富源,益刻不容缓。十七日在川东师范学校行第十八届年会开幕典礼,由何鲁主席。首请王社长季梁致开会词。略谓本社工作可分三点:第一注意高深研究。第二普及科学知识。第三联络各界与社会合作。次由军部代表甘政务处长典夔致辞,希望本社三点:第一帮助川省调查富源,改良实业。第二帮助川省改进科学教育。第

---

① 雅片即鸦片。
② 刘甫澄督办指刘湘(1888—1938),字甫澄,四川大邑人,时任四川善后督办。

三希望将科学知识,输入军人脑筋,趋向建设事业。次由社友温少鹤代表重庆社友会及重庆市商会致词。略谓川省土产丰富而商业萧条。重庆为西北工商业中心,对于开发富源,救济全川商业,所负责任极大。如何调查研究,希望科学社同人加以指导。次重庆大学代表李乃尧致词。略谓四川交通不便,人才缺乏,虽称天府之国,而生产犹未整理出来。在人种上说,青年少气概,体魄亦不健。物质上与人种上之问题,均须赖教育与科学之力量以挽救。此系重庆大学之责任。此次贵社来此开会,实予重大以极好机会,希望指导与合作。次请社友秉农山君演说。略谓同人此次来川,不是游历性质,而是研究性质。川省人士及川省当局,向来对于学术机关来川采集调查,必予以种种便利。故同人来川开会,想望已久。往年任叔永先生发起调查团,入川做科学工作。不过大团体入川,至今天方才实现。彼此希望亦至今天方才接近。承蒙贵省热烈招待,同人定当效一得之愚。最后由招待委员长何北衡君报告,筹备赴成都情形。礼毕摄影散会。

中国科学社第十八届年会摄影
(《社友》第三十五期第8-9页插图)

重庆演讲

下午四时,同时分三处演讲。一处在青年会,伍连德博士讲《生活、健康与财富》,女社员马心仪博士讲《植物与人生》。第二处在总商会,胡步曾博士讲《四川农村经济复兴问题之讨论》。第三处在川东师范学校,秉农山博士讲《生物与科学教育》。每处听讲者各有五六百人,极形踊跃。川中人士对于科学之兴奋,于此可见一斑。晚七时由全市五十余团体,在适中花园欢宴全体社员。

第一次社务会

十八日上午,全体社员乘民生公司"民福"专轮上溯嘉陵江,赴温泉公园开会。二时到达。各入预先分配之宿舍,稍事休息。下午四时在该园用篾席搭造之临时大礼堂,举行第一次社务会。出席社员九十六人。杨允中主席,并首先报告本社一年来之工作。分:(一) 美国分社及各地社友会情形;(二) 原有事业进行状况;(三) 新办事业。次由周子竞报告本社经济状况及账目,并由查账委员代表何德奎说明全部账目无误,全体通过接受。更由主席说明本社基金之来源,及保管委员宋汉章、蔡子民、徐新六三君之保管得当,特致感谢。社员刘梦锡临时动议,杨杏佛先生对于本社劳苦功高,不幸于六月间在上海遇害,此次大会全体,应起立静默三分钟。全体遂一致起立,静默志哀。次由裴鉴代表生物研究所报告该所状况。次由王季梁报告编辑部状况。次由杨主席代图书馆馆长路季讷报告该馆状况。各有油印报告分布。最后由司选委员会代表徐乃仁报告选举新理事结果,由翁文灏、赵元任、任鸿隽、竺可桢、秉志、胡刚复、李四光等七人为本届理事。六时散会。

第二次社务会

十九日上午全体社员乘肩舆一百二十架游览缙云山。一路线联而行,蜿蜒若长蛇,达二里许,状殊奇伟。九时半行抵半山,在绍隆寺休息一刻钟后,复整队前进。十时许抵山顶。已见一片葱笼〔茏〕,循曲径几经回旋,方达缙云寺。有汉藏教理院人员在门前接待。略事休憩后复步登狮子峰,并在寺午膳焉。下午二时即在缙云寺大讲堂开第二次社务会。选出:(一) 唐钺、何鲁、刘梦锡三人为下届司选委员;(二) 何德奎、顾季高二人为下年度查账员;(三) 王季梁为下年度编辑部长,何鲁、任鸿隽、伍连德、胡先骕、徐乃仁、刘梦锡、葛绥成、卢作孚八人为编辑。次修改社章增加"理事会设常务理事七人"一条通过。次讨论社员提案共六件。一、胡先骕提胡博渊等十三人连署"建议四川当局组织四川富源调查利用委员会案",经细密讨论后通过。二、曾吉夫、陈宗蓥提马心仪、秉志等十六人连署"河南大学理学院生物系奉部令停办请予援助案",经长时间讨论后,推出代表三人办理此案。三、伍连德提秉志等七人连署"请政府对于全国医药须用纯粹科学人才改进及整理案",通过。四、叶善定提李振翩等八人连署"请本社联合中华医药学会等团体创办国产药物研究所案",通过。五、盛绍章提孙昌克等四人连署"提出成渝铁路计划书拟请由中国科学社建议四川当局采择修筑案",通过,计划书交代表面致。六、马寿徵、陈燕山、李永振提议"中国科学社应组织农业委员会应用科学方法推进中国农业案",通过,推举委员三人与本社理事会接洽组织办法。最后通过道谢招待年会各机关及个人。又通过赠送西部科学院永久纪念物。最后通过明年年会地点为庐山。会毕,一部分社员又转道赴夏溪口,参观运河及煤公司轻便铁道。返温泉公园,已万家灯火矣。

宣读论文

二十日上午在温泉公园临时大礼堂宣读论文,到一百余人。此次年会共收到论文四十二篇,均系社员平日研究之心得。由胡刚复主席。本人宣读者共有十二人,各有质疑及讨论,全场兴趣甚浓。

参观北碚

会毕后乘"民约"轮于中午十二时抵北碚场,参观各种新事业。先至民众俱乐部茶点,乃分十组分道参观医院、民众教育馆、嘉陵江日报馆、农民银行等机关。一时许在新营房午膳。虽系粗柱茅屋,然以布置得宜,亦殊落落雅致,另具风格。餐桌排成中字式,铺白纸,以花瓣缀成标语警句。各人分食,以卢作孚氏所创之南瓜饭为主,附以其他精美蔬菜,味甚可口,卫生专家伍连德博士尤称赞不止。卢氏且躬亲在场指挥一切。饭罢复分组出发参观西部科学院、动物园、博物馆、图书馆、各研究所、公共运动场、三峡工厂等处。按北碚仅一乡村耳,居民不过千余户。自经卢作孚经营其地,市政毕举,文化发展,人民安居乐业,实为一国内之模范自治村也。至三时半,一部分社友赴北川铁路参观。

北碚演讲

五时在露天会场举行公开讲演。马寿徵君讲《由中国化学肥料问题说到农村复兴》。次陈燕山讲《改进中国棉业之重要》。次李永振讲《农业改良》。听讲者二百余人,极能引起地方人士之注意。

二十一日全体社员自温泉公园返重庆,仍住巴县中学。中午由重庆大学、四川乡村建设学院、川东共立师范三机关欢宴于永年春。由乡村建设学院院长甘典夔氏致欢迎词,由秉农山君答谢。午后分三组出发参观,(一)铜元局;(二)中心农场;(三)自来水厂。晚六时由本社年会设席适中花园,答谢重庆各机关团体。第十八届年会至此暂告一段落。

(待续)

《社友》报报道《本社第十八次年会纪略（续上期）》①

本社第十八次年会纪略（续上期）

八月二十二日上午，本社同人除一小部分因事留渝者外，俱应刘甫澄督办之欢迎，分乘五大汽车出发赴成都。途中由何文俊诸人招待。沿途饱看沱江流域诸风景。在璧山、永川、荣昌等处俱稍停留。该晚宿于内江县之沱江公学。罗县长殷勤招待，并设宴欢迎。由王季梁代表本社答谢。内江出产蔗糖极富，土法榨糖厂遍地皆是。惜因为时匆促未能参观一二。

二十三日上午从内江出发，经过资中、简阳等县，下午过龙泉驿，遂至成都郊外。成都各机关各学校各团体在城外欢迎者，有百余人，极一时之盛，并在武庙开会，由华西大学校长张凌高君等相继演说，本社由秉农山君答谢。该晚本社同人俱寄宿于南门外华西大学。华西大学为吾国西部有数之大学，设备甚佳，而牙科学院尤著。

二十四日本社理事胡步曾、秉农山、周子竞、王季梁与社员何伯衡、盛绍章诸人代表本社往访刘甫澄督办、杨子惠军长②等，畅谈四川建设计划。杨军长对于本社事业尤极注意。中午华西大学欢宴本社同人于理学院。该晚又有成都各机关联合欢宴本社同人。成都社友会并以祝词银盾见赠，女子师范博物教员某君并以桐花凤标本赠与本社，由胡步曾君答谢，对于四川省之急宜科学化与建设，三致意焉。成都为川中首善，名胜极多，如百花潭、昭觉寺、草堂寺、杜工部祠、青羊宫、武侯祠、汉昭烈帝墓、望江楼等处，或为著名丛林，或有历史价值，同人既远道至此，自皆乐一游览，故二十四、二十五两日锦江城畔，万里桥边，俱布满同人踪迹矣。

二十五日四川大学欢宴本社同人于大学之大礼堂。堂为旧王城贡院之至公堂。由王校长、向院长及邓主任等引导参观，并致欢迎词。由李鹭宾代表本社答谢，正当宾主举杯酬酢之时，忽起地震，梁瓦有声，同人俱起，趋至屋外。待定后仍入席，固已饱受虚惊矣。是日下午本社社员何奎垣、胡博渊、胡步曾、秉农山、何德奎、王季梁诸人至春熙舞台及大

---
① 《社友》第三十六期(1933 年 12 月 4 日发行)第 1-3 页。
② 杨子惠军长指杨森(1884—1977)，字子惠，四川广安人，时任国民革命军第 20 军军长。

学等处作通俗演讲,借以答各界欢迎之厚意。晚间刘甫澄督办欢宴本社同人于俞园,座中并有川中之五老七贤,席间有刘军长代表及杨子惠军长诸人演说。

二十六日同人应独立师陈师长离君①之约,共至新都、广汉二县参观。新、广二县物产丰富……近来建设颇有可观。而宝光寺之古刹与桂湖之桂树尤为雄壮幽美。桂湖之桂树二百余株,皆为明代名臣杨昇菴所植。至今尚繁茂,可称希世之宝。广汉公园及工厂俱布置有方。陈师长在公园中欢宴同人,盛意极为可感。因晚间仍须回成都,由胡博渊、王季梁二人代表本社答谢,遂首途南下。该晚田颂尧、邓锡候〔侯〕、杨森、刘存厚四军长邀本身〔社〕同人在俞园酌聚,并有客串表演川中情形及对于本社之希望,由秉农山君答谢,对于科学精神多所发挥。

二十七日本社理事会同人本拟至广安参观杨子惠军长在彼处之建设,乃前晚与本晨俱大雨滂沱,公路泞淳,势难行车,乃决定坐木船至嘉定②,借作峨嵋〔眉〕之游。晚间四川大学、华西大学在华大开会与本社同人话别。由王宏实、张凌高二校长致词,社员何伯衡、何奎垣、胡步曾、秉农山、盛绍章、王季梁诸人相继谈话,俱以努力科学相勉励。至十时后方散。

二十八、二十九两日同人遂分乘柏木船泛岷江顺流而下,途经彭山、眉山、青神等县而至嘉定。沿江风景绝佳,惜当军事之后,秩序尚未恢复,乃嘉定军政当道,仍为本同人谋种种便利,为之备多辆人力车送至峨嵋〔眉〕,厚意实所难忘。

三十日外省社友及重庆社友约五十人俱乘人力车出发过夹江县,渡雅江,行约百余里始至峨嵋〔眉〕县,天色已晚,加以阴云四合,大有雨意,入城寓书院街小学校内,席地而眠。彻夜雨声如注,沟洼皆盈。同人皆以为山神不做美,大有孤〔辜〕负此行之慨。乃三十一日天气转佳,同人俱精神焕发,分乘滑竿背椅上山。虽山路尚湿,溪水奔流,而同人勇气不为稍减。年长如沈心工先生,亦跋涉至万年寺。而胡刚复、张端珍女士等且直上金顶。如记者之不良于行,亦且步且息,遍游报国寺、伏虎寺、神水阁、大峨寺、双飞硚、纯阳殿、白龙寺、金龙洞等处而宿于万年寺砖殿。其植物专家如马心仪女士、胡步曾诸人,则至初殿。

---

① 独立师陈师长离君指陈离(1892—1977),字显焯,号静珊,四川安岳人,时任国民革命军第28军独立师(后改编为第4师)师长。
② 嘉定即今乐山。

其余各人所至所见亦各不同。有采白蜡虫者(李鹭宾),有做诗者(周癸叔),有看见袁居士(即猴子)者(刘恩兰、叶善定俱看到猴子),有说看见黄居士(即老虎)者(张精一说看见老虎)。所惜者无人看到佛光与万盏明灯耳。(周子竟夜起二次要看万盏明灯,俱以月色太好未看见。)

九月一日及二日同人分批下山,乘滑竿至苏碛还嘉定。知"民有"轮船因水浅停泊嘉定,不能回重庆,大为失望。所幸陈县长为之雇得大盐船一艘,载同人至叙府。同人在嘉定饱看乌尤寺、大佛寺等处风景后,遂登舟东下。舟中生活,如辕下驹,别有风味,至叙府(宜宾县)知民生公司已派"民福"轮船相候。同人喜出望外,欢声雷动。于是遂鼓轮回重庆。五日至重庆,略事勾留及整理行装,并与本地各社友话别,于七日搭"民宪"轮回上海。十八次年会遂告结束焉。

《科学》杂志报道《中国科学社第十八次年会纪事》[①]

中国科学社第十八次年会纪事

本社第十八次年会于廿二年八月十六日至廿一日在四川重庆及嘉陵江温泉公园举行,后此大部分应刘甫澄督办之欢迎赴成都,游峨眉,绕叙、泸而东归,兹记梗概如次:

由沪启程各社友皆于八月四日晚登民生实业公司所派之"民贵"专轮,于五日清晨启椗出发,于六日晨抵南京,因加煤停泊十小时,京津社友从容上轮。八日下午抵大冶,特停船上岸参观大冶铁厂,由锻冶厂、修理厂、造冰厂,次第及于冲风炼铁厂,有该厂负责人员引导说明,参观毕到俱乐部稍进茶点,旋即返船。

九日清晨抵汉口,年会委员长卢作孚氏,乘飞机甫由京来汉,特临船商量各项文题。武汉大学校长王星拱氏邀请参观该校,分乘小火轮渡江,在黄鹤楼傍改乘汽车赴武大,由周鲠生、钟心暄、皮宗石、查啸仙诸教授等引导参观该校园图书馆、各学院、各工场一周,最后到招待所茶点,由社长王季梁答谢。该校在武昌城外东湖湖滨之珞珈山上,湖方数百里,湖滨多溪谷,风景绝佳,校址数千亩,建筑壮丽。十一时返江后,复登黄鹤楼一眺,平汉

[①]《科学》第十八卷第一期(1934年1月出版)第126-134页。

社友先后上船,至此全船社友共七十二人。(王琎、周仁、秉志、唐钺、杨孝述、胡刚复、胡博渊、胡先骕、伍连德、葛绥成、何德奎、刘梦锡、丁燮林、孙昌克、杨石先、丁佶、张鸿基、戴芳澜、李永振、李振翮、傅耀诚、区国著、顾鼎梅、沈叔逵、叶善定、周榕仙、许萱伯、陈㤗先、张道宏、陈燕山、杜长明、裴鉴、张凌高、方文培、马寿徵、盛绍章、沈同洽、沈夫人、曾吉夫、曾夫人、张洪沅、张夫人、陶英、陶金鉴、陈邦杰、陈万宗玲、黄钰生、黄梅美德、柳无忌、柳高藆鸣、徐南骐、徐夫人、卢于道、卢邵静容、杨允中夫人、杨姮彩、杨臣勋、杨臣华、于吟詹、刘恩兰、马心仪、郭美瑞、张湘纹、葛成慧、朱昌臣、郭凤鸣、张端珍、欧世璜、许植方、柳大纲、朱振钧、姚国珣。)①

九日下午二时离汉口,十一日晚十时抵宜昌。

十二日拂晓船由宜昌开驶,生足火力,鼓勇入峡,入西陵峡后,重岩叠嶂,波涛汹涌,江流回绕,连峰似龛,船行江上,疑无去路,返顾来径,亦为绝巘所遮,睹景象之变迁,叹造物之莫测。是时船上同人,或持望远镜,或提照相机,争看两岸景物,拍摄前后山水,大有应接不暇之势。船员并按图指解崆岭峡、牛肝马肺峡、兵书宝剑峡等。过碚石即入四川界,再西经巫峡,抵瞿塘峡。瞿塘为三峡之门,两岸对峙,中贯一江,气象萧森,如入石匣,名风箱峡,再西即夔门,滟滪堆当其口,堆周二十丈,冬水浅,屹立露百余丈,夏水涨,没数十丈,两岸山高三四千尺,水深百余尺,水道纡曲,舟如蛇行,形势险要,推三峡中第一。再前经白帝城抵夔府停泊,已下午七时半矣。

十三日清晨开,下午四时抵万县,王方舟师长特派专员暨当地各机关代表上船欢迎,先赴西山公园休憩,王师长亲来招待,并导游全园风景。该园占地数千亩,面江枕山,气魄伟大,古树参天,奇葩满径,乳花石洞,布局尤精,回至园门口全体摄影后,分乘汽车至王师长公馆欢宴,王致词有张文襄、王湘绮入川,蜀中文风因而大盛之语,以张王待同人,殊有未安,本社由秉理事农山代表答谢。

十四日下午五时抵酆都停泊,分批上岸游览酆都山之天子殿,酆都以雅片著名,各庙宇偶像口边多涂以黑膏,据云用以敬神,殊堪发噱也。当晚酆都县政府暨新闻界教育界人士,相偕上船致欢迎之意。

---

① 根据上列名单统计,实际应该是73人。

十五日下午六时抵重庆,民贵专轮于军乐爆竹声中驶抵嘉陵江口磨儿石码头,时岸上观众数千人,当地军政商学各界代表以及重庆社友约七八十人,均在囤〔趸〕船上翘首遥望,船上各社员均举帽挥巾,以示敬意。抛锚靠岸后,欢迎者商会代表温少鹤,银行界代表陈晓钟,军部代表张德敷、喻正衡等,市府代表刘芥青,教育界代表李觉鸣、何聘九等,峡防局长卢作孚,航务处长何北衡,社友会代表曾义宇等数十人,接踵登轮,互道寒暄,由杨总干事允中接收欢迎各员签名簿,并致谢意。少顷全体社员乘轮至大溪沟,转车赴巴县中学住宿。该校校舍,精美轩敞,风景极佳,加以招待委员会设备周至,处处便利,使到会同人有宾至如归之乐,斯则不能不感谢年会筹备处及招待委员会诸同仁之热心也。

十六日上午注册,实到社员一百十八人。下午由本社理事王季梁、秉农山、杨允中、周子竞四人代表年会,拜访军部,即晚刘甫澄督办在陶园设宴,欢迎全体。由政务处长甘典夔代表主席。席间对于川省之科学建设以及开发富源,有详细之讨论。

十七日在川东师范学校行第十八届年会开幕典礼,由何鲁先生主席,首请王社长季梁致开会词,略谓本社工作可分三点:第一注意高深研究,第二普及科学知识,第三联络各界与社会合作。次由军部代表甘政务处长典夔致辞,希望本社三点:第一帮助川省调查富源,改良实业,第二帮助川省改进科学教育,第三希望将科学知识,输入军人脑筋,趋向建设事业。次由温少鹤、李乃尧致词,均望同人调查开发,指导合作云云。次请秉理事农山演说,略谓同人此次来川,不是游历性质,而是研究性质,川省人士及川省当局向来对于学术机关来川采集调查,必予以种种便利,故同人来川开会,想望已久,往年任叔永先生发起调查团,入川做科学工作,今天方才实现,承贵省热烈招待,同人定当效一得之愚。最后由招待委员长何北衡先生报告筹备赴成都情形,礼毕摄影散会。下午分三处演讲,第一处在青年会,伍连德博士讲《生活、健康与财富》,马心仪博士讲《植物与人生》;第二处在总商会,胡步曾博士讲《四川农村经济复兴问题之讨论》;第三处在川东师范,秉农山博士讲《生物与科学教育》,每处听讲者五六百人,川中人士对于科学之兴奋,于此可见一斑。晚七时由全市五十余团体在适中花园欢宴全体社员。

十八日上午九时,全体社员乘民生公司"民福"专轮上溯嘉陵江,赴温泉公园开会,午后二时到达,各入预先分配之宿舍,稍事休息。四时在浅草坪上用篾席新搭之临时大礼堂,举行第一次社务会,出席社员九十六人,杨允中主席,首先报告本社一年来之工作,分：（一）美国分社及各地社友会情形；（二）原有事业进行状况；（三）新办事业。次由周子竞报告本社经济状况及账目，并由查账委员代表何德奎说明全部账目无误，全体通过接受。社员刘梦锡临时动议杨杏佛先生对于本社劳苦功高，不幸于六月间在上海遇害，此次大会全体应起立静默三分钟，全场遂一致起立，静默志哀，次由裴鉴代表生物研究所报告该所状况，次由编辑部主任王季梁报告该部状况，次由杨主席代图书馆馆长路季讷报告该馆状况，各有油印报告分布。最后由司选委员会代表徐乃仁报告选举新理事结果，由翁文灏、赵元任、任鸿隽、竺可桢、秉志、胡刚复、李四光七人为本届理事，六时散会。

十九日上午全体社员乘肩舆一百廿架游览缙云山，婉言〔蜿蜒〕达二里许，九时半行抵半山，在绍隆寺休息一刻钟后，复整队前进，十时许抵山顶缙云寺，有汉藏教理院人员在门前接待，稍事休憩复登狮子峰，并在寺午膳焉。下午二时在缙云寺大讲堂开第二次社务会，选出：（一）唐钺、何鲁、刘梦锡三人为下届司选委员；（二）何德奎、顾季高二人为下年度查账员；（三）王季梁为下年度编辑部长，何鲁、任鸿隽、伍连德、胡先骕、徐乃仁、刘梦锡、葛绥成、卢作孚八人为编辑。次修改社章增加"理事会设常务理事七人"一条通过。次讨论社员提案共六件：（一）胡先骕提胡博渊等十三人连署"建议四川当局组织四川富源调查利用委员会案"，经细密讨论后通过。（二）秉志、曾吉夫等十六人连署"河南大学理学院生物系奉部令停办请予援助案"，讨论后推出代表三人办理此案。（三）伍连德提秉志等七人连署"谓政府对于全国医药须用纯粹科学人才改进及整理案"，通过。（四）叶善定提李振翮等八人连署"请本社联合中华医药学会等团结创办国产药物研究所案"，通过。（五）盛绍章提孙昌克等四人连署"提出成渝铁路计画〔划〕书拟请中国科学社建议四川省当局采择修筑案"，通过，计画〔划〕书交代表面致。（六）李永振等三人提议"中国科学社应组织农产委员会应用科学方法推进中国农产案"，通过，推举委员三人与本社理事会接洽组织办法。最后通过道谢招待年会各机关及个人，又通过赠送西部科学院永久纪念物。最后通过明年年会地点为庐山。会毕，一部分社员又转道赴夏溪口，参观运河水闸工程及煤公司轻便铁道，返温泉公园已万家灯火矣。

二十日上日在温泉公园临时大礼堂宣读论文，到一百余人，由胡理事刚复主席，此次年会共收到论文四十二篇，均系社员平日研究之心得。文题如下：

马寿徵：《磷之研究》

曾吉夫：《河南山蚕之研究》

裴鉴：《南京植物之概略》

钱崇澍、方文培：《中国槭树属之分布》

许植方：《益母草子膺硷之初步研究》

胡泽：《川产黄葛浆之研究》

叶善定：《中国药物论》

何奎垣：《中等算学之新教授法》

秉志：《长江下游之无脊椎动物》

卢于道：Postnatal Growth of the Cerebral Cortex

王善佺：《棉作分枝习性之新解》

郑万钧：《中国松类之概略》

郑万钧：《中国西南部铁杉之分类》

秦仁昌：Lithostigia: A New Genus of Polypodiaceous Fern from Sikkim-Yunann

王志稼：《南京藻类之发见〔现〕》

汤元吉：《海藻酸之研究》

汤元吉、王曰玮：《白果树纤维质之研究》

纪育沣、何紫玉：The Preparation of 2-Ethylmercapto 5-phenyl-6-thiocyanpyramidine

纪育沣、斯芳：The Preparation of Ethyl-2-ethylmercapto-6-chloropyramidine-5-acetate

纪育沣、陈运煌：Preparation of Uracil, a Modified Procedure

纪育沣、施继鸿：Preparation of Tertiary Amyl-bromide, a Modified Procedure

纪育沣、李永茂：Preparation of Ethyl Benzoyl-acetate, a Modified Procedure

金兰园、乐甫：《羊角椒之化学成份〔分〕及生理作用》

D. F. Pen：Lacquer Toxicity and Attempts at Immunity Production

黄际遇：《Gudermann 函数之研究》

华罗庚：On Pseudo-periodic Functions

华罗庚：On the Representation of Integers by Circulant

沈士骏：《超导性》

陈世骧：*On some Asiatic Chrysomelidae*

张孟闻：*Herpetological Notes on Szechuan*

张孟闻：《记浙江一种新蝾螈》

方炳文：《华西鲤科新属志》

徐凤早：《南京之仙虾类》

倪达书：《沙壳纤毛虫之新种》

何锡瑞：*Observation on the Breeding Habit of the Gold Fish*

伍献文：《兔肠寄生虫之一新种》

W. R. Morse：*Notes on the Anthropology of West China, a Very Abridged Report on the Chinese and Non-Chinese population*

朱洗：《化生说的进化》

朱洗：《种子发生说之复习》

杨钟健：《论研究有地方性科学之基本工作》

会毕乘"民约"轮于中午十二时抵北碚场，参观医院、民众教育馆、嘉陵江日报馆、农民银行等机关，午膳于新营房，饭罢参观西部科学院、动物园、博物馆、图书馆、各研究所、公共运动场、三峡工厂等。北碚本一小村落，自卢作孚氏经营后，文化发展，市政毕举，实国内一模范村也。三时半一部分社友赴北川铁路参观，五时在露天会场举行公开演说。马寿徵讲《由中国化学肥料问题说到农村复兴》。次陈燕山讲《改进中国棉业之重要》。次李永振讲《农业改良》。听讲次〔者〕二百余人，极能引起地方人士之注意。

二十一日全体社员自温泉公园返重庆，仍住巴县中学。中午由重庆大学、四川乡村建设学院、川东公〔共〕立师范三机关欢宴于永年春，由乡村建设学院院长甘典夔氏致欢迎词，由秉农山君答谢。午后分三组出发参观：（一）铜元局；（二）中心农场；（三）自来水厂。晚六时由本社年会设席适中花园，答谢重庆各机关团体，第十八届年会至此暂告一段落。

二十二日上午，本社同人除一小部分因事留渝者外，俱应刘甫澄督办之欢迎，分乘五大汽车出发赴成都，途中由何文俊诸人招待，沿途饱看沱江流域诸风景，经过永川、荣昌、隆昌等县，晚宿内江县之沱江公学，罗县长殷勤招待，并设宴欢迎，由王季梁社长代表本社答谢。内江产蔗糖极富，土法榨糖厂遍地皆是，惜因为时匆促，未能参观一二。

二十三日从内江出发,经过资中、资阳、简阳等县,下午过龙泉驿遂至成都郊外,成都各机关各学校各团体郊应者百余人,在武庙开会,并稍事茶点,由华西大学校长张凌高君等相继演说,本社由秉农山君答谢。该晚本社同人俱寄宿南门外华西大学。华西大学为吾国西部有数之大学,设备甚佳,而牙科学院尤著。

二十四日本社理事王季梁、周子竞、秉农山、胡步曾与社员何伯衡、盛绍章诸人代表本社往访刘甫澄督办、杨子惠军长等,畅谈四川建设计划,杨军长对于本社事业尤极注意。中午华西大学欢宴本社同人于理学院,并摄影纪念。该晚又有成都二十九机关团体联合欢宴本社同人,成都社友会并以祝词银盾见赠,由胡步曾君答谢,对于四川省之急宜科学化与建设,三致意焉。成都为川中首善,名胜古迹极多,如武侯祠、昭烈帝墓、草堂寺、杜工部祠、青羊宫、百花潭、望江楼、文殊院、昭觉寺,或为著名丛林,或有历史价值,同人既远道至此,自皆一乐游览,故二十四、二十五两日,锦江城畔,万里桥边,俱布满同人踪迹矣。

四川成都华西大学欢宴中国科学社第十八届年会社员留影
(《科学》第十八卷第一期插图)

二十五日四川大学欢宴本社同人于大学之大礼堂，堂为旧王城贡院之至公堂，由王校长、向院长及邓主任等引导参观，并致欢迎词。由李鹭宾代表本社答谢。正当宾主举杯酬酢之际，忽桌面摇动，梁瓦有声，盖地震也。同人俱起，急趋屋外，待定后仍入席，然已饱受虚惊矣。是日下午何奎垣、何德奎、胡博渊、胡步曾、秉农山、王季梁诸人至春熙舞台及大学等处作通俗演讲，借以答谢各界欢迎之厚意。晚间刘甫澄督办欢宴同人于俞园，座中并有川中之五老七贤，席间有刘军长代表及杨子惠军长诸人演说。

二十六日同人应独立师师长陈离君之约，共至新都、广汉二县参观，二县物产丰富，建设颇有可观，而宝光寺之古刹，与桂湖之桂树，尤为雄壮幽美，广汉公园及工厂俱布置有方，陈师长在公园欢宴同人，盛意极为可感，由王季梁、胡博渊二人代表本社答谢。宴毕返成都，晚间有田颂尧、邓锡侯、杨森、刘存厚四军长邀本社同人在俞园酌聚，并有客串表演川剧昆曲京剧，田颂尧军长演讲川中情形及对于本社之希望，由秉农山君答谢，对于科学精神多所发挥。

二十七日本社理事会同人本拟至广安参观杨子惠军长在彼处之建设，因天雨公路泞泥，势难行车，乃决定坐木船至嘉定，借作峨嵋〔眉〕之游。晚间四川大学、华西大学在华大开欢别会，由王宏实、张凌高二校长致词，社员何奎垣、何北衡、胡步曾、秉农山、王季梁诸人相继谈话，俱以努力科学相勉励，十时后方散。

二十八、二十九两日，同人分乘柏木船六艘泛岷江顺流而下，途经彭山、眉山、青神诸县而至嘉定，沿江风景绝佳，惜当军事之后秩序尚未恢复，乃嘉定军政当道，仍为同人谋种种便利，为备多辆人力车送至峨嵋〔眉〕，厚意实所难忘。

三十日外省社友及重庆社友约五十人俱乘人力车朝发嘉定，午饭于夹江县署，饭后渡雅江，薄暮抵峨嵋〔眉〕县，时阴云四合，大有雨意，入城寓书院街小学校内，彻夜雨声如注，沟浍皆盈。

三十一日晨微雨濛濛，同人冒雨上峨嵋〔眉〕山，或乘滑竿，或用背椅，及抵报国寺天已放晴，畅游伏虎寺、神水阁、大峨寺、双飞硚、白龙寺、金龙洞等处，而宿于万年寺砖殿，马心仪、胡步曾、葛绥成、刘恩兰诸人更上宿初殿，胡刚复、张端珍、叶善定等且直上金顶，各人所至所见，均自不同。

九月一日及二日同人分批下山，乘滑竿过峨嵋〔眉〕县城迳苏稽场而至嘉定，知"民有"

轮因水浅停嘉定,不能回重庆。幸陈县长为之雇得大盐船一艘,载同人至叙府。同人在嘉定饱看乌尤寺、大佛寺诸胜迹后,于三日登舟东下,夜泊泥溪。四日晨开,过犍为至叙府,知民生公司已派"民福"专轮相候,同人喜出望外,欢声雷动,即换乘"民福"轮东行,夜泊泸州。五日下午四时抵重庆,住青年会,略事勾留及整理行装,并与各社友话别,于八日晨搭"民宪"轮回上海,十八次年会遂告结束焉。

(珣)

《中国科学社第十八次年会纪事录》选录①

中国科学社第十八次年会纪事录

本社第十八次年会,于二十二年八月十六日至二十一日在四川重庆举行,闭会后并赴成都、峨嵋〔眉〕等处游览考察。年会职员如下:

年会名誉会长:刘湘

年会委员会:卢作孚(会长)、曾义(秘书)、季叔平(会计)、胡先骕、何鲁、段调元、傅有周、任鸿隽、温嗣康、曾德钰、杨孝述

论文委员会:秉志(委员长)、竺可桢、翁文灏、饶育泰、王琎、钟心煊、张云

会程委员会:周仁(委员长)、吴有训、胡刚复、钱崇澍、卢于道、丁燮林、何德奎

招待委员会:甘典夔(委员长)、何北衡(副委员长)、张德敷、郑献徵、傅有周、段调元、何文俊

交际委员会:张表方(委员长)、温嗣康(副委员长)、吴蜀奇、陈学池、刘航琛、杨懋实、裴鉴

演讲委员会:何鲁(委员长)、窦维廉、税西恒、周君道、王琎、胡先骕、徐乃仁

本届年会,经各委员会长时间之筹备,尤以四川社友之努力,川省军政当局与社会人士之热忱赞助,得以成功,且为空前之盛举。各地赴会社员于八月四日集中上海,乘民生实业公司特派年会专轮"民贵"号出发。沿途在南京、大冶、汉口、宜昌、夔府、万县、酆都各

---

① 《中国科学社第十八次年会纪事录(附美国分社年会纪事录)》(1933年8月刊)第1—27页,附后之《社员提议案件》《各部报告》《川中各日报之时论》《欢迎电报》《年会中所见之标语》等篇均略。

埠停靠,上岸游览,南京、汉口两埠均有社员加入赴会。大冶铁厂、武汉大学、万县王方舟师长及各机关,酆都县政府及各机关,或招待参观,或设筵欢迎,至为可感。于八月十五日下午五时抵重庆。"民贵"轮设备整洁,招待周到,同人虽苦气候酷热而仍不减长途旅行之乐。此次会期既长,开会地点亦多。会员下榻之处,先后计有重庆巴县中学、温泉公园、重庆青年会、内江沱江中学、成都华西大学等处,莫不设备周至,交通方面亦处置适宜,使同人咸有宾至如归之乐。招待人员之努力辛劳,尤使同人感激不已。开会期内承重庆、成都以及沿途各地之各机关各团体设筵款待,殷勤指导,其热心盛意,在在使同人感奋。年会会程如次:

八月十六日(星期三)

  上午九时 开始注册(巴县中学)

  下午六时 刘澄甫①督办欢宴(陶园)

八月十七日(星期四)

  上午九时 正式开会

      社长致开会辞,来宾演说,社员演说(共立师校大礼堂)

  下午四时 公开演讲(共立师校、重庆市商会、重庆青年会三处)

    六时 重庆全市五十余团体公宴(适中花园)

八月十八日(星期五)

  上午八时 出发赴温泉公园,十一时到

  下午一时 游憩并入浴

    四时 第一次社务会(温泉公园临时大礼堂)

    七时 社友交谊会②

八月十九日(星期六)

  上午八时 赴缙云山游览,十一时到

  下午二时 第二次社务会(缙云寺大讲堂)

    五时 赴夏溪口参观运河及铁道

---

① 刘澄甫应为刘甫澄,下同。
② 根据下文叙述,18日晚实际上没有社友交谊会。

　　　　七时　返温泉社友交谊会

八月二十日(星期日)

上午八时　宣读论文(温泉公园)

　　十二时　到北碚参观模范建设事业

下午四时　公开演讲(北碚露天会场)

　　　五时　参观北川铁路

　　　七时　回温泉①

八月二十一日(星期一)

上午八时　自温泉公园返重庆

　　十二时　重庆大学、四川乡村建设学院、川东共立师范公宴(永年春)

下午二时　参观铜元局、中心农场、自来水厂

　　　六时　年会宴会(适中花园)

二十二日上午七时　由重庆出发赴成都

　　　　　下午七时　沱江县长欢宴

二十三日上午七时　由内江出发

　　　下午　成都各机关团体在城外武庙开欢迎会

二十四日中午　华西大学欢宴(华大理学院)

　　　　下午六时　成都各机关团体联合欢宴

二十五日中午　四川大学欢宴(大学大礼堂)

　　　　下午四时　公开演讲(春熙舞台、四川大学)

　　　　　七时　刘澄甫督办欢宴(俞园)

二十六日上午　赴新都、广汉二县参观

　　　中午　陈静珊师长欢宴(广汉公园)

　　　下午七时　田颂尧、邓锡候〔侯〕、杨森、刘存厚四军长公宴(俞园)

二十七日晚　四川大学华西大学开话别会(华大)

----

① 根据下文叙述,20日晚实际上还有第二次社友交谊会。

二十八日　出发赴嘉定

三十日　抵峨嵋〔眉〕县

三十一日　上峨嵋〔眉〕山，九月二日下山

九月五日返重庆，年会闭会。

本年年会到会社友共计一百十八人，又省外来宾三十二人，姓名列下：

甘典夔	黄元贲	杨　芳	曹玉冰	邓永龄	张精一
唐建章	罗淑斌	郑奠欧	柯尧放	曾自强	熊春膏
涂承继	费宗之	罗伯刚	何应枢	王国源	唐世承
林　恕	白美勋	任锡朋	连鼎祥	冯永年	罗绍杰
郑献徵	丁秀君	漆公毅	杨达权	唐子谦	罗竟忠
罗世襄	王嘉猷	顾鹤皋	袁树声	张国权	李鬵仪
周君适	曾健民	左绍先	喻正衡	岳尚忠	罗业广
汪敷昇	王介祺	张俭如	朱世通	司子和	王德熙
郭谷初	刘伯量	曹伯禹	陈行可	李之郁	熊学慧
贾志钦	李世希	金初锐	胡家荣	杨世才	唐幼峰
胡学渊	曾广铭	徐修平	陈思明	沈问梅	黄次咸
王季刚	刘啸松	刘文章	柳高蔼鸿	黄钰生	张洪沅
杨绍曾	丁　佶	葛成慧	张鸿基	周子竞	陈燕山
李永振	葛绥成	许植方	秉农山	唐　钺	顾鼎梅
周榕仙	张凌高	马寿徵	卢于道	徐乃仁	杨允中
叶善定	胡刚复	刘梦锡	胡博渊	王季梁	马心仪
刘恩兰	裴　鉴	戴芳澜	郭凤鸣	方文培	孙昌克
丁巽甫	何德奎	伍连德	李振翩	张湘文	胡步曾
朱昌亚	杜长明	盛绍章	陈邦杰	陶　英	欧世璜
区国著	张道宏	陈宗蓥	曾吉夫		

省外来宾：柳无忌、黄钰生夫人、张洪沅夫人、张端珍女士、于吟詹女士、柳大纲、沈叔达、卢于道夫人、徐南驺夫人、杨允中夫人、杨姮彩女士、朱振钧、裴玉芬女士、陈邦杰夫人、

陶英夫人、李正蒙、贺剑英女士、傅耀诚、许萱伯、杨臣勋、曾吉夫夫人、杨臣华。

年会第一日，八月十七日

上午九时在重庆川东共立师范学校大礼堂举行年会开幕典礼，出席社员一百十余人。各机关代表到会者有刘督办代表甘典夔、市商会代表温少鹤、重庆大学代表李乃尧、川江航务处长何北衡、峡防局长卢作孚以及速记张邦永、新闻记者、各界来宾共二百余人。由重庆社友会理事长何鲁主席，行礼如仪。

社长王琎致开会辞。中国科学社第十八届年会，于本月十七日午前，在川师大礼堂举行，到会者百数十人，济济一堂，极一时之盛。午前十时，正式开会，先由王季梁社长致开会辞云：

各位来宾，各位社友。今天中国科学社在重庆开第十八届年会，蒙廿一军军部及重庆各机关代表到此赞助，同人等觉得十分荣幸。中国科学社成立，差不多二十年了。在此二十年之间，虽遇到很多的困难，我们总是继续步步的进行。并不敢说对于社会国家有多少贡献，或有甚么成绩。今天趁此开幕的机会，不过对诸君简略的报告本社的主旨及其希望。我们知道一个国家，一个社会，要找出路，就要向科学方面去寻。所以有许多同志在留美的时候，就觉得科学的紧要，即组织了这个科学社。开办的时候，目的虽然很大，但是仍要从小地方作起。我们觉得有三点要注意的。

第一点，要注意研究。因为科学不是光喊口号、光讲空话就行了的。从前那样作了几十年，一点没有成效。所以我们要实际研究，抱定研究的目的去工作，实事求是，先从小规模作起。最初就办一个生物研究所。并不说生物特别重要，不过因为生物有地方性，中国地大物博，有许多东西是世界各国没有的。我们研究生物，取材容易，又可引起兴趣。研究得了结果，在国际上很可以提高我们科学的地位。我们作这种研究的工作，曾蒙许多人士的赞助，许多学者都有深刻的研究，所以结果很好。这一方面的研究，现在比较有头绪了，建筑已经弄好，设备也还完全，不过这是小规模的研究，希望将来还有大规模的研究。

第二点，就是希望普及科学的知识。若是科学家只在研究室里面工作，传不到社会上去，即有心得，也不能利用厚生，所以应该要推行到社会上去。于是我们就作了几件事，头一个就是办《科学》杂志,诸君必定看见了。凡是研究得有价值的知识及普通人应该知道的都放在里面。希望各位对于此事,将来多多指教。不过单靠这个杂志,还是不能普及一般民众,所以在杂志之外,又办了一个《科学画报》。因为要使人人都了解科学,文字是不够的,要拿实在的物体跟他看,但是试验室又不容易办到。所以用图画,一方面可以补救设备之不足,一方面又可以引起儿童和一般民众的注意。今天带得有些画报来,希望各位与〔予〕以批评指教。

第三点,联络各界并引起科学的兴味。我们从前是注重教育,所以有科学教育委员会和图书馆。现在相〔想〕对实业家有点贡献,所以在《科学》杂志内,有一个咨询栏,希望各位社友齐担负这个责任的。近二十年来我们兢兢业业尽力的工作,不敢说有甚么成绩,不过总是认定方向走去,继续进行。现在到了四川,四川地大物博,很可以作些工作,遇有困难的,还要请重庆社友及各位来宾指教。

刘甫澄督办代表甘绩镛演说词:今天是中国科学社第十八届年会开幕之日,刘督办因公在省,不能亲临,令本人代表参加,敬致欢迎之忱。个人学识浅薄,对于科学无深刻之研究,未便有所措词。不过把欢迎之意及希望之点,简单报告。世界文明,科学竞胜,在国际上非科学不能救亡。所幸十余年来,中国科学社同人,尽心研究,努力著述,故有今日之成绩。比之各国,未遑多让。将来更进一步,中国科学驾而上之,亦非不可能者。科学之关系,既〔即〕是这样重要。中国科学社诸君,远道来到偏僻的四川,举行年会,我们非常欢迎,我们的希望亦甚大。科学万能,人人争道,不过一说科学就完了。为甚么缘故呢?就四川说,四川号称天府,蕴藏很富。年来多故,人民瘠苦。若欲挽救,惟有开发实业,利用厚生。四川动植物及地质方面,各种矿产,所在皆是。不过言及实业,即有许多难题。如四川的农产丝、糖、绵、粟、茶、桐油皆颇丰富,现在说要改良,很不容易。又如煤、铁等等之抵制舶来品,亦不容易。必用科学专门人才,方可能解决种种困难问题。刘督办近来对于农工矿方面,虽有规划,但限于环境,缺于人才,尚少实施。现在四川有统一之望,希望贵社社友有以成全之,此希望于贵社者一也。再就教育言。教育为立国之根本,尤其是科学教育实〔至〕关重要。近来许多人鉴于科学教育之失败,主张改良。二十一军亦很想以职业教育为标准,以农工商业为单位。但推行未久,收效未宏,方法是否适当,未敢断定。究竟教育应如何改革推行,职业教育应从何处入手,科学教育秩序应如何规定,种种问题,希望贵社诸君切实指教。二十一军数年前创办重庆大学预科,去年何奎垣先生回川,始设本科,与夫四川乡村建设学院,均系草创,缺陷在所不免,亦待指教。此希望贵社者二也。就军事说,世当战争的胜负,皆以科学程度之优劣为准。必要科学,必要武力科学化,乃能战胜救亡。希望贵社诸君将科学知识,入输军人脑筋,不但使能应用科学方法作战,以制强敌,并望使军人以科学发展各种实业,化消耗为生产,使人民利赖,财源增益,一举而数善兼备。此希望于贵社者三也。以上三端,非科学专家不能办,故请切实指导,对症下药。国家人民,均受其益矣。

社友温少鹤代表重庆社友会及重庆市商会致词,略谓:川省土产丰富而商业萧条。重庆为西北工商业中心,对于开发富源、救济全川商业,所负责任极大。如何调查研究,希望科学社同人加以指导。

重庆大学代表李乃尧致词,略谓:四川交流不便,人才缺乏,虽称天府之国,而生产犹未整理出来,在人种上说,青年少气概、体魄亦不健。物质上与人种上问题,均须赖教育与科学之力量以挽救。此系重庆大学之责任。此次贵社来此开会,实予重大以极好机会,希望指导与合作。

社友秉志演说,略谓:同人此次来川,不是游历性质,而是研究性质。川省人士及川省当局,向来对于学术机关来川采集调查,必予以种种便利。故同人来川开会,想望已久。往年任叔永先生发起调查团,入川做科学工作。不过大团体入川,至今天方才实现。彼此希望亦至今天方才接近。承蒙贵省热烈招待,同人定当效一得之愚。

最后由招待委员长何北衡报告筹备赴成都情形。礼毕摄影散会,已正午十二时矣。

下午四时公开演讲,同时分三处举行。第一处在青年会,伍连德博士讲《生活、健康与财富》,女社员马心仪博士讲《植物与人生》。第二处在总商会,胡步曾博士讲《四川农村经济复兴问题之讨论》。第三处在川东师范学校,秉农山博士讲《生物与科学教育》。每处听讲者各有五六百人,极形踊跃。川中人士对于科学之兴奋,于此可见一斑。各人演讲词详本刊年会演讲之部。

下午七时由全市五十余团体在适中花园欢宴全体社员及来宾。甘典夔主席致欢迎词,王季梁答谢。

年会第二日，八月十八日

上午十时全体社员来宾由重庆乘民生公司"民福"专轮，上溯嘉陵江，赴温泉公园开会，下午二时到达。

下午四时在该园用蔑〔篾〕席搭造之临时大礼堂，举行第一次社务会，出席社员九十六人。杨允中主席，并首先报告本社一年来之工作，分：（一）美国分社及各地社友会情形。（二）原有事业进行状况。（三）新办事业。次由周子竞报告本社经济状况及账目，并由查账委员代表何德奎说明全部账目无误，全体通过接受。更由主席说明本社基金之来源，及保管委员宋汉章、蔡子民、徐新六三君之保管得当特致感谢。社员刘梦锡临时动议，杨杏佛先生对于本社劳苦功高，不幸于六月间在上海遇害，此次大会全体，应起立静默三分钟。全场一致起立，静默志哀。次由裴鉴代表生物研究所报告该所状况。次由王季梁报告编辑部状况。次由杨主席代表图书馆馆长路季讷报告该馆状况。各有油印报告分布。（总干事、会计、生物研究所、图书馆、编辑部各报告，详本刊"各部报告"之部。）

最后由司选委员会代表徐乃仁报告选举新理事结果，略谓本年应改选理事七人，共收到正式选举票一百七十五张，开票结果如下：

1. 翁文灏 131 票　　2. 秉志 126 票　　3. 竺可桢 116 票
4. 胡刚复 103 票　　5. 赵元任 78 票　　6. 孙洪芬 71 票
7. 李四光 69 票　　8. 钱天鹤 55 票　　9. 叶企孙 50 票
（又杨铨 50 票作废）①　10. 钱崇澍 43 票　　11. 严济慈 39 票
12. 胡博渊 30 票　　13. 丁绪贤 29 票　　14. 何鲁 27 票
15. 张其昀 24 票　　16. 何炳松 22 票　　17. 程瀛章 21 票
18. 李垕身、李寅恭、张乃燕各 20 票　　19. 杜镇远 17 票
20. 李寿恒、陆费执各 15 票　　21. 冯景兰 14 票
22. 徐世大 12 票　　23. 查谦 10 票

以最多数翁文灏、秉志、竺可桢、胡刚复、赵元任、孙洪芬、李四光等七人当选为新理事，六时散会。

---

① 因为杨杏佛已去世，所以投杨杏佛的选票全部作废。

年会第三日,八月十九日

上午八时全体社员由温泉公园出发,登缙云山游览风景,并赴缙云寺举行社务会。出发时一律乘坐招待委员会所备之滑竿代步,共一百数十乘,分二十组,每组有勤务一名,任指挥及管理之职。一路线联而行,蜿蜒若蛇,约长二里许,状殊奇伟,洵为缙云山上第一次之盛况。九时许行至半山,在绍隆寺休息一刻钟后,复整队前进。十时许抵山顶,已见一片葱茏,循曲径几经回绕,方达缙云寺。有汉藏教理院人员在门前接待,延入寺内,略事休憩,又出发步登狮子峰,穿古寨,上极巅,瞩目山下,莫不咋舌称奇。时各社员有采集标本者,有摄影以作纪念者,有持画具写生者。返寺,由汉藏教理院招待茶点,并即在寺午膳。

下午二时,即在寺内大讲堂开第二次社务会,出席社员八十八人,王季梁主席,杨允中纪录,讨论议案如下:

1. 选举下届司选委员三人。开票结果何鲁62票,刘梦锡43票,唐钺38票,三人得票最多当选。次多数为伍连德33票,胡博渊31票,杨绍曾17票,陆费执8票。

2. 选举查账员。陈宗蓥提议推举前任查账员顾季高、何德奎二人连任,裴鉴附议,众请付表决,全体举手通过。

3. 选举《科学》编辑员。一致推举王季梁连任编辑主任,并无第二人提出,主席付表决,全体通过。次主席声明《科学》编辑员由大会推举八人,其余一半由理事会聘任。杨孝述提议照本社所分物质科学、生物科学、工程科学、社会科学四大组,每组先各推候选人四人,再于每组四人中推举二人。对于分科问题略有讨论,嗣以此问题太复杂,仍照本社习用之分科办法,众无异议,赴表决通过。主席指定龙正善、裴鉴、杜长明、杨孝述四人为监选员。选举结果:物质科学组由任鸿隽61票、何鲁47票当选,次多数赵宗尧26票,刘恩兰14票。生物科学组由胡先骕68票、伍连德48票当选,次多数何尚平30票,陈宗蓥8票。工程科学组由徐乃仁47票、刘梦锡37票当选,次多数张洪沅30票,李书田27票。社会科学组由葛绥成46票、卢作孚47票当选,次多数蔡子民39票,何德奎19票。

4. 理事会提议修改社章案,由总干事杨孝述代表说明,谓本会鉴于理事散处各方,开会不易,且社章中向无开会法定人数之规定,往往感觉困难。本会曾于民国二十一年一月九日通过修改章程二条提议于年会,并依社章第十四章第三十七条及三十八条于同年六月十五日通告各社员各在案,只以去年西安年会人数太少,未能提出,特于本届大会提出

修改,议案如下:

(1) 原社章第二十九条后增加一条,条文为"理事会设常务理事六人,社长、总干事、会计为当然常务理事,其他三人每年由理事会互选出之,承理事全体大会之命在闭会期内执行一切社务",以下各条条数顺次推后一条。

(2) 第四十条(原第三十九条)原文为"理事会每月至少开会一次,开会日期地点……",修正文为"理事会每年开大会二次,常务理事每月至少开会一次,均以过半数为法定人数,开会日期地点……"。

众主张常务理事人数以单数为合宜,改为七人。

主席逐项付表决,第一项照原文,惟改六人为七人,以59票通过,第二项照原文以68票通过,均超过出席人数三分之二。

5. 建议四川当局组织四川富源调查利用委员会案,提议人胡先骕,连署者孙昌克等十二人。(提案修正文见后。)

先由提案人说明意见与办法,将来聘请委员时,本有职务者酌给旅费,特聘者给俸薪。何德奎主张省政府名义有问题,此案不必正式成立,恐怕引起嫌疑,由私人向当局表示意见为善。喻正衡、曾义均主张成立,惟改省政府名义为当局二字,胡刚复主提案中"若蒙下问可由本社介绍"一段删去。杨孝述主张本案应照何、喻、曾、胡诸君所发表之意见,修正文字,正式将提案通过,以示同人对于川省贡献之热忱,一面由大会委托提案人,以大会名义,口头向川省最高当局建议。周仁赞成杨说。主席以杨孝述之提议付表决,以62票通过。

6. 河南大学理学院生物系奉部令停办,请援助案。提议人曾吉夫、陈宗蓥,连署者秉志等十四人。(原文见后。)经提案人说明案由办法后,主席询众本案是否成立付表决,以52票通过原则成立。曾义主张不用公文直接向部交涉,应先组织调查委员会,调查真相以资应付,由理事会于连署人中指定三人为委员。杨孝述赞成曾说,但主张即由大会推定三人,面向教育部调查真相,并说明生物系应设于理学院之理由,主席付表决,以58票通过,并当场举出秉志、钱崇澍、裴鉴三人为调查委员,负责处理。

7. 提议呈请政府对于全国医药事业须用科学人才改进及整理案,提议人伍连德,连署者胡先骕等六人。(原文见后。)众无异议,主席付表决,以58票通过。

8. 拟请本社社员中对于执业医务、化学、农业三项之社员,组织一中国药物研究所案,并附办法大纲七条,提议人叶善定,连署者李振翩等八人。(修正文见后。)胡先骕主张加入植物学家,周仁主张改"中国药物"为"国产药物"字样,李振翩主张本社与中华医学会合办国产药物研究所,众无异议,主席以各修正点付表决,62票通过。

9. 中国科学社应组织农业委员会应用科学方法推进中国农业案,提案人陈燕山、马寿徵、李永振。(原文见后。)

杨孝述主张推提案人为筹备委员与本社理事会接洽后,再罗致国内农业专家组织农业委员会,众无异议,主席付表决,以73票通过。

10. 为提出成渝铁路计划书,拟请由中国科学社建议四川省政府采择修筑案,提议人盛绍章,连署人裴鉴等四人。(原文见后。)众以此案由计划人自行向川省当局面陈一切,较为便捷详尽,主席付表决,以54票通过,将来本会推定代表与川省当局晤谈时,提案人为代表之一。

11. 全体一致通过致谢招待此次年会之各当道、各机关团体、各个人并由本社具函道谢,又决议省外到会社员,每人至少捐助十元,购置纪念物品,赠送中国西部科学院。

下午五时三十分散会,下山时,一部分社友又转道赴夏溪口,参观新开运河工程及宝源煤业公司煤窑新建轻便铁道工程,参观完毕已将七时,乃改乘木船顺流而返,抵园时已夜色朦胧矣。

晚饭后,各社员略事休息,又在浅草坪会场举行社员交谊大会。同时招待委员会各职员亦参加在内,共约二百人,济济一场,诚为温泉公园之空前盛举。其游艺节目有沈叔逵先生之昆曲、唐幼峰先生之魔术、陈燕山先生之笑话,原定节目有十余项,因时间关系,保留至明晚表演。

年会第四日,八月二十日(星期日)

上午八时在温泉公园临时大礼堂宣读论文,到一百余人,胡刚复主席,由本人宣读论文者有马寿徵、曾吉夫、裴鉴、方文培、许植方、叶善定、何鲁、秉志、卢于道等九人,每人宣读时间定为十分钟,讨论时间五分钟。是日各文宣读之后均有质疑及讨论,全场兴趣甚浓,至十一时散会。此次年会收到论文共四十二篇,兹将提文人姓名及题目列下:

马寿徵：《磷之研究》

曾吉夫：《河南山蚕之研究》

裴鉴：《南京植物之概略》

钱崇澍、方文培：《中国槭树属之分布》

许植方：《益母草子赝硷之初步研究》

胡泽：《川产黄葛浆之研究》

叶善定：《中国药物论》

何鲁：《中等算学之新教授法》

秉志：《长江下游之无脊椎动物》

卢于道：Postnatal growth of the Cerebral Cortex

王善佺：《棉作分枝习性之新解》

郑万钧：《中国松类之概略》

郑万钧：《中国西南部铁杉之分类》

秦仁昌：Lithostigia—A New genus of Polypodiaceus fern from Sikkim-Yunann

王志稼：《南京藻类之发见〔现〕》

汤元吉：《海藻酸之研究》

汤元吉、王曰玮：《白果树纤维质之研究》

徐凤早：《南京之仙虾类》

倪达书：《沙壳纤毛虫之新种》

何锡瑞：Observation on the Breeding Habit of the Gold Fish

伍献文：《兔肠寄生虫之一新种》

W. R. Morse：Notes on the Anthropology of West China, a very abridged report on the Chinese and non-Chinese Population

朱洗：《化生说之进化》

朱洗：《种子发生说之复习》

杨钟健：《论研究有地方性科学之基本工作》

纪育沣、何紫玉：The Preparation of 2-Ethylmercapto 5-phenyl-6-thiocyanpyramidine

纪育沣、斯芳：*The Preparation of Ethyl-2-ethylmercapto-6-chloropyramidine-5-acetate*

纪育沣、闵世圣：*The action of potassium cyanate upon 2-ethylmercapto-5-carbethoxy-6-chloropyramidine*

纪育沣、陈运煌：*Preparation of uracil, a modified procedure*

纪育沣、施继鸿：*Preparation of tertiary amyl-bromide, a modified procedure*

纪育沣、李永茂：*Preparation of Ethyl benzoyl-acetate, a modified procedure*

金兰园、荣甫：《羊角椒之化学成份〔分〕及生理作用》

D. F. Pen：*Lacquer toxicity and attempts at immunity production*

黄际遇：《Gudermann 函数之研究》

华罗庚：*On pseudo-periodic functions*

华罗庚：*On the representation of integers by circulant*

沈士骏：《超导性》

陈世骧：*On some Asiatic Chrysomelidae*

张孟闻：*Herpetological notes on Szechuan*

张孟闻：《记浙江一种新蝾螈》

方炳文：《华西鲤科新属志》

郑稷熙：《四川银耳概论》

上午十一时半离温泉公园,于中午十二时抵北碚场,参观各种新事业。先至民众俱乐部茶点,乃分十组分道参观医院、民众教育馆、嘉陵江日报馆、农民银行等机关。一时许在新营房午膳。虽系粗柱茅屋,然以布置得宜,亦殊落落雅致,另具风格。餐桌排成中字式,铺白纸,以花瓣缀成标语警句。各人分食,以卢作孚所创之南瓜饭为主,附以其他精美蔬菜,味甚可口。卢氏且躬亲在场指挥一切。饭后复分组出发参观西部科学院、动物园、博物馆、图书馆、各研究所、公共运动场、三峡工厂等处。按北碚仅一乡村耳,居民不过千户。自经卢作孚经营其地,市政毕举,文化发展,人民安居乐业,实为一国内之模范自治村也。至三时半,一部分社友赴北川铁路参观。五时在露天会场举行公开讲演。由马寿徵君讲《由中国化学肥料问题说到农村复兴》。次陈燕山讲《改进中国棉业之重要》。次李永振讲《农业改良》。听者二百余人,极能引起地方人士之注意。

晚八时举行第二次社友交谊会,以四川社友与峡区办事员之演唱川戏为特色,至十一时方散。

年会第五日　八月二十一日(星期一)

上午八时全体社员乘专轮二艘自温泉公园返重庆,仍住巴县中学。中午由重庆大学、四川乡村建设学院、川东共立师范三机关欢宴于永年春。由乡村建设学院院长甘典夔氏致欢迎词,由秉农山君答谢。午后原定出发参观:(一)铜元局;(二)中心农场;(三)自来水厂。惟其时各社员因天气酷热,连日开会奔走已甚疲劳,且下午须整理行装,预备明晨出发,故除有一小部分社员参观铜元局外,其余二处均未有人去,有负主人招待之盛意,同人咸抱歉□尽。晚六时由本社年会设席适中花园,答谢重庆各机关团体,第十八届年会乃正式闭幕。

八月二十二日上午,本社同人除一小部分因事留渝者外,俱应刘甫澄督办之欢迎,分乘汽车出发赴成都。该晚宿于内江县之沱江公学。罗县长殷勤招待,并设宴欢迎。由王季梁代表本社答谢。内江出产蔗糖极富,土法榨糖厂遍地皆是,惜因为时匆促未能参观一二。

二十三日上午从内江出发,经过资中、简阳等县,下午过龙泉驿,遂至成都郊外。成都各机关各学校各团体在城外欢迎者,有百余人,极一时之盛,并在武庙开会,由华西大学校长张凌高君等相继演说,本社由秉农山君答谢。该晚本社同人俱寄宿于南门外华西大学。华西大学为吾国西部有数之大学,设备甚佳,而牙科学院尤著。

二十四日本社理事胡步曾、秉农山、周子竞、王季梁与社员何伯衡、盛绍章诸人代表本社往访刘甫澄督办、杨子惠军长等,畅谈四川建设计划。杨军长对于本社事业尤极注意。中午华西大学欢宴本社同人于理学院。该晚又有成都各机关联合欢宴本社同人。成都社友会并以祝词银盾见赠,女子师范博物教员某君并以桐花凤标本赠与本社,由胡步曾君答谢,对于四川省之急宜科学化与建设,三致意焉。

二十五日四川大学之大礼堂,由王校长、向院长及邓主任等引导参观,并致欢迎词。由李鹭宾代表本社答谢。是日下午本社社员何奎垣、胡博渊、胡步曾、秉农山、何德奎、王季梁诸人至春熙舞台及大学等处作通俗演讲,借以答各界欢迎之厚意。晚间刘甫澄督办欢宴本社同人于俞园,座中并有川中之五老七贤,席间有刘军长代表及杨子惠军长诸人演说。

二十六日同人应独立师陈师长离君之约,共至新都、广汉二县参观。陈师长在公园中欢宴同人,盛意极为可感。由胡博渊、王季梁二人代表本社答谢。该晚田颂尧、邓锡候〔侯〕、杨森、刘存厚四军长邀本社同人在俞园酌聚,并有客串表演川剧、昆曲、京剧,田颂尧军长演讲川中情形及对于本社之希望,由秉农山君答谢,对于科学精神多所发挥。

二十七日晚间,四川大学、华西大学在华大开会与本社同人话别。由王宏实、张凌高二校长致词,社员何伯衡、何奎垣、胡步曾、秉农山、盛绍章、王季梁诸人相继谈话,俱以努力科学相勉励。至十时后方散。

二十八、二十九两日同人遂分乘柏木船泛岷江顺流而下,途经彭山、眉山、青神等县而至嘉定。沿江风景绝佳,惜当军事之后,秩序尚未恢复,乃嘉定军政当道,仍为本同人谋种种之便利,为之备多辆人力车送至峨嵋〔眉〕,厚意实所难忘。九月一日同人分批下山返重庆,年会遂告结束焉。

美国分社年会纪事录[①]

中国科学社、中国工程师学会美洲分会社联合年会纪事

民国二十二年联合年会于八月二十四至二十八日在纽约举行,会场设于纽约国际公寓甲乙丙会集室。事先由两分会举人共同筹备,如敦请名人演讲、征集论文,筹备游艺,举行餐会,游览名胜,接洽参观,共计四日之会序,无不先期极力求全,从事筹备。至开会时,除在哥仑比亚大学附近通衢公布外,并发行年会特刊,以利会员及外界来宾,内载四日年会会序及此次年会论文提要,开两分会之先例。凡关心两会之人士,设未能参与盛会,而人手一本,读及会序,可知年会之情形;读及论文提要,可知两会会员研究之趋向矣。兹将四日经过,记之于后,藉志始末:

会场——会场设于国际公寓甲乙丙室。丙室为进口,门头标"科学工程"四字,旁悬对

---

① 《中国科学社第十八次年会纪事录(附美国分社年会纪事录)》(1933 年 8 月刊)第 105 – 117 页。

联一付"协力同心致知格物""集思广益利用厚生"。上联寓通力合作,努力于科学之意,下联寓共同讨论发展工程,以利民生之意,同时引用科学社社徽上之"致知格物利用厚生"八字。室内用红绿纸带交叉,中悬一钟,虽点缀简单,而庄严之意颇能充分表现。丙室用为办公室,甲乙两室用为会场。值此新秋天气,溽暑渐消,有此时地之相宜,到会者之兴趣,亦因以倍浓焉。

八月廿五日

注册——廿四日下午四时至六时及廿五日九时至十时为注册时间,本年因多数会员返国,两会会员注册者仅十八人。

开幕典礼——上午十时举行开幕礼,由张光华君主席,先述两会合作之原因及将来在中国科学工程界努力之需要。次介绍科学社职员周田君致欢迎词,周君发挥年会之意义有三:一为交换知识报告心得。二为联络感情。三为提倡科学与工程。再次介绍工程师学会连任会长欧阳藻君致欢迎辞。欧阳君首述科学、工程两会过去在中国之努力。当今国内外经济军事暗斗愈激之时,第二次世界大战在最近之将来恐终不免。欲谋中国之生存,须从速利用工业化,以裕民生,力固国防,以免蚕食。欲达此种目的,端赖科学与工程。愿科学与工程同志,互相共勉,向此两途努力焉。

名人演讲——年会开幕时,有名人演讲。首先主讲者为赵元任博士,赵先生为科学社昔年发起人之一,返国后在物理方言上颇多贡献,现任清华留学生监督。其讲题为《方言学在科学与工程上之重要》,发表科学理论,阐明工程应用,莫不赖简捷有效之方言。中国文字虽称为世界最有系统之文字,然因其困难,遂不能为科学家所采用,其次为英文。我国科学前途之发达,仍希望于我国文字,能在科学上之应用。文言,白话,骈体,散行,何者为宜,固无一定之标准。然就科学本身言之,当以文字能直接表明意义而简单实用者为佳,其中要以白话为宜。次为华乐儿教授(Prof. E. P. Warner)演讲。华氏为航空界前辈,曾于柯立芝总统任内时,任海军部航空司司长。曾任麻省理工大学航空教授多年,著有航空学书籍甚多,现任《航空月刊》总编辑。其讲题为 *The Engineer*。华氏对于(一)工程师本身与社会之关系;(二)打破与利用习惯来解决社会问题;(三)广义之工程师并非限于技术方面,是就整个社会上之需要,利用其技术,来适应于社会环境而为人群谋福利等等,发挥详尽。并以其昔日任事之经验及美国有成绩之工程师所经过之途径为例证。二氏之演讲皆关于发展中国科学与工程之基本问题,值得我青年学者注意及之。十二时宣告散会,到会者多被邀至兴记园共膳。

宣读论文——宣读论文,计有二组。今日下午系第一组,由周田、王葆和两位博士分任主席,按会序排列,计有论文十二篇,但因作者有八位未到,当场宣读者,仅有六篇。如周田君之 The Relation between the Rate of Reaction and the Potential of System,化学工程师 R. L. Holliday 之《化学工厂内工程部之组织》,航空工程师周传璋君之《新式快行飞机上空气阻力之研究》,丁绪宝君、何增禄君之《创办中国科学仪器厂》意见书四篇,皆由作者亲自宣读。此外作者未到,其论文请人代读者,有周西屏君所作之 Brief Historical Account of the Vector Calculus with Reference to Electrical Engineering 及马翼周君所作之《上海飞机厂之设计》两篇由周传璋君代读,共历三小时之久。登台宣读者咸能解释清晰,在每人规定十五分钟之内,能扼要发挥理论,使听者领略要旨,非研究有素者,颇难如此流畅也。(其他论文题参阅联合年会特刊第四、七、八等页。)

交际会——星期五晚八时半,在甲乙两室开交际会,所以招待来宾,备会员来宾间相互联络感情也。由李振南博士主席,先介绍队恩(J. A. Dean, Service Engineer, Sperry Products Company)先生放映活动电影解释"裂轨"检验器(Detection of Rail Fissures by Sperry Rail Detector)及罗赛(F. A. Russell)先生演讲纽约"赫德生(Hudson)隧道之建筑史"。二位均用幻灯及活动电影,按图说明,引人入胜,历一时半之久。惜时短片长,未能令其演完,不无抱憾,至十一时由主席介绍赵元任先生两女公子歌唱毕,即宣告自由谈话,互相通报姓名,以收联络感情之实效。筹备委员虽事先预备诸多游艺节目,如李□奉女士之游戏,苏宗固、韩传华诸位之音乐,均以时晏,未克表演。筹备委员会主席李振南夫人,对来宾深觉抱歉。该晚虽时至半夜,男女宾朋仍未尽散,于此可知其兴趣之浓矣,当晚到会者共计六十余人云。

宣读论文

宣读论文——今日上午九时至十一时系论文第二组宣读,由丁绪宝、周传璋两位先生分任主席。列入今日论文组会序者,计有论文十一篇。本人到会宣读者计有李振南博士之《互联法之原理及其应用于商情预测》,贝克华(M. R. Bahagwat)氏之《科学思想》(Scientific Mind),罗荣安先生之 The Curtiss Hawk Persuit Plane,王葆和博士之

Continuous Recording of Kennelly-Heaviside Layer Heights，祁定(H. J. Keating)先生之 *Tool Planning and Inspection for Munition Production*。本人未到请人代读其论文者，有马翼周先生一篇，题为 *Controllable-Pitch Propeller*，由周传璋君代读。此六篇论文中，或关于预测商情，或关于飞机设计，或关于工厂管理，或关于电波现象，皆为自然或应用科学上之当今切要问题。宣读者能专心研究，写成大块文章，裨益于科学工程界者，诚非浅鲜也。

事务会议——原定会程今日下午为科学、工程两会分组讨论会务，嗣以到会人数不齐，遂改在明日下午举行。

年会宴会——每年宴会，不特为年会中重要节日之一，即在中国学生团体中，亦属盛举。事前印就餐券，遍贴广告，分函送券，以便关心中国之人士，得有机会参加。今晚七时，宴会在陈利餐馆举行，到会者共计四十余人，并请有几位名人出席演讲。宴会由李嗣绵君主席，聚餐毕，由主席介绍包朗(D. A. Brown)博士演讲《中国水灾问题》。包氏任华洋义赈会名誉主席有年，年前在中国关于防水筑堤工作，有切实之调查。民国二十年长江水灾后，包氏亲睹一千英哩筑堤工作，完全由中国工程师在泛滥时期中主持筑成，其功实不可没。包氏自称为与中国最亲善之友人，对中国作反宣传者，遇有机会，包氏恒无所忌惮，作强有力之辩正。希望我国人自己对这点宜深加注意。包氏辞毕，继起者有白夫人(Mrs. T. C. White)，夫人以德菱公主①著名，为前清公主，适白氏多年，卜居华美两国，来往甚频，此次来纽约居住者已六年。平昔关系〔心〕国事，努力于著作，从事于演讲，无时无地不令一般美国人了解中国文化，认识中国民族，诚为巾帼中爱国之有心人也。白夫人起立述其在美对国事宣传之努力，并竭诚希望中国青年工程师科学家能人人继詹天佑之后，具创造精神，建起一新中国。末为张祥麟博士演讲，略谓我国目前地位低落，无往不受暴日之中伤，即以此次芝加哥博览会为例，经张博士几次之抗议，博览会当局始将世界否认之满洲国之利日宣传取消，但亦应作事实上有力之辩护。至于我国国内情形，亦希望勿为一般无事实上根据之报纸所淆混，诸位为科学与工程同学，所负责任与所取步骤，应按欧阳君所作特刊中之引言上确实做去。演词毕，由主席起立致谢，宣布正式散会。后请会员来宾留

---

① 德菱公主应为德龄公主，即裕德龄(1886—1944)，满洲汉军正白旗人，生于湖北武昌，在清末曾担任慈禧太后的御前女官，并被特封为郡主(和硕格格)，故称德龄郡主或德龄公主，后嫁给美国外交官怀特。

此跳舞及欣赏"平地舞"(Floor Show)。客散后,留〔流〕连夜景者,尚不乏人。

八月廿七日

讨论会今日上午九时至十二时,为公开讨论会。题为《中国工业化》,因人数不足,未能按时开会,候至十二时半始由丁绪宝先生主席,宣布开会。首请欧阳藻君宣读论文,其题为《中国在工业化过程中之地位》,历半小时之久,将中国工业化必需之主要原动力、金属、交通、农产等,按确实之调查,作为图表二十二幅,表示何者为急需,何者最落后,提出几种先决问题,欲实际施行工业化,此等问题,绝对不可忽略。次由朱玉仑君宣读其《发展中国炼矿业之研究》论文一篇。朱君积多年之研究,已将此问题,写成两册,在极短时间内,当然不能尽量发挥,但于紧要问题,属于经济方面的如生产、消〔销〕售、工资、竞争问题;属于工程方面,如开采、运输等问题,皆能一一涉及。其中撮要者为今日中国之煤业,被英日所控制,欲与之争市面,非用巨量机器生产及廉价运输不可,倘此点能做到,国外商场,亦有插足之可能。朱君读毕,继以短时间之讨论,由欧阳藻君主席主持讨论,各人随意发表意见。除各会员及来宾相继发言后,并有来宾美国女士加入讨论。交换意见,所说颇多扼要。讨论至四时,关于工业化题目,认为极关重大,绝非我等少数人所能探得结论,应有继续讨论的必要。本年系第一次提出,多数人未能参加讨论,深望两会会员,就其本身与国家存亡之关系,人人起而研究之,庶明年年会时可有较充分之讨论。其他关于两会应搜集及同人应介绍关于工业化之文章,亦有相当之提议。四时一刻,继以事务会议。

事务会议——应于昨日下午举行之事务会议,改为今日下午举行。科学社因人数不足,未开会。工程师学会,到会者有周传璋、朱玉仑、王葆和、张光华、梁兴贵、欧阳藻六人,欧阳藻主席,首报告过去一年会务概况、会员人数、经济状况、新职员结果等。次为今日应讨论之节目,一为补充职员,二为议定分会会刊发行期数,结果王葆和君被举为书记并出版委员会主席,朱玉仑君为会计。嗣以时晏,五时半宣布散会。

游览名胜——按会序今日下午为游览名胜,晚间参观射电城①(Radio City)。因射电城星期日缺人招待,遂改为星期一,故今晚时间可以完全改为游览名胜。同行者六人,乘地道车至一百八十街过华盛顿吊桥至纽赫色②(New Jersey Side),桥高水面二百五十呎,

---

① 射电城现译无线电城,纽约市洛克菲勒中心的娱乐区域。
② 纽赫色现译新泽西,美国的一个州,与纽约市仅一河(赫德生河,又译哈得孙河)之隔。

登桥顶四望,远见轻便汽艇,一二风帆,往来水面。俯视泅人成群,出没无定,俨似鱼游。左岸则月上东山,隐约于层楼之梢(纽约)。右岸则夕阳深树,点缀于青崖碧嶂之间(纽赭色)。此情此景,令我等胸襟为之一振,脑海为之一新,灯火齐明之候,我等至纽赭色方面,觅得餐馆,进晚膳后,乘车至(Pollisade Park①)游戏园内畅游至深夜,始乘轮渡而返。

八月廿八日

参观工厂——上午十时至 Brooklyn② 之 Sperry Gyroscope Co. 参观。前往者计十一人,内有美国女友一位。人数齐到时,由该公司派导游两位分两组参观。自船舶上所用之罗盘(Gyroscope Compass)、飞机上所用之定向仪器,海洋巨舰防止摆动之(Gyroscope Stablizer),高射炮上所用之探声器(Sound Locater)、探照灯(Search Light),小至学校用之(Gyroscope)模型等,无不一一看到,导游详为解释。临行时,复各赠一份印刷品,以备参考。由该公司出来,即至中国城如意馆用点心充午膳。膳毕回至公寓,再纠集同人渡赫德生河,前往(Edgewater)参观福特汽车公司装置部。同去者凡九人,到时已迟,公司派一导游,领至各处略览一周。此厂为该公司在美最大之装置部,充分容量,可容六千人,现仅雇用二千人。最大生产量每日可产汽车八百部,现时出产量为二百六十部。此厂出货专供给美国东部及国外市场,各零件皆运自别厂。自装置原动机,配合车身,油漆门窗。直至各部完成,开车至货栈,经过各种手续,无不一一走马看花,历时一点半钟而返。时间虽短,对于汽车装配之方法,可略知其大概。晚间七时往纽约城中正在建筑中之射电城参观。城占 Rockeffeller Center③ 之一部,著名者有瞭望塔(Observation Tower)、音乐厅(Musical Hall)及新 Roxy 电影院。此行有十人前往,由值夜之经理领至各部参观,先登电梯至八百呎高之瞭望塔,放目旷观,全城在望。夜班司阍者,复能于电光闪烁中,指出各处高楼大厦,一一介绍于我游人之前,所说多引人生趣。次由高塔下降,历经各部,直至地窖上,距地面六十五呎之深处。关于厦内之热冷水管道之装置、冷气房(Refrigeration Plant)电梯配电及控制室,及 NBC④ 无线电广播电台将来所用之电力室等,皆能尽量参观。此不遵限于 RKO 高厦之内,他楼不在焉。至音乐厅,则另一部也。观毕引导者复代

---

① 应为 Polisades Park。
② 即布鲁克林,纽约市的一个区。
③ 应为 Rockefeller Center,即洛克菲勒中心。
④ NBC 是 National Broadcasting Company 的缩写,即全国广播公司。

向音乐厅接洽，遂得参观该厅后台之布置、粉光变换室、化装〔妆〕室、制造行头室、练习室、转台控制机关，及音乐队升降机之动作、布景之变换，得窥内幕。其最有趣者，当舞女表演时，我等在后台能亲历其境，极目畅观，因窥全豹，是较费头等戏票去看戏者，所乐不啻有霄壤之别也。待参观毕，时近十点，领导者复邀我等入楼座，请看白戏，凡电影、杂耍、音乐、跳舞、节目，我等悉览无余。待戏台空，观客四散之时，我等参观团人人喜形于色而相告曰，如此参观，"大揩其油"，我学会有感于射电城者多矣。可惜多数会员未能参加，不免有向隅之憾。总计四日联合年会，于此兴高采烈声中宣告闭幕矣。我会员散居各处，或赴会有心而孔方不便，或已择期命驾，而忽为事阻，致误盛会。读此一篇庶可知此年会之梗概矣。

欧阳藻　九月十日

联合年会职员表

委员长：欧阳藻

代表：

中国科学社美洲分社：总干事周田、熊学谦、论文组主席丁绪宝。

中国工程师学会美洲分会：大会主席张光华、干事周传璋、论文组主席王葆和。

交际委员会：委员长李振南夫人。

出版委员会：委员长 Edward W. Fong。

19. 第十九届(次)年会(四学术团体联合年会)(1934年8月,庐山)

《社友》报报道《十九次年会记略》[①]

十九次年会记略

本社第十九次年会自八月二十二日起在庐山莲花谷青年会开会,至二十五日晚举行年会宴会而正式闭幕。宣读论文讨论社务共历四日,而其间游览附近风景亦已绰有余裕。二十六日专事游览。二十七日大部分下山……。

此次年会到会注册社员实计一百二十七人,另眷属二十二人,因全为外埠来之人,故若与往年比较,可谓独盛。本年又因有地理年会、植物学会、动物学会三团体联合参加,故学术空气益浓,论文达一百余篇,期前所印论文提要竟有小小一厚册。因论文多,所以不得不分日分组宣读,此亦为历年年会之所无也。

社务会共开二次,除照例有各部报告外,讨论方面意兴亦颇浓厚。兹将各项选举结果、各种议决案及讨论中所得之参考资料,择要胪陈于下:【甲】关于选举者:(1)当选新理事七人为任鸿隽、胡先骕、王琎、周仁、伍连德、李协、丁绪宝。(2)当选下届司选委员三人为王家楫、裘维裕、刘梦锡。(3)当选下届查帐〔账〕员二人为陈清华、何德奎。(4)选出特社员一人为范锐(旭东)。赞助社员三人为刘湘、杨森、甘绩镛。(乙)关于议案者:(1)二十次年会定在广西梧州。(2)下次年会除地理、动物、植物三学会已表示继续联合开会外,另邀请中国化学会及物理学会参加,其他凡有学术论文提出之学会正式来函请求参加者亦予以接受。(3)明年年会期前,在上海举行本社二十周纪念大会。(4)《科学》杂志编辑员不再由年会举出,由理事会聘请有给职之总编辑一人,负全部责任,编辑员由总编辑接洽,转请理事会聘任。(5)图书馆每年另筹购书费一万元,至少五年。(6)每年年

[①] 《社友》第四十三期(1934年9月30日发行)第1-2页。

会论文委员会提前成立。(丙)关于讨论中足资参考者:(1)明复图书馆应注重收集算学及普通科学书报。(2)《科学》杂志必需具半通俗性质,用生动之笔,深入浅出,以引起读者兴趣。(3)本社今后应行之途径凡三,尽力联络各专门学会,尽力发展本社原有事业,尽力从事灌输科学知识及一切有普遍性之科学事业。(4)今后年会中,凡极专门之论文,由各分股及各专门学会分组开会,彼此有关系之论文,联合开会宣读。

在南昌教育厅大礼堂及新生活运动促进会演讲者共计十人,如下:何鲁讲《民族性与科学教育》,何德奎讲《科学管理与行政》,陈清华讲《经济学之科学概念》,胡先骕讲《木材研究与中国农林工程及军事国防之关系》,黄绶讲《心力建设与物力建设》,刘恩兰讲地理学问题,秉志讲《近年来之中国生物学》,卢于道讲《科学的民族复兴》,王家楫讲《动物学教学法之要素》,伍献文讲《动物学与生产建设》。另有本人未到而有演讲稿寄会者二人,伍连德题为《公共卫生民族复兴》,孙洪芬题为《改进我国制纸工业之商榷》。

此次招待方面,由江西省政府主持,教育厅并派职员三人常川驻会,九江方面由九江市政委员会主任李侯立君主持上山之车轿。会期中设席欢迎者有江西省政府、蒋军事委员长及夫人①、九江市政府委员会、庐山管理局及九江县政府。并志道谢。

《科学》杂志报道《中国科学社第十九次年会记略》②

中国科学社第十九次年会记略

本社第十九次年会于二十三年八月二十一日至二十六日在江西省庐山莲花谷青年会,与中国地理学会、中国动物学会、中国植物学会三学会联合举行。闭会后复赴南昌演讲……承江西省政府预筹款待,予以种种便利,年会得能顺利进行,不胜感谢。兹记概略如次。

八月廿一日　上午九时,注册。

八月廿二日　上午九时,正式开幕,全体到会社员出席,并到来宾蒋委员长代表陈布雷、江西省政府主席熊式辉、教育部长王世杰、中委陈立夫等共约二百人。由年会委员长

---

① 蒋军事委员长及夫人即时任国民政府军事委员会委员长蒋介石及夫人宋美龄。
② 《科学》第十八卷第十一期(1934年12月出版)第1511-1513页。

萧纯锦主席,行礼如仪。首由主席致欢迎词,并对于科学建设中与民族多所发挥。次由社长任鸿隽致开会词,先表示对于江西省府招待之谢意,次报告本社之历史及进行之事业,末谓本届年会有二特点:其一,联合地理、动物、植物三学会同时开会;其二,本年论文多至一百数十篇,为往年所未有。次由地理、动、植三学会代表竺可桢、秉志、钱崇澍相继致词,后有陈布雷、熊式辉、陈立夫、王世杰、程时煃等致词,对提倡科学研究,普及科学教育,并重纯粹科学与应用科学等均阐发无遗(词见年会纪事专册)。下午二时社务会,社长任鸿隽主席,总干事杨孝述报告一年来之社务,并说明《科学画报》推销情形。会计周仁报告一年来收支情形,并说明经费之来源与基金之保管及近况。生物研究所秘书钱崇澍报告生物研究所一年来工作之经过。图书馆主任路敏行报告图书馆情形,竺可桢提议每年另筹一万元为购书费,至少五年,全体通过。路敏行代表编辑部报告,并对于改善《科学》内容提出七项建议,颇多讨论。竺可桢提议聘请有给职之总编辑一人,编辑员由总编辑接洽,转请理事会聘请,全体通过。刘梦锡代表司选委员会报告改选理事结果,谓本社理事会除总干事外,共有理事十四人,每年应改选七人,计任鸿隽、胡先骕、王琎、周仁、伍连德、李协、丁绪宝七人当选二十三年至二十五年理事。

八月廿三日　上午九时,分三组宣读论文,共一百余篇,属于理化地理者约二十篇,植物农业者二十篇,动物生理者七十篇。理化地理组由竺可桢主席,动物学组由秉志主席,植物学组由钱崇澍主席,各有讨论,至中午始散。下午二时中国动物学会、中国植物学会、中国地理学会各开会务会。下午五时蒋委员长介石及夫人在牯岭十三号私邸草地设茶点,招待全体社员。由任鸿隽致谢意。晚七时,江西省政府在青年会设席款待,由程时煃主席致欢迎辞并报告江西近况。任鸿隽代表全体答谢。社员柳诒徵演说,阐发学术机关年会之要旨在求知识。末由萧纯锦报告江西生产、交通及建设状况。席散时已钟鸣十一下矣。

八月廿四日　上午九时,各组继续宣读论文。中午十二时中国物理学会物理名词审查会在天池开会。下午六时九江市政委员会、庐山管理局及九江县政府在牯岭公宴,市政委员长李立侯致欢迎词,由秉志答谢。

八月廿五日　上午九时,开二次社务会,任鸿隽主席。通过杨森、刘湘、甘典夔为本社赞助社员。通过范锐为特社员。通过王家楫、裘维裕、刘梦锡为下年度司选委员。通过何德奎、陈清华为下年度查帐〔账〕员。议决二十次年会在广西梧州举行。本社二十周纪念大会在明年年会期前,社员集合上海待出发赴会时开会。议决提前成立论文委员会。议决邀请物理、化学二学会同时开会。(动物、植物、地理三学会继续参加。)讨论本社大政方针,如联络各科学家互通声气,推行社员分股办法,每年联合各学会开会,辅助各学会刊印论文;凡有普遍性之事业如科学教育、科学普及运动,均由本社担任;普遍性的论文在本社《科学》内发表为最相宜;尽力发展原有事业。通过致谢江西省政府及各机关招待本年会之盛意。晚七时在青年会大食堂举行宴会,席间有演说,十一时散会,第十九次年会于是正式闭幕。

八月廿六日晚七时,以理事会名义在牯岭设筵答谢当地招待各机关。廿七日赴南昌者约三十人,廿八、九两日在新生活运动促进会、教育厅二处演讲……卅一日返南昌。

中国科学社第十九次年会摄于庐山莲花谷青年会
(《科学》第十八卷第十一期插图)

《中国科学社第十九次年会纪事录》选录[①]

中国科学社第十九次年会纪事录

本社第十九次年会,于二十三年八月二十一日至二十六日在江西省庐山莲花谷青年

---

① 《中国科学社第十九次年会纪事录》(1934年刊)第1—23页,附后之《中国科学社总干事报告》《中国科学社第十九次年会会计报告》《中国科学社生物研究所报告》《中国科学社图书馆报告》《编辑部报告》《中国科学社第十九次年会论文题及提要第一辑》等篇均略。

会,与中国地理学会、中国动物学会、中国植物学会三团体联合举行。承江西省政府预筹款待,予以种种便利,年会得能顺利进行,不胜感激。年会职员及年会日程如下:

年会名誉会长:熊式辉

年会委员会:萧纯锦(委员长)、程时烃、胡先骕、钟心煊、董时进、杨孝述、方子卫

论文委员会:竺可桢(委员长)、张景钺、谢家荣、何衍璿、曹梁厦、茅以升、顾翊群、叶企孙、王家楫

演讲委员会:胡先骕(委员长)、何鲁、严济慈、杨绍曾、伍献文、秦仁昌、胡博渊、陈清华、张延祥

会程委员会:任鸿隽(委员长)、周仁、张其昀、胡刚复、钱崇澍、熊正理、卢于道、孙洪芬、路敏行

招待委员会:李右襄(委员长)、罗一东(副委员长)、蒋志澄、李中襄、鲍公任、钟季襄、程宗宣、赵可师、谢颐年

交际委员会:程时烃(委员长)、夏家珑(副委员长)、龚伯循、欧阳祖经、刘孝基、钟季襄、熊正琚

八月二十一日(星期二)

上午九时起　注册(青年会事务所)

八月二十二日(星期三)

上午九时　正式开幕,主席领导行礼并致词,社长致开会词,中国地理学会会长致词,中国动物学会会长致词,中国植物学会会长致词,来宾演说,社员演说(青年会大礼堂)

下午二时　第一次社务大会(青年会大礼堂)

八月二十三日(星期四)

上午九时　宣读论文,分理化地理组、动物学组、植【物】学组宣读(青年会事务所楼上教室)

下午二时　中国植物学会、中国地理学会、中国动物学会社务会(青年会事务所)

下午五时　蒋介石委员长及夫人在牯岭十三号公馆招待野餐会

下午七时　江西省政府公宴(青年会大食堂)

八月二十四日(星期五)

上午九时　宣读论文(分组及地点同前)

下午二时　游览及物理学会物理名词审查会(天池)

下午六时　庐山管理局、九江市政委员会、九江县政府公宴(牯岭惠尔康餐馆)

八月二十五日(星期六)

上午九时　第二次社务大会(青年会大礼堂)

下午二时　游览

下午七时　年会宴会(青年会大食堂)

八月二十六日(星期日)

全日游览

八月二十七日(星期一)

上午七时　出发赴南昌

本年会到会社员注册者共计一百二十七人，又社员眷属及来宾注册者共计二十二人，姓名列下：

社员：伍连德、刘恩兰、许植方、周榕仙、刘肇安、荣达坊、徐善祥、竺可桢、裘维裕、马心仪、周铭、胡刚复、张洪沅、张江树、李寅恭、鲁淑音、赵廷炳、薛绍清、何鲁、曾义、赵孝清、倪尚达、黄绶、黄罗淑斌、柳诒徵、柯象峰、柯成楙、路敏行、陈纳逊、任叔永、周仁、秉志、方子卫、袁树声、朱鹤年、姚启钧、张云、翟俊千、卢于道、王家楫、伍献文、张宗汉、范肖岩、董聿茂、贝时璋、孙宗彭、冯言安、杨叔吉、蔡宾牟、杨季璠、何德奎、潘承诰、汪典存、杨孝述、张景钺、盛永发、黎崇恒、何育杰、程时煃、刘梦锡、沈潜、董时进、卢作孚、朱其清、梅贻琦、崔宗埙、熊正理、熊正珽、熊正琚、刘孝基、周宣德、孙明经、李先闻、杨卓新、邓植仪、谌湛溪、张孟闻、方壶、邓启东、朱起凤、陈可忠、辛树帜、汤佩松、武兆发、朱庭祐、寿振黄、高振华、钱崇澍、胡敦复、周厚枢、张鸿基、罗一东、乐天愚、胡先骕、傅焕光、史久庄、翁文灏、张其昀、王崇植、陈清华、萧纯锦、顾振、R. M. Chester、欧阳祖经、蒋梦麟、熊学谦、刘廷蔚、卫挺生、阎彝铭、朱德明、葛毓桂、韦润珊、杨荫庆、彭谦、石道济、蔡源明、郑法五、裴益祥、张精一、马名海、秦仁昌、陈封怀、曾昭抡、韩明炬、叶善定、吴雨霖、彭维翰。

社员眷属：刘肇兴、张洪沅夫人、李寅恭夫人、鲁美音、柯成楙夫人、路敏行夫人、袁树声夫人、汪典存夫人、崔之兰、黎崇恒夫人、刘梦锡夫人、朱其清夫人、刘孝基夫人、杨淑敬、郑法五夫人、韩明炬夫人、叶善性。

来宾：罗广庭、黄维荣、项显洛、唐宁康、李达夫。

八月二十二日，年会第一日

上午九时在莲花谷青年会大礼堂行开幕典礼，全体到会社员出席，并到来宾蒋委员长代表陈布雷、江西省政府主席熊式辉、教育部长王世杰、中央委员陈立夫等共约二百人。由年会委员长萧纯锦主席，开会如仪。首由主席致欢迎词，并对于科学建设中兴民族多所发挥。……

社长任鸿隽致开会词：先表示对于江西省府招待之谢意。次报告，略谓本社成立以来可分为三时期。民国四年至八年为萌芽时期，在国外。八年至十三年为移植时期，从国外逐渐移至国内。以后为发育时期。迄现在社员人数已达一千六百余人，北平、南京、上海、广州、重庆等九处均设有社友会。本社以联合同志、研究学术、共图中国科学之发展为宗旨。说到研究，西方从事实上研究，中国向来从文字上研究，此是东西方文化之所以不同，本社提倡科学研究，即在要采取西方之所长。本社所办之事业，有出版，包括月刊、画报半月刊、论文专刊及其他各种书籍，南京设生物研究所，上海设明复图书馆，此外如审查科学名词、举行公开演讲等事业。十余年来照章进行，从不间断。年会渐渐成为重要之事，其旨在交换智识，参观国内各地，随处贡献意见。前年在陕西，去年在四川，以求遍及全国。本年在庐山，以其名胜、学术均有地位……在在足供我人之研究。本届年会更有特点，地理、动物、植物三学会系本社之年轻兄弟，在此联合开会，此其一。本年论文多至一百数十篇，为往年所未有，此其二。地点难得，朱子讲学之地再加上西方学术，益使庐山在学术上有重要地位。所以本年会可谓四美具、二难并矣。

地理学会代表竺可桢致词：中国地理学会因时间、经济关系在此开成立大会，中国科学社是本会的姊姊，承姊姊指导成立，深觉感谢。地理学在中国古代已有相当注意，如《禹贡》一书即古代之地理学。至现代，尤其在欧战以后，更其重要，国家一切问题，都与地理有关系。我国尚无好地图，最近《申报》出版翁、丁二君①所制之地图，已算第一好书。所以

---

① 翁、丁二君指翁文灏、丁文江二人。

班洪问题发生,外交部竟无地图可据,不但中国自己无图,即外国所已有者亦不备。此外为开发西北问题,亦须赖精确地图,方能进行无碍。本会成立,除研究地理外,并在提倡使国人相当注意。

植物学会代表钱崇澍致词:植物学会成立于去年本社四川年会中。中国科学社包括各科专门甚广,植物学范围甚狭,但各种科学彼此都有关系,故有一同开会之必要。人谓科学万能,但科学家的能力甚小,惟有互相合作,方可得科学万能,希望明年本社年会再有别种学会加入。

动物学会代表秉志致词:科学社创办之时只有十余人,办一种《科学》杂志,人才经费都感缺乏。以十余年之奋斗,千百人之合作,始有今日之规模。动物学会尚未开成立大会,只可算尚在胚胎时期。社的范围甚大,动物学之范围甚狭,但研究动物之人今已甚多,足见国内科学已有相当发达。甚愿本会成立后,永远与科学社发生关系,不脱离母体。方才钱先生已说过,科学万能而科学家只有一能,所以科学家必须互相合作,科学方能发达。现在各科学之间实已不能分离,即以生物而论,已有生物化学、生物物理、生物算学等科目。将来或许有生物天文,研究各种星球上动植物种子之传递。动物学一门在门外汉看来以为很小,但同人毕生研究不尽,而且与医药、生理、社会等在在有密切关系。早婚子孙多不寿,动物学会之成立动机还在数年以前,酝酿至今年成熟,方开成立大会,晚婚子孙定可寿命长久。

蒋委员长代表陈布雷致词:贵社在此开会,蒋委员长很高兴,本要亲来与会,只以主持军训,疲劳过甚,亟须休养,特嘱本人代表参与盛会。兹以个人意见所及贡献于诸位学术先进之前。此次开会虽有四团体,其实合之只有一团体。贵社格言为格物致知,利用厚生,可知纯正〔粹〕与应用并重,包括事业甚广。故希望一方面不断地研究各种专门学术,发扬光大,一方面本为科学而牺牲到底之精神,来纠正全国青年颓靡之风气,挽回目前严重之困难。我国科学家虽不能像其他各国科学家之有种种便利,但科学家之精神,就在克胜困难。欧战时科学家于炮火之下,尚在地下室研究。此种伟大之精神,实足以风动全国知识界而铲除其自私自利之心。科学为超空间超时间的而以造福于人群为依归。故科学家第一为学术而牺牲,第二为国家而牺牲,已〔己〕饥已〔己〕溺,振〔拯〕救民族。不论纯粹与应用,必先其所急,特别注意国家民族所需要。改变全国颓唐风气,纠正青年病态,以求民族复兴。是所期望于诸学术先进者,恭祝健康。

熊式辉致词：江西最近十年来,天灾人祸,人民痛苦万分。今得国内名流学者,会集一堂,精神上不胜愉快。二十世纪为科学世界,一民族能利用科学为工具,方有希望。各专家对于江西残破况状,自比普通人感觉为深,故特别欢迎指导。此次招待设备简陋,无任抱歉。

陈立夫致词：本人系第一次参加贵社年会,无专门话贡献但希望于贵社者甚大。第一,近来中学基本理科,如理化、生物未见进步,尤其算学为科学之科学,以个人观察所及,不及以前。以中国如此之大,大学无基本,实为教育界整个危险。第二,整理中国固有之材料,为我人之责任。如中国医学书,能加以整理,就是科学。《大学》一书为生命力之科学。我人妄自尊大固不对,妄自菲薄更不对。第三,应尽量翻译各国最新科学杂志书籍,以享国人,使国人与各国人民同时同样的获得科学上之最新知识,而免落伍淘汰。第四,应用很重要,我国目前急迫于生产建设,故必须利用科学上最快最捷之路。第五,中国科学社处于领导各学术团体之地位,本年有动物、植物诸学会加入,希望以后矿冶学会亦能加入,以完成动植矿之团聚。

王世杰致词：谓学会有二大责任：（一）提倡实用问题研究,因吾国正当救死不遑之时,所以要注重实用。（二）注重科学教育及普及科学知识。

江西教育厅长程时煃致词：谓庐山以前有宗教的及哲学的讲学,此次科学社年会来此,益以科学的讲学,庐山在学术上的地位更增高矣。词毕。

摄影散会。

下午二时社务会。

社长任鸿隽主席。

（一）首由总干事杨孝述报告一年来之社务,并说明《科学画报》推销情形。

主席说明《科学画报》不属于《科学》编辑部,系由杨君以余暇主持。

刘梦锡提议接受报告,全体举手通过。

（二）会计周仁报告一年收支情形,并说明经费之来源与基金之保管及近况。

查账员何德奎说明查账之经过及基金保管委员会保管基金之得当。

全体通过接受报告。

（三）生物研究所秘书钱崇澍报告生物研究所一年来工作之经过，全体通过接受。

（四）图书馆主任路敏行报告图书馆情形毕，颇有讨论。

卢于道提出编订国内各地所藏各国科学期刊书目问题。

何鲁提出本社图书馆可收集各国最新出版之科学书报陈列馆内，以供国人选购。

竺可桢主张：(1) 编订目录，事繁费巨，可请中央研究院主持。(2) 贩卖科学书报可请中国科学图书仪器公司经办。(3) 上海明复图书馆应注重收集算学书报及普通科学书籍。

竺可桢提议每年另筹一万元为购书费，至少五年。全体通过。

（五）路敏行代表编辑部报告，并对于改善《科学》内容提出七项建议。社员中颇多讨论。

胡先骕谓，编辑部建议之第七项由司选委员会选举编辑主任，社章中无此规定，不必讨论。本人主张自下年度起，聘请一位总编辑，以负全部责任。

何鲁谓往年编辑由大会选出，未得本人同意，形同虚设，不负责任，故主张取消选举。编辑部仍设上海，各地社友会亦应负编辑之责，与总社联络一气。

竺可桢提议聘请有给职之总编辑一人，编辑员由总编辑接洽，转请理事会聘请。

何德奎主张应优给稿酬，吸收好文章。

胡先骕主张《科学》杂志必须半通俗性质，用生动之笔墨，深入浅出，以引起读者兴趣。

主席以竺可桢之提议付表决，全体通过。

主席声明在新总编未聘到以前，原有编辑部仍有效。

（六）刘梦锡代表司选委员会报告改选理事结果，谓本社理事会除总干事外，共有理事十四人，每年应改选七人。本届共收到选票二百二十五张，计有效权1 559，废权13，总权数1 572。兹将开票结果，各候选人所得权数公布如下：

任鸿隽191，胡先骕148，王琎126，周仁120，伍连德114，李协101，丁绪宝95，以上七人当选二十三年至二十五年理事。次多数者：

严济慈94　　丁燮林81　　何德奎72

曹惠群70　　宋梧生66　　尤志迈63

孙昌克62　　卢于道56　　徐乃仁38

陈清华35　　汤佩松27

年会第二日,八月二十三日

上午九时 在青年会事务所楼上宣读论文,分三组宣读,理化地理组由竺可桢主席,动物学组由秉志主席,植物学组由钱崇澍主席。各有讨论,至中午始散。

下午二时 中国植物学会、中国动物学会、中国地理学会在事务所楼上各开会务会。

下午五时 蒋委员长介石及夫人在牯岭十三号私邸草地设茶点,招待全体社员。蒋先生因病未有演说。由任鸿隽致谢意,蒋夫人宋美龄于茶会毕后,与社员一一握晤,略谈而散。

晚七时 江西省政府在青年会大食堂设席款待,由程时煃主席,致欢迎辞并报告江西近况。任鸿隽代表全体答谢。社员柳诒徵演说,开发学术机关年会之要旨在求知识,多发人深省之辞。末由萧纯锦报告江西生产、交通及建设状况,了若指掌,如数家珍,闻者莫不鼓掌满意。席散时已钟鸣十一下矣。

年会第三日,八月二十四【日】

上午九时 各组在原地点继续宣读论文。

中午十二时 中国物理学会物理名词审查会在天池开会。

下午六时 九江市政委员会、庐山管理局及九江县政府在牯岭惠尔康公宴。市政委员长李立候致欢迎词,由秉农山答谢。

年会第四日,八月二十五日

上午九时 在青年会大礼堂开第二次社务会,任鸿隽主席。

(一) 代表理事会提议,杨森、刘湘各捐助本社生物研究所基金一万元,甘典夔捐助二千元,热忱赞助科学事业,照章应为本社赞助社员,请公决。全体通过。

(二) 又提议,照本社章程第六条,凡社员有科学上特别成绩,经理事会提出,得年会选决者,为特社员。兹有范锐,字旭东,改良华北食盐,创办久大精盐公司,又创办东方最大之永利制碱公司,最近又在组织硫酸铔厂,于发展国内化学工业,厥功甚伟,且对于本社种种事业,素所赞助。特提出范君为本社特社员,请公决。全体赞成通过。

(三) 通过王家楫、裘维裕、刘梦锡三人为下年度司选委员。

（四）通过何德奎、陈清华二人为下年度查账员。

（五）主席提出下届年会地点案。先报告广西省政府及广西大学迭次欢迎函电，并请广西省府特派代表马名海君说明欢迎之意及将来招待上之种种事项。

马君略谓桂省招待年会，期在指导建设，并促进科学空气。省府在年会之前，拟先提问题送社，分致各社员研究，以便年会时集中讨论。

胡先骕谓明年有各专门学会参加，人数甚多，恐于经费招待上发生困难，且南方在夏季气候上亦不甚相宜。明年为本社二十周纪念，可在北平、南京或上海择一举行。

马名海谓梧州夏天气温常在 92 度①下，招待方面，必使诸位满意。社员抵香港后，一切均可由省府招待。

任鸿隽谓南方气候甚好，本人主张年会在梧州举行，二十周纪念在十月间在上海举行。

何鲁谓我人每到一地，对于地方性之事物必须深加观察，方可多贡献。希望明年省府先供给材料，由本社组织团体研究讨论，赴会社员应先报名，声明担任何项研究。招待方面希望请梧州社员担任，总社先派一人去帮忙，务求事先布置周详，而免临时顾彼失此。

竺可桢谓南方气候比长江一带好，不成问题。广西省当去，惟照向例应预备第二年会地点。

周仁谓人数必多，招待上是否有相当便利应先考虑。

马名海谓交通不成问题，自梧州至香港小轮船很多。

徐善祥谓年会与考察性质不同，年会注重论文及社务讨论，若组织考察团，年会会务就难兼顾，应先决定。又为招待上便利起见，到会人数最好有限定。带家眷于人己均不方便，最好不带。社中应先派一人去布置一切，另聘一干事去最好。

杨孝述谓年会与考察未尝不可得兼，但求减除应酬，论文宣读及社务讨论，若紧张一下，三天可以毕事。以后即可专注于考察及游览。至于限定人数，亦属重要。可于年会期前二个月截至报名。逾期报名须有以前报名而不去者方可递补。

讨论完毕。

---

① 92 度为华氏度，相当于摄氏 33.3 度。

竺可桢提议下届年会在广西梧州举行,以南京为预备地点。

何鲁修正竺可桢提议为预备地点由理事会临时决定。竺可桢赞成修正案。

主席以修正之竺可桢提议付表决,全体通过。

(七)〔(六)〕柳诒徵提议,本社二十周纪念大会,在明年年会期前,社员集合上海待出发赴会时开会。杨孝述附议。主席附表决,全体通过。

(八)〔(七)〕竺可桢提议,本年论文委员会成立,时间太促,不便审查与整理,以后应提前组织案。

议决通过。

(九)〔(八)〕胡先骕提议邀请其他学会参加年会。

竺可桢主张限于有科学论文之专门学会。

杨孝述主张明年年会除动物、植物、地理学会已表示继续参加外,另由本社邀请物理、化学二学会同时开会,其余专门学会愿意参加者,可正式来函接洽,予以接受。

主席以杨提案付表决,全体通过。

(十)〔(九)〕主席提出本社大政方针案。略谓近年来各种专门学会先后成立,本社范围较大,组织上似有改变之必要。葛拉布先生曾提议本社改为 Chinese Association for the Advancement of Science(C.A.A.S.)以与美国之 A.A.A.S.及英国之 B.A.A.S.鼎足而三,适为 A.B.C.。请诸君发表本社今后应行之途径,借资参考。

何鲁谓本社与各学会应当分头发展,每年论文有普遍性者在本社宣读,极专门者在各学会宣读。

杨孝述谓本社现行组织及一切事业之计划,都系十年前所规定,但近年来各专门学会各种研究所已纷纷成立,情势与十年前大不相同。不但论文方面有各专门学会与研究所所吸收,即平时文章因各处出版物甚多,亦不易罗致,是则前途非更定方针,未许乐观。但本社自有其存在之价值与地位。(一) A.A.A.S.与 B.A.A.S.之宗旨在联络美国或英国之科学家互通声气。我国各专门学会纷纷成立,彼此之间亦应有一种联络组织,本社担任此种责任,在历史上与事实上最为相宜。至于联络办法,如每年联合开会、辅助各学会刊印论文等,均可。(二)凡有普遍性之事业,如科学教育、科学普及及运动等,非一专门学会所宜或所能办者,非本社担任不可。(三)关于论文方面已如何君所云,凡普遍性之论文,自以在本社之《科学》内发表为最相宜。(四)本社已有研究所、图书馆等事业,立足之基础原甚固也,故本人主张本社今后应行之途径凡三。(甲)尽力联络各专门学会,以为国内科学家之集中机关。(乙)尽力发展原有事业。(丙)尽力从事有普遍性之科学事业。

张景钺谓本社以依照美国之 A.A.A.S.组织为最相近。竺可桢谓本社之现行组织实位于英国皇家学会、美国韦斯特研究所、A.A.A.S.及 B.A.A.B.①之间,且与后二者尤见相近。今后应注重灌输科学知识,如发行杂志及扩充图书馆。尽力扶持生物研究所之发展,并只办此一研究所。推行社员分股办法以联络各学会。在年会中,凡极专门之论文,分组开会;彼此有关系之论文,联合开会宣读。

胡刚复主张推行分股组织以达到联络各学会之重要使命。关于刊印论文,可两边声明。至于本社内部组织,应俟今后做到如何地步再说,目前可不更张。并建议予各会会员以入社之便利,如减少社费等办法。

徐善祥谓本社如何变更组织,似可推举一委员会或由理事会详细计划,提出明年年会讨论。

主席谓今日承各社员发表许多意见,足供理事会极好之参考资料,详细计划可由理事会讨论。

(十一)〔(十)〕杨孝述提议致谢江西省政府及各机关招待本年会之盛意。全体通过。散会。

晚七时 在青年会大食堂举行宴会。席终由社长任鸿隽介绍胡先骕为年会宴主席。主席致词毕,介绍江西省政府教育厅长程时煃演讲江西特种教育之设施。次社员胡汝麟演说农村破产由于科学与农民相离太远。末由秉志演说,谓我人若不再注意纯粹科学,则所谓提倡科学者,亦不过为以前之创办招商局、兵工厂、汉冶萍公司等之企业,未有不遭失败者。

觥筹交错,济济一堂,于十一时散会,第十九次年会于是正式闭幕。

八月二十六日晚七时 以理事会名义在牯岭美国学堂设筵答谢当地招待各机关。到蒋夫人宋美龄、熊式辉及夫人、黄膺白、陈立夫、陈布雷、萧纯锦等共十四人。

---

① 此误,应为 B.A.A.S.。

八月二十七日赴南昌约三十余人。

八月二十八日上下午在新生活运动促进会及江西教育处二处演讲。演讲人及讲题如下：

何鲁：《民族性与科学教育》

何德奎：《科学管理与行政》

陈清华：《经济学之科学概念》

胡先骕：《木材研究与中国农林工程及军事国防之关系》

黄绶：《心力建设与物力建设》

刘恩兰：《地理学之研究》

八月二十九日仍在教育厅演讲，演讲人及讲题如下：

秉志：《近年来之中国生物学》

卢于道：《科学的民族复兴》

王家楫：《动物学教学法之要素》

伍献文：《动物学与生产建设》

本人未到而有演讲稿寄到者，亦有二人，为：

伍连德：《公共卫生与民族复兴》

孙洪芬：《改进我国制纸工业之商榷》

……

20. 第二十届(次)年会(六学术团体联合年会)(1935年8月,南宁)

《社友》报报道《本社第二十次年会纪略》[①]

本社第二十次年会纪略

本社第二十次年会于八月十二日至十五日在南宁广西省政府举行,因与中国工程师学会、中国化学会、中国地理学会、中国动物学会、中国植物学会等五团体联合开会,故本届年会定名为六学术团体联合年会。事先一切筹备,由广西省政府组织"招待各学术团体来桂开会筹备处"主持一切招待事宜,在上海方面则设联合年会总办事处于本社,由本社主持一切筹备。此次年会人数众多,会程紧张,参观游览之地域又甚广,故会务之繁,规模之大,实为国内学术团体自有年会以来之空前盛举。

年会到会会员及眷属共计三百四十六人,其中本社社员有一百二十九人,并有外国会员十三人,计美六,日五,德、奥各一。各地会员在八月四日至八日之间先后抵达梧州,由广西大学招待一切。马君武校长于七日晚间在礼堂开会欢迎,会员中演说者有杨孝述、卢于道、金曾澄、马杰四人。是晚会毕后,即推定竺可桢、胡刚复、辛树帜、恽震、曾昭抡、董爽秋六人为年会主席团。八日晚间梧州招待处欢宴全体会员,由马君武致欢迎辞,辛树帜答谢。于宴会后即分乘"桂强"等轮出发赴南宁。续到会员于九日出发,梧州会员则于十日出发,为最后之一批。

第一批会员约二百人于十一日午刻抵达南宁江边,省府早有汽车候接,分送五处招待所住宿,秩序甚整齐。

十二日上午七时举行年会开幕典礼,到会员及来宾一千余人。由竺可桢主席,略谓本届年会有三种特点:(一)地点在山水毓秀建设猛晋之广西。(二)本年学术团【体】加入数

[①] 《社友》第五十期(1935年9月30日发行)第1-4页。

目之增多,论文达一百二十余篇,希望以后能作永久的联合。(三)外国会友之多,使学会成为国际化。次由李宗仁①总司令致词,谓要建设一健全的现代国家,非在科学上努力,迎头赶上欧美不可。次省主席黄旭初②致词,谓广西在科学方面比别省落后,希望各会员趁此年会机会,引起青年研究科学兴趣,并尽量指导广西一切建设。次本社代表胡刚复报告,略述本社之历史与事业,并谓国内学术研究经本社十余年之努力提倡,渐见浓厚,公私立各种研究所乃先后创设,各种专门学会亦相继成立。本社深感各学术团体彼此有密切关系,科学社居于母体地位,更觉有合作联络之必要。末谓近年来更努力于普及科学之事业云云。次工程师学会代表恽震、化学会代表曾昭抡、动物学会代表辛树帜、植物学会代表董爽秋、地理学会代表王庸相继致词。最后年会筹备委员长雷宾南、副委员长孙绍南各有演说。十一时礼毕,并在省府网球场摄影而散。

下午二时在省府礼堂举行本社第一次社务会,到六十余人,由杨孝述主席,刘咸纪〔记〕录。(一)杨孝述报告本社一年来之社务。(二)周仁报告会计帐〔账〕目,经众接受。(三)王家楫代表生物研究所所长秉志报告该所工作状况。(四)刘咸报告编辑部工作。图书馆方面因前主任③于六月底去职,未有报告交下,故暂缺。(五)司选委员会代表刘梦锡报告选举新理事开票结果,本年应改选理事七人,当选者为秉志、翁文灏、胡刚复、竺可桢、马君武、赵元任、胡适。四时散会。

下午四时分二处公开演讲。胡刚复讲《科学研究与建设》,辛树帜讲《三十年来审查教科书之经过》,以上在省府礼堂。竺可桢讲《利害与是非》,刘咸讲《西南民族与国防建设》,茅以新讲《西南铁路计画〔划〕》,以上在省党部。

晚七时广西省政府在省党部公宴,黄主席致词,恽震答辞。宴毕有游艺及桂剧,十一时尽兴而散。

十三日上午请李德邻先生在省府大礼堂演讲《广西建设经过及对国事的感想》,历二小时,由顾毓琇主席。九时至十二时工、化、动、植、地五组论文开会宣读,工主席周仁,化主席曾昭抡,动植合组主席王家楫,地主席竺可桢,各有讨论。下午二时五学会会务会议。四时

---

① 李宗仁(1891—1969),字德邻,广西桂林人,时任国民革命军第四集团军总司令、广西绥靖公署主任。
② 黄旭初(1892—1975),广西容县人,时任广西省政府主席。
③ 图书馆前主任(馆长)是路敏行(字季讱)。

仍分二处公开演讲,周仁讲《中国之自给问题》,胡博渊讲《钢铁与国防》,龙兰真讲《饮食与体格》,张洪沅讲《国防与化学工业》,袁守和讲《现代图书馆与博物馆之管理》,马心仪讲《生物学与农业》,高露德讲《广东化学工业建设之发展状况》,王善佺讲《棉花与广西》,两处听讲者均满座。六时李总司令在省党部公宴,由曾昭抡答谢。宴毕游艺及粤剧,散会时已十一时矣。

十四日上午七时请黄旭初先生演讲《广西政治现状》,历二小时。九时至十二时各组论文会继续前日开会。下午二时在文化建设研究院开第二次社务会,到七十余人。仍由杨孝述主席,刘咸纪〔记〕录。(一)选出王家楫、胡博渊、袁同礼三人为下届司选委员。(二)选出顾翊群、何德奎为下年度查帐〔账〕员。(三)决议下年年会地点在北平或杭州。(四)曾义等六社员提议改各地社友会为分社,不限于交际性质案。经主席说明,仿照社章,交际仅为社友会各项会务中之一,且分社只限于国外。议决由总干事加以解释,函复提案人。(五)曾义等四社员提议请六学术团体发起中国科学团体联合会案。竺可桢报告南京各学术团体已有呈请市府拨地建筑全国各学术团体联合会会所之计划,惟系会所而非联合会,并论及本社将来之地位。次袁同礼演述科学团体联合会之必要,并大战后欧美各国先后组织科学研究联合会之情形,希望我国亦能组织云云。议决本社目前应与各学会联络合作,组织联合会尚非其时,原提案可供本社参考。(六)竺可桢建议本社与各学会合作办法,谓可先与数理化动植地六学会作刊物上的合作,即规定何种性质之论文由各学会负责刊行,何种论文应由各学会汇交《科学》发表。何德奎建议《科学》内加入各国最新出版科学论文之提要。胡刚复谓编辑提要须与各学会切实合作,而合作之起点,如互通会员及会费等办法亦应考虑。(七)议决明年邀请参加年会之学会,除动植地三学会仍旧外,邀请中国数学会、中国物理学会、中国化学会、中国地质学会等四会。四时散会。

下午四时分省政府、省党部二处公开演讲,马君武讲《用科学的力量打倒洋货文化》,刘恩兰讲《地理与环境》,赵曾珏讲《工程师与救国》,卢于道讲《科学化的党务》,吴学周讲《自然与正义》,马杰讲《中国工业建设的途径》。七时广西各学术团体在省府网球场公宴。马君武主席,董爽秋答词。……

十五日上午七时请白健生①先生演讲《三自政策》②。白先生为主持广西建设之中坚

---

① 白健生即白崇禧,时任国民革命军第四集团军副总司令、广西绥靖公署副主任兼民团总司令。
② 所谓"三自",即"自卫,自治,自给"。

人物,军事家而兼演说家,伟言名论,历二小时半,听者动容。十时五学会分别开第二次会务会。下午一时半分二组出发,参观国民基础教育研究院、军医院、博物院、家畜保养所、印刷厂、化学试验场等各机关。

下午二时仍分二处公开演讲。张道宏讲《军人的人格》,李庆麟讲《殖边与国防》,冼荣熙讲《钢铁与救国》,董爽秋讲《生物学与哲学》,王家楫讲《动物学与人生》,贺闿讲《广西之桐油》。七时联合年会在省府网球场公宴,竺可桢主席,李宗仁代表广西各界答谢。年会至此正式闭幕。宴毕入省府大礼堂观游艺、桂剧。

十六日上午七时乘汽车分二批出发,第一批迳赴柳州,第二批赴武鸣参观民团训练,于后一日赴柳州。从南宁赴柳州七百余里,途中用木船载汽车渡江者凡二次,遇大水一次,水深及腰,车行水中。于下午六时抵达柳州,即有招待员分批迎接,会员分寓乐群社、图书馆及中学三处,秩序井然。招待处主任为韦云淞师长。

十七日上午七时由柳州乘汽车出发桂林,在榴江县政府午膳,全程长六百里,渡江凡八次,一路风景极佳,而以羊〔阳〕朔山水为最清秀美丽,于五时许抵桂林,寓桂王府、桂林高级中学。主持桂林招待者为郭凤冈师长,一切布置,十分周到。十八日大雨,仅游览独秀峰及附近岩洞,下午请观道地桂剧甚佳。十九日游七星岩,洞长三里,屈折上下,行路甚难,洞中怪石嶙峋,导者各报名称,滔滔不绝,诚天下之奇洞也。二十日游距城五十里岑西林①所建之良丰花园,今改为师专校址,人皆比之为桂林之西湖,并顺道至刘仙岩、白龙潭等胜境。是晚七时举行公开演讲。到军政界人员一千数百人,主讲者,卢于道讲《科学的文化建设》,庄智焕讲《游桂之感想》,邵逸周讲《中国工业建设》,听众秩序,十分严整。

三〔二〕十一【日】清晨七时乘木船数十艘,出发返梧州,由桂江顺流而下,一路风景绝佳,舟行历三日半,于二十四日下午二时抵达梧州。即于四时搭轮赴三水,天明即到,广州分会已派李、梁二君在三水等接,换乘广三铁路专车,于八时抵广州。

二十五日上午八时抵广州后,行装甫卸,即由广州各分会组织之招待处,引导出发赴市头参观蔗田及糖厂,并在珠江画舫午膳。舟返广州已钟鸣七下,略一梳洗,即赴广州市

---

① 岑西林指岑春煊(1861—1933),字云阶,广西西林人,在清朝历任广东布政使、甘肃布政使、陕西巡抚、山西巡抚、四川总督、两广总督、邮传部尚书等职。

刘市长①宴会。是日广州为热浪所袭,为十五年来所未有之奇热,宴会人众,莫不汗流浃背。刘市长致词,由杨孝述代表答谢而散。

二十六日上午九时全体分乘汽车出发。参观士敏土厂、自来水厂、新电力厂及苛性钠、硫酸、肥料等厂,均系广东省三年计画〔划〕中之新兴建设也。中午全体赴石牌中山大学,应邹校长②公宴,菜肴甚盛。邹校长有极长之演说,会员鼓掌不绝,由何德奎代表答谢。席散后参观新建校舍,三层大厦数十宅,均用琉璃瓦屋顶,彩色栋梁,规模之宏壮,不特在国内为独步,即世界各著名大学,亦罕与伦比,诚洋洋乎大观也。三时谒黄花冈〔岗〕七十二烈士墓,令人油然起敬,并顺道参观市政府,刘市长亲出招待。出市府,再往中山纪念堂参观,该堂建筑费百余万,系故社员吕彦直氏之精心杰构,十分庄严宏伟。七时赴观音山越秀酒家应广东省政府公宴,席终,林主席③致欢迎辞,由曾昭抡答谢而散。广州正式招待程序于以告终。

二十七日为全体会员分途出发返里之期。凡经内地赴湘鄂者,于清晨由粤汉路局挂花车一辆送行。但赴香港搭船者,尚于是日上午抽暇参观广东新创之纺织厂,并于中午应广州分会公宴。至下午一时始乘广九路局特挂之花车赴港,可谓利用时间矣。香港欧美同学会正式来函欢迎赴港会员,只以留港时间短促,不及前往,只好去函道谢,为有负盛意也。

《科学》刊载的刘咸报道《中国科学社第二十次年会记》④

中国科学社第二十次年会记

刘 咸

岁月不居,时序如流,本社一年一度之年会,至本年为第二十次矣。先期承广西省政府之邀,合中国工程师学会、中国化学会、中国地理学会、中国动物学会、中国植物学会为六学术团体,于八月十二日至十五日,在广西省会南宁举行联合年会,规模伟大,盛举空

---

① 刘市长指刘纪文(1890—1957),字兆铭,祖籍广东顺德,生于广东东莞,时任广州市市长。
② 邹校长指邹鲁(1885—1954),幼名澄生,字海滨,广东大埔人,时任国立中山大学校长。
③ 林主席指林云陔(1883—1948),原名公竞,字毅为,广东信宜人,时任广东省政府主席。
④ 《科学》第十九卷第十期(中国科学社二十周年纪念号)(1935年10月出版)第1629-1655页。

前,弥足记也。

会期之前,一切筹备事宜,由参加之六团体各推代表一人或二人组织筹备委员会。计本会为杨孝述、方子卫;中国工程师学会,裘燮钧、邹恩泳;中国化学会,沈熊庆、吴浩然;中国地理学会,何炳松;中国动物学会,卢于道、刘咸;中国植物学会,钱崇澍。设总办事处于本社,公推杨孝述为主席,邹恩泳为记录书记,刘咸为通信书记,开会多次,筹备一切赴会事宜,以人多道远,倍极繁忙。同时广西省政府为妥筹招待起见,特组织各学术团体来桂开会,招待委员会分设办事处于南宁、梧州、柳州、桂林四处,由沪邕双方合作,筹备招待,堪称妥善。

先是以沪邕道远,水陆殊途,除一部会员,取陆途赴会在外,其来自华北、华中者,大都集中沪滨,遵海而南,只以船只有限,遂分批出发,计自七月下旬至八月初旬,凡南航海轮,莫不有本会会员踪迹,然要以国营招商局之"海元"轮载会员最多,该轮于七月卅一日,由沪开驶,❶各级舱位,几全为会友所包定,统计不下八十余人,萍水相逢,尽是他乡之客,海阔天空,何妨镇日清谈。

八月三日轮过汕头,停十小时,会友作潮安(昔潮州府)之游,趁八时许在潮汕铁路快车往,一小时余即达,先至第四中学(旧金山书院)参观,校址在金山上,居高临下,全城在望。小憩后,齐集校门,整队穿城而出,渡韩江望(韩)湘子桥,直诣韩山,谒韩文公祠,祠在半山间,甚轩敞,远吞韩江,望潮州城,风景不殊,现改为简易师范学校,颇嫌杂踏,内部亦复败坏,大堂变为教室,无复庄严景象,龛中祀文公塑像,后镌碑记,石柱上联文三五,少佳作,兹录罗禄昌一联云:

"辟佛累千言,雪冷蓝关,从此儒风开海峤;

到官才八月,潮平鳄渚,于今香火遍瀛洲。"

潮州本岭海名郡,自文公刺史是邦,文风益盛,其驱鳄一文,成为艺林千古佳话,郡人馨香祷祝,至今不衰。

是日下午三时返汕头,在市内游览一周,五时登轮南行,四日晨抵香港,除少数会友直驶广州外,余皆在香港登岸,分寓各预定酒店。香港有分会会员多人,事前组织招待会,登

---

❶ 原注:"此次赴会人数众多,日期及所乘船只各有不同,兹篇所记,系就记者观感所及,拉杂并陈,遗误之处,在所不免,尚希到会诸君及读者原谅!"

轮迎接,并规定程序,分别引导参观香港九龙之建筑风景,以最经济方法、最短少时间,绕岛登山,一览无余,良足感荷。

《年会指南》规定,各地赴会会员,至迟须于八月七日达到梧州,由"海元"轮来者,于五日下午五时乘"江苏"轮上驶,人多地狭,未免局促,七日如期达到梧州,由梧州办事处派员招待,无人地生疏之苦,下榻广西大学,该校位于梧州市对岸,依山傍谷,风景幽宜,宿舍膳厅,分建于山腰山顶,每饭须作爬山运动,天气炎热,汗流发背,未习惯者,似感不便,然乐亦在其中矣。

截至七日晚,会员大多数都齐集梧州,马君武校长特于是晚七时假西大礼堂开欢迎会,致词毕,会员中演说者,有杨孝述、卢于道、金曾澄、马杰四人。会毕,继开年会职员会,推举竺可桢、胡刚复、辛树帜、恽震、曾昭抡、董爽秋六人为年会主席团。

八日在梧州分组参观广西大学、自来水厂、中山纪念堂、桐油厂、制药厂、制酸厂等处,晚梧州招待处欢宴全体会员,席间由马君武致欢迎词,辛树帜答谢。宴会毕,即分乘特备之"桂强""桂德""新业安"三电轮上驶南宁,续到会员于九日出发,梧州会员则于十日出发,为最后一批。

第一批会员约二百余人,于十一日清晨暨午刻,陆续达到南宁,办事处交际委员会早于先一日派职员二十余人往蒲庙上船迎接,抵埠后,备有汽车接候,分送会员至五个宿舍下榻,第一宿舍在省府公寓,第二、第三、第四宿舍在建设研究院,相距均不远,第五宿舍在乐群社,外籍会员多寓于此。第二、第三两批会员于后一日陆续赶到,均由交际委员会派员照料,有条不紊,各宿舍中床帐椅桌,盥漱浴室,设备齐全,招待周到,令人有宾至如归之感。

本届年会到会员及眷属统计注册者都三百四十六人,其中本社社员,占一百二十九人,外国会员十三人,计美国人六人,日本五人,德、奥各一人,开幕之日,济济跄跄,群贤毕至,少长咸集,车水马龙,极一时之盛。(第四集团军训政处摄有新闻影片。)

十二日上午七时,在省政府大礼堂举行开幕典礼,会员暨来宾到者千余人,由本会理事竺可桢主席,行礼如仪后,主席致开会词:

"诸位来宾,六学术团体会员诸君,今天是工程师学会、中国化学会、中国地理学会、中国科学社、中国动物学会、中国植物学会六团体共同举行年会之期,今年年会到会人数非常踊跃,在上海报名的已有三百十五人,广西本省六团体会员,尚不在内,较之去年庐山四学术团体联合会议超出一倍,这在各学术团体自有史以来,可称空前大会,但除了人数以外,今年的年会,据兄弟个人意见,尚有三个特点,为年会生色不少。

第一是地点,自从唐宋以来,诗人文豪如柳柳州、黄山谷、范石湖、黄子才,对于广西山水,均称道不止,于是'桂林山水甲天下'这句话,早已脍炙人口,所以我们各团体会友,早已醉心于贵省的山水,加以近年来广西省经诸位长官的努力经营,广西省在北方早已有了模范省的名称,我们学术团体的会友,更欲来此观光,承广西省诸位长官的盛意招待,竟得如愿以偿。

第二是本年学术团体加入数目之增多,往年学会开会,往往单独分开,但是因为有若干会员,是属于两三个学术团体的,若是各会统到,则时间与财力,两不经济,若单到一处,则顾此失彼,故各学术团体,既然志同道合,联合开会,是最经济的办法,而且各学术会员团聚一堂,切磋之功尤大。去年庐山开会,是四个学术团【体】,今年则增为六个,若今年试验结果良好,以后必更能扩大而作为永久的联合,年会中最重要的是论文,在上月月底,年会论文即要付印的时候,已经有了一百十三篇,以后陆续加多,共计不下一百二三十篇,所以今年年会论文的多,也是历年以来所未有的,这也可表示近来科学进步的种种表现。

第三是今年外国会友到会之多,在上海报名的会友之中,有奥国、德国、美国和日本的会友,使联合会成为国际化,本来科学是无分国界的,不但科学上的发明,人人可沾利益,即科学家的眼光,亦作世界观,我人晓得拿破仑时代,英法交战的时候,英国的化学家 Davy 氏漫游法国大受欢迎,因为科学家的目的,是在求真理,真理是超国家的。

最后我要代表六学术团体,至诚的感谢李总司令、白副总司令、年会名誉会长黄旭初先生、招待委员会委员长雷沛鸿先生,以及广西诸位筹备委员、招待委员,这次我们来广西,承诸位盛意的招待,这是我们十分感谢的,招待的周到,真使宾至如归,我们心里所不安者,就是因为到会人数的众多,引起许多麻烦,如我们到广西来开会,一方面来开会,但是一方面也是来学习广西苦干的精神,所以招待委员会诸君,不要过于客气,使我们能澈〔彻〕底了解广西卧薪尝胆的精神云云。"

次由李宗仁总司令致词,略谓:

"各位会员,各位来宾,这一次科学年会,蒙各位不远千里跋涉到广西来开会,各学术专家,今天在此共聚一堂,这样空前的盛会,兄弟参与其间,真觉得非常荣幸。广西是一个很偏僻的省份,交通不便,一切建设、科学设计等都很简陋;在招待上,怠慢的地方很多,对于这一点,同时感到非常的惭愧,盼望会员诸君原谅,各位会员大家都是学有专长,在学术上很有贡献的,对于中国的科学建设,实能负起改革和创造的责任,现在世界各国的科学,在力图进展的情形下,日新月异,进步极快,中国的科学,墨守成法,不为大家所重视,所以一切科学建设事业,都没有什么大进步,年来社会人士,大家都渐能注重科学,知道要建造一个健全的现代国家,非在科学上努力迎头赶上欧美不可,各位会员,都负有复兴中国、造福民众的责任,这次年会成绩的良好是可以预期的,今天兄弟谨以至诚,代表第四集团军全体将士向诸会员致谢。"

次省主席黄旭初致词云:

"主席,各位会员,各位来宾,今天得中国六个学术团体光临敝省省会来举行年会,在我个人感觉,实有无限的荣幸,非常的感谢。第一,兄弟承各位会员不弃,推举为本年会的名誉会长,这是觉得很荣幸,应该向各会员致谢的。第二,广西是一个很偏僻的地方,过去中国的学术团体,从未来广西开过会,这次可算第一次,这一次有六个学术团体联合到广西开年会,规模比往年大,这点在敝省实感觉到特别光荣。第三,敝省在这几年来,承外省人士到来参观的很多,但总比不上这次有这么多人,同时过去到敝省参观的人,无论是省外国外,我们都极盛意领教,这次有六个学术团体的会员集中到这里,济济一堂,不仅是中国学术家的优秀份〔分〕子,并且有许多外国的学者在内,联翩莅止,相信敝省乘着这机会,一定得到各位的很多指教,这也是敝省特别荣幸之处,尤应向各位感谢的。不过,这次我们当地主的,很多招待不周到的地方,感觉十分惭愧,这是希望各位加以原谅的。

科学在现在的中国,拿来和各国的科学比较,自然是落后得多,本来中国的文化历史是很长的,在春秋战国时代,已经有很多学术发明,开端了文化的进步,可惜继春秋战国之后,就不能演进了,到现在竟被各国的学术赶过前头去。我们因为科学落后,以致国势衰微,所以现在想中国能够自卫自立,恐怕是要科学方面,突飞猛进,赶得上人家才行。因为一个科学落后的国家,一切政治组织、社会组织,实在没有办法弄得好,尤其物质建设,更是难望进步,在这个关系上各位所负的责任,实在很重,换言之,就是这种责任,大部分是在今天到会的各先生身上。各位均系中国的科学家,正是孙中山先生所谓先知先觉者,必须先知先觉的人,起来领导不知不觉的民众,在科学的途径上去努力,然后一切建设事业,才能一步一步的成功。

最后,各学术团体这次到广西来开会,敝省将来在这次盛会影响之下,恐怕受益不少。因为就广西一切来说,比各省都要落后,尤其是科学方面。这一次各学会联合许多科学家集中到敝省来,不单是在党政军部门负责的同人,得到不少的教益,同时可以趁着这机会,引起敝省的青年,增加研究科学的兴趣,这点敝省的前途,尤有莫大的影响。

还有一点,敝省近〔这〕几年来,在地方负责的各同志,感觉中国的国势,一天一天的危迫,非得大家负责的人,觉悟过来,对国家尽其应尽的责任,则中国的危亡,恐怕是无法挽救了。所以在这两三年间,很想在自己所负的责任上,对于国家民众,尽多少的力量。可是我们时时都感觉力量不足,这点心事,如果承各先生谅解的话,希望各先生趁着这次到敝省之便,在各位看见的或听到的,尽量指示我们,这一点诚心私意,是要向各先生要求的。今天兄弟来参加这次盛会的开幕,在短促时间中,能够表示的意思很简单,只是觉得有无限感谢而已。"

次为六学术团体代表报告。首由本社代表胡刚复报告云:

"此次广西省政府招待敝社与中国工程师学会等五学术团体在邕举行年会,同人深以为荣幸。敝社社长任叔永,因事未能到会,嘱由鄙人代作简略之报告。中国科学社创立于民国四年,时在国外,社员仅二十余人,筚露〔路〕褴褛〔蓝缕〕,艰苦缔造,以联合科学界同志、普及科学知识、提倡研究为职志,并于课余之暇,从事编辑《科学》杂志,成立以来,瞬已二十周,《科学》杂志,今已出至第十九卷第八期,为国内公认之惟一科学月刊,发行以来,迄未间断。民六总社自美迁宁(在美仍留分会),会员亦逐渐增加,散处国内各机关任事,民九得张季直先生、梁任公先生、赵竹君先生等之赞助,由苏省拨到成贤街文德里官房一所,即先后成立图书馆、生物研究所等各机关,国内私人之研究机关,实以此为嚆矢,而生物研究所亦为国内学术研究机关之最有成绩者,近年来所出论文,年数十篇,为国际学术界所器重,图书馆规模虽小,然西文重要杂志,订购者一百二十余种,旧籍一百年至三四十年不等,亦搜集二十余种,民十迄今毫无间断,学者研究称便(此外交换者不计),盖十余年前本社深感国内科学研究有提倡之必要,而知欲求有所成功者,首贵以身力行,故一方面宣传科学之重要,举行通俗演讲,厘订科学名词,一方面广储书报,为科学研究之准备,同时又不计成败利钝,自辟一研究机关,以为之倡,其所以设立生物研究所者,以其研究资料丰富,且有地域性质,较易为力也。本社若有余力,对于其他各学科亦拟次第进行,以求贯澈〔彻〕,初不仅以生物为限也。按科学范围至广,而科学之定义亦甚广,凡以科学方法及精神作有系统之学术研究者,均在科学范围内,故社会科学,亦为科学之一门,而社中会员,乃无所不包,故为便利计,社中曾有分股之组织,计有社会科学、自然哲学、自然历史及应用科学等四大股,社员二千余人,足迹遍全球分会遍国内外,为国内最有力之科学团体。组织上,以董事会审定大政方针及经济财务事项,以理事会为最高执行机关,尚称便利,民国十七年总社及图书馆移沪,京所全归生物研究所,图书馆中,复陆续加入大批数学书报,以上海周美权先生所捐最多,本社并就历年所倡及政府所拨基金之子息所入,自建上海明复图书馆,总社各部处亦迁入办公。然民国十七年以后,国内学术研究空气,经本社之提倡,愈益浓厚,其由国家公立者,有国立中央研究院、北平研究院等,其由私人设立者,有静生生物研究所等各机关,近数年来,各专门学术团体亦次第成立,如中国物理学会、中国动物学会等,皆于最近数年内成立,同时公私立各学校,亦羽毛渐丰,逐渐增加研究设备与工作,故本社以为提倡研究,已告一小段落,实无再另行斥资独立建设新研究所之必要,而科学若不能深入民间,将永为学术发达之最大障碍,故仍有提倡普及科学之必要,盖学术研究,必从事斯道者多,始能有特殊之成绩,而国家多难,欲求一般文化之进展,非以科学深入民间,决不能收相当之实效,故近年来复创一《科学画报》,以期普及,并设法从事教科书之编订等等。总之,本社二十年来,经过十年之萌芽时代及十年之孩提时代,现已渐入少壮时代,而国难日重,本社所负之责任亦日重,因时代需要之不同,本社宗旨虽微有改易,然究以'格物致知,利用厚生'八字为依归。本社深感科学团体彼此有密切关系,本社居母体之地位,更觉有与各团体合作联络之必要,故去年在庐山年会,即联络四团体,本年在邕复有中国工程师学会,与中国化学会加入,希望明年更能扩大组织,济济一堂,互相切磋,俾科学日益光明,是所企祷!此次同人等来邕,深蒙招待,至所感谢,同人等慕广西省当局之努力,于民生方面之建设,深愿稍行采访,知所以利用厚生之道,盖不独仅慕桂林山水已也。"

次中国工程师学会恽震报告略称:

"中国工程师学会创立于民国元年,由詹天佑先生发起,原有二会,一名为中华工程师学会,一名中国工程学会,于民国二十年合并,定名为'中国工程师学会'。总会现设于上海,分会计十七处,会员二千五百人。总会计董事十五人,会长副会长、总干事、文书干事、会计干事、事务干事各一人,基金监二人。出版品有两种,一为《工程》两月刊,一为《工程周刊》。总会设工程名词委员会、工程标准条例委员会、五种专门委员会,曰土木、机械、电机、化工、矿冶,已建成工业材料试验所一所,地点在上海市中心区,将来可成为国内最大规模之试验所,并与其他各处专门试验所统筹合作,会员分五种:(一) 会员;(二) 仲会员;(三) 初级会员;(四) 团体会员;(五) 名誉会员。会员资格,必须大学工科毕业以后,有五年之工程经验,其中有三年系负责办理工程事务者。现任会长为徐佩璜,副会长为恽震;下届会长为颜德庆,副会长为黄伯樵,土木组专门委员会委员为沈怡、李仪祉、凌鸿勋等,机械组织〔为〕张可治、支秉渊、唐炳源等,电机组为李熙谋、顾毓琇、赵曾珏等,矿冶组为曾养甫、胡博渊、胡庶华等,化工组为徐善祥、侯德榜、洪中等。"

次中国化学会代表曾昭抡报告,题为《中国化学会与中国近年来化学之进展》,其词云:

"此次承广西省政府热诚招待,敝会(中国化学会)会员得有空前未有之集会,且得与科学、工程、动物、植物、地理五大学术团体会员互相切磋,敝会同人深以为感,且以为幸。敝会会长陈裕光先生,在南京以校务羁身,未克亲自出席,特委鄙人代为报告:

中国化学会,为目前国内包罗全国化学家之唯一团体,其发展与中国整个化学界之进展,有极密切之关系,恐到会诸君,未必尽明其中实况,故鄙人愿就此点,略加说明,以供诸君之参考。

我国古代,虽亦曾有炼丹术式之化学及若干化学工艺,然近代化学之源起,则实系自西洋输入,此项学术之输入,始于一八七〇年左右,与日本之吸收西洋化学,几于同时,是后五十年中,邻国学术猛进,而我国则因循延误,除翻译几本化学教科书外,几毫无成绩可言,此中原因固多,然无集中全国力量之化学团体以资连络,亦为主要原因之一。

敝人忆八九年前,除一两处外国人之所办之机关外,化学研究几等于零,当时曾与三数同志,极力鼓吹提倡化学研究,一般所谓学术界人物,有讥为尝试不可能之事者,此情此景,历历犹在目前,而现今以我化学界同人共同努力之结果,我国化学研究已得立于世界评坛之前,勉为我国【学】术界略争颜面,此不仅个人引以为荣,亦我化学界同人可足以自豪自勉者也。

与他种科学相较,化学研究在中国之历史,虽更为短促,然其最近数年来之发展,实较他科有过之无不及。(注一)国内著名大学(例如清华大学、北京大学、中央大学等),其在化学上物质的设备及研究所得结果,至少已可与国外第二流大学抗衡,私立大学中如南开、燕京、岭南、金陵等校,虽经费并不充分,亦大有研究成绩可观,其他尚有一部份〔分〕大学及专科学校,虽以时间局促,未有具体成绩,可以表显〔现〕,然以其设备之逐步充实,至少予学生以更良之科学教育。除学校外,政府所办研究机关,如中央研究院、北平研究院及工业试验所(包括实业部中央工业试验所及各省所办之工业试验所、化学试验所等),近来亦均渐著成绩,有刊物可稽。总而言之,即我国近数年来在纯粹及应用化学上之研究成绩,远超过以前半世纪,此不得不令人欢欣者也。

至于化学工业方面,近年来亦有长足之进步,二十年前,我国几于完全未有近代化学工业,十年前,久大精盐公司,方始得到成功,不久,永利制碱厂,仍在风雨飘摇之中,至今日则该碱厂亦达稳固之境,且已扩充成为永利化学工业公司,并在浦镇附近建设硫酸铔厂,以解决我国肥料问题,不久可以开工,其他如中国化学工业社、天厨味精厂、天原电化厂、家庭工业社、龙华水泥厂等等,亦莫不规模宏大,出货低廉,为我国挽回利权不少。

自人才方面言之,一二十年前,国内化学工业技师,往往非外人不可,在今日则在多数工业中,国人之担任技师者,其才力并不下于外人,已属毫无疑义,百年树人,本非易事,成绩若此,尤足庆幸矣。

至我国近年来化学及化工之猛进,其原因颇多,其大者如内战之停止,政府及社会之提倡科学,学校及研究机关经费之稳定及人员之专任,杰出人才之渐多,皆属极关重要,然中国化学【会】之成立及其成立后工作之猛进,亦为一重要因素,在中国整个学术史中,最近五年之进展,实占一极重要地位,在此段历史中,中国化学会留下有划时代的痕迹,在民国二十一年(一九三二)以前,国内虽亦曾有化学团体,但均系偏于化学之某一部份〔分〕而非包括化学全部,或系虚有其名而并无其实,二十一年之夏,因教育部在南京召集化学讨论会之便,与【各】地化学界同人代表,得聚会于一堂,乃有组织'中国化学会'之议,是秋成立后,次年(一九三三)起即开始发行《中国化学会会志》专载国内化学研究银〔报〕告,二十三年(一九三四)复又另外发行《化学》载化学各方面发展的概论及化学教育专著,并刊《中国化学撮要》及《化学新闻》,以促进国内化学研究之发展及供给参考资料于中学教员与一般社会,此两种杂志发行以来,从未怠期,且材料日见精采丰富,堪作国内科学刊物之模范,《化学会会志》之发行,使全国化学研究之刊布,渐行集中,《中国化学撮要》之编印,使国内从事化学研究者,得以详加考查,免致彼此重复,其造福于我化学界,均属非浅。

以会员人数观之,中国化学会,在成立时,会员总数,不过百数十人,迄今历史不过三年左右,竟增至七百六十余人,自总数言之,此数已可为国内专门学会中最多者之一,自发展之速率言之,更为其他团体所望尘莫及,至会员中服务牺牲精神之普遍,团结坚强,尤足令人闻风而起,凡此诸端,均有事实为据,非敝会同人过于自夸,国内一般社会,于近年国内化学发展情形,每多隔阂,故鄙人谨就六学术团体开会之便,特将此情陈明。

至于促进我国将来化学之发展,在敝会同人立场,自必鞠躬尽瘁,以求追随欧西各国,甚至由并驾而前驱,同时对于各界指教,尤必勉力从命,如蒙在座诸君不弃,惠赐教言,当心领而力行之!"

次中国植物学会代表董爽秋报告,据云:

"中国植物学会,经多数先进学者胡先骕、陈焕镛、刘慎谔、钱崇澍、辛树帜、李继侗、张景钺等之发起及筹备,于民国廿二年八月开成立大会于四川重庆,选举钱崇澍为第一届会长,陈焕镛副之,张景钺为书记,秦仁昌为会计。民国廿三年八月,举行第二次年会于江西庐山,改选胡先骕为会长,其副会长、书记、会计等职,仍由陈焕镛、张景钺、秦仁昌分别继任。第一次年会与中国科学社联合举行,第二次年会又有新成立之动物学会加入联合举行,而本年之参加联合年会者,共有六学术团体之多,诚空前之盛举也。本学会会长胡先骕先生,此次因事未能到会,本会同人嘱兄弟代表报告,深为荣幸。

植物学一科,在中国为国人所注意比较不算在他科之后,中国人以科学方法研究植物学已二十年了,这亦因植物学在医药上在农业上占了重要的位置,所以中国古时即已有研究植物学者,如《本草纲目》《植物名实图考》等书,皆中国古时植物学之名著,但此等书之作成,皆缺少科学方法,求能用近代科学方法以研究植物学者,只近二十年之事,且所研究目标,要皆侧重于分类学,因此对于调查采集工作,大家都特别注意。十余年来,国内各大学各研究机关所搜藏之植物标本甚多,如中央大学、中央研究院、科学社所藏长江流域各省之标本,北平静生生物研究所、国立北平研究院所藏华北各省之标本,中山大学生物学系所藏广西、广东、湖南、贵州各地之标本,中山大学农林植物研究所藏两广及海南岛之标本,他如燕京大学、清华大学、北京大学、山东大学、金陵大学、岭南大学、武汉大学及四川大学等,亦皆各藏有一部分标本,为学术界所珍视,现在国内各植物学者正从事于此等标本之研究。至植物形态学方面亦同时为人所注意,如张景钺等早即专攻植物形态学。近年来亦有专攻植物生理学者,如罗宗洛等是。最近研究植物学者又渐渐趋近于实用植物学,而欲将纯粹科学与实用科学融会而一贯之。中国植物学会实负有联络研究人员、介绍研究成绩之责。中国植物学会成立不过三年,因国人努力已有两种刊物出版,一为中文《植物学杂志》,专为灌输植物学识于国人之用,他则为西文者名曰 Bulletin of the Chinese Botanical Society,所刊皆系专门研究,但植物学会出世才只三龄,力量不到之处,当然很多,尚望各团体各学者不吝指教而加以赞助,则敝会同人不胜感荷云云。"

次中国动物学会代表辛树帜报告,略谓:

"中国动物学会,以联络国内习动物学者共谋各种动物学智识之促进与普及为宗旨,成立于民国二十三年八月二十三日,至本年八月,为期不过一年。第一任会长为秉志,副会长为胡经甫,书记为王家楫,会计为陈纳逊,理事为辛树帜、伍献文、武兆发、经利彬、孙宗彭。会长、书记、会计,为当然理事。会员人数共一百三十余人,均为对于动物学有独立研究之志趣、能力与成绩者,或对于动物学事业有相当之共〔贡〕献及热忱赞助者。重要会务,为:(甲)举行常年大会,宣读论文,讨论关于动物学之研究及其应用智识及教学方法等;(二〔乙〕)出版动物学杂志及其他刊物;(丙)参加国际间学术工作;(丁)促进动物学之研究。一年来会中之工作可以报告者为:(一)接受中华海产生物学会之归并条件,进行建设青岛海产生物研究场;(二)出版创刊号《中国动物学杂志》,内载论文共十篇,皆为会员个人研究之心得,由编辑会司其事,编辑员为秉志(总编辑)、卢于道(干事编辑)、陈桢、胡经甫、寿振黄、贝时璋、朱洗、董韦茂。"

末由中国地理学会代表王庸报告,据称:

"中国地理学会于去年八月间在庐山与科学社等开联合年会时正式成立至今,不过一年,但本会之筹备,实在成立一年余前,由翁文灏、竺可桢、张其昀等地理学家十余人发起,故去年开成立会时,本会期刊《地理学报》第一期即已出版。现在会长为翁文灏先生,总干事为张其昀先生,会员于去年成立会时有普通会员六十人,学生会员二十五人,机关会员五处。一年来陆续增加，截至现在止计有普通会员一百二十五人，学生会员六十二人，共计一百八十七人，机关会员七处。会所目前系租民房，其永久会址近联合京中各学术团体，向南京市政府领得基地一方，约八亩零，在西华门建设委员会东首。图样亦已拟就，建设费正在与各学会合筹中。本会出版品除会员录外，有《地理学报》一种，能按期出版，现已出版至二卷二期，二卷三期亦已付印一部分。学报因内容充实，不仅在国内学术上已有相当声誉，国外地理学界对此刊物，亦极感兴味。（各文均附西文提要）德国方面之地理杂志，对《地理学报》尤多介绍，国外定〔订〕户现亦有若干户。至于本会事业，其主要工作，重在实际考察，现以经费关系，未能实行。即如此次年会开会之前，即有本会少数会员意欲乘此会之便，对于桂省猺人生活，作短期的考查〔察〕，但以经费及其他问题，未能组成。另有一研究西南语言之科学社社员某君，即因此事不成，未来赴会。但以后本会总拟向实地调查方面努力，将来进行此项工作时，希望广西及各省当局随时与以便利，则不仅本会之幸也。"

各学会代表报告毕，主席宣读贺电后，再请年会筹备委员长雷沛鸿致词，略称：

"主席，各位来宾，各位会员，今天工程师学会、化学会、科学社、动物学会、植物学会、地理学会，这六个学会联合来南宁开年会，使我们得参加这个盛会，心里实在很愉快。在各学会代表报告工作之后，主席要我起来说几句话，我自然很乐意的，不过承主席的提示，当然我不能站在来宾的立场上发言。因为我已承六个学会联合举我为委员长，我又是科学社的社员，并且我又是广西省政府招待委员会的一个负责人员，所以我更高兴在来宾说话的一个节目，起来说几句话，除庆祝年会成功外，还以最诚恳的心向年会诸君请教。

本省这几年，对于本省的建设事业，确实共同抱着苦干的精神去努力，非仅苦干而已，我们还彼此希望在此国命不绝如缕的时候，为本省以致〔至〕中国求一出路。所以在教育方面，我们不以其为万灵，因为教育不过是一种工具，以图复兴民族而已，因此本省的领袖和在教育行政上服务的人，都觉得要达到建设和民族复兴的地步，非致力于普及教育不可，于是乎有国民基础教育的创立。刚才各学会代表曾经说起'格物致知，利用厚生'的话，换言之即是纯粹的科学和应用的科学。关于这层，我们在教育行政上服务的人，也同样感觉到应具有这种精神，庶几可以达到教育的改进和充实教育的力量。因为在教育上唯其有'格物致知'的精神，才能在学术上有所建树，又在教育上唯其有'利用厚生'的精神,一致劳苦,民众才能受到科学的利益。所以教育行政也应该与学术有密切的关系,使教育技术、生产艺〔技〕术等等,都能日益进步,于是以教育的力量来推动全省各种的建设的事业。何况本省的教育,为达到民族复兴的目的,正以全部的力量致力于国民基础教育,使儿童以至成人都有民族的意识、生产的技能,因此更应该推广科学,研究科学,以改善大众的生活。刚才听见各学会代表报告,知道大家都抱着以现代化的科学技术来从事建设,我们都希望科学更能大众化,使国民基础教育能有科学的内容。这些都是本省最近的教育趋势,特以之向诸位会员来宾报告。刚才李总司令、黄主席已代表广西民众恳切地向诸位求指教,现在我也以负责教育行政人员的资格重申此意,请求诸位不客气的指教。"

再由省府处长孙仁林及来宾林素图等相继演说,最后由大会主席竺可桢答谢,略谓:

"今天各学会联合年会开幕,蒙李总司令、黄名誉会长、孙处长、雷厅长诸位莅临指导,对年会会员同人加以诚挚、恳切的鼓励,同人等至深铭感。中国的科学研究和科学建设,根据适才各学会代表的报告,深幸我们年来的努力,已有相当的成绩。不过我们最大的成功,还是在很远的将来,希望诸同人勿忘所负责任的重大,不断的努力求进步。现在年会开幕典礼圆满,我们谨在此对招待会诸君招待的诚意和诸领袖恳切的鼓励,表示无限的谢意。"

此冗长之盛大年会开幕典礼,遂于军乐悠扬中礼成,全体随即到省府网球场摄影而散,时已钟鸣十一下矣。

下午二时本社在省府大礼堂,举行第一次社务会,到六十余人,由杨孝述主席,刘咸纪录,首由总干事杨孝述报告本社一年来之社务,次会计历史周仁报告一年来会计账目,经众接受,次王家楫代表生物研究所所长秉志报告该所工作状况,次由编辑部长刘咸报告编辑部工作及今后改进计划,图书馆方面因前主任于六月底去职,未有报告交下,故暂缺,最后由司选委员会代表刘梦锡报告选举新理事开票结果,本年应改选理事七人,当选者为秉志、翁文灏、胡刚复、竺可桢、马君武、赵元任、胡适七人,四时散会。

下午四时起分两处公开演讲,一在省府大礼堂,一在省党部大礼堂,每处本约定三任讲演,但往往以时间不够,不及讲完,留至次日,本日在省府讲演者为(1)胡刚复讲:《科学研究与建设》,(2)辛树帜讲:《三十年来审查教科书之经过》;在省党部讲演者为(3)竺可

中国科学社第二十次年会摄影
(《科学》第十九卷第九期插图)

桢讲:《利害与是非》,(4) 茅以新讲:《西南铁路计划》,(5) 刘咸讲:《西南民族与国防建设》。❶

晚七时广西省政府在省党部公宴,黄主席致词,恽震答谢,演毕有游艺及桂剧,十一时兴尽而散。

十三日为大会第二日,上午七时由讲演委员会敦请第四集团军李总司令宗仁讲演,畅谈广西建设之经过及对国事之感想,历二小时之久,末由顾毓琇致谢词。

九时至十二时照会程表规定,动、植、地、化、工五组开会宣读论文。动植组以论题关

---

❶ 原注:"年会公开讲演辞将择要在本刊发表。"

系,合组宣读,主席王家楫,计动物组有论文六十二篇,植物组二十四篇,以时间关系,凡著者未能亲自到会宣读者,例由主席代读题目;地理组有论文二十一篇,主席竺可桢;化学组有论文十五篇,主席曾昭抡;工程组有论文十二篇,主席周仁。各组均有讨论,颇获切磋之益,极合年会主旨。兹将各组宣读论文之重要题目摘录如次:

动物学组论文

1. 秉志之会长演词:《豚鼠大脑皮肤割去一部份〔分〕后之影响》;2. 秉志:《大同腹足类小志》;3. 王家楫:《猴肠内之一种纤毛虫》;4. 王家楫与倪达书:《南京之菲洲团走子》;5. 张奎:《猪肠内之原生动物》;6. 喻兆琦:《中国桡足类鲤虱科之新种》;7. 何琦:《北平之吸血蝇》;8. 陈世骧:《中国之金花虫》;9. 张春霖:《云南鲇鱼之新种》;10. 傅桐生:《河南之两栖类》;11. 雍克昌:《鲫卵发生层原生质之伸缩》;12. 孙宗彭等:《几种动物食品中之化学成分》;13. 卢于道:《神经细胞内之核酸》;14. 张宗汉与戴芳圻〔沂〕:《电游子对于中枢神经系之影响》;15. 寿振黄:《池蛙之雌雄生产率及其体重之变异》;16. 李赋京:《淡水蜗牛之胚胎发生》;17. 王希成:《上半胎与侧半胎相胶合之调节发生》;18. 刘咸:《海南黎人文身之研究》;19. 伍献文与唐世凤:《中国比目鱼补志》;20. 唐仲璋:《福州猫体内之寄生虫》等共六十二篇。

植物学组论文

1. 胡先骕之会长词,题为:《中国与北美东部木本植物之比较》;2. 钱崇澍:《中国东部兰科之一新属》;3. 郑万钧:《中国木本植物数种》;4. 周宗璜:《马勃菌科一新属》;5. 方文培:《广西杜鹃新种》;6. 裴鉴:《亚氏铁线莲近邻种之讨论》;7. 王志稼:《线毛鱼上之藻》;8. 李良庆:《青岛与烟台海藻志》;9. 同:《四川东部之淡水藻类》;10. 严楚江:《杨梅果实形态及解剖初志》;11. 张景钺:《马尾松之木薄膜细胞》;12. 李中宪、张景钺:《珍珠梅芽内各器官之外部形态及发生》;13. 李顺卿:《山东崂山植物环象之初步观察》;24〔14〕. 陈焕镛:《中国安息香料之研究》;15. 蒋英:《中国香积藤属之研究》等二十四篇。

地理学组论文

1. 谢家荣:《河流之袭夺及其实例》;2. 李庆远:《中国海岸线的升沉问题》;3. 杨钟健:《广西几种地形概述》;4. 郑子政:《长江下游之水灾与旱灾及其预测》;5. 速水颂一郎:《扬子江水面高下变动之研究》;6. 东中秀雄:《扬江涡流之粘性》;7. 张其昀:《河西之渠

工》;8. 陈宗器:《罗布泊与罗布荒原》;9. 哈克午①:《奥国之地形分类》;10. 竺可桢:《峨眉山与泰山之高度》;11. 刘恩兰:《我国中等地理教育之现况及困难》;12. 刘咸、谢冶英:《中国土司制度之检讨》;13. 胡焕庸:《中国人口之分布》;14. 陈长衡:《我国土地与人口问题之初步研究》等二十五篇。

化学组论文

1. 赵廷炳:《阴离子之分析系统》;2. 赵廷炳:《硫酸钡沉淀时对于阴离子之吸附作用》;3. 赵廷炳:《草酸钙沉淀时对于阴离子之吸附作用》;4. 杨树勋:《中国灰丝之特性及其应用之研究》;5. 杨树勋:《多合丙产酸之水解作用》;6. 孙承谔:《数种化学反应之话〔活〕性能》;7. 吴学周、朱振钧:《重乙炔之紫外线吸收光谱》;8. 吴学周、柳大纲:《氰酸及异氰酸醋之吸收光谱及其分解能》;9. 吴学周、柳大纲、朱振钧:《重氰分子之基本振动〔教〕》;10. 袁翰青、曹谟:《二种芳香族碘化物与铜粉之作用》。

工程学组论文

1.《粤汉铁路株韶段土石方工程统计及分析》(凌鸿勋);2.《国内工程人才统计》(庄前鼎);3.《感夜电动机之串联运用特性》(顾毓琇);4.《杭江铁路之钩高问题》(茅以新);5.《广西矿产之观测》(胡博渊);6.《广西之水利问题》(何之泰);7.《吴淞机厂一年度成绩报告及经过情形》(陈福海);8.《打桩公式及桩基之承量》(蔡方荫);9.《粤汉铁路株韶段桥梁函〔涵〕洞之设计》(梁旭东);10.《40-T货车铸钢旁架之设计》(茅以新);12〔11〕.《广西之原动力问题》(恽震);12.《国立清华大学新电厂》(庄前鼎);13.《贺梧铁路之商讨》(广西大学土木系);14.《西南铁路计划》(茅以新)。

下午二时至四时,学会举行会务会,四时起仍分两处作公开讲演,在省府大礼堂,有(6)周仁讲:《中国之自给问题》,(7)胡博渊:《钢铁与国防》,(8)龚兰真讲:《饮食与体格》,(9)张洪沅:《国防与化学工业》;在省党部大礼堂,有(10)袁同礼讲:《现代图书馆与博物馆之管理》,(11)马心仪讲:《生物学与农业》,(12)高露德:《广东化学工业建设之发展状况》,(13)王善佺讲:《棉花与广西》。两处听众异常踊跃。

六时李总司令在省党部欢宴,由曾昭抢答谢,演会后,继以游艺及粤剧,散会已十一

---
① 哈克午的西文原名为 W. Hacker。

时矣。

十四日为大会第三日,上午七时敦请省府黄旭初主席讲演《广西政治现状》,于广西近年之施政方针、建设现况、教育情形、财政整理诸方面,均有详细说明,有条不紊,历二小时余,由顾毓琇致谢词。

九时至十二时各组论文会仍继续开会,限期于本日竣事。

下午二时在建设研究院开本社第二次社务会,到七十余人,仍由杨孝述主席,刘咸记录,讨论下列社务：

(1) 选出王家楫、胡博渊、袁同礼三人为下届司选委员。

(2) 选出顾翊群、何德奎为下年度查账员。

(3) 议决下年年会地点定在北平或杭州,择一处举行。

(4) 曾义等六社员提议,改各地社友会为分社,不限于交际性质案,经主席说明,依照社章,交际仅为社友会各项会务之一,且分社只限于国外,议决由总干事加以解释,函复提案人。

(5) 曾义等四社员提议,由六学术团体发起中国科学团体联合会案,当由竺可桢报告南京各学术团体已有呈请市政府拨地建筑全国各学术团体联合会所之计划,惟系会所,非联合会,并提论本社将来所处之地位。次袁同礼演述科学团体联合会之必要,并例举欧战后欧美各国先后组织科学研究联合会之情形,希望我国应合时代潮流,亦能从事组织云云。议决本社目前应与各学会合作,组织联合会须与各方面先事接洽,再定方针,原案保留,以供本社考察。

(6) 竺可桢建议本社与各学会合作办法,可先与数、理、化、地、动、植各学会作刊物上之合作,即规定凡专门性质之论文,应由各学会负责刊行,普遍性论文应由各学会汇交本社之《科学》发表,如此免致重复,又得相辅之效。何德奎建议《科学》内加入各国最新出版科学论文之提要,继由竺可桢说明此项工作专深而繁难,在现在情况下,社中经费不裕,人力有限,恐难实现云。胡刚复谓编辑提要断非一二人之力所能办到,须与各学会切实合作,选定负责人员,按期编辑,而合作起点,如互通会员及会费等办法,亦应考虑。马心仪谓各科论文提要,于教学研究均有裨益,应由各大学教授分别担任,通力合作,则众擎易举云云。

(7) 议决明年年会除动、植、地三学会仍旧参加外,再邀请中国数学会、中国物理学会、中国化学会、中国地质学会等四学会,共襄盛举,四时散会。

本日四时后之公开讲演,仍分两处举行,计在省政府大礼堂讲者,有马君武讲:《用科学的力量打到洋货文化》;刘恩兰讲:《地理与环境》;赵曾珏讲:《工程师与救国》。在省党部大礼堂讲者,有卢于道讲:《科学化的党务》;吴学周讲:《自然与正义》;马杰讲:《中国工业建设的途径》。

七时南宁各学术团体在省府网球场公宴,马君武致词,董爽秋代表答谢。……

十五日为大会第四日,上午七时,敦请白崇禧副总司令讲:"三自与三寓政策"。❶ 白先生儒将风流,博闻强识,引经据典,滔滔不绝,阐论三自与三寓政策①之要点,历二小时余,听者甚感兴趣,由顾毓琇致词谢之。

十时五学会分别开第【二】次会务会。

下午一时半分二组出发,参观国民基础教育研究院、军医院、博物院、家畜保养所、印刷厂、化学试验场等各机关,设备方面均有相当基础,工作甚为紧张。

四时起仍照旧在两处讲演,此为最后一日,计在省府讲者有:张道宏讲:《军人的人格》;李庆虞讲:《殖边与国防》;冼荣熙讲:《钢铁救国与广西矿产之运用》。在省党部讲者有:王家楫讲:《动物学与民生》;董爽秋讲:《生物学与哲学》;贺闿讲:《广西之桐油》。

连日各专家讲演共计二十五次,或关系实业,或注重国防,或就地取材,或申述原理,各就所长,议论风生,极洋洋之大观,听者均感兴趣,演词有若干篇,在会期内南宁《民国日报》披露。

七时联合年会假省府网球场公宴桂省各界领袖及年会出力人员,由竺可桢主席,致词感谢桂省各界此次招待盛意,李宗仁代表广西各界答谢,年会至此遂正式闭幕。宴毕,入省府大礼堂观游艺及桂剧。

在南宁小住五日,以会程紧张,匆忙不可言,现正式大会期虽告终了,而大规模游览,正复开始。十六日晨七时,烈日当空,有汽车数十辆齐集招待处,分载会员作两批出发,第一批迳赴柳州,第二批出发武鸣参观民团,当日仍回南宁,于后一日赴柳州,从南宁去柳州七百余里,车途畅达,惟大雨之后,山洪暴发,公路多被冲洗,致车行其上,多崎岖不平,颠

---

❶ 原注:"李、白两先生之演讲辞,详载九月十二日以后数日之天津《大公报》。"
① 所谓"三寓",即"寓兵于团,寓将于学,寓征于募"。

籇至甚，复以一日时间，未免长久，会员中颇有以疾行为苦者，途中郊餐一次，车上复备有水果，足解饥渴，渡江二次，用木船载车以行，颇须小心，遇大水一次，阔可半里，水深及腰，人坐车上，车行水中，乡人三五，命为前导，龟步而行，有如大象涉水，车内多人屏息不动，惟默祷上帝保佑，盖倘一不慎，车翻人倒，真有不堪设想者矣。幸各车均平安渡过，毫无意外，至足庆慰。行近柳州，风景奇丽，山不在高，独立为美，车行地动，路转峰回，凭窗远眺，俨若天仙之起舞，又或静而观之，有如画屏远列，昔人所谓"天开图画即江山"，于斯益信。下午六时许，先后达到柳州，由招待员分批迎接，寄宿乐群社、图书馆及中学三处，秩序井然。招待处主任韦云淞师长亲临慰问，和蔼有加，会员经长时期之劳顿，极为疲困，晚餐后即多入睡，一梦黄粱，不知东方之既白。

柳州风景宜人，气候凉爽，一履斯境，即觉清适，较之南宁闷热，有不可同日语者。十七日晨兴，多有作柳侯公园之游者，柳子厚祠在焉，楹联颇多，香火依然，惜时间促迫，不及细观，早餐后，渡江齐集乐群社门首，待车出发，会友多乘此片刻机会，登立鱼峰游览，峰不甚高，佳木繁阴，为柳州名胜，昔人所称，多有题咏。八时汽车陆续出发桂林，全程长六百余里，须渡河八次。十一时许过榴江，县政府款以午餐，蔬肴甚丰，同人饱餐而去。沿途风景佳丽，并远见猺山，迨行近阳朔县境，山势转奇，较之昨日所见，又远过于此。比至阳朔城近处，车行万山中，四面削壁，石裂欲堕，望之若崇城，奇形怪状，莫可端详。此时金鸟〔乌〕西坠，凉风习习，几如置身世外桃源，令人发无限幽思。五时许抵桂林，欢迎者在途，穿城至靖王府下榻高级中学校内，陆程至此，遂告一段落。桂林办事处主任为郭凤冈师长，招待极为周到，可感之至。

"桂林山水甲天下"，此范石湖之所许，同人慕胜景而来者，颇不乏人，乃十八日天不作美，大雨倾盆，致游兴阑珊，缱绻无聊，傍午雨稍杀，遂结队冒雨出游，向导某君，熟悉掌故，每至一处，辄滔滔不绝如数家珍，极得讲述之益，先游中山公园之独秀峰，巍然独立，一柱擎天，高不过百余尺，然鸟道摩空，拾级始登，凡三百有六十，造极处有危亭数座，俯览全城，如在几下，旷观万山，环拱森列，故以独秀名，摩岩书"紫袍金带""介然独立""南天一柱"俱苍劲可观，峰下有读书岩，岩内石榻石牖，为宋颜延之守郡时读书处，岩后通小池，日〔曰〕月牙池，小桥临水，中峙平台，池水清漣，众卉芬芳，游屐至此，多小憩焉。峰麓题壁至多，歪俗不堪入目，北麓新建励俗亭，多当代名人题咏。

继游桂山,在城内东北隅,三峰连属,前拔后继,宛转巍嵬,相传山多桂树,故名。山之东有叠彩岩由石磴上登,至风景阁,凭窗四望,全城在目,湖光山色,拱揖几案间,山后有北牖洞,豁然虚朗,中刻佛像及前贤题记甚多,每届夏季,凉风从山后来,披襟当之,心旷神怡,故又名洞风山,六七月间游屐最盛,宴会无虚日,再由石佛卧隅,佝偻穴行,中有石室,凉飚袭人,钟乳累垂,天光一线,盘旋郁纡,别径而出,即在山头,是为太极洞,诚幻境也。桂山中尚有望山、于越山、石门洞、睡鹤洞、栖真洞、北门洞、味易岩等风景,以时间匆促,加以是日风云开合无定,未及遍游而返,衣履已尽湿矣。

下午四时校内大礼堂演桂剧,以娱会众,本地风光,道地腔调,煞是好看。

十九日天放晴,会友均准备作整日游。先出桂城东门渡漓江,行二里许,有七峰并列,状如北斗,即七星山,中多岩洞,窈杳幽奇,山左有栖霞寺,出寺行,至山半腹,有栖霞洞,"石门下行数十级,可望百余人,洞口钟乳倒悬,如碧玉壶,匪圆匪方,如日落波心,动荡成质,从洞门入,石索悬锦,若鲤鱼跃于云际,左有石楼,唐开元时祀玄老君于此,旁有两路,列炬方入,一路西行,两壁石笋成林,玉液凝柱,岩高数十丈,穴阔亦三四丈,如行通衢,巾顿足曳,杖铿然有声,如鼓钟然,盖洞之下,又有洞焉。半里遇大坚,不可进,歧路有歧,游屐迷矣。县志载唐代乾宁中临贺令郎冠卿曾遇日华月华二仙于是,今寺门镌联云,七曜灵光寄苍玉,二华仙迹留丹崖,即指此也。又一路北行,俯偻而入,数步则宽广,两旁十许丈,稍进穴道益曲狭,左巨坚,右深潭,游者须秉烛鱼贯进,曰飞龙潭,曰摩天岭,曰赖子潭,皆险地也。扪壁蛇行数十武〔步〕,辄见石门,石檆黝然深黑,目力穷,钟乳下垂累累,高或十寻,阔或百尺,烛之则旁列万状,导者一一指曰,此为象,则卷鼻而卧,此为狮,则抱球而弄,此为骆驼,则长颈而鞍背,此为湘山佛,则合掌而趺跏,此为布袋和尚,则开口而胡卢,其他如莲、如盖、如床、如几、如晒网、如弈棋、如鱼、如鸟、如佛手、足,穷形尽相,慑魂骇目,穴行数里,东向见天光一线,突抵洞口,出岩之背矣。其下为庆林观,范石湖《桂海虞衡志》记之审矣,世称桂林山水甲天下,乌知桂林岩洞之奇更甲天下"。❶(桂林风景史实。)

---

❶ 原注:"桂林岩洞之奇,已为身历其境者所称道,闻武鸣方面尤多,吾人为此种岩洞,在洪荒之石器时代,曾有人类居之,欧洲如法国、西班牙最多山洞,五十年来,迭有重要发现,洞中除兽骨之外,多古石器时代之人骨及所用之各种石器骨器,而洞壁之上,每有壁画,牛马鹿象,杂然并陈,甚有颜色犹新、状态活跃者。以此例彼,广西各处山洞,虽不必有相同之壁画,但有人类遗迹,可以断言。又在安南境内,近以郭兰妮女士(Mlle Colani)等之努力,洪荒人类之遗迹,迭有发现,广西与安南毗连,地带相同,诚能组织一完善洪荒考古队(至少须有人类学家、地质学家、古生物学家及洪荒考古学家四门专家),从事于各岩洞之地层发掘,必有惊人之发现,此于吾国先史、文化及人种起源,均有根本关系,望我国学术界注意及之。"

继游普陀岩，在栖霞洞之左，元风洞之右，其洞横连栖霞，平崖积翠，中建佛刹，下临清溪，古木森然，蝉声砧韵，风景幽绝，山门有草书一联云："山居得月，门近栖霞。"一入门，则崇阁耸出，俯瞰全城，再进则为一广厅，题联云："开轩延叠嶂，憩石挹飞泉。"殊可见此山之胜。中为丛翠堂、挹秀轩，后为寿佛洞，岩坚幽深，小轩数楹，是大招提，唐时为栖霞寺，元改建全真观，以斯山昔祀观音，故今名普陀山云。左折有亭，水泉出焉，巨崖当关，作佝偻行，山腰转处，有凉气袭人，崇楼杰构，曰霞飞阁，曰披云阁，回环曲折，飞翠流丹，远嘱〔瞩〕平畴，如在掌握，真别有天地，疑非人境，广西大学校长马君武先生有联云：

"东城佳境，时绕梦魂，叹半世飘零，遂与名山成久别；

岭表旧邦，饱经忧患，愿后生英俊，共筹良策致昇平。"

佳作也。继复出山趋市，行水东街，迎月牙山，仰见石巅一峰，端直峭拔，若剑状，是为剑山，山腰有石室，宽平，磴道数十级，崖石半悬，形如初月，故名曰〔月〕牙山，前临深潭，旁通龙隐，沿溪石磴曲折，怪石嶙峋，楼阁参差，芙蓉万仞，登临四望，令人神远，有名阁三，曰倚红楼，曰丛桂楼，曰襟江楼，各有名人题额，明周进隆纪曰〔月〕牙山诗云：

"翠微峭报倚天表，半轮月照桂江小，

岩头春鸟倚高枝，一声啼破千山晓。"

盖纪实也。由月牙山绕山沿江西下行，抵七星山第七峰之山脚，龙隐岩在焉，亦名隐龙洞，洞口临江，半没于水，堆沙积泥，常患淤塞，洞高约七八丈，长二百尺，宽约一二十尺，洞顶缝裂凹凸不平，夭矫若"龙"形，其长竟洞，故名龙隐，或传龙去影存，故又名龙影穴，岩外摩崖石刻，几无虚处，尤以宋人手迹为多，其最著有宋狄武公（青）之"平蛮三将题名"碑，字迹完好，岿然江表，具见先民遗烈，由岩西行不远处，别有小寺，依岩构佛堂，杞倾不堪，惟摩崖之上，题刻至夥而著名之"元祐党籍碑"即在屋后，现在字迹糊涂，已不甚可辨矣。

畅游既毕，归途仍过花桥渡江而回，花桥建筑古实，亦桂林名胜之一，为画所称。是晓七时举行公开演讲，到军政各界人员千数百人，主讲者为卢于道讲：《科学的文化建设》，庄智焕讲：《游桂感想》，邵逸周讲：《中国之工业建设》，听众秩序整齐严肃。

二十日大晴，桂林山水既经畅游，会众各以事牵，有即赋归去之意，于是分批回程，有驱陆道经全县出湘水者，大多数则航桂江，直下梧州，惟以到桂林有迟早，今日先行一批，计乘木舟十余艘,其留桂者,则于是日游距城五十余里之良丰花园,园本雁山别墅,私人所有,后归岑西林,西林举以归公,今为师专校址,中有岩山,古木参天,有荷池,池水清涟,楼台亭榭,有小西湖之称,道旁多桂树,稻田牧场,应有尽有,可钓可猎,亦耕亦读,诚一片清凉世界也。

归途访刘仙岩,在南溪山之背,相传为宋刘仲远修炼处,岩壁有李师手书"太空子隐居处",惜寺已毁,石刻甚多,颇有佳作。

在南溪山之正面近将军桥侧,有白龙洞,亦一岩穴,有寺宇,方入门,即顿觉清凉,深入洞中,则寒浸肌肤,冷气逼人,其清凉程度为各洞之冠,洞壁皆乱石所成,玉鳞雪花,夕阳反照,灿若宝星,诚大观也。

下午同人又有作虞山之游者,虞山一名舜山,离城北一里许,山起东隅,漓水漾其左,黄潭萦其后,有唐人摩崖书"舜庙碑",为唐建中元年韩云卿所立,距今已一千一百五十六年,嗣发石得洞,名曰"韶音",洞长十三丈,其旁蹲龙走虺,状若笙匏埙箎者,中有张栻之"韶音洞记"石刻,字小已不能全读。又于洞之左,得小邱,平广爽垲,江出其旁,复作亭于其上,名"南薰亭",登临远眺,远及尧山。后见招隐山,前有古树数百株,樛枝密叶,圆若轩盖,风至摇曳,如奏有韶。洞西有石鱼峰,高数十丈,石红紫色,如鱼形,缘磴而上,绝顶,群山在望,瑶簪玉笋,美不胜收。

来往虞山必经木龙洞,洞在癸水门外,背山面江,距伏波岩不远,去叠彩山则仅数百步,山石玲珑,中通孔道,明天启年间督学曹学佺为木龙二,悬于水洞顶,因以得名,徐霞客曾游是洞,有记详之。

第二批赴梧州者,亦今晚下船,共十六艘,人数最多。

二十一日晨七时,木船同时解缆,由桂江直发梧州顺流而下,舳舻千里,洋洋大观,舵橹轧轧作声,不绝于耳,音韵和谐,别具乐趣,由桂林至阳朔,沿江风景绝佳,峰回路转,层出不穷,有画山者,最称名胜,舟子指谓此山有神,眼力高者可见马五六匹,次焉者可三四匹,少亦二三匹,凭舟远望,惟见削壁一片,直立江表,作锈黄色,以深浅不同,现出所谓马群者,与法西山洞中之古石器时代壁画,颇相类似,莫可究诘也。夜宿阳朔城,入市一览,了无所得。二十二日宿昭平,由自阳朔以下,风景无可观,二十三日宿某镇,日益南行,天气渐入〔热〕,于二十四日下午二时达到梧州,在途三日有半,共行六百七十里,若系逆流,则非半月莫达,机器与人力诚不可以道里计也。

到梧州后,未及停留,即附下水轮赴三水,遂与遨游半月之新广西告别矣。二十五日天未明,即抵三水,船娘招客,群雌粥粥,颇为所苦,幸广州分会已派李梁二君在埠招待,始得解围登岸,换乘广三铁路专车,于八时许抵广州。到广州后,分宿新华等酒店,"行装甫卸,即由广州分社组织之招待处引导,出发市头参观蔗田糖厂,在珠江画舫午膳,下午继续参观,舟返广州,已万家灯火齐明,略事梳洗,即赴广州市刘纪文市长之宴,是日广州奇热,为十五年来所仅见,与宴诸人,多汗流浃背,刘市长致词,由杨孝述代表答谢而散。

二十六日上午九时,全体分乘汽车出发,参观士敏土厂、自来水厂、新电力厂及苛性钠、硫酸、肥料等厂,均系广东省三年计划中之新兴建设也。中午全体赴石牌中山大学,应邹校长之宴,菜肴甚丰。邹校长有极长之演说,会员鼓掌不绝,由何德奎代表答谢。席散后参观新建校舍,三层大厦十数宅,均用琉璃瓦屋顶,彩色栋梁,规模之宏壮,不特在国内为独步,即世界各著名大学,亦罕伦比,诚洋洋乎大观也。三时谒黄花岗七十二烈士墓,令人肃然起敬,并顺道参观市政府,刘市长亲出招待。出市府,再往中山纪念堂参观,该堂建筑费百余万,系故社员吕彦直氏之精心杰构,庄严宏伟。七时赴观音山越秀酒家应广东省政府公宴,席间,林云陔主席致欢迎辞,由曾昭抡代表答谢而散。广州正式招待程序于以告终。

二十七日为全体会员分途出发返里之期,凡经内地赴湘鄂者,于清晨由粤汉路局挂花车一辆送行。但赴香港搭船者,尚于是日上午抽暇参观广东新创之纺织厂,并于中午应广州分会公宴。至下午一时始乘广九路局特挂之专车赴港,搭林肯轮北上,三十日抵沪,可谓利用时间矣。香港欧美同学会正式来函欢迎赴港会员,只以留港时间短促,不及前往,只好去函道谢,为有负盛意也。"(《社友》五十期)

此行费时一月,以会程紧张,会务繁忙,复以参观游览之地域广大,虽不免有走马看花之憾,然即就同人观光所及,旅行所至,印象良佳。第一,此次年会盛况空前,足证各方社员会友对于参加年会之热烈;第二,此次宣读之论文有一百二十七篇之多,可见研究科学之成绩,年有进步;第三,吾人就此次观感所及,以为广西在五年短期之内,"苦干"之下,一切设施,渐上轨道,而科学建设,尤所注重,展望前途,颇可乐观。此于吾人怀复兴民族之伟业者,增加不少自信心。最后,此次年会承广西省当局热诚招待与民众欢望,至深感谢。

《中国科学社第二十次年会记事录》选录①
中国科学社第二十次年会记事

本社第二十次年会,先期承广西省政府之邀,于八月十二日至十五日在广西省会南宁举行。参加此次年会者,有中国工程师学会、中国化学会、中国地理学会、中国动物学会、中国植物学会等五团体,故定名为中国六学术团体联合年会,规模宏大,实为国内自有年会以来之空前盛举。会程仅排五日,甚为紧张,每日上午七时开始,下午十一时始止,盖以广西山水之胜,预留时间以作游览计也。在年会期内,历梧州、南宁、柳州、桂林各地而复返梧州,共十八日,一切舟车交通膳宿概由广西省政府招待,其热忱盛意,尤为同人所铭感。

年会职员名单如下:

名誉会长:黄旭初

年会总委员会:雷沛鸿(委员长)、马名海(秘书)、马君武、苏诚、李运华、邓祥云、裘燮钧、邹恩泳、杨孝述、方子卫、卢于道、钱崇澍、何炳松、吴浩然、沈熊庆

论文委员会:竺可桢(委员长)、王家楫(动物学组)、钱崇澍(植物学组)、胡焕庸(地理学组)、周仁(工程学组)、曾昭抡(化学组)、翁文灏、张云、王星拱、吴有训、伍献文(中国动物学会代表)、周宗璜(中国植物学会代表)

会程委员会:任鸿隽(委员长)、恽震、翁文灏、竺可桢、辛树帜、胡刚复、张作人

演讲委员会:顾毓琇(委员长)、刘咸、张其昀、段子燮、陈宗南

招待委员会:苏诚(委员长)、潘幼芹、谢厚藩、龙纯如、何栋材、宋文政、方宁赞、葛天冈、闻诗

---

① 《中国科学社第二十次年会记事录》(1935年11月刊)第1-26页,附后之《中国科学社总干事报告》《中国科学社第二十次年会会计报告》《中国科学社生物研究所报告》《中国科学社第二十次年会编辑部报告》《中国科学社图书馆二十三年度报告》《演讲录》《南宁民国日报社论》以及中国科学社各组与各学会论文提要等篇均略。

交际委员会：李运华(委员长)、沈樾、马心仪、严仲如、云克胜、裘献尊

南宁办事处：李运华(主任)、谭世藩(副主任)、邓祥云(总务组长)、苏诚(交通组长)、张俊民(交际组长)

梧州办事处：马君武(主任)、蔡灏(副主任)

柳州办事处：韦云淞(主任)、冯云

桂州办事处：郭凤冈(主任)、关文俊(副主任)

本届联合年会，会员及眷属签到者共三百四十六人，内有外国会员十三人。本社社员及眷属到会者共计一百二十五人，姓氏如下：

张洪沅	张湘纹	沈熊庆	朱昌亚	张鸿基	王家楫
刘咸	胡博渊	杨树勋	曹仲渊	马名海	贺闿
曾昭抡	辛树帜	杨竞学	朱振钧	李庆麟	袁翰青
刘恩兰	陈德贞	王明贞	蔡方荫	崔亚兰	刘梦锡
邓胥功	沈溯明	卢于道	沈慈辉	桂末辛	田和卿
张道宏	梁毓万	黄昆仑	马杰	周榕仙	胡刚复
葛绥成	荣达坊	项显洛	葛其婉	韦谦	速水颂一郎
东中秀雄	木村康一	徐金声	黄幼垣	竺可桢	
杨孝述	彭用仪	马孟强	沈仲章	上官尧登	唐国正
冼荣熙	杜长明	周仁	王善佺	傅焕光	杨春渊
李运华	区其伟	苏宏汉	沈启巽	徐瑞麟	彭光荫
赵廷炳	汪振儒	黎宗辅	夏兆龙	王非曼	许浈阳
陈公弼	段子燮	何玉昆	陶心治	蔡树繁	马心仪
吴鲁强	袁同礼	陆启先	黎富思	瞿文琳	李燕亭
金曾澄	袁复礼	蒋纲	薛桂轮	秦道坚	邓静华
张登三	刘国华	何德奎	黄汉荣	钟嘉文	许维樑
周百嘉	黎焕森	莫如玉	陈立卿	盘珠祁	马君武
过昆源	潘承诰	李永振	方颐朴	茅以新	周宗璜
董绍良	雷沛鸿	高露德	木村重	大内一郎	周开基

(以上社员)①

马君武夫人、张登三夫人、秦道坚夫人、沈熊庆夫人、王善佺夫人、陆启先夫人、钱华(《申报》特派记者)、陆诒(《新闻报》特派记者)、邓少栞、慈丙如、区其伟夫人、邓静华夫人(以上眷属)

社员均先期在上海本社注册,随给年会会徽以资到会时之识别。一部分广西社员则在梧州注册。全体会员于八月八日在梧州齐集分三批乘汽船出发南宁。

年会第一日(八月十二日)

上午七时在省府大礼堂举行开幕典礼,由竺可桢主席,马名海司仪,行礼如仪。主席致开会辞后,有李宗仁、黄旭初演说。次由各学术团体相继报告。(1)胡刚复(科学社);(2)恽震(工程师学会);(3)曾昭抡(化学会);(4)辛树帜(动物学会);(5)董爽秋(植物学会);(6)王庸(地理学会)。最后有〔由〕年会筹备委员长雷沛鸿、副委员长孙绍园演说。十一时礼毕,并在省府网球场摄影而散。兹将各人演说词录后。

大会主席竺可桢致开会词:诸位来宾,六学术团体会员诸君,今天是中国工程师学会、中国化学会、中国地理学会、中国科学社、中国动物学会、中国植物学会六团体共同举行年会之期,今年年会到会人数非常踊跃,在上海报名的已有三百十五人,广西本省六团体会员,尚不在内,较之去年庐山四学术团体联合会议超出一倍,这在各学术团体自有史以来,可称为空前大会,但除了人数以外,今年的年会,据兄弟个人愚见,尚有三个特点,为年会生色不少!

第一,是地点,自从唐宋以来,诗人文豪如柳柳州、黄山谷、范石湖、袁子才,对于广西山水,均称道不止,于是"桂林山水甲天下"这句话,早已脍炙人口,所以我们各团体会友,早已醉心于贵省的山水,加以近年来广西省经诸位长官的努力经营,广西省在北方早已有了模范省的名称,我们学术团体的会友,更欲来此观光,承广西省诸位长官的盛意相招,竟得如愿以偿。

第二点是本年学术团体加入数目之增多,往年学会开会,往往单独分开,但是因为有

---

① 根据上列名单统计,本社社员到会者实际是113人。

若干会员,是属于两三个学术团体的,若是各位统到,则时间与财力,两不经济,若单到一处,则顾彼失此,故各学术团体,既然志同道合,联合开会,是最经济的办法,而且各学术会员团聚一堂,切磋之功尤大!去年庐山开会,是四个学术团,今年则增为六个,若今年试验结果良好,以后必能更扩大而作为永久的联合。年会中最重要的是论文,在上月月底,年会论文即要付印的时候,已经有了一百十三篇,以后陆续加入,不下二三十篇,所以今年年会论文的多,也是历年以来所未有的,这也可表示近来科学进步的种种表现。

第三点是今年外国会友到会之多,在上海报名的会友之中,有奥国、德国、美国和日本的会友,使联合会成为国际化。本来科学是无分国界的,不但科学上发明,人人可沾利益,即科学家的眼光,亦作世界观。我人晓得拿破仑时代,英法交战的时候,英国的化学家 Day 氏漫游法国大受欢迎,因为科学家的目的,是在求真理,真理是超国界的。

最后我要代表六学术团体,至诚的感谢李总司令、白副总司令、年会名誉会长黄旭初先生、总委员会雷沛鸿先生,以及广西诸位筹备委员、招待委员,这次我们来广西,承诸位盛意的招待,这是我们十分的感谢,招待的周到,真使宾至如归。我们心里所不安者,就是因为到会人数的众多,引起许多麻烦,如我们到广西来开会,一方面来开会,但是一方面也是来学习广西苦干的精神,所以希望招待委员会诸君,不过于客气,使我们能澈〔彻〕底了解广西卧薪尝胆的精神。

李总司令致辞:各位会员,各位来宾:这一次科学年会,蒙各位不远千里跋涉到广西来开会,各学术专家,今天在此共聚一堂,这样空前的盛会,兄弟参与其间,真觉得非常荣幸。广西是一个很偏僻的省份,交通不便,一切建设、科学设计等都很简陋;在招待上,怠慢的地方很多,对于这一点,同时感到非常的惭愧,希望会员诸位原谅。各位会员大家都是学有专长,在学术上很有贡献的,对于中国的科学建设,实能负起改革创造的责任。现在世界各国的科学,在力图进展的情形下,日新月异,进步极快,中国的科学,墨守成法,不为大家所重视,所以一切科学建设事业,都没有什么大进步。年来社会人士,大家都渐能注重科学,知道要建造一个健全的现代国家,要非在科学上努力迎头赶上欧美不可。各位会员,都负有复兴中国、造福民众的责任,这次年会成绩的良好是可以预期的,今天兄弟谨以至诚,代表第四集团军全体将士向会员诸君致谢。

黄主席致词:主席,各位会员,各位来宾,今天得中国六个学术团体光临敝省省会来举行年会,在我个人的感觉,实有无限的荣幸,非常的感谢。第一:兄弟承各位会员不弃,推举为本年会的名誉会长,这是觉得很荣幸,应该向各会员致谢的。第二:广西是一个很偏僻的地方,过去中国的学术团体,从未来广西开过会,这次可算第一次。这一次有六个学术团体联合到广西开年会,规模比往年大,这点在敝省实感觉到特别光荣。第三:敝省在这几年来,承外省人士到来参观的很多,但总比不上这次有这么多的人,同时过去到敝省参观的人,无论是省外或国外,我们都极盛意领教。这次有六个学术团体的会员集中到这里,济济一堂,不仅是中国学术界的优秀份〔分〕子,并且有许多外国的学者在内,联翩莅止,相信敝省乘着这机会,一定得到各位的很多指教,这也是敝省特别荣幸之处,尤应向各位感谢的。不过,这次我们当地主的,很多招待不周到的地方,感觉十分惭愧,这是希望各位加以原谅的。

科学在现在的中国拿来和各国的科学比较,自然是落后得多,本来中国的文化历史是很长的,在春秋战国时代,已经有很多学术发明,开端了文化的进步,可惜继春秋战国之后,就不能演进了,到现在竟被各国的学术赶过前头去。我们因为科学落后,以致国势衰弱,所以现在想中国能够自卫自立,恐怕是要科学方面,突飞猛进,赶得上人家才行。因为一个科学落后的国家,一切政治组织、社会组织,实在没有办法弄得好,尤其物质建设,更是难望进步,在这个关系上各位所负的责任,实在很重。换言之,就是这种责任,大部分是在今天到会的各先生身上。各位均系中国的科学家,正是孙中山先生所谓先知先觉者,必须先知先觉的人,起来领导不知不觉的民众,在科学的途径上去努力,然后一切建设事业,才能一步一步的成功。

最后,各学术团体这次到广西来开会,敝省将来在这次盛会影响之下,恐怕受益不少。因为就广西一切来说,比各省都要落后,尤其是科学方面。这一次各学会联合许多科学家集中到敝省来,不单是在党政军部门负责的同人,得到不少的教益,同时可以趁着这机会,引起敝省的青年,增加研究科学的兴趣,这点于敝省的前途,尤有莫大的影响。

还有一点,敝省近〔这〕几年来,在地方负责的各同志,感觉中国的国势,一天一天的危迫,非得大家负责的人,觉悟过来,对国家尽其应尽的责任,则中国的危亡,恐怕是无法挽救了。所以在这两三年间,很想在自己所负的责任上,对于国家民众,尽多少力量。可是我们时时都感觉力量不足,这点心事,如果承各先生谅解的话,希望各先生趁着这次到敝省之便,在各位看见的或听到的,尽量指示我们,这一点诚心私意,是要向各先生要求的。今天兄弟来参加这个盛会的开幕,在短促时间中,能够表示的意思很简单,只是觉得有无限感谢而已。

中国科学社代表胡刚复报告:此次广西省政府招待与中国工程师等五学术团体在邕举行年会,敝会同人,深以为荣幸。敝社社长任叔永,因事未能到会,请由鄙人代作简略之报告。中国科学社创立于民国四年,时在国外,社员仅二十余人,筚路褴褛〔蓝缕〕艰苦缔造,以联合科学界同志,普及科学知识,提倡研究为职志,并于课余之暇,从事编辑《科学》杂志。成立以来,瞬已二十周,《科学》杂志,今已出至第十九卷第八期,为国内公认之惟一科学月刊,发行以来,迄未间断。民六总社自美迁宁(在美仍留分会)会员亦逐渐增加,散处国内各机关任事。民九得张季直先生、梁任公先生、赵竹君先生等之赞助,由苏省拨到成贤街文德里官房一所,即先成立图书馆、生物研究所等各机关,国内私人研究机关,实以此为嚆矢,而生物研究所亦为国内学术研究机关之最有成绩者,近年来所出论文,年数十篇,为国际学术界所器重,图书馆规模虽小,然西文重要杂志,订购者一百三十余种,旧籍一百年至三四十年不等,亦搜集约二十余种,民十迄今毫无间断,学者研究者称便(此外交换者不计)。盖十余年前本社深感国内科学研究有提倡之必要,而知欲求有所成功,首贵以身力行,故一方面宣传科学之重要,举行通俗演讲,厘订科学名词,一方面广储书报,为科学研究之准备,同时又不计成败利钝,自辟一研究机关,以为之倡,其所以生物首取研究者,以其研究资料丰富且有地方性质,较易为力也。本社若有余力,对于其他各学科亦拟次第进行,以求贯澈〔彻〕,初不仅以生物为限也。按科学范围至广,而科学之定义亦甚广,凡以科学方法及精神作有系统之学术研究者,均在科学范围之内,故社会科学,亦为科学之一,而社中会员,乃无所不包,故为便利计,社中曾有分股之组织,计有社会科学、自然科学、自然历史及应用科学等四大股,社员二千余人,足迹遍全球,分会遍国内外,为国内最有力之科学团体。组织上,以董事会审定大政方针及经济财政事项,以理事会为最高执行机关,尚称便利。民国十七年总社及图书馆移沪,宁沪全归生物研究所,图书馆中复陆续加入大批数学书报,以上海周美权先生所捐最多。本社并就历年所捐及政府所拨基金之子息所入自建上海明复图书馆,总社各部处亦迁入办公。然民国十七年以后,国内学术研究空气经本社之提倡,愈益浓厚,其由国家公立者有国立中央研究院、北平研究院等,其中私人设立者有静生生物研究所等各机关。近数年来,各专门学术团体,亦次第成立,如中国物理学会、中国动物学会等,皆于最近数年内成立,同时公私立各学校,亦羽毛渐丰,逐渐增加研究设备与工作,故本社以为提倡研究,已告一小段落,实无再另行斥资独力建设新研究所之必要。科学若不能深入民间,将永为学术发达之最大障碍,故仍有提倡普及科学之必要。盖学术研究,必从事斯道者多,始能有特殊之成绩,而国家多难,欲求一般之进展,非以科学深入民间,决不能收相当之实效,故近年来复创《科学画报》,以期普及,并设法从事教科书之编订等等。总之,本社二十年来,经过十年之萌芽时代及十年之孩提时代,现已渐入少壮时代,而国难日重,本社所负之责任亦日重,因时代需要之不同,本社宗旨虽微有改易,然究以社会上之"格物致知,利用厚生"八字为依归。本社深感科学各团体彼此有密切关系,科学社居母体之地位,更觉有与各团体合作联络之必要,故去年在庐山年会,即联合四团体,本年在邕复有中国工程师学会,俾科学日益光明,最所企祷。此次同人等来邕,深蒙招待,至所感谢。同人等慕广西省府当局之努力于民生方面之建设,深愿稍行采访,知所以利用厚生之道,盖不独仅慕桂林山水已也。

中国工程师学会代表恽震报告:中国工程师学会由二会合并而成。一名为中华工程师学会,创立于民国元年,由詹天佑先生发起组织;一名中国工程学会。于民国二十年合并,定名为"中国工程师学会"。总会现设于上海,分会计十七处,会员二千五百人。总会设董事十五人,会长、副会长、总干事、文书干事、会计干事、事务干事各一人,基金监二人,出版品有两种,一为《工程》两月刊,一为《工程周刊》。总会设工程名词委员会、工程标准条例委员会、五种专门委员会,曰土木、机械、电机、化工、矿冶。已建成工业材料试验所一所,地点在上海中心区,将来可成为国内最大规模之试验所,并与其它各处专门试验所统筹合作。会员分五种:(一)会员;(二)仲会员;(三)初级会员;(四)团体会员;(五)名誉会员。会员资格,必须大学工科毕业以后,有五年之工程经验,其中有三年系负责办理工程事务者。现任会长为徐佩璜,副会长为恽震。下届会长为颜德庆,副会长为黄伯樵。土木组专门委员会委员为沈怡、李仪祉、凌鸿勋等,机械组为张可冶、支秉渊、唐炳源等,电机组为李熙谋、顾毓琇、赵曾珏【等】,矿冶组为曾养甫、胡博渊、胡庶华等,化工组为徐善祥、侯德榜、洪中等。

中国化学会代表曾昭抡报告,题为《中国化学会与中国近年来化学之进展》:此次承广西省政府热诚招待,敝会(中国化学会)会员得有空前未有之集会,且得与科学、工程、动物、植物、地理五大学术团体会员互相切磋,敝会同人深所为感,且以为幸。敝会会长陈裕光先生,在南京以校务羁身,未克亲自出席,特委鄙人代为报告:

中国化学会,为目前国内包罗全国化学家之唯一团体,其发展与中国化学界整个之进展,有极密切之关系,恐到会诸君,未必尽明其中实况,故鄙人愿就此点,略加说明,以供诸君之参考。

我国古代,虽亦曾有炼丹术式之化学及若干化学工艺,然近代化学之源起,则实系自西洋输入。此项学术之输入,始于一八七〇年左右,与日本之吸收西洋化学,几于同时,是后五十年中,邻国学术猛进,而我国则因循延误,除翻译几本化学教科书外,几毫无成绩可言,此其中原因固极众多,然无集中全国力量之化学团体以资连络,亦为主要原因之一。

敝人忆八九年前除一两处外国人所办之机关外,化学研究,几等于零,当时曾与三数同志,极力鼓吹提倡化学研究,一般所谓学术界人物,有讥为尝试不可能之事者,此情此景,历历犹在目前,而现今以我化学界同人共同努力之结果,我国化学研究,已得立于世界评坛之前,勉为我国【学】术界略争颜面,此不仅个人引以为幸,亦我化学界同人可足以自豪自勉者也。

与他种科学相较,化学研究在中国之历史,虽更为短促,然其最近数年来之发展,实较他科有过之无不及。(注一)国内著名大学(例如清华大学、北京大学、中央大学等),其在化学上物质的设备及研究所得结果,至少已可与国外第二流大学抗衡,私立大学如南开、燕京、岭南、金陵等校,虽经费并不充分,亦大有研究成绩可观,其他尚有一部份〔分〕大学及专科学校,虽以时间短促,未有具体成绩,可以表显〔现〕,然以其设备之逐步充实,至少予学生以更良之科学教育。除学校外,政府所办研究机关,如中央研究院、北平研究院及工业试验所(包括实业部中央工业试验所及各省所办之工业试验所、化学试验所等),近来亦均渐著成绩,有刊物可稽。总而言之,即我国近数年来在纯粹及应用化学上之研究成绩,远超过以前半世纪,此不得不令人欢欣者也。

至于化学工业方面,近年来亦有长足之进步。二十年前,我国几于完全未有近代化学工业。十年前,久大精盐公司,方始得到成功。不久,永利制硷厂仍在风雨飘摇之中,至今日则该硷厂亦达稳固之境,且已〔已〕扩充成为永利化学工业公司,并在浦镇附近建设硫酸铔厂以解决我国肥料问题，不久可以开工。其他如中国化学工业社、天厨味精厂、天原电化厂、家庭工业社、龙华水泥厂等等，亦莫不规模宏大，出货低廉，为我国挽回利权不少。

自人才方面言之，一二十年前，国内化学工业技师，往往非外人不可，在今日则在多数工业中，国人之担任技师者，其才力并不下于外人，已属毫无疑义，百年树人，本非易事，成绩若此，尤足庆幸矣。

至我国近年来化学及化工之猛进，其原因颇多，其大者如内战之停止，政府及社会之提倡科学，学校及研究机关经费之稳定及人员之专任，杰出人才之渐多，皆属极关重要，然中国化学会之成立及其成立后工作之猛进，亦为一重要因素，在中国整个学术史中，最近五年之进展，实占一极重要地位。在此段历史中，中国化学会留下有划时代的痕迹，在民国二十一年(一九三二)以前，国内虽亦曾有化学团体，但均系偏于化学之某一部份〔分〕而【不】包括化学全部，或系虚有其名而并无其实。二十一年之夏，因教育部在南京召集化学讨论会之便，各地化学界同人代表，得聚会于一堂，乃有组织"中国化学会"之议。是秋成立后，次年(一九三三)起即开始发行《中国化学会会志》，专载国内化学研究报告。二十三年(一九三四)复又另外发行《化学》，载化学各方面发展的概论及化学教育专著，并刊《中国化学撮要》及《化学新闻》，以促进国内化学研究之发展及供给参考资料于中学教员与一般社会。此两种杂志，发行以来，从未愆期，且材料日见精采丰富，堪作国内科学刊物之模范。《化学会会志》之发行，使全国化学研究之刊布，渐行集中，《中国化学撮要》之编印，使国内从事化学研究者，得以详加考查，免致彼此重复，其造福于我化学界，均属非浅。

以会员人数观之，中国化学会，在成立时，会员总数，不过百数十人，迄今历史不过二年左右，竟增至七百六十余人，自总数言之，此数已可为国内专门学会中最大者之一，自发展之速率言之，更为其他团体所望尘莫及。至会员中服务牺牲精神之普遍，团结，坚强，尤足令人闻风而起。凡此诸端，均有事实为据，并非敝会同人过于自夸。国内一般社会，于历年国内化学发展情形，每多隔阂，故鄙人谨就六学术团体开会之便，特将此情陈明。

至于促进我国将来化学之发展，在敝会同人立场，自必鞠躬尽瘁，以求追随欧西各国，甚至由并驾而前驱，同时对于各界指教，尤必勉力从命，如蒙在座诸君不弃，惠赐教言，当心领而力行之。

(注一)关于化学各方面研究之发展情形，以过于专门，在此不论，对此有兴趣者，请参观拙著《十年来之中国化学研究》一文,载在《光华大学半月刊》十周年纪念号(一九三五年)。

中国植物学会代表董爽秋报告:中国植物学会,经多数先进学者胡先骕、陈焕镛、刘慎谔、钱崇澍、辛树帜、董爽秋、李继侗、张景越〔钺〕等之发起及筹备,于民国廿二年八月开成立大会于四川重庆,选举钱崇澍为第一届会长,陈焕镛副之,张景钺为书记,秦仁昌为会计。民国廿三年八月,举行第二次年会于江西庐山,改选胡先骕为会长,其副会长、书记、会计等职,仍由陈焕镛、张景钺、秦仁昌分别继任。第一次年会与中国科学社联合举行,第二次年会又有新成立之动物学会加入联合举行,而本年之参加联合年会者,共有六学术团体之多,诚空前之盛举也。本学会会长胡先骕先生,此次因事未能到会,本会同志教兄弟简单地说几句话。植物学一科,在中国为国人所注意比较不算在他科之后,中国人以科学方法研究植物学已二十年了,这亦因植物学在医药上在农业上占了重要的位置,所以中国古时即已有研究植物学者,如《本草纲目》《植物名实图考》等书,皆中国古时植物学之名著,但此等书之作成,皆缺少科学方面。求能用近代科学方法以研究植物学者,只近二十年之事,且所研究目标,要皆侧重于分类学,因此对于调查采集工作,大家都特别注意。十余年来,国内各大学各研究机关所搜藏之植物标本甚多,如中央大学、中央研究院、科学社所藏长江流域各省之标本,北平静生生物研究所、国立北平研究院所藏华北各省之标本,中山大学生物学系所藏广西、广东、湖南、贵州各地之标本,中山大学农林植物研究所藏两广及海南岛之标本,他如燕京大学、清华大学、北平大学、山东大学、金陵大学、岭南大学、武汉大学及四川大学等,亦皆各藏有一部分标本,为学术界所珍视。现在国内各植物学者正从事于此等标本之研究。至植物形态学方面亦同时为人所注意,如张景钺等早即专攻植物形态学。近年来亦有专攻植物生理学者,如罗宗洛等是。最近研究植物学者又渐渐趋近于实用植物学,而欲将纯粹科学与实用科学融会而一贯之。中国植物学会实负有联络研究人员介绍研究成绩之责。中国植物学会成立不过三年,因国人努力,已有两种刊物出版,一为中文《植物学杂志》,专为灌输植物学识于国人之用,他则为西文者名曰 *Bulletin of the Chinese Botanical Society*,所刊皆系专门研究,但植物学会出世才只三龄,力量不到之处,当然很多,尚望各团体各学者不吝指教而加以赞助,则敝会同人不胜感荷云云。

中国动物学会代表辛树帜报告:中国动物学会,以联络国内习动物学者共谋各种动物学智识之促进与普及为宗旨,成立于民国二十三年八月二十三日,至本年八月,为期不过一年。第一任会长为秉志,副会长为胡经甫,书记为王家楫,会计为陈纳逊,理事为辛树帜、伍献文、武兆发、经利彬、孙宗彭。会长、书记、会计,为当然理事,会员人数共一百三十余人,均对于动物学有独立研究之志趣、能力与成绩者,或对于动物学事业有相当之供〔贡〕献及热忱赞助者。重要会务,为:(甲)举行常年大会,宣读论文,讨论关于动物学之研究及其应用智识及教学方法等;(乙)出版动【物】学杂志及其他刊物;(丙)参加国际间学术工作;(丁)促进动物学之研究。一年来会中之工作可以报告者为:(一)接受中华海产生物学会之归并条件,进行建设青岛海产生物研究场;(二)出版创刊号《中国动物学杂志》,内载论文共十篇,皆为会员个人研究之心得。出版《中国动物学杂志》,由编辑会司其事,编辑员为秉志(总编辑)、卢于道(干事编辑)、陈桢、胡经甫、寿振黄、贝时璋、朱洗、董韦茂。

中国地理学会王庸报告:中国地理学会于去年八月间在庐山与科学社等开联合年会时正式成立至今,不过一年。但本会之筹备,实在成立一年余【前】,由翁文灏、竺可桢、张其昀等地理学家十余人发起,故去年开成立会时,本会期刊《地理学报》第一期即已出版。现任会长为翁文灏先生,总干事为张其昀先生,会员于去年成立会时有普通会员六十人,学生会员二十五人,机关会员五处。一年来陆续增加,截至现在止,计有普通会员一百二十五人,学生会员六十二人,共计一百八十七人,机关会员七处。会所目前系租民房,其永久会址近联合京中各学术团体向南京市政府领得基地一方,约八亩零,在西华门建设委员会东首。图样亦已拟就,建设费正在与各学会合筹中。本会出版品除会员录外,有《地理学报》一种,能按期出版,现已出版至三卷二期,三卷三期亦已付印一部分。学报因内容充实,不仅在国内学术上已有相当声誉,国外地理学界对此刊物,亦极感兴味。(各文均附西文摘要。)德国方面之地理杂志,对《地理学报》尤多介绍,国外定〔订〕户现亦有若干户。至于本月〔会〕事业,其主要工作,重在实际考察,现以经费关系,未能实行。即如此次年会开会之前,即有本会少数会员意欲乘此会之便,对于桂省猺人生活,作短期的考查〔察〕,但以经费及其他问题,未能组成。另有一研究西南语言之科学社社员某君,即因此事不成未来赴会。但以后本会总拟向实地调查方面努力。将来进行此项工作时,希望广西及各省当局,随时与以便利,则不仅本会之幸也。

年会委员长雷宾南致词：主席，各位来宾，各位会员：今天工程师学会、化学会、科学社、动物学会、植物学会、地理学会，这六个学会联合来南宁开年会，使我们得参加这个盛会，心里实在很愉快。在各学会代表报告工作之后，主席要我起来说几句话，我自然很乐意的，不过承主席的提示，当然我不能站在来宾的立场上发言。因为我已承六个学会联合举我为委员长，我又是科学社的社员，并且我又是广西省政府招待委员会的一个负责人员，所以我更高兴在来宾说话的一个节目，起来说几句话，除庆祝年会成功外，还以最诚恳的心向年会诸君请教。本省这几年，对于本省的建设事业，确实共同抱着苦干的精神去努力，非仅苦干而已，我们还彼此希望在此国命不绝如缕的时候，为本省以致〔至〕中国求一出路。所以在教育方面，我们不以其为万灵，因为教育不过是一种工具以图复兴民族而已，因此本省的领袖和在教育行政上服务的人，都觉得要达到建设和民族复兴的地步，非致力于普及教育不可，于是乎有国民基础教育的创立。刚才各学会代表曾经说起"格物致知，利用厚生"的话，换言之即是纯粹的科学和应用的科学。关于这层，我们在教育行政上服务的人，也同样感觉到应具有这种精神，庶几可以达到教育的改进和充实教育的力量。因为在教育上唯有其"格物致知"的精神，一致劳苦，民众才能受到科学的利益。所以教育行政也应该与学术有密切的关系，使教育技术、生产技术等等，都能日益进步，于是以教育的力量来推动全省各种的建设的事业。何况本省的教育，为达到民族复兴目的，正以全部的力量致力于国民基础教育，使儿童以至成人都有民族的意识、生产的技能，因此更应该推广科学，研究科学，以改善大众的生活。刚才听见各学会代表报告，知道大家都抱着以现代化的科学技术来从事建设，我们都希望科学更能大众化，使国民基础教育能有科学的内容。这些都是本省最近的教育趋势，特以之向诸位会员来宾报告。刚才李总司令、黄主席已代表广西民众恳切地向诸位求指教，现在我也以负责教育行政人员的资格重申此意，请求诸位不客气的指教。

招待委员会副委员长孙绍园演词：主席，各位会员，各位来宾：今天六学术团体联合年会开幕，本席有机会参加盛会，心里感觉到非常的荣幸。这次大会，本席承省政府任命担负招待会全体事宜，对所负责任的重大常感心余力绌，所以对于适才主席的一番推誉，很感到惭愧，主席要兄弟说一点话，因为时间已不多，仅能简单的说几句：

广西是很偏远的省份，科学建设，素称落后，现在的广西，对于科学建设的计划、科学建设的技术人才都是很急切需要的,举一个例:我们只有木材,但缺少造棹的木匠。我们虽有土地,我们急需知道如何利用土地去生产。这次六学术团体到省开会,广西的民众,都抱有无限的希望,期待会员诸君指教我们怎样利用木材去造棹子,利用土地种植。这一点微意,想亦在各学会诸君意念中的。说到招待方面,因为地理环境和种种物质设备缺乏的关系,不周到的地方很多。犹如昨天由梧到邕的各会员,以那么多的人乘那么小的一只船,一定感觉不很舒服的,对于这种招待不周的地方,谨请各位会员原谅。

主席竺可桢致答辞:今天各学会联合年会开幕,蒙李总司令、黄名誉会长、孙处长、雷厅长诸位莅临指导,对年会会员同人加以诚挚、恳切的勉励,同人等至深铭感。中国的科学研究和科学建设,根据适才各学会代表的报告,深幸我们年来的努力,已有相当的成绩。不过我们最大的成功,还是在很远的将来,希望诸同人勿忘所负责任的重大,不断的努力求进步。各学会会务会和各专门性论文宣读的时间和地点,日程表上有详尽的记载,请各位留意。现在年会开幕典礼散会,我们谨在此对招待会诸君招待的诚意和诸领袖恳切的勉励表示无限的谢意。

下午二时在省府礼堂举行第一次社务会,到六十余人,由杨孝述主席,刘咸纪〔记〕录。(一)由杨孝述报告本社一年来之社务。(二)周仁报告一年来之收支账目,经众接受。(三)王家楫代表生物研究所所长秉志报告该所一年来之工作状况。(四)刘咸报告编辑部工作。(五)图书馆方面因前路主任于六月底去职,未有报告交下,不及整理提出,故暂缺。(以上五种报告,分别详列于本册之后,请查阅。)① (六)司选委员会代表刘梦锡报告选举理事开票结果,谓本届选举计发选举票九百份,截至六月三十日止,共收到选举票三百九十二份,每票均注以号数,以便查核。选举票第118号仅选五人作五票计,164号选六人作六票计,168号未选作零票计,319号两人合用一纸作14票计。共计2 741票。票数最多之七人为:(1)秉志246票;(2)翁文灏225票;(3)胡刚复190【票】;(4)竺可桢186票;(5)马君武170票;(6)赵元任141票;(7)胡适128票。以上七人当选为民国二十四年十月至二十六年十月理事会理事。四时散会。

下午四时起,在省府礼堂及省党部二处举行公开演讲。竺可桢讲《利害及是非》,刘咸

---

① 五种报告略。

讲《西南民族与国防建设》,茅以新讲《西南铁路计划》,胡刚复讲《科学研究及建设》,辛树帜讲《三十年来教科书之经过》。

下午七时广西省政府在省党部公宴。八时半宴罢,开演桂剧,有《取虹霓关》及《孟良颁兵》等各场,均由公务人员及大家闺秀所表演,博得掌声不少。

年会第二日(八月十三日)

上午七时请李德邻先生在省府大堂讲演《广西建议〔设〕经过及对国事的感想》,历二时。(讲词附后。)①

九时宣读论文,分(1)工程、(2)化学、(3)动植物、(4)地理及普通四组开会,工主席周仁,化主席曾昭抡,动植合组主席王家楫,地主席竺可桢。(论文提要附刊于本册之后。)②

下午二时五学会分别开会务会议。

四时仍分二处公开演讲,周仁讲《中国之自给问题》,胡博渊讲《钢铁与国防》,龚兰真讲《饮食及体格》,张洪沅讲《国防及化学工业》,袁同礼讲《图书馆及博物馆之管理》,马心仪讲《生物学及农业》,高露德讲《广东化学工业建设之发展状况》,王善佺讲《棉花及广西》。

六时李总司令、白副总司命在省党部公宴。八时三十分开始表演各项游艺,有总司令部军乐队奏《爱尔兰古曲》,粤乐队奏《赛龙夺锦》,总政训处之《武士舞》,潘女士之口琴,最后为粤剧,散会时已十一句钟矣。

年会第三日(八月十四日)

上午七时请黄旭初先生演讲《广西政治现状》,历二小时。(讲词附刊于后。)③

九时至十二时,各组论文继续前日开会宣读。

下午二时在文化建设研究院开第二次社务会,到七十余人。仍由杨孝述主席,刘咸纪〔记〕录。(一)选出王家楫、胡博渊、袁同礼三人为下届司选委员。(二)选出顾翊群、何德

---

① 讲词略。
② 论文提要略。
③ 讲词略。

奎为下年度查帐〔账〕员。(三)决议下年年会地点在北平或杭州。(四)曾义等五社员提议改各地社友会为分社,不限于交际性质案。经主席说明,依照社章,交际仅为社友会各项会务中之一,且分社只限于国外。议决由总干事加以解释,函复提案人。(五)曾义等四社员提议请六学术团体发起中国科学团体联合会案。竺可桢报告南京各学术团体已有呈请市府拨地建筑全国各学术团体联合会会所之计划,惟系会所而非联合会,并论及本社将来之地位。次袁同礼演述科学团体联合会之必要,并大战后欧美各国先后组织科学研究联合会之情形,希望我国亦能组织云云。议决本社目前应与各学会联络工作,组织联合会尚非其时,原提案可供本社参考。(六)竺可桢建议本社与各学会合作办法,谓可先与数理化动植物地六学会作刊物上的合作,即规定何种性质之论文由各学会负责刊行,何种论文应由各学会寄交《科学》发表。何德奎建议《科学》内加入各国最新出版科学论文之提要。胡刚复谓编辑提要须与各学会切实合作,而合作之起点,如互通会员及会费等办法亦应考虑。(七)议决明年邀请参加年会之学会,除动植地三学会仍旧外,邀请中国数学会、中国物理学会、中国化学会、中国地质学会等四会。四时散会。

下午四时分省政府、省党部二处公开演讲。马君武讲《用科学的力量打倒洋货文化》,刘恩兰讲《地理与环境》,赵曾珏讲《工程师与救国》,卢于道讲《科学化的党务》,吴学周讲《自然与正义》,马杰讲《中国工业建设的途径》。

七时广西各学术团体在省府网球场公宴。……

年会第四日(八月十五日)

上午七时请白健生先生演讲《三自政策》。白先生为主持广西建设之中坚人物,军事家而兼演说家,伟言名论,历二小时半,听者动容。

十时五学会分别开第二次会务会。

下午一时半分二组出发,参观国民基础教育研究院、军医院、博物院、家畜保养所、印刷厂、化学试验场等各机关。

下午二时仍分二处公开演讲。张道宏讲《军人的人格》,李庆麟讲《殖边与国妨〔防〕》,冼荣熙讲《铜铁与救国》,董爽秋讲《生物学与哲学》,王家楫讲《动物与人生》,须〔贺〕闿讲《广西之桐油》。

七时联合年会在省府网球场公宴。年会至此,正式闭幕。宴毕入省府大礼堂观游艺及桂剧。

十六日上午七时乘汽车分二批出发,第一批迳赴柳州,第二批赴武鸣参观民团训练,于后一日赴柳州。从南宁赴柳州七百余里,途中用木船载汽车渡江者凡二次,遇大水一次,水深及腰,车行水中。于下午六时抵达柳州,即有招待员分批迎接,会员分寓乐群社、图书馆及中学三处,秩序井然。招待处主任为韦云淞师长。

十七日上午七时由柳州乘汽车出发桂林,在榴江县政府午膳,全程长六百里,渡江凡八次,一路风景极佳,而以羊〔阳〕朔山水为最清秀美丽,于五时许抵桂林,寓桂林高级中学。主持桂林招待者为郭凤冈师长,一切布置,十分周到。十八日大雨,仅游览独秀峰附近岩洞,下午请观道地桂剧甚佳。十九日游七星岩,洞长三里,屈〔曲〕折上下,行路甚难,洞中怪石嶙峋,导者各报名称,滔滔不绝,诚天下之奇洞也。二十日游距城五十里岑西林所建之良丰花园,今改师专校址,人皆比之为桂林之西湖,并顺道至刘仙岩、白龙潭等胜境。是晚七时举行公开演讲,到军政界人员一千数百人。主讲者,卢于道讲科学的文化建设,庄智焕讲游桂之感想,邵逸周讲中国工业建设。听众秩序,十分严整。

三〔二〕十一【日】清晨七时乘木船数十艘,出发返梧州,由桂江顺流而下,一路风景绝佳,舟行历三日半,于二十四日下午二时抵达梧州。即于四时搭轮赴三水,天明即到,广州分会已派李、梁二君在三水等接,换乘广三铁路专车,于八时抵广州。

二十五日上午八时抵广州后,行装甫卸,即由广州各分会组织之招待处,引导出发赴市头参观蔗田及糖厂,并在珠江画舫午膳。舟返广州已钟鸣七下,略一梳洗,即赴广州市刘市长宴会。是日广州为热浪所袭,为十五年来所未有之奇热,到会人众,莫不汗流浃背。

二十六日上午九时全体分乘汽车出发,参观士敏土厂、自来水厂、新电力厂及苛性钠、硫酸、肥料等厂,均系广东省三年计划中之新兴建设也。中午全体赴石牌中山大学,应邹校长公宴,菜肴甚盛。邹校长有极长之演说,会员鼓掌不绝。席散后参观新建校舍,三层大厦数十宅,均用琉璃瓦屋顶,彩色栋梁,规模之宏壮,不特在国内为独步,即世界各著名大学,亦罕与伦比,诚洋洋乎大观也。三时谒黄花冈〔岗〕七十二烈士墓,令人油然起敬,并顺道参观市政府,刘市长亲出招待。出市府,再往中山纪念堂参观,该堂建筑费百余万,系故社员吕彦直氏之精心伟构,十分庄严宏伟。七时赴观音山越秀酒家应广东省政府公宴。

广州正式招待程序，于以告终。

二十七日为全体会员分途出发返里之期。几经内地赴湘鄂者，于清晨由粤汉路局挂花车一辆送行。但赴香港搭船者尚于是日上午抽暇参观广东新创之纺织厂，并于中午应广州分会公宴。至下午一时乘广九路局特挂之花车赴港，可谓利用时间矣。香港欧美同学会曾正式来函欢迎赴港，会员只以留港时间短促，不及前往，只好去函道谢，为有负盛意也。

21. 第二十一届(次)年会(七科学团体联合年会)(1936年8月,北平)

《社友》报报道《第二十一次年会记略》[①]

第二十一次年会记略

本社第二十一次年会,于八月十七日至二十一日,与中国数学会、物理学会、化学会、动物学会、植物学会、地理学会等六团体,在北平联合开会,名曰七科学团体联合年会,各方学者不远千里而来会者凡四百五十余人,诚盛事也。

此次联合年会由北平社友筹备,并由筹备会推举孙君洪芬为秘书长主持其事,筹备委员会总事务所即设于南长街二十二号中华教育文化基金董事会内,清华燕京二大学设分事务所。至于分发一切通告、指南、舟车优待证以及报名注册等事仍由上海总社任之。筹备会几经策划,于七月中旬已正式成立各种委员会,计有主席团、年会常务委员会、论文委员会、招待委员会、会闻委员会、注册委员会、游览委员会等以专责成。

本届年会因人数众多,且因清大、燕大、北大热诚邀请,故由筹备会决定将会场及住宿地点酌量分开,凡属于物理科学及工程科学者在燕大膳宿,属于生物科学及社会科学者在清华膳宿,而各种集会则排定日程,轮流在三大学中举行,藉以使到会者对此国内有名之三大学多得参观之机会。人数虽众多,地方虽辽阔,但在常委孙君洪芬领导之下及各委员会之策画布置,一切秩序均得井井有条。

八月十六日〔日〕下午在清华、燕京二处开始签到,并领取证章。十七日上午继续注册,十时在清华大礼堂举行开幕典礼,到会员及来宾不下千余人。

社友蒋梦麟校长主席,行礼如仪,致开幕词,大意谓我们一向太夸奖了我们的精神文明,而太忽略了物质文明,以致事事落后于人,几至不可救药。现在国内科学团体逐渐组

[①] 《社友》第五十六期(1936年9月20日发行)第1-3页。

国立清华大学礼堂：年会会场
(《科学》第二十卷第十期第875页插图)

织起来,都有了显著成绩,是一个可喜的现象。此次到北平来开会,使这也许会冷落的古城得到安徽〔慰〕,尤为欢迎。

次由社友梅贻琦校长代表北平市各学术团体致欢迎辞。略谓欲使中国真正科学化,必须大家埋头做科学上的研究工作,欲维持国本的途径,还是在乎科学的发展。次由王冷斋君代表秦市长致词。

再次由本社任鸿隽社长致词,略谓近数年来学术团体联合举行年会,年年扩大范围,便是学术进步的一种表示,因为不但应用科学和纯粹科学渐渐分开,即二者中的各专门科亦渐渐地独立组织学会,联合年会之扩大,即表示独立学会之发达。近年国内科学之所以发达,当然要感谢国内科学研究机关之成立。可是科学原是整个的,我们把它分成许多门类,不过是为研究上的方便起见,研究愈精深,门类就愈分愈细,但是各门彼此的关系却也因愈精进而愈见密切。所以专门学会尽管独立组织,为沟通界限、交换知识起见,联合年会是必需的了。最后由年会秘书孙君洪芬报告筹备经过及会程中应注意事项。时已近午,全体会员齐集礼堂前摄影而散。正午十二时应清华大学欢宴。

下午二时,本社在清大同方部举行第一次社务会。出席社员四十余人,由任社长主任

〔席〕,刘咸君纪〔记〕录。先由本社各机关提出报告：(1)总干事杨孝述报告一年来社务；(2)理事会计周仁报告一年来收支帐〔账〕目；(3)生物研究所所长秉志报告一年来研究工作；(4)编辑部长兼图书馆主任刘咸报告一年来编辑部及图书馆进行状况。次由司选委员王家楫报告选举理事结果,计当选下届理事者为任鸿隽、胡先骕、周仁、李四光、王琎、孙洪芬、严济慈七人。次推定伍献文、董时进、袁翰青三人为下届司选委员会委员,又何德奎、陈清华二人为下届查帐〔账〕员。四时散会。

下午四时公开演讲,由秉志博士主讲,题为《动物之竞存》,地点在清华大学生物馆大讲堂,则听众三百余人。同时本预定有苏步青教授讲《射影微分几何之新发展》,因事未能到会,临时取消。

十八日上午八时至十时,各学会与本社同性质之各组联合宣读论文,数理化三组在燕京,动植地三组在清华。十时至十二时为各学会开事务会之期。正午十二时应燕京大学欢宴。

下午二时本社在燕京穆楼开二次社务会,出席社员四十余人,仍由任社长主席,刘咸君记录。首由主席报告本社理事会于十六日在北平开会,决定设立中国科学社奖金,赠予国内科学研究成绩最著之一人,奖品为金质奖章一枚、奖状一纸,于每年年会给予之,并推定胡先骕、胡刚复、顾毓琇、黎照寰四社友为此项奖金委员会委员。次讨论社员黎照寰、胡敦复、李书田等提议采用世界历一案,由胡敦复说明提案要旨及世界历之优点。议决通过,并由本社函征此次参加年会之各学会同意,联名呈请政府采用。最后讨论下届年会地点,结果决定武昌或杭州,俟与其他学会接洽后,再由理事会酌定。四时散会。

下午四时公开演讲。任之恭博士在清华讲《超高频率电波对于生物之效应》。胡先骕博士在燕京讲《如何充分利用中国植物之富源》。虽以天雨,二处听众仍极拥挤。

十九日上午会场移在城内北京大学开会。八时至十时各组继续宣读论文,地点在北大二院。十时至十一时公开演讲。吴宪博士在北大二院讲《蛋白质为生物的性质》,胡焕庸教授在北大地质馆讲《中国之农业区域及自然区域》。又董时进博士讲《中国天然资源损坏的危险及其挽救方法》,地点亦在北大二院。

正午十二时在北大三院大礼堂,应北京大学、北平研究院、北平图书馆、北平故宫博物院、北平大学、中法大学、静生生物调查所、中华教育文化基金董事会等机关联合欢宴。是日有中央研究院物理研究所自制物理仪器展览会,地点在北大物理实验室,参观者甚为满意。

下午二时至四时,由年会特备公共大汽车十余辆,分四组参观市内各文化机关。北平图书馆是日亦辟一室,展览各国科学仪器,以德国出品为多。四时至六时,各组参观者齐集协和医学院,参与中国生理学会招待茶会,并参观生理解剖表演及生理标本展览,极饶兴趣。六时齐赴中南海怀仁堂宋委员长①及秦市长②之宴会,席间宋氏秦氏均有极恳切之演说,由蒋梦麟代表全体答谢。至九时许宾主尽欢而散。

二十日上午八时至十时,各组继续宣读论文,地点与十八日同。十时至十二时各学会继续开事务会。正午十二时半,全体分乘大汽车赴颐和园野餐及游览。至六时许返燕京参加会员聚餐会。

七时至十时在燕京贝公楼举行全体会员同乐会,由社员燕大校长陆志韦主席,并致闭会词,贡献四点：(1)研究学术不必参加无谓的争执,例如应当注意理论还是应用之类;(2)努力保全科学的独立,不使卷入政治旋涡;(3)这一年内应督促中央政府筹到一宗基金,创立一个任何大学所不能独力担任的大规模研究所,特殊的在理化方面;(4)更努力向民间宣传科学。陆氏致词毕,即开始游艺节目,如燕大戴艾桢君之口技及北平有名之踢毽子、地黄牛、伞骨走珠、幻术、滦州影戏等,均极有精彩,观者鼓掌不绝。最后为科学电影,映演广西省科学建设情形,由洛田博士讲解。至十时许尽欢而散,大会遂告圆满闭幕。

二十一日起分六组游览考察：(1)门头沟;(2)周江〔口〕店;(3)西山;(4)塘沽;(5)青龙桥;(6)大同云冈。赴青龙桥、大同者由年会向京绥路局特包专车,人数亦最多。

此次联合年会,参加人数之众以及论文篇数之多,实开国内学术团体年会之新纪录。惟对于公私方面,均多叨扰,使同人深感不安耳。又年会期间,承天津《大公报》《益世报》《北平晨报》《世界日报》,每日为本会发行特刊一张,使科学事业,深入民间,厥功甚伟,弥用心感。清大、燕大、北大三校主人以及市政当局、文化团体殷勤招待,使同人有宾至如归之乐,与筹备会及各委员会诸君,奔走策划,劳苦万状,使本会得以圆满成功,尤为感谢。

---

① 宋委员长指宋哲元(1885—1940),字明轩,山东乐陵人,时任国民政府行政院冀察政务委员会委员长。
② 秦市长指秦德纯(1893—1963),字绍文,山东沂水人,时任北平市市长。

《科学》杂志刊载的刘咸为联合年会专号所作的前言[①]

前言

刘 咸

吾国科学团体每年举行年会,以资观摩,既蔚为风气,而联合年会之举行,自庐山成例以来,亦习为时尚,至于本年,为第三届,仍由本社居先发起,联合中国数学会、中国物理学会、中国化学会、中国动物学会、中国植物学会、中国地理学会合为七科学团体,于八月十七日至二十一日,在故都北平举行联合年会,盛举空前,意义重大,语其特点,约有四端:

第一,此次之会,充分表现吾国科学界之更大合作。吾人犹忆去岁国内科学界有广西年会之举行,当时参加者有六学术团体,本年则增为七个单位,到会人数,本年都四百余人,数量上较去年为多,斯不仅为吾国科学界发长进步之象征,亦且为我国科学家精诚团结、努力不懈之好现象。良以各学会之历史、组织、对象,各有不同,会务亦有繁简之别,举行联合年会,本不免困难,乃能适此就彼,水乳无间,具征科学家之能大事团结。吾人希望由科学家团结之精神,树为模范,使全国上下,一律效之。

第二,此次之会,具体表现吾国学术界对于文化中心之北平的重视与关怀。考北平为吾国元、明、清三代故都,历史悠久,人文渊薮,现今仍大学林立,科学研究机关丛集,实吾国唯一之文化重镇,近年虽以一时政治关系,被视为所谓国防前线之古城,然自吾辈观之,北平乃吾民族知识之重要泉源,研究学术之圣地,断不容他人之觊觎。此次各科学家甘冒溽暑,不远千里,来集年会,其意义之重大与关怀之情切,可以概见,固不仅观光故都、游览名胜已也。

第三,由此次年会,具见社会上之重视科学,年有进步。吾人慨年来国难日深,解免乏术,而科学救国,乃认为不二法门,故社会人士,对于科学事业,亦渐多认识。以前吾人举行年会,报章除登载新闻之外,向无其他表现,以引起国人之注意,乃次年会,《大公报》首议发行特刊,专记其事,继有《北平晨报》《世界日报》、天津《益世报》,皆在会期之内,用名贵篇幅,发行特刊,自八月十七日至二十一日接连五日,详载大会情形、各学会概况成绩及

[①]《科学》第二十卷第十期(七科学团体联合年会专号)(1936年10月出版)第788-789页。

论文贡献,以谂国人。此外重要会闻,皆用电报发出,此前此之所无,本届所特有,吾人认为此乃社会上重视科学之有力证据,盖报纸者,舆论之喉舌也。

第四,吾人于此次大会,借知吾国近年之科学研究,确实大有进步。近来常闻人言,吾国科学颇有进步,然并无实证,观于此次各学会所提出论文之多,可以确信,如动物学会有论文一百二十篇,致为会期所限,未能卒读,化学会五十余篇,余如物理学会、植物学会、地理学会、数学会,亦各数十篇不等,总计不下三百篇,皆一年来各科学家研究之心得,科学上之新贡献,洋洋大观,突破前此各界记〔纪〕录,以后诚能孟晋不已,则发扬光大,更可预卜。同时并证明吾国人之富有科学创作天才,与适宜于从事科学研究,一雪外人讥吾人不科学之耻,吾人研究科学既渐有成绩,自可跻于列强之林,而科学救国之雄图,亦非徒托空言矣。

由上所述,可见此项联合年会,不仅结果圆满,成绩斐然,而科学界之充分表现合作精神,尤为可喜现象,于吾国之政治统一,实有莫大影响,值得吾人之追记与赞扬,在吾国科学史上,足备新章。兹为存史实、备文献计,特将本届年会经过情形及其成绩,汇而刊之,由本志发表,别为专号,盖所以记七科学团体之活动,与吾国科学家之贡献。后之视今,犹今之视昔,世之修科学史者,其或有所观览欤!

《科学》杂志刊载的顾毓琇专稿《七科学团体联合年会的意义和使命》[①]

七科学团体联合年会的意义和使命

顾毓琇

本月十七日到二十日中国科学社、中国数学会、中国物理学会、中国化学会、中国动物学会、中国植物学会同中国地理学会七个科学团体,在北平举行联合年会,集全国科学专家于一堂,共同研讨,诚为盛事。近年以来,中国各项科学,都有长足的进步,各专科学会便先后组织起来,这次年会论文,在质与量方面,都可以说是空前,实足以表现国内科学家研究的成绩,值得我们欣慰的。

关于这次年会的意义,我们愿意提出下列三点,以引起国人的注意:

---

① 《科学》第二十卷第十期(七科学团体联合年会专号)(1936年10月出版)第794-795页。

（一）这次科学团体联合年会，包括数理化动职〔植〕地六个专科学会，范围的广博、组织的精密，可以代表中国科学界空前的大集合。往常科学社亦开过不少次年会，而且到会的会员，于纯粹科学应用之外，还包括社会学同文学哲学的专家。但是，这一次的年会与前不同的两件事实：第一，这次联合年会，不仅由科学社负责人员主持，并且各专科学会的主干分子，亦都积极参加。推而广之，这次到年会的人，不仅是科学的热心分子，而且包括各专科学会的中坚分子。第二，这次的论文，都是注重专门性质，不但量很多，而且质亦较好，近年各专科学会都有专门杂志，程度比较高，所以现在年会论文的质地亦就跟着提高了。量的增加，则可表现国内研究工作的进步同国内学者对于科学年会宣读论文的重视。

纯粹科学的专科学会，还有地质学会、生物学会、心理学会等。这些学会大都有较久的历史和很好的成绩。我们希望下届年会能够一同加入。

（二）这次开会的地点在国防前线的北平，亦是有很大的意义。这古老的故都当然是我们的，而且我们亦决不愿意放弃。这次全体科学家的大集合，很可以昭告天下：北平乃是我们的，而且我们亦决不愿意放弃。我们相信许多与会的人到了北方以后，一定觉得这古色的旧都，决不仅是供游客凭吊的所载，而是象征着灿烂中华文化。这里是前方，或者隔一夜便可以变成人家的后方。但是，我们决不甘心认作前方，我们愿意嚷着：长城不是我们的边疆。

科学团体每每到边远的地方去开会，东北的沈阳去过，西北的西安亦去过。近年曾到四川和广西开过会，或者可以说是为着"准备西南"。这次到北平来开会，我们认为乃是全国科学界对于政府"保障华北"的迫切请求。

（三）这次开会的时期，乃在中央研究院评议会第二次年会通过了"研究工作，应特别注重于国家及社会实际急需之问题……"等原则之后。我们希望这次开会的各科学会在检讨各会员学术研究成绩以外，还同心合意的接受中央研究院评议会所通过的各项原则，并且更进一步，研讨国家目前需要实际问题。

"九一八"的五周年就在目前，到北戴河避暑的人，或者可以不经意地闲步到"天下第一关"去凭吊。我们中国的科学家，难道没有报国的心么？我们敢担保科学家虽然从事理智的工作，但是爱国的情绪，亦是不会后于人的。惟其他们的训练是科学的，他们决不会夸口说大话。惟其他们的知识是科学的，他们知道新式国防所需要的是什么。我们希望短期的集会中间,他们可以共同体会时间的紧迫,共同确定工作的方向。

前几天中央公园有几个老人在闲谈,一个人自负的说:"我知到〔道〕——科学家便是赛恩斯,赛恩斯便是天地人。"

以上我们亦只就天地人三方面指出这次科学团体联合年会的意义来。我们希望这次年会不要辜负了天地人所特别赋与的使命。

二十五年八月十五日

《科学》杂志刊载的《中国科学社历届年会地点一览表》[①]

中国科学社历届年会地点一览表

届 数	时 期	地 点
第一届	民国五年	美国恩多弗高等学校
第二届	民国六年	美国罗岛州普罗维登斯城白朗大学
第三届	民国七年	美国纽约州绮色佳城康乃尔大学
第四届	民国八年	杭州省教育会
第五届	民国九年	南京本社社所
第六届	民国十年	北京清华学校
第七届	民国十一年	南通俱乐部
第八届	民国十二年	杭州省教育会
第九届	民国十三年	南京本社社所
第十届	民国十四年	北平欧美同学会
第十一届	民国十五年	广州中山大学
第十二届	民国十六年	上海总商会
第十三届	民国十七年	苏州东吴大学
第十四届	民国十八年	北平燕京大学
第十五届	民国十九年	青岛青岛大学
第十六届	民国二十年	西安[②]
第十七届	民国廿一年	镇江焦山[③]
第十八届	民国廿二年	重庆巴县中学
第十九届	民国廿三年	庐山莲谷青年会
第廿届	民国廿四年	南宁广西省政府
第廿一届	民国廿五年	北平

---

① 《科学》第二十卷第十期(七科学团体联合年会专号)(1936年10月出版)第841页。
② 此误,应为镇江焦山。
③ 此误,应为西安。

《中国科学社第二十一次年会报告》选录[①]

本社第二十一次年会记事

本社第二十一次年会,于本年八月十七日至二十一日,与中国数学会、中国物理学会、中国化学会、中国动物学会、中国植物学会、中国地理学会六科学团体,在北平联合举行,故定名为七科学团体联合年会。各方学者不远千里,济济跄跄,会集故都,甚盛事也。本届联合年会先由本社理事会,公推在平社友偏劳筹备,设筹备委员会于北平南长街中华教育文化基金董事会内,由孙洪芬君召集开会,共策进行。至于报名、通信及发给优待车证等事物,则仍照向例由本社上海社所任之。筹备会几经策划,渐见就绪,乃于七月中旬正式成立各种委员会,以专责成。

会期既近,各方社友赴会者络绎不绝,而开会前数日,则更见拥挤,以致火车卧铺,非事先预定,不免向隅。赴会者以京沪方面为最多,而由川粤水陆兼程前来者,亦大有人在,不惮跋涉,热心学问,弥可敬佩。总计到会者都四百五十余人,在会期将终之时,犹有远道赶来报到者,会友之重视年会,可见一斑。

常务委员会,在孙洪芬君领导之下策划筹备井井有条,并预先规定凡社友之属于物理科学及工程科学者,在燕京大学膳宿,属于生物科学及社会科学者,在清华大学膳宿。两大学之男女宿舍、客厅、膳堂,设备齐全,运动、沐浴,俱极便利,而会期内之膳券、车票,免费发给,招待周到,使到会者均有宾至如归之感。

本年联合年会职员名单如下

主席团

蒋梦麟、梅贻琦、陆志韦、李书华、李麟玉、徐诵明、李蒸

[①] 《中国科学社第二十一次年会报告(民国二十五年十月刊)》第1-19页,附后之《中国科学社总干事报告》《中国科学社第二十一次年会会计报告》《中国科学社生物研究所报告》《中国科学社第二十一届年会明复图书馆报告》《中国科学社第二十一次年会编辑部报告》等篇均略。另见刘咸:《本社第二十一次年会记事》,《科学》第二十卷第十期(七科学团体联合年会专号)(1936年10月出版)第872-883页,除了没有本年联合年会职员名单以外,内容大体相同。

年会总委员会

蒋梦麟(委员长)、樊际昌(名誉秘书)、杨孝述、梅贻琦、陆志韦、曾昭抡、叶企孙、胡经甫、杨光弼、章元善、孙洪芬、熊庆来、江泽涵、赵进义、饶育泰、严济慈、谢玉铭、张子高、刘拓、寿振黄、徐荫祺、张景钺、胡先骕、李良庆、谢家荣、洪思齐、张其昀

常务委员会

孙洪芬(名誉秘书)、杨光弼、熊庆来、谢玉铭、曾昭抡、胡经甫、张景钺、洪思齐、蒋梦麟、樊际昌、杨孝述

论文委员会

胡先骕(委员长)、寿振黄、李良庆、钱崇澍、张子高、萨本铁、熊庆来、何衍璿、蒋丙然、竺可桢、吴有训、饶育泰、余青松、张云、吴定良、刘咸、李书田、杨肇燫、周仁、陈总、何廉

招待委员会

沈履(委员长)、蔡一谔、马文绰、毕正宣、樊际昌、刘拓、杨光弼、李继侗、胡经甫、陈桢、赵访熊、程春台、徐任民

会闻委员会

刘咸(委员长)、曾昭抡、林眴

注册委员会

杨孝述(委员长)、周仁、曾远荣、彭光钦、徐荣贵、吴蕴珍、蔡镏生、张印堂

本届联合年会注册缴费会员实数为四百五十六人，比去年广西联合年会多一百十人，人数已达实开国内学术会议之最高纪录。兹将本社到会注册社员名单计二百零九人列下：①

顾毓琮	顾毓琇	魏璧	瞿文琳	杨卓新	林伯遵
刘肇安	张丙昌	张泽熙	郭霖	卢平长	李书田
姚国珣	李珩	田和卿	荣达坊	刘梦锡	林觉世
王锺文	张鸿基	孟心如	周仁	杨孝述	彭济群
范永增及夫人		王非曼	张洪沅	周榕仙	徐调均

---

① 根据下列名单统计，到会注册社员(包括8位夫人在内)实际上是211人。

关实之及夫人	袁同礼	刘运筹	刘 咸	张肖松
董时进	陈清华	马心仪	林韵和	邹明初	朱德明
陈品芝	何德奎	高文源	柯象峰	郝毅志	赵燏黄
郑礼明	冯景兰	王金吾	伍连德	包志立	任鸿隽
徐仁铣	严济慈	谢玉铭	王恒守	丁绪宝	王明贞
祁开智	郑华炽	吴大猷	张贻惠	魏培修	丁巽甫
吴正之	姚启钧	何增禄	杨汝楫	任之恭	叶企孙
饶毓泰	郑衍芬	朱物华	周同庆	鲁淑音	李书华
曹梁厦	赵廷炳	陈可培	许植方	许夫人	陶 桐
张 准	刘 拓	黄子卿	曾昭抡	李方训	孙洪芬
马弼德	杨绍曾	张克忠	赵学海	蔡镏生	张 铨
朱振钧	邱崇彦	刘云浦	吴 宪	彭用仪	萨本铁
汤腾汉	周培源	汤佩松	窦维廉	陈可忠	李 胤
戴芳兰	吴韫珍	李继侗	刘汝强	胡先骕	李良庆
张景钺	张夫人	彭光钦	陈 桢	张春霖	沈嘉瑞
徐荫祺	范衷谦	蔡 堡	鲁进修	经利彬	李汝祺
林绍文	胡经甫	章元善	寿振黄	袁复礼	杨钟健
吕 炯	胡焕庸	洪思齐	孙云铸	王益厓	谢家荣
胡敦复	朱公谨	顾养吾	汤彦颐	冯祖荀	江泽涵
赵进义	张希陆	熊庆来	杨武之	周宗璜	程干云
陈 章	秉 志	王家楫	伍献文	吴承洛	张钰哲
裘维裕	梅贻琦	袁翰青	蒋梦麟	陆志韦	查 谦
徐诵明	柯篴心	方子卫	余兰园	单德广	王崇植
俞德浚	沈祖荣	阮冠世	杨光弼	高长庚	俞同奎
杨保康	周 铭	叶善定	张肇骞	汤觉之	沈慈辉
欧阳翥	蒋丙然	陈耀真	王志稼	马荫良	孙宗彭
白 克	李燕亭	徐善祥及夫人		何尚平及夫人

蒋丙然	熊正理	郑集	顾翼东	李赋京	孙国封
孙延中	倪方中及夫人		衷至纯及夫人		陈世昌
柳子贤	朱亦松	厉德寅	张世杓	龙正善	戴安邦
戴述古					

八月十六日，下午开始在清华、燕京两大学注册，同时领取到会指南、刊物及年会会徽等件。

年会第一日（八月十七日）

上午继续注册，十时在清华大礼堂举行年会开幕式。会员暨来宾到者不下千余人，座为之满，社友蒋梦麟校长主席，行礼如仪后，致开幕词云：

"一向人们总是这样过分的夸奖我们的精神文明，我们便有一部分人就常常以此自豪了。甚而至于以为在物质文明方面，也就是科学方面，我们虽远不如人家，而精神文明方面，他们总比不上我们。不只是自豪，也很自足的忽略了科学，遂形成这么一个偏枯的局面，到现在，不但是外人，就是自己也晓得了，晓得我们是一个科学落后的国家。一切都不如人家，一切都比不上，这是一件不可掩饰也是不必讳言的事实。我们没有牛顿，没有伽利略，没有达尔文，也没有爱因斯坦。我们到现在能自炫，许是只有这难于捉摸的'精神文明'吧！"

"现代文明的基础便建筑在科学上面，这该是一件可以无疑的事，要说起来呢，我们固然也有我们的文化，也有我们的万里长城，也有我们的运河，也有我们的特有的气质——但是和现代文明的距离总是那么遥远，遥远得几乎和埃及的金字塔、印度的僧侣一样。在此刻呢，的确有人在惊叹他的伟大，到了将来，也许还照样有人惊呼他的伟大，可是随着这惊叹的怕是悲伤与惋惜了。要是这样，不但是中国的损失，也是全世界的损失。"

"我们需要科学，尤其是现在的中国，一切都需要科学，需要科学的光像太阳光似的长久照临着我们。"

"近年以来，我只是从清朝道光时代说起，由'海防'而'洋务'，而'时务'，而'维新'。逐渐的接受了外来的科学思想与智识，但总是离不开'中学为体，西学为用'的一贯的见解。科学在中国，没有发出什么光芒。一般对于科学的真确的认识，还是近十几年的事。

"十几年来大家虽是这样的努力,到此刻也还只是在萌芽中。可是我们要珍重这萌芽,我们也要把希望寄托在这萌芽上。我们的希望是:将来我们的牛顿、伽利略、达尔文、爱因斯坦,——就要从这萌芽中生长出来。"

"在国内,不论是社会科学方面,或者是自然科学方面,近年来都有学会的组织,个别的或共同的来研讨一个问题,已经都有了显著的成绩。这是学术界向上发展的阶梯,是一个可喜的现象。科学的起始,是由于疑问,宇宙间的疑问,当然不只是苹果掉在地上的一件。多少没有解决或者尚未发见〔现〕的问题,期待我们来解决。由此刻的萌芽而生出硕大的果来,也并非不是一件意中事。"

"几年来我们为忧郁占满了的心,因这次七科学团体在北平举行联合年会,使我们得到近年来稀有的愉悦。我们要加倍的欢迎这回在北平举行年会的七科学团体诸同人的来临,不仅是为了他们将要为中国科学界放出光彩,还为了因此次联合年会而使这也许会冷落的古城得到安慰与光荣。至于科学——范围缩小到只是自然科学的重要,以及我们现在是如何急切的需要,倘若我今天还要在这里来阐说,像是不必要的了。我此刻觉得借这个会有说的必要的是:

祝福七科学团体与诸同人的健康和永远迈进。"

继由社友梅贻琦校长致欢迎词,略谓:

"当我们听到七科学团体联合年会要在北平开会的消息以后,我们觉得非常高兴。本人虽是筹委之一,愧无工作,只留着今天这说话工作让我担任。现在谨代表北平市各学术团体欢迎诸位会员,更代表燕大、清华同人特别表示地主的荣幸,但是招待简慢之处,还祈原谅!"

"中国科学社与其他团体在北平或在本校开会,以前都有过的,此次更得七科学团体来此开年会,确是空前的盛举,更觉快愉。平津以外各位会员今番来此赴会,看见'山河无恙',当感忻慰,而平津教育界学术界同人都在照常或更努力的工作,亦可向诸位告慰。"

"科学在中国今日的需要,其急切程度,盖无须申述,不过吾人所要注意者,欲使中国真正科学化,必须大家埋头做科学上的研究,或依照科学的精神各尽其职,各理其业,只靠口头的宣传、鼓吹,是绝对无用的。"

"但在今日有人或以为纯粹科学的研究,恐怕是缓不济急,仿佛是临渴掘井,实则此种基本的工作,是不能超越的,所谓欲速则不达,好在近年来各方面的科学家,更不气馁,努力组织联络,进行科学研究,虽未能迎头赶上,还算急起直追,所以最近几年科学团体增加了许多,并且内容亦都很充实,日有进步,这很可向各团体祝贺的。"

"我们处在今日中国前线上的,对于挽救的术策更感觉需要的迫切,但同时亦须认清根本的、长久的、维持国本的途径,还是在乎科学的发展。来日方长,任重道远,所以在同人努力工作的时候,更希望他处同志同道,多予鼓励,多予指导,如这一次年会,各位所给与我们的一定很多,所以我们在欢迎诸位之外,更要感谢诸位的光临。"

次来宾演说,预定有冀察政务委员会宋哲元委员长及北平市秦德纯市长致颂词,临时因有要公,未能出席,改由市政府参事王冷斋君代表秦市长致词,语多勉励。最后会员演说,由本社任鸿隽社长致词,略谓:

"今天中国科学社、中国数学会、中国物理学会、中国化学会、中国动物学会、中国植物学会、中国地理学会七科学团体,在北平举行联合年会,承筹备委员会推举兄弟致词,兄弟觉得非常荣幸,同时也非常恐惶。兄弟个人在科学上了无贡献,拿什么资格来向诸位说话呢?诸位晓得在今天开会的七个团体中,科学社成立的年月比较的久。换句话说,科学社可以算是大哥哥,其他六个团体可以算是小弟弟,因此我们可以来序一下齿,把今天到会的七个团体,照他们成立的年月排列起来,便有如下列:

一、中国科学社　　　　民国四年
二、中国物理学会　　　民国二十一年
三、中国化学会　　　　民国二十二年
四、中国植物学会　　　民国二十二年
五、中国地理学会　　　民国二十二年
六、中国动物学会　　　民国二十三年
七、中国数学会　　　　民国二十四年

照此看来,今天七科学团体开会,叫科学社的代表来说话,也算是大哥哥应尽的义务吧。"

"说到一个学会的任务,我们晓得每年一次年会,也是它的重要会务之一。因为在年会的时候,散处各地的会员,可以聚集一堂,来交换研究上的意见与讨论学术上的问题,不过在我们中国,这种联合年会的办法,自身便可以代表学术的进步。再拿科学社来做一个例罢。科学社成立已经廿一年了,她的年会也开了廿一次。去年的年会是和中国工程师学会、中国化学会、中国动物学会、中国植物学会、中国地理学会六个团体在广西开的。前年的年会是和中国动物学会、中国植物学会、中国地理学会四团体在牯岭开的。我们若是这样一年一年的回溯上去,必定看见每年都有一个或一个以上的团体与科学社同时举行年会。最早的要算民国六年在美国与中国工程学会联合开会了,直到最近在美的工程师学会还是与中国科学社举行年会,在中国的这两个团体,却是各自分开举行。这是甚么原故?因为中国的科学——纯粹的和应用的——在最近几年有长足的进步。不但纯粹科学与工程科学渐渐有分开的必要,就是在纯粹科学中间,也有独立组织学会的必要,在工程科学中间亦复如是。关于前者,我们今年春间在杭州到过工程学会的年会的,知道他们也有五个工程学团体在那里联合开会。关于后者,我们今天到会的七个团体,就足以充分表示兄弟刚才所说这种联合开会的办法,自身便可以代表学术的进步。"

"因为这样多的科学团体,每一团体都有几十篇或上百篇的论文拿在年会来宣读,在十年前是绝对不可能的事体,至于我国的科学何以近年来有这样的进步,这当然要感谢国内科学研究机关的成立和教育当局对于研究事业的提倡了。可是科学原是整个的。我们把它分成许多门类,如所谓算学、物理学、化学、动物学、植物学等等,不过是为研究的方便起见,不是科学本来就是这样的。我们只看各门科之间,有所谓'跨门'科学,如物理化学、天文物理学、生物化学等等,便可以知道其意义了。因为研究愈深奥,分析就不能不愈精细,于是科学的门类就不能不愈来愈多。拿中国的情形来说,十几年前只有所谓生物学,并无所谓动物学植物学,再上去几年一个博物学的名词把所有动物学、植物学、矿物学、地质学、生理学通通包括在内。现在,不但生物学与矿物学分开,生物学中的动物学植物学也各自独立。再进一步,我想水产动物学与陆生动物学,或元〔原〕子力学与电子化学也可以宣布独立,有自成学会的可能,这自然只看研究人数的众多与问题的繁夥罢了。我们看见科学这样的发展,一面固然是高兴,一面也不免发愁。高兴的理由很明显,不用说了。发愁的理由,乃是因为分析的过于细微,不免有些寻流忘本的危险。正如人家弟兄,有因别离太久分居太远,以致晤面若不相识,甚至还要彼此争执不下的。因为我们晓得,一个题目,一种材料,有用某种方法得不到的结果,用另外一种方法往往有意外的收获。如像用化学的分析不能得到的原子构造图形,用 X 射线的方法便可以得到。如牛顿的定律不能得到重力计算，用安因斯坦①的相对论可以得到。但这些便非把化学和物理学或物理学与数学的界限打通不可。这样都显示我们学科学的于本门之外，非同时留心他门科学的进展不可。"

"因为这些原故，我们以为如其为了交换智识与意见，一个学术团体的年会是需要的，那末为了同样的原故许多学术团体联合开会，尤为需要。我们为了以上的理由，年年举行这个盛大的年会，年年在各处打扰当地的机关和朋友们，我们万分的感激，也万分的不安。我们唯一的希望，是拿我们今天到会各团体的努力，促进各种科学的进步，以答各位东道主人的盛意。在现今的世界，科学是立国的根本，这是谁也不能否认的事实。纯粹科学又为一切科学应用的本源，这也是科学的一律公认的事实。今天到会的七个科学团体，凑巧都属于纯粹科学，我们处在严重国难之中，唯有谨祝我们的科学家加倍努力。"

任氏演说词毕，继由年会常务委员会名誉秘书孙洪芬君报告筹备经过及会程中应注意各项，既毕，时已近午，乃由主席宣布散会，齐集礼堂前草地举行全体会员摄影，分坐、立、高立三排，用旋转式摄影法，照片长五尺余，可以想见参加人数之多。

七科学团体联合年会开幕摄影
(《科学》第二十卷第十期第876－877页插图)

---

① 安因斯坦现译爱因斯坦。

正午十二时,应清华大学欢宴,群集大食堂,鱼贯入座,餐过半,由梅校长起立致欢迎词,语多诙谐,同时并介绍宋委员长代表刘哲氏及秦市长致词,代达宋氏因公未能出席歉意,并预定十九日晚在怀仁堂欢宴云云,盖刘、秦二氏于要公毕后,特赶来清华参加欢迎,同来者尚有社会局长雷嗣尚、公安局长陈继淹、法制委员会主席委员邓哲熙诸人,诚意至为可感。

下午二时,本社在清华大学同方部举行第一次社务会,出席社员四十余人,由任社长主席,刘咸君记录,首由总干事杨孝述君报告一年来社务经过(详见总干事报告书)①,次由会计理事周仁君报告一年来社中财务状况(详见会计报告书)②,次生物研究所所长秉志君报告一年来生物研究所进行状况(详见生物研究所报告书)③,再次由编辑部部长兼明复图书馆主任刘咸君分别报告一年来编译部及图书馆状况(详见编辑部报告书及图书馆报告书)④,末由主席对于各部分职员努力工作、勤慎职务,致钦谢之意。旋由司选委员王家楫君报告选举理事结果,计当选下届理事者为任鸿隽(二八七票)、胡先骕(一八五票)、周仁(一六三票)、李四光(一六五票)、王琎(一四九票)、孙洪芬(一三二票)、严济慈(一二七票)七人。又次多数七人如下,曾昭抡(一二六票)、邹秉文(一一八票)、丁燮林(一一六票)、钱崇澍(一一一票)、伍连德(一一一票)、丁绪宝(一〇六票)、吴有训(一〇二票)。同时又推定下届司选委员伍献文、董时进、袁翰青三君及查账员何德奎、陈清华二君,时已四点钟,遂散会。

四时有公开演讲。主讲者动物学方面,为秉志博士,讲题为:《动物之竞存》,地点在清华生物学馆大讲堂,到听众三百余人。同时本预定有数学方面苏步青教授讲:《射影微分几何之新发展》,因事未能到会,故阙。

五时,参观清华大学理工各学院并学术展览,各系之实验室、标本室、工厂等,均一律开放,并有教授或助教在场指导,参观一周,具见该校年来设备,极有进步。

年会第二日(八月十八日)

上午八至十时,各学会与本社同性质之各组,联合宣读论文,数学组在燕京穆楼一二

---

① 总干事报告书略。
② 会计报告书略。
③ 生物研究所报告书略。
④ 编辑部报告书及图书馆报告书均略。

五号讲堂,物理学组在燕京物理楼大讲堂,化学组在燕京化学楼大讲堂,动物学组在清华生物学馆大讲堂,植物学组在清华化学馆大讲堂,地理学组在清华科学馆大讲堂。

十至十二时,各学会多在原处继开事务会(详情见各该学会报告)。

正午十二时,燕京大学在第一食堂招待宴会,由教务长司徒雷顿①致欢迎词,由本社杨孝述君答谢,宾主欢洽。

下午二时至四时,本社在燕京穆楼一〇三号大讲堂开第二次社务会,出席社员五十余人,由社长任鸿隽君主席,刘咸君记录。首由主席报告本社理事会于十六日在北平开理事会,决定设中国科学社奖章,每年赠予对于国内科学研究成绩最优者,奖章为金质,并附奖状,赠予范围分为四种:(一)物理科学;(二)生物科学;(三)工程科学;(四)社会科学。并推选胡先骕、顾毓琇、胡刚复、黎照寰四君为给奖办法起草委员。

次讨论社员胡敦复、黎照寰、李书田等提议采用世界历案,由胡敦复君作详细说明,及世界历优点。议决通过,并由本社联络参加年会之各学会建议政府采用,再由政府建议国联各会员国,一致采用,希望于一九三九年实行。

次讨论下届年会地点,提出武昌、杭州、昆明、皋兰等处,结果决定武昌或杭州,俟与其他学会洽商后,再由理事会酌定。时已钟鸣四声,宣告散会。

四时至五时公开演讲,物理学方面主讲者为任之恭教授,在清华科学馆举行,讲题为:《超高频率电波对于生物之效应》;植物学方面主讲者为胡先骕博士,在燕京贝公楼大礼堂举行,讲题为:《如何充分利用中国植物之富源》。任胡二氏均能发挥兴致,虽以天雨,而听众仍不少。

五时至六时,燕大举行科学展览,任人参观,招待甚为周到。

年会第三日(八月十九日)

今日会场移在城内北京大会〔学〕开会。上午八至十时各组仍分别宣读论文,地点在北大二院,十至十一时有公开演讲,化学方面由吴宪博士主讲,地点在北大二院礼堂,讲题为:《蛋白质为生物的性质》。地理学方面由胡焕庸教授主讲,地点在北大地质馆大讲堂,

---

① 司徒雷顿现译司徒雷登。

讲题为:《中国之农业区域与自然区域》,同时又由董时进博士主讲:《中国天然资源损坏的危险及其挽救方法》,地点亦在北大二院礼堂,听众极为拥挤。

正午十二时,在北大三院大礼堂由北平研究院、北平图书馆、北平故宫博物馆、北京大学、师范大学、北平大学、中法大学、静生生物调查所、中华教育文化基金董事会等机关,联合招待宴会。席间由蒋梦麟君代表各机关致欢迎词,由丁燮林君答谢,觥筹交错,倍极欢洽,继由孙洪芬君报告明日游览程序及分组办法。

是日北大理学院为招待会员起见,特将各系实验室、标本室开放,任人参观,如地质馆、生物馆,均将系内所收藏之标本展览。同时中央研究院物理研究所特假该校物理实验室,举行物理仪器展览,展览品皆为该所仪器工厂出品,共分高中物理仪器用品及专门仪器用品,品质优良,与舶来品相埒,而售价则低廉数倍,参观者甚为满意。

下午二时至四时,由年会办事处预备汽车,分四组游览市内各文教机关,计第一组北大、中法大学、北平研究院等处,参加者八十余人;第二组,参观国立北平图书馆、故宫博物院、中山公园、北海等处,参加者一百五十余人,而是日北平图书馆亦举行科学仪器展览及新出有关科学书报,所展览之仪器,实物与图书并陈,多采英、德、法各国之新出品,就中照相机尤多,顺次排列,颇便观览,参观既毕,并招待茶点;第三组,参观平大工学院、医学院及师大,参加者五十余人;第四组,参观静生生物调查所、北平研究院、生物研究所、西郊农事试验场等处,参加者八十余人。

四时至六时,各组于参观完毕之后,均齐集协和医学院,参与中国生理学会招待之茶会,并举行试验表演及标本展览,如周口店之"北京人"骨骼,是日为各会员注意参观之重要目标,此外生理试验,亦饶趣兴。

六时许,全体会员齐赴中南海怀仁堂宋委员长及秦市长之宴会,由军政界各要人分任招待。说者谓集学政军各界名流于一堂,诚近年来平市稀有盛事。餐前在后院合摄一影。坐既定,由宋氏起立致词,语多谦逊,最后谓"凭着良心,保卫国家领土",堪为到会诸君告。继由蒋梦麟代表全体答谢,于宋氏喜峰口战绩及秦氏整理市政,多所赞许。宋氏以事先退。至八时许,餐将毕秦市长起立致词,对于科学救国,复兴民族,多所期望。词语清浑,颇具政治家演说风度,予会员以甚佳印象。九时许,宾主尽欢而散。

年会第四日(八月二十日)

上午八时至十时,各学会与本社同性质之各组,仍在燕京、清华继续宣读论文,地点与十八日同。十时至十二时,各学会续开事务会,选举下届职员。正午十二时半,各会员分乘大汽车赴颐和园游览。中午入园后,在景福阁野餐,每人发一大纸匣,中盛面包、火腿及牛肉干等物,随意择地而食。于是友好相聚,临时大嚼,景福四围,顿成露天食堂。食毕,分别游览该园各处。至六时许返燕京参加会员聚餐会。济济一堂,状至欢乐。

七时至十时,在该校贝公楼大礼堂举行全体会员同乐会。首由社员陆志韦校长致闭会词。略谓:

"闭幕词要'言有尽而意无穷',我们实际研究学科的人,一想到目前责任,谁也不免有所感慨。可是一说话就是不敢尽言。"

"这次年会,我们清华、燕京两校的同人居然作了东道主。诸君对于我们不知有何感想。我们自信至少还是用功的人,不敢因为环境的困难而自暴自弃,有好些失败的地方,我们也因为环境的困难宽慰自己。"

"这大会是一年一度的,往后这一年之中,我们大家有什么希望呢?据我个人所知,有几件事是很容易做到的。"

"第一,我们不必参加那些无所谓的争执,譬如物质科学上应注重学理的研究呢,还是应用的研究?生物科学应得注重形态呢,还是生理呢?这些都是无关的话,一个念念于科学的人最怕心上没有切实的问题,就会想出许多文章来。"

"第二,我们应得努力保全全科学的独立,不使他卷入政治的漩涡。在有组织有统治的国家,科学的研究当然不能和政府脱离关系,可是政治工作和科学工作不得不有个清楚的界限。"

"第三,这一年之中应得督促中央政府或是某种文化机关发一个大愿心,切切实实的筹到一笔基金,创立一个绝大规模的研究机关,特殊的是在物理化学方面。因为这是任何大学所不能独立担任的职务。"

"第四,应得更努力向民间宣传科学,我们现在不缺乏宣传的热心,机会也并非没有,只是不知道如何利用。我们的技巧实在不够了,我们似乎以年会的缘故,把课本搬运到几家大报的尾巴上去,说些全不关痛痒的话。我们应得多多的学美国、日本、俄国。一般的程度愈低,话说愈得要巧妙。"

"我以为这几件事我们绝对可以做得成的。今年是蒋先生的五十大寿,有人送他几架飞机,我以为更应当送些关于研究科学和宣传科学的意见。"

陆氏致词毕,即继开同乐会。节目中有口技,由燕大戴艾桢君表演4鸣,羊叫、猫叫、飞机声、汽车声、火车声等。惟妙惟肖,全场掌声雷动。继有踢毽子、空竹幻术、滦州影剧等表演。最后为科学电影,由罗田博士(Dr. Rodien)讲解,系表演广西各种科学建设情形,惜不甚清楚。至十时许,各会员尽欢而散。忙迫紧张之大会,至此遂告圆满闭幕矣。

二十一日,各会员于本日起,开始分组向各处游览。计分六组:(一)甲组游戒台寺、潭柘寺、门头沟;(二)乙组游青龙桥、南口;(三)丙组游周口店等处;(四)丁组游西山八大处;(五)戊组游塘沽;(六)己组游大同、云岗〔冈〕。每组均于日前预先报名纳费。以年会办事处尽力接洽,凡铁路及汽车均特别优待,故费用极廉。参加者甚为踊跃,而游大同云岗〔冈〕者尤多(取费十四元)。因地点远近不同,出游日期亦分别规定。大抵路途最远之大同于今晨出发,至二十三日回平。且闻有地理组会员多人,迳由大同直趋太原,西入关中从事地理考察,则旅行所至,所获必更多也。

此次七科学团体联合年会在平开会,公私方面,均多叨扰,深感不安。吾人对于清华、燕京、北大三校主人之殷勤招待,使会员有如归之乐,最足感谢。对于北平军政最高当局之优渥及市政府予以种种便利,亦极感谢。对于北平各文化团体、教育机关之优待参观,使同人增加不少见识,深为感幸。《大公报》《晨报》《世界日报》《益世报》在会期之内为本会发行特刊,使科学深入民众,厥功甚伟,理合致谢。最后对于担任本会筹备、组织、主持之在事诸君,奔走策划,使本会得圆满结果劳苦功高,至为感谢!

关于本届年会之论文摘要及公开演讲讲词,均将于本社《科学》年会专号中刊出,兹不赘。

22. 第二十二届(次)年会(六学术团体联合年会)(1940年9月,昆明)

《社友》报刊载的《本社第廿二届年会纪略》[①]

本社第廿二届年会纪略

△与会者有天、物、植、数、农五学会。

△宣读论文分六组共一百十五篇。

△选出新董事翁文灏、金绍基、叶揆初、卢作孚。

△选出新理事七人秉、竺、翁、胡、赵(连任)、刘咸、吴有训。

△选出下届司选委员沈嘉瑞、何衍璿、何尚平。

△选出查账员潘序伦、何德奎。

(一)年会筹备经过

本社理事会于廿九年三月间在渝开会,议决第二十二届年会定于是年暑期中在昆明举行,并推定熊庆来、叶企孙、曾昭抡、吴定良、梅贻琦、任鸿隽、严济慈、周仁、何尚平等九人为年会筹备委员会委员。该委员会于五月十三日及七月十三日在昆明举行会议三次,公推熊庆来为主席,并推定会程、论文、招待等分组委员会委员,决定会期为九月十四日至十八日,地点在云南大学。嗣更邀请中国天文学会、中国物理学会、中国植物学会、中国数学会、新中国农学会等五学会举行联合年会,经各学会复函赞同,并商决每一学会推定年会筹备委员二人,会程论文招待各组委员各一人,加入本社年会各委员会。于是六学术团体体联合年会筹备委员会及各分组委员会遂以成立。

其后六学术团体联合年会筹备委员会曾于七月廿九日及九月六日举行会议两次。议

[①] 《社友》第六十九期(1940年11月15日发行)第1-2页。

决：(一)年会收费二元,聚餐费五元(参加聚餐与否听便)。(二)函请专家举行公开演讲及专题讨论。(三)各学会论文以学系分组,合并宣读之。(四)规定年会日程。至此本社第二十二届年会之筹备工作,乃告结束焉。

(二) 年会会程纪略

九月十四日注册,共出席本社社员及各学会会员一百八十人,其分配如次:

本社	六二人
中国天文学会	一四人
中国数学会	三二人
中国物理学会	四一人
中国植物学会	二一人
新中国农学会	一〇人

九月十五日上午九时在云南大学举行年会开幕典礼,由熊庆来主席,到农林部代表、云南省党部代表、各学术机关代表及年会全体会员等共二百余人。行礼如仪后,由主席致开会词,并宣读考试院戴院长、经济部翁部长及任鸿隽、茅以升两先生等贺电。继由大会通过向林主席、蒋委员长及云南省政府龙主席致敬,并慰劳前方将士之电文。李书华先生报告各学术团体之历史及概况,大会主席宣读龙主席勖词,云南省党部代表致训词,查良钊、梅贻琦、叶企孙等次第演说。至十一时散会摄影。十二时在云南大会赴八学术机关公宴。席间由李书华先生代表八学术机关致欢迎词,何尚平先生代表本社及各学会致答词。下午二时至五时,中国天文学会、中国数学会、中国植物学会、新中国农学会分别举行会务会议,同时宣读物理学论文。下午五时何尚平先生在云南大学举行公开演讲,题为《云南农业与专业农村》,至六时散会。

九月十六日上午九时至十二时宣读动物学、生理学、化学论文,并同时举行专题讨论,题为《云南农业经济问题》。下午二时至五时,宣读数学、物理学、天文学、植物学、农学论文。下午五时至六时举行公开演讲,由高鲁先生讲天体物理学之演进,任之恭先生讲无线电学在国防问题上之应用。

九月十七日上午九时至十二时,宣读数学及植物学论文,同时中国物理学会举行会务会议。下午二时至四时,本社举行社务会议。四时至六时公开演讲,由谢家荣先生讲云南的矿产,顾功叙先生讲物理探矿在易门铁矿区之实施。下午七时年会聚餐,席间首由吴有训先生代表六学术团体致词,并向各学术机关及年会筹备委员会致谢,次由熊庆来先生致词。

九月十八日上午九时赴昆明附近各工厂参观,至下午六时返城。九月十九日日间随意游览及参观,晚七时二十五分由李书华先生在昆明广播电台演讲,题为《民国三十年九月二十一日日全食》,年会亦即于是终了。

(三) 本社社务会议纪〔记〕录

九月十七日下午二时,本社举行社务会议,公推周仁先生主席。首由主席代表本社理事会宣读二十五年至二十八年度总干事、图书馆、生物研究所及编辑部之报告以及本社该四年度之收支总帐〔账〕等。次沈嘉瑞先代表司选委员会报告本届选举结果由秉志、竺可桢、翁文灏、胡刚复、刘咸、赵元任、吴有训七人得票最多,当选为理事,范锐、叶揆初、金绍基、卢作孚、胡适、翁文灏为董事候选人,经讨论后,举行决选,结果叶揆初、金绍基、卢作孚、翁文灏四员当选为董事。次选举下届司选委员,结果沈嘉瑞、何衍璿、何尚平三人当选。复次选举查账员,何德奎、潘序伦二人当选。最后议决下届年会在成都、贵阳二处中择一举行,于四时散会。

(四) 年会论文

本届年会共收到论文一百十五篇,分为左列之六组宣读之:

物理学组论文　　　　　　　　　　　　四〇

数学组论文　　　　　　　　　　　　　三五

植物学组论文　　　　　　　　　　　　一三

农学组论文　　　　　　　　　　　　　六

天文学组论文　　　　　　　　　　　　五

动物学、生物学、化学合组论文　　　　一六

(五) 帐〔账〕略

甲，六学术团体联合年会之总收支帐〔账〕略如次：

(一) 收项

收年会费(一四四人每人二元)	二八八元〇〇
收聚餐费(九九人每人五元)	四九五元〇〇
收教育部补助费	四九七元三四
共计	一二八〇元三四

(二) 付项

支六学术团体联合年会费用(另有细帐〔账〕)	一三三〇元三一
支中国物理学会代付账(另有细帐〔账〕)	一六元六〇
共计	一三四六元九一
以上收付相抵不敷	六六元五七
另加印刷及杂费	三三元四三

共计不敷国币一百元，统由中国科学社支付。

乙，中国科学社第二十二届年会之总收支帐〔账〕略如次：

(一) 收项

收中国科学社汇来备支年会费用	一〇〇〇元〇〇
收以上款项之利息	一元四七
共计	一〇〇一元四七

(二) 付项

支中国科学社年会费用(另有细帐〔账〕)	一八五元六六
支学术团体联合年会费用	一〇〇元〇〇
支添印照相	三元〇〇
共计	二八八元六六

收付相抵尚余国币七一二元八一。

(附志)原报告尚详载筹备委员会各组委员名单、出席年会之社员名单、论文目录、来往电报之全文等，兹均从略。原报告由沙玉彦教授主编，其所列报之收支总帐〔账〕，关于六学术团体联合年会者,由叶企孙、蔡无忌、陈遵妫、熊庆来四人查核证明。关于中国科学社者,由熊庆来查核证明,余款国币七百一十二元八角一分,业由沙教授交中央研究院工程研究所暂代为保存,所有各项支出之单据以及原报告暨其他附件等,亦均暂寄存该所,合并附志。

本社第二十二届年会摄影
(《社友》第七十一期第四版插图)

《科学》杂志刊载的刘重熙报道《中国科学社第二十二届昆明年会记事》①

中国科学社第二十二届昆明年会记事

刘重熙

1. 筹备经过

本社第二十二届年会原定于26年②8月间在杭州举行,只以"七七"变作,时局紧张,至"八一三"沪战爆发,全面抗战展开,形势尤为严重,理事会于郑重考虑之余,乃宣告延

---

① 《科学》第廿四卷第十二期(1940年12月出版)第897—900页。
② 26年系指民国二十六年,亦即1937年。

期;直至 29 年①3 月间理事会在渝开会,议决本届年会定于本年 9 月 14 日至 18 日在昆明举行,假国立云南大学为会场,并推定熊庆来【氏】、任鸿隽氏等十人为年会委员,担任筹备事宜。筹备委员会先后于 5 月 13 日及 7 月 13 日开会二次,公推熊庆来氏为委员长,并推定会程、论文及招待等分组委员会各委员(名单见第 6 节),共策进行。

嗣为扩大集会起见,复邀请中国天文学会、中国物理学会、中国植物学会、中国数学会及新中国农学会等五学会加入,举行联合年会,经各学会复函赞同,并由每学会推定年会筹备委员二人,会程、论文及招待各组委员会各一人,加入本社年会各委员会,共同筹备,以利进行。联合筹委会复于 7 月 29 日及 9 月 6 日举行会议二次,讨论年会中之一切应办事宜,分工合作,极称妥洽。

2. 会况纪要

9 月 14 日注册,本社社员及各学会会员出席者共 180 人,就中以本社社员为最多,共 62 人(隶属两个团体者不计),值此抗战方殷,交通困难,社员远道赴会者,颇不乏人。

15 日上午 9 时在云南大学大礼堂举行开幕典礼,由熊庆来氏主席,到农林部、云南省党政各机关代表,及各学术团体代表、来宾及年会全体会员等,都二百余人。行礼如仪后,由主席致开会词,略谓:

"此次六学术团体于时局紧张期间举行联合年会,各会员多远道前来参加,集二百余学术界之精英,济济一堂,复蒙戴院长、翁部长先后来电祝贺,龙主席赐词勖勉,及各机关长官、各界来宾驾临指导,不胜兴奋之至。中国科学萌芽最早,近年来尤有长足之进步,虽无伟大发明,但与国际科学水平,已渐趋一致,因此遂引起某邦嫉视,'七七'事变以来,我学术文化机关虽多被摧毁,但我学术界同人,不惟不因此而气馁,反努力作深湛之研究,其成就实非微眇。有人谓我国目前之科学任务应注重在实用方面,对于理论则暂置不谈,其实理论即所以指导实践,其间有密切之联系,不应有任何方面之偏废,六团体本此精神努力迈进,相信对于抗战建国工作,实有莫大之帮助。"

继宣读考试院戴院长、经济部翁部长及中央研究院总干事任鸿隽、唐山工学院院长茅以升诸先生贺电。戴院长贺电云:"云南大学熊校长转中国科学社、中国天文学会、中国数

---

① 29 年系指民国二十九年,亦即 1940 年。

学会、中国物理学会、中国植物学会、新中国农学会同鉴：阅报悉贵学会等开联合年会于昆明，不胜欣感！科学进步，为抗战胜利与建国成功之坚固基础，亦为推进抗战建国工作之伟大动力，敬祝此次之联合大会获得美满之成绩，并使中国之科学与国家生存、人民生活，时时事事成为不可分之共同体，更祝诸君心身健康，一切成就。戴传贤文印。"

旋经大会通过电林主席、蒋委员长、龙主席及前方将士致敬；次由六团体代表李书华氏报告各该学术团体之历史及概况；再次由主席宣读龙主席勖词，词云：

"吾国学术，源远流长，以自然科学言，自伏羲、黄帝时代，医药、算数、天文星象，已奠始基，姬周农业发达，稼穑树艺，设置长官，人民安土重迁，生活优裕，百工技艺，应运而兴，数千年来，禅遂不断，其间如印刷、制纸、磁针、火药诸端，远播西欧，有裨于现代物质文明者，殊非浅鲜。徒因历朝政府，偏重农业，以工商为淫巧末技，加之抑制，而一般士大夫，亦尊崇形而上之道术，不屑讲求人生日用之技艺，致使先民辛苦发明之种种科学，不克充分阐扬，见诸实用。及海禁既开，朝野震于西方坚甲利兵之猛烈，乃始更改学制，提倡实科，数十年来，在政府与科学界人士不断努力之下，渐为世人所重视，研究科学之各种社团，亦如雨后春笋相随茁生，此实为吾国学术上之一大转机！兹者，中国科学社等六学术团体，联合举行年会于昆明，在此抗战紧张之时期，诸君不避艰辛，远道来赴，济济跄跄，互相切磋，爱护学术，乐道不倦之精神，吾人至为佩慰！夫自然科学，广大精微，愈研愈深，皓首难穷，于此抗战建国分头并进之时，研究科学，常以实用为依归，举凡国防工业及种种生活必需品之制造，皆有待于科学技能之研究改良，我后方各省，地利未辟，蕴藏丰富，若能切实探求，就地开发，利用土产，代替洋货，裨军民所需，不待外求，则最后胜利，借此易于达到。吾国习惯，向以多才多艺为能，今则科学分类细密，必须专门，乃能精进，与会诸君，平日隶属各个社团，群分类策，殊途扬镳，此后专研覃思，互相合作，由纵的行进而结为横的连锁，其发展当更迅速。忆自抗战发动以来，各界学人，相随西徙，多能埋头工作，为国家新建设而努力，今日盛会展开，群策群力，共谋进展之方针，继续以往之精神，造成学术界之新气象，其前途政无限量！滇省在昔为交通阻滞之奥区，今则四通八达，遂使各学术团体，得以开会于兹，此次六团体年会，聚各种科学人才于一堂，尤属难得，徒因时局紧张，不克从容招待为憾，开幕盛典，聊进芜词，祝诸君努力进步！"

继由张西林、查良钊、梅贻琦、叶企孙诸氏相继演说，时已近午，摄影礼成。

正午赴中央研究院、北平研究院、西南联合大学、云南大学、同济大学、中法大学、中正医学院、上海医学院等八学术团体公宴,地点即在云大,席间由李书华氏代表八学术团体致欢迎词,由何尚平氏代表本社及各学会致答词。下午2时至5时天文学会、数学会、植物学会、农学会分别举行会务会议,同时宣读物理学论文,5时起,何尚平氏在云大作公开讲演,题为:"云南农业与专业农村",6时散会。

16日上午9时至12时,宣读动物学、生理学、化学论文,并同时由汤蕙荪氏举行专题讨论,题为:"云南农业经济问题"。下午2时至5时宣读数学、物理学、天文学、植物学、农学论文。5时起分别由高鲁氏公开讲演"天体物理学演进",任之恭氏讲:"无线电学在国防问题上之应用",听者甚众。

17日上午9时至12时,宣读数学及植物学论文,同时物理学会举行会务会议。下午2时至4时,本社举行社务会议,4时至6时公开讲演,由谢家荣氏讲:"云南的矿产",顾叙功氏讲:"物理探矿在易门之实施"。7时年会集餐,席间由吴有训氏代表六学术团体致词,并向各学术机关及年会筹备委员会致谢,末由年会主席熊庆来氏致词散会,极为欢洽。

18日上午9时起,赴昆明附近各工厂参观,至下午6时返城。19日随意游览及参观,晚7时25分由李书华氏在昆明电台作广播讲演,题为:"民国三十年九月二十一日日全食"❶。年会至此遂告终了。

3. 本社社务会议

9月17日下午2时,本社举行社务会议,公推周仁氏为主席,首先代表本社理事会宣读二十五年至二十八年度总干事、编辑部、图书馆及生物研究所等分部之报告,及本社该四年度之财政状况,当经一致接受。

次由沈嘉瑞氏代表司选委员会报告本届理事会选举结果,由秉志、竺可桢、翁文灏、胡刚复、刘咸、赵元任、吴有训七人得票最多,当选为理事。至董事早经提出范锐、叶揆初、金绍基、卢作孚、胡适、翁文灏六先生为候选人,经讨论后,举行决选,结果翁文灏、金绍基、叶揆初、卢作孚四人当选为董事。次推定下届司选委员,结果沈嘉瑞、何衍璿、何尚平三人当选;复次推举查账员,何德奎、潘序伦二君当选,最后议决下届年会地点,在成都、贵阳二处

---

❶ 原注:"全文见本栏另篇。"

择一举行,于 4 时散会。

4. 年会论文

本届年会在时局紧张中举行,共收到论文 115 篇,非常时期,有此成绩,难能可贵,均于年会期中分下列各组一一宣读,理论巨著,应用文章,兼而有之,裨益于抗建事业,当非浅鲜,兹分类如下：❶

  (1) 物理学组论文   40 篇

  (2) 数学组论文   35 篇

  (3) 植物学组论文   13 篇

  (4) 农学组论文   6 篇

  (5) 天文学组论文   5 篇

  (6) 生物学化学合组论文   16 篇

5. 年会职员

(1) 年会筹备委员会：熊迪之(委员长)、叶企孙、曾昭抡、吴定良、梅贻琦、任鸿隽、严济慈、周仁、何尚平、沙玉彦。

(2) 会程委员会：周仁(委员长)、何尚平、梅贻琦、任鸿隽、李书华、杨孝述。

(3) 论文委员会：曾昭抡(委员长)、严济慈、吴定良、叶企孙、杨钟健、竺可桢、胡先骕、钱崇澍、王守竞、姜立夫、刘咸。

(4) 招待委员会：梅贻琦(委员长)、秦大钧、张禄、沙玉彦、李继侗、赵雁来、丁嗣贤。

此次年会适以越南局面紧张,交通受阻,致平、津、沪、宁各地社员,多不克前往参加,然后方社员犹不远千里,恭临盛会,益以其他五学会联合参加,共襄盛举,获兹成绩,要足珍贵。本届规模虽较逊于以前两届,然精神淬厉,实远过之。至此次年会各职员,努力筹备,不辞劳瘁,尤足称道。会场记录多由沙玉彦氏担任,并撰成报告,记者兹多所取材,尤应申谢。

---

❶ 原注："论文题目容后披露。"

23. 第二十三届(次)年会(六学术团体联合年会)(1943年7月,重庆)

《社友》报刊载的《中国科学社第二十三届年会及五学术团体联合年会在北碚开会经过》①

中国科学社第二十三届年会及五学术团体联合年会在北碚开会经过

本年七月十八日上午九时,中国科学社、中国气象学会、中国植物学会、中国地理学会、中国数学会、中国动物学会,在北碚举行联合年会,到会会员及来宾凡三百余人。

蒋委员长特颁训辞,由翁会长②宣读,全场肃立恭听,继由翁会长致开会辞(见下页),任鸿隽先生代表六团体报告会务,任先生首述各团体概况,继指出抗战以来,纯理科学家之贡献,最后,又提及科学研究与社会之关系,在使科学能尽量为人类谋幸福,而联合年会于检讨科学对于社会之关系尤宜注意。大会筹备主任卢作孚先生报告筹备经过,谓十年前中国科学社在北碚开会,今日又在此开会,希望十年后更多会员再来北碚举行年会,并提议在北碚建科学馆,以作抗战中科学成就之纪念。嗣后社会部代表曹沛滋、教育部代表唐惜分、中央研究院代表王家楫相继致辞,复旦大学校长章益先生称:"此次学术团体可构成一科学之宫,希望能兼及教育,培养后起人才,俾有人斯有会,有会斯有学。"江苏医学院胡定安先生申述现在科学家之困难,科学家虽亦相信非必有好环境始能研究,但最低限度须能维持生活,及最低研究费用,故切望政府设法维持科学研究之进行,最后由会员代表致答辞,并由主席宣读用本会团体名义致电国民政府林主席及军事委员会蒋委员长致敬电文,一致通过,礼成,六团体筹设之展览会,同日开幕,分自然科学、应用科学、工业及农

---

① 《社友》(中国科学社第二十三届年会特刊号(下))(1943年7月18日至20日)第1-2页。五学术团体联合年会应为六学术团体联合年会。该特刊中的《蒋委员长训辞》《各方贺电》《向林主席、蒋委员长致敬代电》等篇均略。

② 翁会长即时任经济部部长翁文灏,被推选为此次联合年会会长。

业等部,包括新技术之成果,此外尚有土产馆一所,亦开始开放。下午由各团体分别举行会务讨论,本社社务会议议决纪〔记〕录详后,兹略。至其他各学会会务会议纪〔记〕录,各团体另自有记载,从缺。

七月十九日上午九时本社及各学会分别开始宣读论文,论文简目,当另行编印问世,此处从略。下午三时开始学术讨论,原定讨论题目为"科学与建国",因其范围过大,临时改为"如何发展国内科学"。在讨论以前,首由张〔章〕元善先生报告国际救济会之概况,嗣后,由主席任鸿隽先生宣布本日讨论题目注重之点:一、研究科学组,二、科学研究趋向问题,于是卫挺生、欧阳翥、陈长蘅、胡定安、张峻、王恒宇、钱崇澍诸先生相继发言,全场精神极形紧张,详细纪〔记〕录见后。

七月二十日上午本社各学会继续宣读论文。下午讨论:"国际科学合作问题",首由主席卢于道先生报告讨论题目范围。关于国际农业合作问题,由农林部中央农业实验所副所长徐季吾先生报告;国际工业合作问题由经济部度量衡局向贤德科长报告;国际医学卫生合作问题,由江苏医学院胡定安院长报告;国际气象合作问题,由中央气象局局长吕炯先生报告。各专家报告以后,旋由任鸿隽先生代读英国科学访华团团员李约瑟博士所撰国际科学合作问题意见书,继由中国科学社生物研究所所长钱崇澍先生宣读十九日决议起草之发展国内科学研究电文,最后又引起热烈之讨论,至下午六时以后,本届六学术团体联合年会,即在热烈掌声中圆满闭幕。

《社友》报刊载的《六科学团体概况》[①]

六科学团体概况

一、中国科学社,有廿九年之历史,出版有《科学》月报、《科学画报》《科学丛书》等,此次举行二十三届年会。

二、中国气象学会,民十三年成立,出版有《气象学报》,会员共三百余人,此次举行第十三届年会。

---

① 《社友》(中国科学社第二十三届年会特刊号(下))(1943年7月18日至20日)第2页。

三、中国植物学会,民二十二年成立,出版有《中国植物学》,现有会员五十人,此次举行第五届年会。

四、中国地理学会,民廿二年成立,出版有《地理学报》,有会员二四〇人,此次举行第五届年会。

五、中国数学会,民廿三年改组正式成立,二十九年又一次改组,此次举行第四届年会。

六、中国动物学会,民二十三年成立,出版有《中国动物学》,此次举行第四届年货〔会〕。

《社友》报刊载的联合年会会长翁文灏致开会词①

翁会长开会词

今天是中国科学社的年会,并得中国气象学会、中国数学会、中国动物学会、中国地理学会等各学术团体联合会议,成为抗战期中吾国学术人士一个极可纪念之集会。尝想近代治学,不能尽靠个人闭户著书,藏之名山,传之后世,而与世不相闻问,相反的我们要求知识的交换,要得进步的实现,要使人群见解的提高,要使国家的力量加大,皆须将观察试验之事实随时公开,并将研究推索的原理互相商讨,所以德不孤必有邻,学不孤必有群,集会研究,实是近代科学所以能发皇光大的原因。

专门学会的制度二百余年前创始于欧洲,渐由欧而美,而亚,特别在十六七世纪,经若干专家之苦斗,始奠定基础。中国过去虽不甚发明,但中国产生真正科学则为时甚晚,居今追想徐光启、李之藻诸人研精为学,华蘅芳、严几道诸人用力译书,皆极可钦敬,但真实科学迟迟嬗生,则仍觉可惜。民国始创,新科学始得立足。专门人才之陶冶,专门图书及专门材料之收集,皆着手进行,且国内先后成立调查及试验研究机关。因此,各门科学,遂养成本国发荣滋长之基础,在此进展过程中,学术团体相继成立,使中国科学有聚会集中之重心,得连系推进之枢纽,亦诚为极有价值之现象。中国科学社为发展中国科学而设,

---

① 《社友》(中国科学社第二十三届年会特刊号(下))(1943 年 7 月 18 日至 20 日)第 3-4 页。

其成立之早,继续之久,实是中国学术团体中很可纪念的一个,此社自创设至今已廿九年,出版《科学》已廿六卷,专刊已有若干册,《科学画报》已达八卷八期,附设有生物研究所,现移至北碚,图书确〔却〕仍留上海,论其性质与正式科学院或国家学术研究会,自不甚同,与英美两国的科学促进会约略相似,在中国范围以内,此学社甚愿与全国学人与全国学术团体共同联系,以振兴中国科学,在国际此学社曾在太平洋科学会议代表中国参加此会议之评议组织,亦甚愿继续努力,以联络各友邦学社之友谊。

近年以来,中国专门学会纷纷成立,为数渐多,其中会员,往往同一人而兼入数会,不赴会固嫌孤立不群之患,兼赴数会又感程途跋涉,损失时间,因此本社遂与中国气象学会、中国数学会等联合举行,于分工之中求合作,在聚会之时求进步。科学研究,只在了解事实与探求真理,使社会人士重真理,因为重真理然后能诚,能诚然后思想有秩序,智识才有增进,言论有根据,如此,然后使民族有向上的气象。但是科学研究虽并不为应用,实则应用之结果,往往自然发生,就近年中国事实来看,地质学者深信沿长江有几个红色盆地,其中皆有发见〔现〕盐层的希望,照此调查,已在江西泰和发现食盐;又中国震旦纪一部往往含燐,所以苏北曾得燐矿,现在云南亦找到憐〔燐〕矿。类此之例为数甚多,不胜枚举。此次联合开会的生物、地理、气象、数学诸科目,自必贡献甚多,极为有益。凡此纯粹研究与实际应用之间,连带的意义,则极盼大家共同明了。

《社友》报刊载的六学术团体年会第一次学术讨论会记录[①]

六学术团体年会第一次学术讨论会记录

卅二年七月十九日下午三时

讨论题目:如何发展国内科学问题。

主席:任鸿隽。

出席者:全体会员二百三十人。

开会地点:北碚重庆师范大礼堂。

---

① 《社友》(中国科学社第二十三届年会特刊号(下))(1943年7月18日至20日)第5-6页。

记录：倪达书、张孝成。

主席报告：在开始讨论之前章元善社友要求关于国际救济会之现况作五分钟之报告。

章元善先生谓：国际救济会拟提倡手工艺以救济农民主〔生〕计，手工艺之范围为机器所不愿为与不能为者，如旅行纪念品、钓鱼用品及各种教具模型之类，此种手工艺倘能运用科学方法艺术手腕，必能为社会人士所乐用，故希望到会诸君贡献意见，俾有参考。其次报告国际救济会办理业务三项：（一）办理学生救济，学生中若有医药、生活等困难问题请由各地学生救济会接洽。（二）教授补助金——教授补助金现虽限于私立大学，而国立大学教授之医药费用仍在补助之列，以后遇有需要补助者，可与中国红十字会接洽。（三）翻印高等教育用书——不久将来有重要教科书二十种翻印出版，以供各大学生之用。

继由主席报告学术讨论会宗旨及其范围——略谓：此次讨论题目原定为《科学与建国》，因其范围过大，非短时间内，能得完善结论，特临时改为《如何发展国内科学》。此题可自研究组织与科学研究趋向两方面讨论之。

（一）研究组织——科学研究，非有严密之组织，不能收更大之效果。顾研究组织演变之历史，约可分成三个时期：第一、为私人集合研究时期，如十六世纪英国之皇家学会，现虽为世界上极有权威之科学研究团体，然当时不过少数人有共同兴趣集合究讨而已，其后欧陆之 Academy 组织而起。第二、为公私团体提倡研究时期，这个时期在十八世纪工业革命之后科学的成效大著，于是公私团体纷纷组研究机关，建立会所与实验室，主持进行研究事项，如各大学的研究院、各科学家的实验室以及各大实业公司之研究室等，是此种研究组织在美国尤其发达。第三、为国家爱办理研究机关时期——自第一次大战结束后各国政府鉴于科学研究重要，群起以国家之力量组织科学研究机关，以期收更大更速之效果，如苏联在一九一七年以前，仅一个科学研究所，研究员亦仅百人，而截止一九三八年，已增加至九百所，研究人超过二万人。英国亦有三个国家特设的科学研究机关，即物理工业研究所、农业研究所、医学研究所，在此次大战贡献极大。至于我国目下情形，则亦应有尽有但其规模及组织俱难于完成发展科学使命。如（一）大学研究部所——其用意有二，一为教授有继续研究之机会，二为学生得参与其事学习研究必须之知识与技术。此种研究部所,在战前为数甚少,抗战期中虽成立颇多,惟限于设备人材之缺乏,事实上未必较过去有重大之进步。(二)中央研究院——可说是国家特设之研究机关。该院现在共有十所及一数学研究所筹备处,其范围的广大已觉开研究机关的新记〔纪〕录,至该院经费,成立时仅一百二十万元,现在因物价昂贵略有增加,然亦仅三百余万元。以偌大之范围用此戋戋之经费,则其成就亦可以想见矣。故今后发展中国科学如不认为国家事业则已,如认为事业,必须请政府增拨经费,将各种研究组织加以充实,最好能在国家预算中明列发展科学专款,庶几易于见效。

(二)科学研究趋向问题——纯理科学为应用科学之基本,凡是深谋远虑要想把国家故〔放〕在现代国家之林的未有不重视纯理科学的,至少纯理科学与应用科学应该同时并重。但近几年来有一个特殊的现象,值得我们注意的,就是在大学入学考试中,报考经济学工程学虽极踊跃,理学院科系几有无人问津之感。由国家之需要与未来之趋势而言,应用科学较易发展,似乎不须我辈特别担心,而纯理科学则必须于此时注意提倡以免将来科学进步受到影响。提倡之法,如请政府派选留学生时增加纯理科学研究之学额与政府设置大学奖学金中,明列攻读纯理科学之学额皆是,以上是本人所想到的两个问题提出以供大会讨论。此外当有其他问题请全体会员发表意见。

卫挺生先生提议:第一,国立各大学应广设研究部所及增加国立中央研究院之经费。第二,国内学者,由国家授与高级学位以造成国内为研究学术之基地。第三,研究自然科学之兴趣,必须在童年养成。第四,对于现行数学课程,应在高年级集中教授。

姚传法先生提议:(一)请政府在下年度国家总预算中增拨专款,为科学研究之用,或自租借法案中之借款拨用。(二)国立大学研究部所,应设博士学位。(三)创设类似美国热心科学研究会之Sigmazia奖章,以大会名义予以嘉奖。

欧阳翥先生谓:现在社会人士及一般青年均不免呈急功好利之心,群趋学习应用科学,孰知纯理科学乃应用科学之本,有纯理而后有应用。纯理精而后应用始广。故我国必须主张纯理科学与应用科学并行发展。政府派选留学生时纯理与应用学额不宜显分轩轾。

陈长蘅先生谓:本人参加立法院工作,垂十五年,对于国家科学研究经费方面而知之较详,如中央研究院今年仅三百余万元实属太少,自可向政府请求增加。另一方面由此次大会建议【：(1)】政府增拨国立科学研究机关经费及充份〔分〕补助成绩优良之私利机关。(2)科学研究机关应与中央设计局取得密切之联系,科学家得以其专长供〔贡〕献国家设计时之参考;(3)政府派遣学生出国深造事,应请政府酌留名额,择选年资并丰之科学人才出国考察,俾中国学者得与外国学术权威质疑问难沟通中外;(4)对于学校课程问题,应集中大小各级专家通判详筹;(5)学术分工应在高中起略加推行。

胡定安先生除赞同主席所提出之要点外,并检讨国内学术一时能否独立,是否尚须至国外进修及如何保障纯理科学研究两点。

张峻先生谓：现在我们应注重应用科学,但其结论则谓纯理科学为应用科学之基本,故纯理科学亦不容忽视。

王恒守先生报告国内大学研究部之现状谓：近年来各大学设立研究部所者颇多,顾研究生之少设备之贫乏徒有虚名而已,故本人以为现在出国留学仍非常重要。

钱崇澍先产〔生〕提议请政府设立领导全国科学研究机关。

王家楫先生报告中央研究院近况。

陈雨苍先生提出政治家应有科学之认识,科学家应有政治之觉悟口号,主张由大会发宣言公告全国人民。

决议讨论,至此已至规定时间,由主席作一概要的结论后一致决议原则四条：

(一)请政府增拨科学研究经费,并希望于国家预算中,明列发展科学经费专款。

(二)增强现有科学研究之最高机关如中央研究院并充份〔分〕补助确有良好成绩之科学研究团体。

(三)科学家有参与国家设计之机会,俾政府之各种设计更切合实际而易付实施。

(四)政府派遣留学生时,应用科学与纯理科学厉行兼顾,又年资并丰之学者亦应选送若干。

根据上述四原则用快邮代电方式呈送最高国防委员会、行政院、立法院及国民参政会。

推定章元善、陈长蘅、钱雨农三先生为代电起草委员,散会。

《社友》报刊载的六学术团体年会第二次学术讨论会记录[①]

六学术团体年会第二次学术讨论会记录

卅二,七,二十,下午三时半

讨论题目:《国际科学技术合作问题》。

主席:卢于道。

出席:全体会员及来宾一百四十三人。

开会地点:北碚重庆师范大礼堂。

记录:倪达书、张孝威。

主席报告讨论题目及范围:今日讨论之题目为《国际科学技术合作问题》,讨论之范围可分:一、国际农业合作问题,二、国际工业合作问题,三、国际医药卫生合作问题,四、国际气象合作问题,五、平时科学合作问题等五项,现分请各专家先报告过去合作情形及将来之希望以供讨论时之参考。

专家报告——一、国际农业合作问题——由农林部中央农业实验所副所长徐季吾先生报告——(一)农业合作问题,恐与其他科学不甚相同,其原因为各地之气候土壤等等差异甚大,是以外国已收成效之品种与方法,往往不适用于中国,甚至一国之内一省一县之优良品种亦常不适宜于他省他县。故整个借重国际间已收成效之品种与技术,实为不可能之事。至于需要方面亦有缓急之不同,如外国某种生长期较长之作物,如美、澳(洲)之小麦种子,虽极优良,但并不适宜于我国二熟之用。(二)关于过去农业方面已有之合作可分:1. 研究报告之交换,2. 材料之交换,如已改良成功之种子是,3. 方法之交换,如我国水土保持之方法,已为美国采用而获重大成效,及 4. 人才交换。(三)对于今后合作之希望、需要及可能之途径:1. 战后农产品希望国际间有一种合理化之生产分配。例如桐树既在华生长最宜,则世界桐油需要即由中国全部负责供给,其他地方虽不必禁止试种但亦无需耗费大量人力物力勉强种植而收效不大以节省耗费,用以研究更迫切之其他问题。丝茶

[①] 《社友》(中国科学社第二十三届年会特刊号(下))(1943年7月18日至20日)第7-9页。

情形亦同。2. 希望国际间有统一之物产分级标准,以便国际间分配手续之简易化。3. 希望盟国过剩机械输入中国,实施我国农业之机械化,在崎岖不平之地,机械固不易收效,然至少在华北等平原地方农业机械化如能实行,则可节省劳力。4. 希望外藉〔籍〕专家来华作长时间(至少三五年)之研究,同时训练及指导国内青年,因短期之研究与指导,对于有地域性之农业问题无甚补益也。

二、国际工业化合作问题——由经济部度量衡局向贤德科长报告——向先生首述各国工业发展之经过及其对于国家、经济、社会、政治、军事之关系。次及国际工业化合作之真相及趋势,如工业标准化之成效。次复叙述战后我国对于国际工业合作所需要者为何?向氏并称发展国内工业之要素有四,(一)机械、(二)劳力、(三)资金与(四)技术是也。劳力与资金两项我国颇能自力应付而尤以前者为然,盖战后退伍军人之众多以及农业机械化后农工之剩余皆为其储才也。至于机械技术则非借重盟邦供给不可。向氏对于技术方面特别强调三点,即:1. 有计划派选留学生赴国外工厂实习。2. 重金礼聘外藉〔籍〕专家来华设计指导及 3. 吾人应有条件的欢迎外人在国内建厂,但必须于若干年后交与中国为条件云。

三、国际医药卫生合作问题——由国立江苏医学院胡定安院长报告——胡氏首述我国过去与现在医药卫生界之情形,其结论谓我国医药卫生事业与国际间实无合作之可言,可得而言者仅盟国对于我国之援助与救济而已。故将来合作应取何种态度,无国界欤?仰〔抑〕仅限于同盟国欤?实为今日所应加讨论者。胡氏未谓观乎委座《中国之命运》内所列以后十年中应有医药卫生人员之数字,若以现有人力及设备而言,实难办到,故欲达到此目的必须 1. 借重外藉〔籍〕师资及技术人员与 2. 大量派遣留【学】生出国训练二者非同时并进不可。胡氏对于借重外藉〔籍〕师资及技术人员一项,指出不妨效法敌人(日本)所用之办法有指定学生随专家长期学习办法。

四、国际气象合作问题——由中央气象局局长吕炯先生报告——吕氏谓自气象方面而言,恐为各种国际合作最圆满之一,世界上各重要气象台战前彼此皆有联络,并有国际中心机构设于荷兰(现迁瑞士)。每隔若干年而举行国际气系〔象〕会议一次,战前远东各国亦曾举行数次气象会议,其目的在使远东各国气象家观测有一致之标准,惟敌倭,用心颇深终不与会,太平洋战事爆发后国际气象系通讯,完全停顿,各国统改用密码,非有特别协定,彼此无从交换也。惟战后国际气象合作以意度之,必能恢复常态,或更为密切,亦未可知也,故战后国际气象合作问题,吾人可无顾虑也。

五、平时战时科学合作问题——由任鸿隽先生代读英国科学访华团团员李约瑟博士所撰原文(另有译文)。

报告至此,告一段落,继由中国科学社生物研究所所长钱崇澍先生宣读昨日决议起草之发展国内科学研究电文,其中除第二项"增强现有科学研究之最高机关如中央研究院"字样下增添"及其他国立研究机关"九字外,一律照原稿通过。代电全文附后。

讨论:钱崇澍先生提议:根据上述各专家报告写成文章,在《科学》杂志中发表之。

郑子政先生主张:1. 科学中若干部分绝对为国家性的不可公开,并以战时气象为例,2. 我国应组织国际学术合作机构。

胡定安先生提议:由科学理事会连同五学术团体代表,详拟方案办理之。

陈雨苍先生提议:由六学术团体通电盟国科学家表示欢迎合作。

议决:国际科学合作事,由中国科学社理事会联合五学术团体根据上述报告详拟方案办理之。旋大会于紧张圆满之空气中散会。

《社友》报刊载的六学术团体致国防最高委员会、行政院、立法院、国民参政会电文[①]

致国防最高委员会、行政院、立法院、国民参政会电文

重庆国防最高委员会、行政院、立法院钧鉴、国民参政会公鉴:此次六学术团体在北碚召开年会,到会社员鉴于国势之转变,恭聆领袖之训示,深感建国伟业与科学研究节节相关,欲达此目的,学术团体之动向与国策之实施,更非密切联系不可。用经详细讨论一致议决:(一)拟请政府以更大之实力,增发更多之经费,鼓励科学之研究与普及,并于国家预算中明列发展科学经费专款,以示政府注重科学之意;(二)增强现有科学研究之最高机关如中央研究院及其他国立研究机关,增加其物力,充实其人才,并酌量补助确有良好成

---

① 《社友》(中国科学社第二十三届年会特刊号(下))(1943年7月18日至20日)第9-10页。

绩之科学研究团体,务使学者咸得以其专长贡献国家,而研究所得俱可直接提高建设之效益。(三)科学研究应与国家设立之各种设备相辅相成,俾政府之各种设计更切合实际需要而更易付之实施,故拟请政府采取有效方法促进其合作;(四)侧闻政府将每年派遣大批学生出国深造,此事应请政府于培养青年及鼓励学者同样注重,拟请酌留各[名]额择选年资并丰之科学人才出国研究考察,俾中国学者得与外国学术权威质疑问难,沟通中外。又,纯理科学为应用科学之本,亦不宜显分轩轾。综上四端,俱属基本要图,仅掬赤诚,提供鉴核采纳施行,以慰众生。除分电国民参政会、迳电国防最高委员会、行政院、立法院外,仅此电呈。

中国科学社、中国气象学会、中国动物学会
中国数学会、中国地理学会、中国植物学会同叩。碻。(哿)①

《社友》报刊载的中国科学社第二十三届年会社务会记录②

中国科学社第二十三届年会记录(社服务)③

时间:民国三十二年七月十八日下午三时。

地点:北碚重庆师范大礼堂。

出席人:四十二人。

主席:任鸿隽。

纪[记]录:严希纯。

(甲)报告事项

(一)主席致词

按照本社社章,社务会得有出席大会社员十分之一到会即可开会,现在出席社员已达此项数额,故社务会议可以开始。依照理事会决定之议程,应向社员作各项报告,兹请卢于道先生等依次报告。

---

① 哿为韵目代日,即20日。
② 《社友》(中国科学社第二十三届年会特刊号(下))(1943年7月18日至20日)第9-11页。另见上海市档案馆藏档,档号Q546-1-99,文字略有出入。
③ 社服务应为社务会。

(二) 卢于道报告社务(词见《社友》)

(三) 钱崇澍报告会计(词见《社友》)

(四) 钱崇澍作生物研究所报告(词见《社友》)

(五) 伍献文报告上届选举理事经过

此次选举理事,计昆明方面发出选举票三百四十六张,重庆方面发出十五张,但收回之票共只一〇三张。经本人与云南大学教务长何行〔衍〕璿先生于本年六月廿五日下午三时至四时共同开票,结果如下:

任鸿隽　九十四票　　李四光　七十二票

胡先骕　六十六票　　曾昭抡　二〔六〕十六票

叶企孙　六十一票　　钱崇澍　三十六〔五十二〕票

严济慈　五十二票

选举票现存昆明。

(六) 胡秀英报告成都分社概况(词见《社友》)

(乙) 讨论事项

(一) 修改本社总章案

理由:主席及卢于道总干事报告,以本社总章与社会部卅一年二月十一日所公布之《非常时期人民团体组织法》第九条所载各点有不合之处,归纳之共有二〔三〕点:(1)社会部法令上在理事会之外,只有监事会而无董事会,本社董事会应否亦照改为监事会。(2)社会部法令上规定人民团体之理事名额不得超过三十一人,而监事不得超过理事三分之一,而本社理事连总干事在内只有十五人,本社理事监事之名额,应否遵照此项规定,予以更改。(3)社会部法令上规定常务理事之名额为一人至五人,而本社总章则为七人,社长、总干事、会计为当然常务理事。此点应议决:

1. 凡本社总章与社会部之规定不合之处,均依照改正,以符定章,故原来之董事会应即改为监事会。

2. 本社理事名额,增为二十六人,合总干事共为二十七人。监事名额增为九人。

3. 本社理事会之常务理事名额,照章改为五人,理事长、总干事、会计为当然常务理事,其余二人由理事会互选之。(全体通过。)

（二）理事任期案

理由：若干社员动议，为使社员参加理事会之机会增多起见，本社总章上关于理事任期之规定，应予改定。

议决：本社理事任期三年，每年改选三分之一，连选得连任，但以一次为限。（全体通过。）

（三）社费应否增加案（理事会提出）

理由：本社社费，系抗战以前所规定，早已不甚适用。去年总办事处迁渝后，曾经理事会改订为普通社员常年社费二十元，永久社员缴费一百元，仲社员常年社费十二元。现在物价高涨，此项规定，亦不适用，亟应予以更改。

议决：自三十二年七月份起本社社费规定如左：

1. 永久社员一次缴纳五百元。

2. 普通社员年费五十元。

3. 仲社员年费二十元。

4. 赞助社员一次缴费一万元。

本案在年会通过后即付实行。（全体通过。）

（四）刘钦珊先生捐助本社五百元应如何办理案

议决：先行询问介绍人涂长望先生，如刘先生系研究科学者，则依本社新社费之规定，为本社永久社员。否则请刘先生指定用途或将原款退还。（全体通过。）

（五）选举李约瑟先生（psck trsypmbdbam）①为本社名誉社员案（理事会提出）

议决：经伍献文先生报告李约瑟先生学历及对于科学之贡献后，公选李约瑟先生为本社名誉社员。（全体通过。）

（六）明年为本社成立三十周年纪念，本社应否特别开会庆祝，其时间地点若何案

议决：明年年会应否召开，授权理事会决定，即不易召开，亦应对于本社三十周年纪念有所表示，授权理事会决定之。（全体通过。）

（七）出版《科学政治人物》刊物案（社员李振翩提出）

---

① 李约瑟英文姓名排印错误，应为 Prof Joseph Needham。

议决：本社经济人力有限，此案难于实施。但可请编辑委员会注意，每年亦可在《科学》上发表一二篇讨论科学与政治社会有关之文字。（全体通过。）

（八）出版《科学辞典》案(社员孙学悟提出)

议决：兹事甚大，原则通过，授权理事会相机推动。（全体通过。）

（九）筹募本社基金案

议决：原则通过，授权理事会依法积极进行。（全体通过。）

（十）本届司选委员会人选案

票选结果如下：

伍献文　三十八票　　胡定安　三十五票　　章元善　二十二票

以上三人均当选。

（丙）散会

24. 第二十四届(次)年会暨成立三十周年纪念大会(1944年11月,成都)

《科学》杂志刊载的报道《本社三十周年纪念大会暨二十四届年会记》①

本社三十周年纪念大会暨二十四届年会记

本社自成立迄今,转瞬已三十年,不可以不有所纪念。回忆二十周年之时,在南京中央大学大礼堂,举行纪念大会,盛极一时。廿周年纪念后三年,抗战军兴,我社总办事处,犹在上海,为各大学科学教育,供应科学图书,贡献殊多;香港事变后,上海情况日非,总办事处乃移北碚,在大后方再企图负其应尽之责。值兹国难方殷,交通困难,本社理事会,乃决定本届纪念大会分区举行而以成都为纪念大会之中心。兹记其经过如下:

一 大会开幕典礼

本社为举行三十周纪念会及二十四届年会事,特派代理总干事卢于道君赴蓉于十月初开始筹备。承党军政学各省首长之赞助,及本社蓉埠社友之努力,筹备各事进行极为顺利。大会开幕典礼,遂于十一月四日上午九时在华西坝华西大学大礼堂举行。大会由本社社长任鸿隽先生主席,到来宾张主席岳军、邓主任锡侯、向议长传义、省府秘书长、各厅长及张校长凌高等数十人,社友到者三百余人。主席致开会词后(全文见五日成都《中央日报》及本社大会专刊),宣读最高领袖训词后并报告各方贺电二十余起。旋张主席岳军先生致词(全文见五日成都《中央日报》及本社大会专刊),邓主任、向议长、张校长等亦各有演说,语多期勉。演说完毕时已正午,由主席宣读大会向蒋主席及前方将士致敬电后,乃礼成散会。

---

① 《科学》第廿七卷第九—十二期合刊(本社三十周年纪念特大号)(1944年出版)第70—77页。

二 省府公晏〔宴〕

是日中午,由四川省政府公宴全体社友,假华西大学食堂为公宴地点。举箸之前,社友孙明经先生,以广播节目之临时电台兼音乐指导,领导全体社友唱《科学》歌,其词如下:

科学,科学,我们需要科学;

击原子,摘星球,造成完美的世界。

科学,科学,我们需要科学;

造成完美的世界要科学。

话声悠扬,充满科学空气。歌毕后,复请声乐家彭荣华女士领导,唱《来!来!来!大家一齐来!》之歌,唱毕后全体社友,几乎忘餐。时饭菜已齐,主人张主席致欢迎词大意,一再以科学家勤学忘食故事为解,庄谐俱备,掌声与笑声相和,其乐融融。旋由社长任先生致答词,众乃饱餐而散。

三 社务会议

饭后二时,社友再集华大礼堂,由任社长主席,社友张锡瑜及郭挺章记录。其议程及结果如下:

甲、报告事项

一、卢总干事于道社务报告(词见《社友》之大会特刊号上)

二、钱会计理事崇澍会计报告(词见《社友》之大会特刊号上,由卢于道代表作口头说明)

三、钱所长崇澍生物研究的报告(词见《社友》之大会特刊号上,由卢于道代表作口头说明)

四、戴社友述古美国纽约分社报告(词见《社友》之大会特刊号上)

五、何分社理事长文俊成都分社报告(词见《社友》之大会特刊号上)

六、任社长口头报告昆明分社与八科学团体于十月十四、十五两日举行昆明区三十周年纪念会暨二十四【届】年会;又湄潭社友会于十月二十日举行湄潭区纪念大会,并有本社名誉社员英国生物化学家尼德汉博士参加;又北碚区定于十二月二十五日举行纪念大会。

七、选举报告

司选委员会委员章元善、胡定安、伍献文先生来函报告本社理事选举结果,由曾社员省之代读如下：

谨启者,同人等受命办理选举本社理事事宜,当于本年八月间发出选票约计六百份,截至今日(十月十九日)止,共收到自各地寄回之选票共一百四十二张,即在中央研究院动物研究所开票,结果下列十三人得票最多当选为理事：

卢于道(一一三票)　顾毓琇(九七票)　王家楫(九四票)　萨本栋(九三票)

茅以升(八八票)　邹炳文(七五票)　张洪元(七四票)　沈宗翰(七三票)

蔡翘(七三票)　郭任远(七一票)　王琎(六五票)　欧阳翥(六三票)

李春昱(六三票)

原选票已检交总社备查云云。

上列新举得理事十三人,合原有理事十四人如下：

任鸿隽　杨孝述　钱崇澍　竺可桢　叶企孙　周仁　秉志

孙洪芬　刘咸　胡刚复　吴有训　胡先骕　李四光　严济慈

共为理事二十七人,其中总干事杨孝述(现由卢于道代)为当然理事外,合计理事二十六人(依照新章所定,见讨论事项第一条)。

以上七项报告,均经全体接受。

乙、讨论事项

一、修改总章案

总干事卢于道说明条〔修〕改本社总章如下：

根据本社总章第十四章第七十六条,本章修改草案,经年会出席人数三分之二通过,……即为有效。按去年(三十二年)年会(二十三届)中曾提议下列之修改案：

1. 原来之董事会,应遵照社会部之规定,即改为监事会。

2. 本社理事名额,增为二十六人,合总干事共为二十七人,监事名额为九人。

3. 本社理事会之常务理事名额,改为五人,理事长、总干事、会计为当然常务理事,其余二人由理事互选之。

4. 本社理事,任期三年,每年改选三分之一,连选得连任,但以一次为限。

上述本社社章修改案,是否有当,即请公决。

议决：全体通过。

二、总办事处提议本社成立三十周年宣言案

全文由卢总干事于道宣读后,社友提出文字修改数起。

议决:请任社长修改后发表(全文见本社大会纪念专刊)

三、何社员文俊等提议募集本社国币千万元基金案

议决:通过,请监理事会商议办法进行之。

四、曾社员省之等提议请政府拨款维持本社生物研究所并助其事业发展案

议决:通过,交理事会办理。

五、卢社员于道等提议本社筹设四川省永久办事处案

议决:在和总章不相冲突之条件下,交理事会及成都分社办理。

六、吴社员贻芳等提议,函美国社友黎富思致慰问案

议决:通过,由总办事处会同吴贻芳、刘恩兰二社友办理之。

七、戴社员述古等提议,函美国纽约分社及英美各国科学团体以资联络案

议决:交总干事办理。

八、卢总干事于道提议,请选举下届司选委员案

议决:请上届司选委员连任。

以上各案讨论完毕时钟鸣四下。

四　中华自然科学社成都分社招待茶点盛会

社务会议既毕,众社员乃赴华西坝青年馆,中华自然科学社成都分社之茶点招待会,会中备有寿糕、签名纪念及音乐等,情意至为隆重。由该分社社长范谦忠教授致欢迎词,复由该社发起人之一郑礼宾教授说明该社组织宗旨及希望与本社合作之意后,由本社任社长致答词。答词毕后,主人复请任社长燃烛,卢总干事切糕,藉示祝寿之意。于是音乐开始。来宾等则一面食糕,一面签名于方绸之上(绸现存总办事处)。惟以时间匆促,各社员谈笑未尽,即由何厅长兆衡主持科学与四川建设之专题讨论。

五　专题讨论之一——科学与四川建设

何厅长亦为本社旧社员之一,对于社务,向具热诚;现主川省建设之事,我社员愿提供

意见作为参考者尤多。故主席略述川省水利已有建设及前途之展望后,起而发言者,有周太玄先生提出经济调查资料搜集问题,陈志潜先生提出四川疾病问题,汤腾汉先生提出四川草药之科学研究问题,彭家元先生提出川省之农业改进问题,郑愈先生提出长期水力研究问题等。最后由主席提出结论两点:一为拟请政府每年在国家预算中列入科学研究实验费;二为国民科学教育应重质不重量。各社员尽兴而散,时已七句钟矣。

六　宣读论文

五日为星期日,例当休息,惟大会因节目繁多,社友热心,乃排有最重要之节目即宣读论文是也。

是日清晨,未及八时,各社员已踊跃群集于华西坝之化学楼及生物馆。全体论文,共一百五十二篇,分九组宣读,计:

一、普通组　　　　　九篇

二、数理化组　　　　二十六篇

三、地理学教育组　　十四篇

四、动物学组　　　　四十二篇

五、植物学组　　　　十六篇

六、遗传学组　　　　十二篇

七、生理学组　　　　十篇

八、牙医学组　　　　五篇

九、心理学组　　　　十七篇

宣读论文之时,各组皆有人满之患,尤以数理化为最;而讨论热烈,认真不懈,尤为特色。至十二时,有数组犹未能尽读,乃因绥署及市府之公宴午餐,不得不延至下午再继续之焉。

七　绥署及市府

中午十一时半,绥靖公署邓主任锡侯及市政府余市长中英,已连袂来华西坝。十二时乃假华西大学饭堂,公宴全体社友。时乐山社友三人,同来宾朱光潜先生,正赶到参加大会,并业已参加论文宣读,乃群起欢迎。大会临时广播电台孙明经先生,又趋活跃,活跃空气与饭菜香味共相和。因群众踊跃,主人且参加盛饭工作,余市长复频频以社友用科学方法添饭语众。食中邓主任以有饭无酒申明抱歉,但对于今后科学工作之安全则申明愿负全责。任社长以今后建设应以科学为参谋本部致答,词毕后掌声齐鸣,主客皆尽兴而散。

八 五大学茶点招待和专题讨论之二——科学与社会

午饭后二时起,联合中国科学社共同举行年会之十一学会,分别举行会务会议。盖此次年会,共同参加者,计十一单位,即新中国数学会、中国物理学会、中国生理学会、中国心理学会、中国遗传学会、中国营养学会、中国动物学会、中国植物学会、中国地理教育学会、中国药学会及中国牙医学会等各成都分会。

下午四时,各学会会务既毕,乃有五大学之招待茶会。茶会举行地点,为华西大学大礼堂。首由五大学代表齐鲁大学校长汤吉禾先生致欢迎词,旋由卢总干事致答词。四时半起,即就地讨论科学与社会问题焉。

讨论科学与社会之事,由卢于道代任鸿隽先生主席。首由社会科学家柯象峰先生提出科学发展与社会之关系,继而任鸿隽先生虽略感不适,仍起立申言国际科学合作之重要性。以后陆续发言者,有李晓舫先生等,会场电灯忽然停电,全场只有红烛两支,烛光如豆,而社友讨论不止,于七时许,方由主席作结论,其结论有二:一曰为策进科学之效用起见,战后应有科学的国际组织;二曰为策进科学效用起见,吾人应注意社会之需要。

九 全城科学讲演

六日上午,会程上规定为成都全城各大学中学科学讲演。是项讲演,由各大中学之邀约,共三十起,皆由本社社友担任之。其讲者及讲题如下:①

| 任鸿隽 | 华大 | 《中国科学社之回顾及对于今后大学生之希望》 |
| 戴述古 | 中大医学院 | 《中国牙医科学之发展》 |

---

① 据《科学》第廿八卷第一期(本社三十周年纪念会专号)(1945年7月补印)第10页所载之《十一月六日社友在成都各校纪念周之特约科学演讲题名》,当日演讲者还有林兆琮(华阳,题未详)、戚作钧(蜀华,题未详)、吕锦媛(树德女中,题未详)、陈朝玉(天府,题未详)。

冯汉骥	金女大	《科学化与革命化》
李方训	燕大	《我国科学问题》
郑 愈	光大	《科学与武器》
周太玄	金大	《科学与人生改进》
魏时珍	川大	《科学与道德》
李晓舫	齐大	《自然科学与社会建设》
郑 集	川康农工学院	《战后中国之科学》
卢于道	艺专	《科学与人生》
孙明经	南薰中学	《电化与教育》
范谦忠〔衷〕	树德中学	《科学之真谛》
张鸿基	民新中学	《数学在科学上之地位》
汪仲钧	甫澄中学	《立志学习科学》
潘廷光〔洸〕	立建中学	《科学的基础》
魏景超	浙蓉中学	《介绍巴斯德氏》
何伟发	济川中学	《科学精神与科学方法》
陈〔程〕守洙	建国中学	《物理学与现代战争》
张 奎	华西中学	《科学名字绪论》
刘硕甫	高陭〔琦〕中学	《实验与学习科学的关系》
段天育	清华中学	《科学与未来世界》
倪尚达	市中	《观察与实验》
方文培	成城中学	《科学与抗战建国关系》
吴 襄	益川中学	《学医与女青年》
曾省之	华阳中学	《营养与健康》
许国樑	石室中学	《二十四纪之新物质与新能量》
焦启源	敬业中学	《农业工业化》
刘恩兰	中华中学	《科学精神与创作》
陈尚义	协进中学	《我为甚么学科学》

汪志馨　　　　大同中学　　　　　《科学方法之重要性》

十　川大晏〔宴〕会

各社友在各大中学作科学讲演既毕,全体乃齐集望江楼午餐,盖为国立四川大学、四川省党部及四川省临时参议会的招待也。望江楼为蓉埠胜景之一,川大即在其侧,复有薛涛井及薛涛墓,中午时社友偕至,胜景盛会,相互辉映。主人黄校长季陆先生再三致词,并建议成都设立科学馆,众皆兴奋异常。

十一　专题讨论之三——科学教育

是日下午二时,全体再集川大图书馆,参观二楼省立实验小学之儿童教育馆科学仪器展览会后,在三楼共同讨论科学教育问题。讨论时由黄校长季陆主席,报告投考川大理学院人数之稀少。主席致词毕后,由卢于道略谈科学化问题,郑愈谈大学科学教育问题,李方训谈中学科学教育问题,范谦忠谈小学科学教育问题,段天育谈民众科学教育问题,李晓舫谈大学教授生活及自身责任问题等。自二时以至五时,非但听众踊跃,且讲者情绪高涨,得未曾有。五时后由主席及任鸿隽、李晓舫、李方训、黄建中等作绪论,其结论为:

一、关于大学科学教育者

(一)请政府宽导教育经费,保障科学教员之生活,并充实仪器设备。

(二)请各教授坚守岗位,并切实负责教导工作。

(三)请各大学科学设备在可能范围内互相通用。

(四)大学科学教育应维持适当标准。

(五)请政府对于理农学院学生全体给予公费,并多设奖学金额。

二、关于中学科学教育者

(一)中学应注意充实理科设备。

(二)中学科学教育应注重实验方法训练。

(三)师范学校应注重科学学科,以培养小学科学师资。

三、关于小学科学教育者

应注意实验和野外观察,以养成儿童之科学习惯。

四、关于社会科学教育者

(一) 应多设公共科学实验馆。

(二) 应尽量利用电化教育,以推广科学知识。

以上结论,由卢于道在晚上闭幕聚餐时向众宣读。

十二　闭幕典礼

晚七时,全体社友,在城内撷英餐厅聚餐,同时举行大会闭幕典礼,共到社员二百九十八人。在候餐之前,广播电台孙明经先生,复大肆活跃,除大呼放下教授面孔之外,《科学》歌、《来！来！来！……》歌,以及诙谐笑话,大助余兴,和下午讨论科学教育时之严肃空气,迥然不同。后由社长任鸿隽先生致闭幕词,并齐呼：

中国万岁！

中国科学万岁！

中国科学社万岁！

大会节目,乃告终结。

十三　参观

大会始告结束,七日乃开始参观蓉埠各科学建设机关。惟因交通工具缺乏,只筹得卡车一辆,故只能容纳三十余人。大会决定,除由外埠社员当然享受权利之外,本地社友,凭抽签决定,因人多位少,多数本地社友,抽得空白纸一,徒呼负负。是日早晨八时,三十余社友,共集华大大门口上车出发。惟沿途步行或乘自行车参加者,仍有十余人之多。先至航空委员会之航空研究院,次达建国造纸厂,并由该厂招待午餐。午餐以后,车子一再抛锚,不得已而驶还华西坝,原定王建墓及中央制药厂之行,即作罢论。

十四　会后感

此次大会,其特点有足称者：

一、政府社会期望之殷切。此次大会,政府与社会所予之助力甚多,自最高领袖,以至于当地各界首长、言论机关,皆勖勉有加,对于本社,既极同情,复予指示,可知吾社三十年之努力,诚不虚也。

二、参加学会之踊跃。此次本社大会,共同参加者,有十一单位,即数学、物理、动物、植物、生理、心理、遗传、地教、营养、药学及牙医等,故盛况空前。

三、宣读论文之热忱。此次论文,共一百五十二篇;宣读之时,读者,听者,非但踊跃,并且认真。

四、社友之合作。此次大会,事务繁冗,但诸事有条不紊,效率极高,是皆社友热心合作之结果。何文俊先生因事务过忙,往往不及午餐,其劳苦诚有足多。又如四日开幕时,成都九大报上共刊社友之科学文章达二十篇;六日科学讲演,共达三十篇;任社长除六日讲演之外,复予公开讲演,讲认识科学,听者千余人,尤为大会生色。

五、讨论热烈。在专题讨论之时,群情激昂,热烈紧涨〔张〕,可知众社友生活虽苦,不忘所学。

以上诸端,皆为此次大会之特色。惟吾人察念时艰,科学之需要极为殷切。本社矢志以科学报国,□实际工作以表现者,因未能自满,是则有待于我社友之加倍努力者也。

《科学》杂志刊载的任鸿隽致中国科学社三十周年纪念暨十科学团体联合年会开会词[①]

中国科学社卅周年纪念暨十科学团体联合年会开会词

任鸿隽

今天中国科学社开成立三十周年纪念,我们第一感觉愉快的,便是和科学社联合举行年会的还有其他十个科学团体。这使我们感觉到科学在中国,已到了枝繁叶茂的境界,而不是三十年前科学社成立时的孤掌难鸣情形了。关于其他学术团体自有其本会代表报告,兄弟现在先报告一下科学社成立的历史及事业概况:

科学社成立于民国四年,但发起则在民国三年。当时适值第一次欧战初起,留学康乃耳大学的几个同学,深感武装和平局面一破,今后的世界唯有具有自卫自立能力的民族方

[①] 《科学》第廿八卷第一期(本社三十周年纪念会专号)(1945年7月补印)第3-5页。实际上,除了中国科学社,联合举办此次年会的还有11个科学团体。

能自存于世界,而这种能力唯有从研究科学方能得到。科学的应用虽然表现于许多物质上的发明,科学的本身却只是一种学术思想的系统,我们必须把科学的根本移植过来,方能使科学成为我们学术思想的出发点。第二个理由,是感觉人类进化必须由世界各民族各尽一部份〔分〕的责任,对于智识的总量各有一部份〔分〕增加。若只知利用他人的发明,而自已〔己〕无所贡献,便是放弃责任,对于当今文明民族不免愧对。我们中华民族文明首出,对于哲理文学美术等,久有独出的贡献,难道科学就甘居人后吗?从前中国所以没有科学,原因是不知科学方法,现在既得了方法,只有埋头热心去干,安知我们于科学不能有同样的成就呢?这是我们要组织学会以提倡科学的第二个理由。

中国科学社就在这样的动机下成立。它以格物致知利用厚生为目标,以联络同志研究学术为达到目的的涂〔途〕径,而尤其重要的是唤起一般人对于科学的认识,与提高同志学者研究的兴趣。为了第一个目的,我们在民国四年即发行了一种《科学》月刊,以发表研究论文及通俗的言论。目下此志已出到二十七卷,为国内最悠久的科学杂志。民国二十二年又出了一种《科学画报》,现在也出了八卷,这都是为普及科学的。为了第二个目的,我们在民国九年即成立一个科学图书馆,开始收集科学杂志图书。民国十一年成立生物研究所,由社内生物学专家实施研究,现在动植物论文专刊各十五卷,与国外学术机关千余处交换出版品。其他科学丛书、论文丛刊,也各出了数十册。至每届举行年会宣读的论文总计起来不下四五千篇。现在本社有社员二千余人,皆曾习专门科学的学者。分社有成都、重庆、北碚、乐山、贵阳、遵义、湄潭、昆明、桂林、上海、纽约等十余处。总办事处原设上海,自上海陷敌后,已移于北碚与生物研究所同处办公,这是中国科学社三十年历史的大概。

中国科学社自成立以来,即深得社会的赞助。我们记得初发起的时候,我们曾写信与在法国的蔡子民、李石曾、吴稚晖诸先生,蔡先生写回信来:"《科学》第一期以格理略①肖像居首可见深得正确科学本旨弟等极愿为张目"之语。美国大发明家爱迪生也把他的照像送与我们,并有贺科学已到中国的信。《科学》的第一、二期皆曾经再版,由此可见当时读书的热心。其后民国八年科学社在南京成贤街成立社所,其房屋乃江苏省捐给的,后又每月拨给经费数百元。兄弟回国后为科学社募集基金数万元,得各方赞助甚多。国民政府

---

① 格理略现译为伽利略。

成立后,曾拨给基金三十万元,成贤街房屋一所。后来中基会①成立,每年补助生物研究所数万元,以此在南京的生物研究所及上海的明复图书馆都改建成立,而书籍杂志仪器等亦陆续添置完成。因为有以上的种种赞助,科学社的事业得以次第进行,至今不辍。如其科学社同人的努力还有些少成就的话,一小部份〔分〕固由于社员的努力,一大部份〔分〕乃得于社会人士的赞助。这是我们要趁三十年纪念的机会向各界人士敬致谢忱的。

中国科学社同人三十年来的努力,是否于我国科学有相当的贡献,这只付之当世公论,我们不愿作主观的表示。我们所知道的只是科学社的社员曾有不少的人为科学而努力,数十年如一日。这如已故的胡明复先生杨杏佛先生(两个科学社的发起人)及现在的秉农山先生钱雨农先生杨允中先生,皆在社中主持研究,或服务社中在二十年以上,而科学社待遇的清苦是国内所共见共闻的,因为他们真能笃信好学,守死善道,故能从普通一般言,科学已成为共晓的名词,就另一方面言(如生物学)已为科学打下了不拔的基础,而尤其重要的是他们树立了研究的规模,使人知道要如何才成一个科学的学者,这一点在纪念科学社三十周年时是值得注意的。

三十年在一个人是成立的时期,科学社成立了这么久,但没甚么特别重要的成绩向大家报告,我们实感觉惭愧。现今世界科学的进步,正在飞尘绝驰,而我们国家需要科学比任何时期都迫切。我们希望社友们继续努力,并且加倍努力;社会人士对于科学事业继续赞助,并且加倍赞助;那末,第二个三十年必定比第一个三十年有更光明灿烂的表现,兄弟虽不是占星家,对于这一点似乎是可以预言。

以上是关于科学社三十周年的话。关于十一个学术团体联合年会,兄弟还想简单地说几句。

举行年会在年会的活动中是一件重要的事。这是因为现代的学术研究不是可以闭门造车,出门合辙,而必须互通声气,互相砥砺。所以研习同一科学的人们必须一年一度有一个机会来宣读论文,以交换新知,讨论疑义。这样不但可以提高研究的兴趣,也可以促速科学的进步。记得科学社成立的时候,在年会中宣读的论文不过数篇,但今年各学术团体提出的论文计有一百五十余篇,这可以表示即在艰难环境之中,我们的研究仍旧在继续进行。又

---

① 中基会即中华教育文化基金董事会的简称。

近年各学术团体开会,每提出当地的问题作为专题讨论,以期于当世有所贡献,今年我们仍拟照行。总之,我们希望到会的各会员尽量利用三天的会期,来讨论学术上或社会上与科学有关的问题,期于科学事业之发展有更进一步的功用,庶不负各方的招待与期望。

《科学》杂志刊载的任鸿隽致年会闭幕词①

闭幕词

(六日晚间,在撷英餐厅聚餐会)

——任鸿隽讲——郭挺章记——

各位社友,这一次科学社在成都举行三十周年纪念会,承党政军各界的协助,各位社员的努力,各科学团体的合作,尤其是筹备委员会一个月来的经营,才有这样收获,才有这次空前的盛况。我们在短短三天之中,举行了社务会,宣读了论文,并讨论许多重要问题。到今天参加聚餐的社友,有三百余人之多,济济一堂,为近来未有的盛会,这是值得我们兴奋和感谢的。

我们所感到美中不足的,是抗战期间,交通困难,科学社二千五百多名的社友不能一齐参加。但在这样困难的时候,仍旧有重庆、乐山等处几位社友赶来参加,可见各地社友的热心,从这几天来宾的演说与讨论的结果看来,可见科学的重要与特点,已经是在朝在野一般人士所澈〔彻〕底了解的。将来科学的发展应该不成问题,只要我们科学家继续努力而已。兄弟希望在下一次庆祝四十周年纪念会的时候,科学既已进步,国家亦早臻富强,我们所有全国的社友能聚首一堂。

今天大会就这样闭幕了,恭祝各位努力,各位健康。最后,我来领导大家三呼万岁:

1. 中华民国万岁!
2. 中国科学万岁!
3. 中国科学社万岁!

---

① 《科学》第廿八卷第一期(本社三十周年纪念会专号)(1945年7月补印)第15页。

《科学》杂志刊载的吴仿报道《中国科学社湄潭社友会年会及三十周年纪念大会》[①]

中国科学社湄潭社友会年会及三十周年纪念大会

吴 仿

三十二年十月二十五、六两日

二十五日,正式开会,会场假浙大文庙。是日,上午八至九时,社员报到缴费,九时半正式举行开会仪式。到会者有外宾李约瑟先生、毕鉴先生,湄潭各机关来宾及社友,共八十余人,会场布置颇为简洁。首由胡刚复社友致开会辞,大意谓:

"本届年会及三十周年纪念大会,原拟在总会所在地点举行,后因社友分散各处,交通困难,难于会集一处,改由各地分会分别举行。而年会之用意,在互相研讨学术问题,鼓励创作,以谋科学之改进。本社之内容本甚广泛,除纯粹科学外,对于社会科学,甚至文学,亦加探讨研究。总社原设上海,因战事关系迁至重庆,但尚有一部分在沪。本社工作除经常发行杂志刊物外,并着重学术上之研讨,即吾国先哲所云,'格物致知'之工作。此次年会,除本分会诸社友出席外,还有外宾亦即本社名誉社友李约瑟先生临莅指导,真是荣幸得很……"

次由竺藕舫社友报告社务,大意云:"中国科学社之创立系三十年前我国留美学生秉志、胡明复、任叔永诸先生在康乃尔大学发起组织。民国四年即发行杂志,名曰《科学》。该杂志仍在继续出版。民十一年成立生物研究所,作生物学之研究。该所在设立,全赖秉志先生之努力及诸社友捐助。生物图书颇为丰富,可谓全国之冠;而经费之来源,全仗学术机关及私人之资助,最近本社负责人在此经费困难之下犹努力不懈坚〔艰〕苦维持,此等精神实可钦佩。此外本社在上海所成立之明复图书馆,至今仍在维持;又原设立有科学印刷公私,发行丛书及刊物等。凡此皆为本社简略之情形。至于本社以后之改进,本人很希望能和美 A. A. A. S.（American Association for the Advancement of Science）、

[①] 《科学》第廿八卷第一期（本社三十周年纪念会专号）(1945 年 7 月补印) 第 51-53 页。

B.A.A.S.(British Association for the Advancement of Science)一样将范围扩大,包括一切的科学,组成一个扩大的推广的科学机关,真成一个C.A.A.S.,以谋科学上之改进。"

来宾李约瑟先生演辞:

"今天本人得参加这会非常欣愉。本人自去年与Dodd先生奉命来贵国担任学术上的联络工作,使中西学术上得着交流的效果,本人很希望与各国每个学术团体发生合作的关系。"

钱宝琮先生讲演中国古代数学发展之特点:

"中国科学之开始,与西洋希腊时代相当,西洋希腊160 BC Aharas Papyrous曾发明实用量地方法,后来至Plato及欧几里德时,又在数学上建立了理论之基础。不过范围很狭,只是在几何学方面。中国之数学与西洋不同。中国数学约始于墨子,因其中何对于圜平皆富有数学意义之解释。如圜——释曰同长也,平——释曰同高也。此即几学圆面的定义。后来到了惠施,对几何学之贡献更加扩张。惟自汉以后,却无人继续加以发扬,很是可惜。再从中国古代'田亩''赋税'制来看,其中即含有几何学之数学意义。中国古时礼乐射御书数六艺,数也包括在内。所以在秦汉以前,中国是早有数学,根据《史记》上之记载,在汉时有张苍者即晓数学,汉宣帝时,有耿寿昌亦能商功利;同时《汉书艺文志》亦有谈及算术者。其可考者,则为刘徽著之《九章算术》(363 AD),第一章方田,第二章粟米,第三章衰分,第四章少广(大约是步广),第五章商功,第六章均输——上六章均为解决实际问题之数学,第七章盈不足,第八章方数(即现时联立方数),第九章勾股(即代数角度问题),此三章专讲抽象之理论。现分开言之,如'方田'——专讲面积的,而代表之数是否为整数或所取单位如何,是不加讨论的。只说圆的面积等于$\frac{3}{4}D^2$,十二边形等于圆面积,三千四百万的面积等于3.141 6。照这种数学理论看来,刘徽之数学功绩比较西洋亚里士多德贡献要大得多。在汉以后,又有张邱建曾提出一百钱买一百只鸡(公鸡五个钱一只,小鸡一个钱三只)的问题,孙子亦提出'有一数,三个钱一数剩二钱,五个钱一数剩三钱,七个钱一数剩二个钱,问共有若干钱'的问题。祖冲之缀术问题,他用刘徽求圆周之方法推到3.141 625 5=|之方法。唐时王孝通著有《缉古算术》(其中有二十几个〔个〕问题)即解决三次方数式方法(而三次方数之发明为祖冲之)。而西洋联立三次方数之发明则在623AD,在唐朝以后。到宋元时我国数学亦时有进展,惟至明末年以前(约十七世纪初年)无历史的报告。最后我们要问中国数学之发展是受西洋影响抑中国影响西洋呢,则吾人须问,在

秦汉以前中国与西洋或西域或印度有无交通。在亚力山大时,欧亚交通,西洋文化是否传入中国。从数学史上看来及发展的特点观察,两者大不相同。所以两者并没有什么影响。至于中国与印度自汉以后曾发生接触,据考证之结果,印度是受中国之影响,在五世纪六世纪 Acyohata 及 Brahnagapt 之时,相当于我国南北朝时代,固然没有什么关系,但是从其算法上观之,却有许多不谋而同之处,如印度圆面积之算法(即 3.141 6)、勾股的算法、加减乘除的方法(即我国筹算法)皆与我国相同。由此可以证明中国影响印度。至于印度对于中国有无影响呢,那是有的,不过时间较迟耳,在隋唐时,印度亦曾有数学传至我国(如《开元占经》的记载 718.AB 以点代表空位)。但唐未采用,至宋时,才正式接受印度数学之方法,如中国用韵文歌诀之方法,即由印度而来的……"

下午二时半继续开会,陈鸿逵先生主席,由外宾李大斐女士(李约瑟夫人)讲演《肌肉运动之生理化学机构》,听众颇为踊跃。

三时半宣读论文(为物理学、化学、生物、数学等部分),至下午五时散会,晚六时由浙江大学招待社友晚餐。

二十六日:上午九时继续宣读论文(为物理、生物、农业等部分),由陈鸿逵先生主持。

十一时,社务会及改选社友会职员(原定本日十一时举行,后因宣读论文时间不及,致未举行),十二时社友大聚餐。

二时半原定举行座谈会,该会已于二十四晚提前举行,由李约瑟先生与会主持,李先生讲题为《中国与西洋科学发展之比较》。讲毕,开始讨论,席间有钱宝琮、竺藕舫、胡刚复、郑宗海、王琎诸先生提出若干问题,情况颇为热烈。

晚七时由竺藕舫先生讲演二十八宿之起源。竺先生演讲稿已登《思想与时代》三十四期。除社友出席外,旁听者甚为踊跃,至九时半闭会。

《科学》杂志报道《本社三十周年会大会各地分会开会简报》[①]

本社三十周年会大会各地分会开会简报

本社三十周年纪念大会,以抗战时期交通不便,已于前年大会中,议决各地分别举行,

[①] 《科学》第廿八卷第一期(本社三十周年纪念会专号)(1945 年 7 月补印)第 83-85 页。

而以成都之会,为总社全国性之年会,由社长任鸿隽及总干事卢于道两君赶蓉筹措,于去年十一月四日至六日举行,详情已见去年本刊第十二期。此外计昆明分会于去年十月十四日晨开幕,十五日晚闭会,联合其他七科学团体共同举行为八科学团体年会,到会者二百六十八人,论文一百一十篇,为昆明学术界之盛大集会;湄潭分会,亦于去年十月二十五、六两日举行年会,适值本社名誉社友李约瑟博士夫妇(Prof. J. Needham and Mrs. D. Needham)赶到莅会,年会空气,益形活跃,到会者一百余人,宣读论文七十余篇,李约瑟夫人亦有论文在会中宣读,会后继以座谈会,为贵州省难得之盛举;事后李约瑟氏返英述职,颇称道浙大学术研究之励进,谓可以媲美牛津剑桥而无愧;北碚区年会于十二月二十五日,与中国西部科学院之博物馆开幕典礼同时举行,连成都年会,盖已有四处举行。本期本刊为成都年会专号,关于其他三处年会情形,仅能转录各地来函作为简略报告,详细情形,容后续载。

(一)昆明来鸿:八科学团体年会,于十月十四日晨开幕,十五日晚闭会,结果圆满。大会推龙主席为名誉会长,大会主席由梅祖涵先生担任。前承总社寄来之英科学会来电曾请梅校长在大会前宣读。昨日闭会前,大会中又提议由年会致英科学会复电。第一次大会中请周仁先生报告本社三十年来之略史,以资纪念。全会所到人员约二百余人。昨日第二次大会中有人提议组织昆明科学联合会,并拟组织国防技术促进会昆明分会等等。(沈嘉瑞)

(二)湄潭来鸿:年会于十月廿五廿六两日举行,李约瑟之座谈会提前于廿四日夜间举行,所讲为中国科学史,意谓中国古代哲人不乏科学思想,吾人均知化学原于炼金术,而炼金术即昉于中国。然科学在中国卒以不振者,原因甚多。中国为大陆国,重农不重商,而儒家思想重在应付人事,亦不利于对自然之研讨。继之而讨论或发问者有竺可桢、郑宗海、王琎、胡刚复等,兴会甚高,以为时已迟,宣告散会。翌日晨间大会,由社友会胡刚复会长主席,竺可桢社友报告社务,略述科学社发起宗旨及社员三十年来艰苦奋斗之情形,并谓将来不妨与性质相同之科学团体相合作而为中国科学协进会(Chinese Association for the Advancement of Science, C. A. A. S.)如葛拉普教授十余年前所期望者,于是而有A.B.C.(美中英三国)A. A. S.。李约瑟陈述中英科学合作馆之宗旨与展望,钱宝琮讲中国古代数学史,新来中国之剑桥大学教授毕铿博士(Lawrence E. R. Picken)时亦与会旁听,毕亦深谙华文者也。是日下午及二十六日上午宣读论文约七十篇;李约瑟夫人(Dr. Dorothy Needham)亦在会中宣读关于肌肉发展之研究论文一篇。除此文外,皆浙江大学教授讲师及研究生之学术研究报告。廿五晚间应浙江大学竺校长之约宴,夜间竺先生讲中国二十八宿之起源(原文载《思想与时代》月刊第三十四期),廿六中午聚餐。李约瑟对论文极感兴趣,将由渠携去不少篇幅转交英美发表云。论文组由陈鸿逵社友主持,提要与目录当于整理后寄奉。(郑宗海)

(三)北碚简报:北碚区年会暨中国西部科学博物馆典礼并合举行,十二月二十五日清晨八时,借中央地质调查所礼堂宣读论文,由伍献文博士主持,收到论文二十七篇,而以时间不敷分配,仅读洪式闾、钱崇澍、童第周、薛芬、赵九章、林超、朱□七篇。听众二百人,已感拥挤不足容纳,本社董事长翁文灏博士、理事长任鸿隽教授、总干事卢于道博士及中央研究院各所长及附近学术机关之社友三四百人,咸来赴会。十时举行三十周年大会及开馆典礼,首由翁会长致开会辞,谓十余年前随社友来此赴年会,受卢作孚先生之招待,卢氏已有设立博物馆之意,尔时即成立西部科学院,去年年会又有博物馆之建议,卢氏努力经营,战事期间,亦竟告成功,有志者事竟成,甚佩卢先生之精神。然博物馆今日之能成立,亦有其时代背境〔景〕,于是上溯明末,下迄现世,以为端赖实业家之维护,希望继卢氏而后不乏若美国卡内基、史密斯、梅隆……其人云。以后有丁燮林、赵连芳、任鸿隽诸氏继之发言,当场通过中国科学社宣言。午飨由西部科学馆招待,饭后在兼善公寓草坪上开社友会,并请列克(D. Reck)演讲工业标准化,演讲毕后又通过议案两起,选举社友会理事九人;晚饭由北碚各机关公宴,夜间由北碚管理局招待,放映时事电影,十时后散会。

25. 第二十五届(次)年会(七科学团体联合年会)(1947年8—9月,上海)

《社友》报刊载的《七科学团体联合年会职员录》[①]

七科学团体联合年会职员录

参加团体：中国科学社

　　　　　中华自然科学社

　　　　　中国天文学会

　　　　　中国气象学会

　　　　　中国地理学会

　　　　　中国动物学会

　　　　　中国解剖学会

名誉会长：朱家骅　吴国桢

主 席 团：任鸿隽　朱章赓　李珩

　　　　　竺可桢　胡焕镛　王家楫

　　　　　卢于道

总务委员会：卢于道(召集人)

　　　　　赵曾珏　王家楫　裘维裕

　　　　　刘　咸　杨肇燫　吴学周

　　　　　杨孝述　周　仁　方子卫

　　　　　张昌绍　施汝为　于诗鸢

　　　　　李国鼎　吴有荣　唐世凤

---

① 《社友》第七十五期(年会专号)(1947年8月30日发行)第1页。

　　　　　　陈遵妫　胡焕镛　任美锷

　　　　　　郑子政　王有琪　陈荻帆

讲演委员会：刘　咸(召集人)

　　　　　　朱经农　任鸿隽　萨本栋

　　　　　　竺可桢　顾毓琇　潘承圻

　　　　　　何尚平　周绍濂

招待委员会：李熙谋(召集人)

　　　　　　赵曾珏　谷镜汧　茅以升

　　　　　　曹惠群　章元善　张惠康

　　　　　　吴仲仪　闵淑芬　张万久

　　　　　　陆幹臣　吴沈钇　黄克勤

　　　　　　章名涛　王总善　张　维

　　　　　　王　克　王　光

论文委员会：伍献文(召集人)

　　　　　　吴学周　张孟闻　陆禹言

　　　　　　裘维裕　钱崇澍　黄厦千

　　　　　　朱物华　周同庆　李　珩

　　　　　　秉　志　朱言钧　邓叔群

　　　　　　洪式闾

会闻委员会：林　恂(召集人)

　　　　　　张孟闻　于诗鸢　赵　元

中国自制仪器展览委员会：杨孝述(召集人)

　　　　　　张季言　周榕仙　赵　元

　　　　　　陆仁和　方子卫

中国科学刊物展览委员会：张孟闻(召集人)

　　　　　　裘维裕　曹梁厦　张昌绍

　　　　　　朱言钧　潘德孚

《社友》报刊载的王迪纲报道《七科学团体联合年会纪盛》①

七科学团体联合年会纪盛

王迪纲

编者按：王君此文，限于篇幅，略为删节，为符事实，稍作补充，借为到会社友留念，为未到会社友卧游焉。

复员后第一次的中国七科学团体联合年会，以中国科学社为基地，经过一个多月的筹备，于八月卅日在上海国立中央研究院大礼堂举行隆重揭幕礼。

联合年会七单位的会员总数逾四千人，遍布国内外，这次在上海举行，在上海的社友参加者最为踊跃，京杭等地的社友也不少。总数共计三百五十七人。会期三天，初秋的季节仍带着夏日的炎热，但一向缜密冷静的科学家，在这短短的三天里，却充满了兴奋热烈的情绪。他们的任务是艰巨的，因为他们要替战后的祖国弥补沉重的疮痍，同时也要替新中国的复兴事业，播下新的种子。

八月卅日上午，在全国科学的最高研究机关中央研究院大礼堂展开中国科学史上崭新而灿烂的一页。大会主席团由七科学团体的负责人所产生。中国科学社任鸿隽、中华自然科学社朱章赓、中国天文学会高平子、中国气象学会竺可桢、中国地理学会胡焕庸、中国动物学会王家揖〔楫〕、中国解剖学会卢于道等七位是大会的核心人物。任鸿隽代表主席团致开会辞，他指出这次联合年会是复员以来科学界的创举，同时阐明大会的主题在讨论如何发展科学教育及对世界原子能的主张。任先生的态度庄严，言语沉着，使大会的空气始终保持融洽的精神。七科学团体总代表资源委员会委员长翁文灏致词语重心长，他报告历次参加国际间重要年会的经过，如数家珍，并证明研究科学和政治并无关系，然有时亦不无关系。他的结论是科学应克服环境追求真理。科学推广要出浅入深，收效必宏。科学发明应该公开秘密，共维国际信义，因此他主张集中全国科学界的著作发明，进谋国际的交流，以完成联合年会之使命。

---

① 《社友》第七十六、七十七期合刊(年会纪事号)(1947年10月15日发行)第3－6页。

大会的主要讲演是浙大校长竺可桢的《科学与和平》。竺校长新自海外考察归国，与英国物理学权威裴尔纳教授（Prof. J. B. Bernal）会晤过，同时和许多国外著名的学者交换过意见，他郑重提出国防科学并不能代表科学的真谛。科学的任务与使命应该是对人类和平的建立力谋贡献。科学对和平已尽了增加生产、改良卫生、发展交通和推广宣传等方面的责任，但经过第二次世界大战惨酷的教训，证明科学家的功罪参半，今后科学家对人类的迫切任务除了继续扩展科学研究的领域外，尤其要普及科学教育。科学知识的普遍乃是人类和平的关键。

礼毕全体摄影，新闻记者趁时摄下这个珍贵的镜头。

七科学团体联合年会开幕典礼合像
（上海市档案馆藏档，档号 Q 546-1-280）

中午由中央研究院、教育部、交通、复旦、同济、大同四大学及中国科学促进会在国际饭店十四楼公宴，公用局赵曾珏局长、上海交通公司王总善主任及两路局工务处张万久处长对会员的交通问题尽了极大的帮助，几辆大客车插上白色的三角旗，在平滑的柏油路上鱼贯而驰，使这一群在科学岗位上工作的会员成为大上海的宠客。复大校长章益致词，音调宏亮，抑扬有致。天文学会高平子致答，纯笃的学者态度，文质彬彬。会员俯眺上海全景，新中国科学建设的计划在他们脑际中，酝酿着隐现着。客席上摆着精致的菜单，有不少社友用它作临时的纪念册，请名学者留下亲笔的签字。

午后各学会在枫林桥国立上海医学院的礼堂和教室里分别召开事务会议，中国科学社底事务会议由任鸿隽主持，报告年来的社务复兴的概况和计划，总干事卢于道报告总办事处及图书馆情形，又谈到生物研究所房屋、图书、仪器的重大的抗战损失为之痛心，上海陕西南路的总社和图书馆赖战时上海社友和留杜人员的苦心维护，替这个悠久的科学机关保留住它的基础为之欣慰。现在虽然经济欠裕，但复员一年多已把战前八百种国际交换的书报杂志力谋恢复，又设法和国外各学术团体取得联系。一年来已添置了许多著名的国外科学刊物，最近并向英美订购了一千余种最新科学书籍，和一批实验仪器。生物研究所间关运出得以保全的几十箱珍贵标本，现在暂存上海总社。卢氏为科学社的事业热诚奔走，嬴〔赢〕得了社友们一致的同情和赞佩。张孟闻主编《科学》，杨孝述主持《科学画报》，不仅领导了国内的科学刊物，而且获得国际上的赞誉。这两种刊物的发行，一直不曾因战争而停顿，这说明了科学工作者的刚毅奋斗的精神，百折不挠地在科学推广事业上自强不息。钱崇澍报告会计部门，不啻替我们贫瘠的经济面描绘出一副病痛的影子，而科学社"风雨不动安如山"的事业格外显出它底坚苦卓绝来。科学社今年又创设了中国射电实验所，由无线电专家方子卫主持其事，在短短的三阅月中，它已经设立了一座电台，它显然将负起中国科学通讯的重要任务。方氏还写了一个书面报告，提供了研究和推广的具体计划。社友们静穆地听取各项工作施政的报告，从温和的笑容里衬托出他们对"科学之家"的爱护和希冀。

在社务会议进行的时候，由年会主办的科学讲演也同时展开工作，顾毓琇在中国科学社主讲《科学与文化》，沈克非在上海医学院主讲《医学院的使命》。讲词另在《科学》上专刊发表。

黄昏给大地带来了疎疎〔簌簌〕的凉意，大会全体会员趁〔乘〕车赴上海吴市长国桢的晚宴，吴氏作简短的欢迎辞，却包含着深厚熟诚的意义。我们由中华自然科学社王之卓致谢词，整天很热，但丰富的晚餐中颇多社友赖啤酒和香蕉，一却暑气。夜上海的霓虹灯闪耀着，像是向我们祝福晚安。

八月卅一日上午八时开始各学会论文宣读，中国科学社、中国科学公司、中华自然科学社分赠各社友一份刊物。《科学世界》底〔的〕原子核专号内容丰富，引起社友们高度的注意和兴趣。各学会论文宣读排在八月卅一日和九月一日两个上午，其中以动物学会的论文最丰，论文委员会主席伍献文前夕挥汗监印的论文目录，尤觉劳苦功高。大会中没有

"人浮于事"的现象,每个社友和工作人员都合谱着"汗"与"力"的交响曲。中国地理学会也提出了许多精博的论文,而且对于科学教育的建议也拟具了许多有价值的方案。因为各学会同时举行论文宣读,记者无法分身去聆听多方的宏论,但想像〔象〕着两年来各领域中的科学家们孜孜不倦用心血绞脑汁从事研究和发明,我们只有祈祷多难的祖国早日安定,祝福科学家们为祖国珍重,更对他们的伟大的工作表示崇高的敬礼!

中午在八仙桥青年会应上海出版界商务、中华、正中三大公司的邀宴,朱经农是教育界的先进,又是出版界的巨子,他大声呼吁科学家和出版界加深密切的联系,迎头赶上英美,使我们深切感觉到中国教育的推广事业在目前真是一宗迫切的任务,在扩音机中时常听到他说"请上坐罢!"接上一阵和蔼的笑声,使大家都深感到主人的殷勤。气象学会竺可桢致谢辞,他说英国剑桥图书馆收藏了许多太平天国时代的珍贵史料,法国巴黎大学也收藏了不少中国古版书,而美国的国会图书馆(Congress Liberay)①更是收藏中国书籍特富,几达廿万册,《永乐大典》在中国已成了残阙的国粹,但在国外反可得窥全豹。国内各大学的藏书还远逊于外国,如果这样下去,将来连研究国学恐怕也要渡海了。这篇谈话真令人怵目惊心。

午后中华自然科学社在中央研究院举行廿周年纪念大会,并放映科学电影助兴。其他学会的社友则齐集中国科学社参加专题讨论,一为改进我国教育之途径,一为原子能与和平。由北平研究院物理研究所所长严济慈及前大同大学校长曹惠群分任主席,讨论坦直热烈,任鸿隽、卢于道、陆禹言、丁绪宝、石延汉、刘咸诸氏相继发言,由张孟闻记录,上海社友会与中国科学公司并备有茗点招待,在讨论会中各社友并得到许多赠刊,如《电世界》《科学时代》《台湾省气象局工作报告》《中央水利实验处概况》等。社友经三小时的热烈讨论,得到几点重要结论,关于原子能与和平一题之结论,有四点:(一)原子能应用于和平建设方面;(二)国家应注重基本科学,并加强原子能的研究;(三)科学家应具正义感,对社会、国家乃至人类有正义感及道德责任与社会意识。关于改进我国科学教育之途径,一般意见认为设备不够,研究人员待遇太低,今后之基本教育应与科学教育配合。另有具体意见数项,建议政府采纳,至七时散会。同日下午四时秉志在国立机专主讲《生命的途

———————
① Congress Liberay 应为 Congress Library。

径》,指出人类的进步的要素在于勇敢、合作,与建立合理的人性。秉氏是中国动物学界的泰斗,道德文章,允称中国之赫胥黎。

晚间七时以后,车子带我们进入优美的两路局游泳池畔,由资源委员会及交通部邀宴,池畔一碧如茵的草坪上,排着长长的坐席,秋月一丸,沉浸在静静的池波中,池畔还有两盏照明灯,池中的倒影,有人说是三潭印月,我们却说是三月印潭,因为除月亮之外,还有两盏很大的电灯。除了丰盛的晚餐外,每人还得到一册《京沪周刊》,清凉的晚风里,舒适的感觉使我们陶醉在大自然的怀抱。餐席排得疏密有序,但陈伯庄的欢迎词、翁文灏的演说词和地理学会胡焕庸的答词,坐远一些的社友们不能全部聆听到。这两天来卢于道热心担任广播工作,亦庄亦谐,为大会生色不少。在游泳池畔,没有扩音器,但他雄浑的音调,布及全场,我们一方面觉得他太辛劳,一方面不禁击节赞扬一句"要得!"。

两路局在欢别时更周到地增派专车运送各会员归去,使我们忘记这一顿晚餐吃得如此遥远。

九月一日上午继续论文宣读,但中午是三日来最自由活动的时候,许多会员趁此时纷纷来中国科学社参观年会主办的中国科学期刊展览会及中国自制仪器展览会,内容非常精彩,尤其中国西部博物馆图片乘飞机赶来最为难得。从这个展览会中,我们可以看出中国科学出版的历史的轨迹。全部收集约五百种,自然不能包括全部中国科学刊物,但张孟闻费了两星期的筹划,已经蔚然大观了。中国自制仪器展览会,由上海大华科学仪器公司、中央玻璃厂、星星工业社、中国科学公司等供给展览品,轻型的仪器制造在中国已能出产,瞻念着工业化的前途,我们对它寄以热切的期望。杨孝述是仪器展览会的筹备者,从这个展览会中,我们似乎看到中国仪器制造事业的缩影,有希望而更祝颂它的进步与成功!

午后中国科学社在上海医学院先召开了第二次事务会议,议决修改科学社西文命名为 The Chinese Association for the Advancement of Science,简称 C.A.A.S.,这是和美国的 A.A.A.S. 及英国的 B.A.A.S. 相应,俾国际科学的交换的事业上赖以利便。中文名称仍保留悠久的历史命名。其他议案另条详载。本届理事会又增选了十三位理事、五位候补理事,不啻是社务扩展的先声。

三时起各学会举行联合事务会议,决议也见另条。

午后三时另在青年会礼堂由张其昀主讲《忧患的中国》,他冒暑由杭州来给我国严重的边疆问题作精湛的分析,实为建国大业中一个主要课题。

大会的全部大事至此宣告圆满结束,它替科学界树立了一块里程碑,也替科学界提供了新任务。它将使中国科学化工业化的建国大业的重任确实落上他们的双肩;为祖国的复兴吹起黎明的号角,并为世界和平的创造举起正义的大纛。走出会场,扬溢着欣慰的情绪,欢赴全国银联会、全国商联会、全国工商协会、全国轮联会、全国保险业联会、全国进出贸易协会等团体在中央银行俱乐部举行的鸡尾酒会。颜惠庆首先致辞,他是外交界的前辈,现在主持进出口贸易的事业;王晓籁是商界的名宿,都给予科学工作者以热切的慰勉。中国动物学会王家揖〔楫〕代表全体致谢词,重述科学家今日应有的抱负。中国医药学杂志社赠阅了两册医药学期刊,极见高情。

七时接着是年会宴,预先只准备三百张餐券,社友们很多携眷或邀集友好前来参加。任鸿隽致临别辞,使我们不胜其依依之感。继由卢于道宣读七科学团体联合年会致英国科学协进会(British Association for the Advancement of Science)自八月廿七日至九月二日在苏格兰登地①聚集科学家三千人举行年会之贺电,并由方子卫负责由中国无线电实验所CH—CR电台向登地广播。这是中英科学家的共鸣,也是中英科学工作者携手的前奏曲,学界领袖如浙大校长竺可桢、厦大校长汪德耀、正大校长林一民都特来参与盛会。卢于道并主持余兴,有汤小姐的纲〔钢〕琴独奏《黄昏舞曲》及何小姐的女高音独唱,另聘有几位苏联籍乐师伴奏古典乐。十一时敲过,大家尽欢而散了,车声奏向惜别的征途,数百社友叮咛道别。

这次联合年会替科学界获得丰实的秋收,同时更在新科学的园地中播种了事业的幼苗,检讨过去,策励将来,我们共同怀抱着希望与信心,愿时代的巨轮到明年带我们重新欢聚在台湾、海南岛或西沙群岛。愿忧患的中国在科学家的双手下剥去它霉烂的痂壳,更愿新生中的中国为科学家创造和平优美的乐园。是的,三天也许太短了,它替我们留下无穷的憧憬与期望;三天也许不短,因为它已经使科学工作者坚强地携手团结,共谋祖国的复兴,共进世界于和平。

三十六年九月二日于中国科学社

---

① 登地(Dundee)现译邓迪,或译敦提。

《科学》杂志刊载的任鸿隽专稿《七科学团体联合年会的意义》①

七科学团体联合年会的意义

任鸿隽

本年八月三十日至九月一日中国科学社与中华自然科学社、中国天文学会、中国气象学会、中国地理学会、中国动物学会、中国解剖学会等七个研究科学的团体,将在上海举行联合年会。这种事在我国科学发展的过程上有甚么意义?现在请略陈我们的一点感想。

第一,中国科学社是我国最老的科学团体的一个。它有三十三年的历史,本年的年会,是它的第二十五届。它在抗战期间,和其他的学术团体一样,经过敌人炮火的摧残,经过流离迁徙的痛苦。现在抗战胜利结束了,它能收合余烬,把从前的学术事业整顿起来。此刻回到老家所在,集合新旧同志,来商量旧学,启发新知,图谋将来科学的发展。这种不懈益励的精神,即我国学术复兴的保证。此其一。

第二,此次联合开会各团体,除了中国科学社已经在上面略为说明外,大都皆有甚久的历史,如中华自然科学社、天文学会、气象学会、动物学会、地理学会是,而解剖学会则正在组织成立之中。我们回溯近年的年会历史,可以说每次科学年会,都有旧的学术团体参加,新的学术团体发生。这可见我们的科学发展已经到了甚高的分工程度;同时大家对于科学问题,不论是普通的、专门的,一样予以深切注意。这当然是科学发展的好现象。此其二。

第三,研究科学和其他文艺哲学有一个不同之点。即其他学术,可以闭门造车,出门而求合辙。科学必须群策群力,通力合作,而后容易收到结果。这是因为科学的范围甚大,真理的发见〔现〕无穷。科学家必须把他新发见〔现〕的智识,迅速地传播于同学同志之间,使其得以解决疑难,激扬兴趣,而新的研究问题又以发生。所以十七世纪初年盖理略的林舍学院,及十七世纪中叶英国的哲学院或看不见的学院(Invisible College),皆是帮助科学发展的重要组织。英国的看不见的学院,后来即成为皇家学会(Royal Society),它对

---

① 《科学》第二十九卷第九期(1947年9月出版)第257–258页。

于科学的贡献,是尽人皆知的。盖学术理想的自由流通,乃科学发达的必要条件。历史上此类之例,不胜枚举。如牛顿重力学说的成功,得力于惠根士(Huygens)、哈列(Halley)诸人关于圆运动的讨论,达尔文的物竞天择学说,乃启发于马尔萨斯的人口论。学术理想交通的工具,不外两种,一是刊物,一是集会。各学术团体之有年会,正是学术交通的重要组织。我们对于此次聚会的各学术团体。不但钦佩其已往的努力,更将期待其将来贡献。此其三。

以上系就科学家的组织言。说到科学家本身,我们便不容许十分乐观。先说科学家的数量。据巴克斯台的《科学家与时间竞争》书中说,1941年,美国有物理学家6 800人,化学家60 000人,化学工程师3 400人,电机工师57 800人,放射学工师2 500人,数学家5 500人。这些大约是就有关战时工业者而言。其他科目,虽未言及,亦可推向其大概。至于学会会员,动以万计。如美国科学协进会(American Association for the Advancement of Science)会员三万余人,化学会会员一万余人。我国全国科学人数恐尚不及万人,此就教育部发表之全国教授总数可以见之。据民国三十四年教育部统计,全国大学及独立学院教授为九千余人。设其中半数为科学教授,亦不过五千人。其他机关之科学家则更寥寥可数。故我国科学家的总数,必不满一万人。其次谈到质。人家已经在制造原子弹,而我们尚没有看到一付原子冲击器。人家已经在利用雷达,而我们尚未看见几付放射短波器。人家在用化学方法合成橡胶与奎宁,我们没有几个化学实验室可以供研究者的实验。所以我们的科学家,即使数量如人,而程度的落后是无可否认的。这样,要想使中国思想科学化,中国生活现代化,能乎不能? 这是我们说到科学前途,不能不唤起国人注意的一点。

也许有人说,我国科学设备不够,固为不可否认的事实。但有些科学,并不需要精美的仪器设备,也可以进行研究。如地理学、动物学,就属于这一类。关于这一点,我们要指出的,乃是此类科学仍需要大量的图书设备与旅行采集等费。这使我们想到发展科学的经费问题。科学研究和教育事业都是一种投资。有投下资本而收不到利益者矣,未有不投资本而妄意收获者也。再举一个外国的例来比较。据英国裴纳尔教授①的《科学的社会

---

① 裴纳尔教授即下文提到的裴尔纳教授(Prof. J. B. Bernal)。

机能》书中说,战前欧美各国的科学研究费,英国为四百万磅〔镑〕,约等于国家收入千分之一;美国为三万万美金,约等于国家收入千分之六;苏联为三千六百万英磅〔镑〕,约等于国家收入千分之八;德国的科学研究费约与美国相等。战后美国的国会,且有特设科学研究基金的提议。这些都表示世界强国知道科学是他们致强的基础,故国家对于科学研究认为一种重要事业。战前我国的科学研究费合在教育文化事业经费之内,共占国家预算百分之四或五。纯粹科学研究经费能占国家收入的几分之几恐怕只有天知道。这样,要想把科学发展起来与世界列强并驾齐驱,岂不等于痴人说梦?这是我们要趁科学团体开会的时期,唤起国人注意的又一点。

战争结束之后,世界大势在急遽转变之中。科学也随世界大势的转变而愈增其重要性。读者幸勿误会我所说的重要性,是因为预备第三次世界大战,要靠了科学来发明超乎原子弹的武器;而是因为要增加生产,解决经济困难,提高生活水准,也非科学不为功。我们的科学家,在艰难环境中坚贞卓绝地奋斗,我相信,除了希望发明自然界的真理以为人类谋福利外,别无其他自私自利的目的。要如何使科学的任务得以顺利进行,使国家与人类并受其福,却是社会的责任。我们趁各科学团体开会的机会,阐明此点,愿与社会人士共勉之。

《科学》杂志刊载的《七科学团体联合年会宣言》[①]

七科学团体联合年会宣言

此次中国科学社、中华自然科学社、中国天文学会、中国气象学会、中国地理学会、中国动物学会及中国解剖学会等七科学团体,在上海举行联合年会,全体到会会员,对于国际间原子能研究及国内科学研究问题,愿提供下列之意见。

(一)原子能问题:吾人以为科学研究,应以增进人类福利为目的,原子能之研究亦非例外。原子核可以分裂之发现,适值民主国家与独裁国家进行生死奋斗之时,科学家乃将原子能用之于战争武器;原子能之不幸,亦科学研究之不幸也。今大战既已告终,民主国

---

① 《科学》第二十九卷第十期(联合年会专号)(1947年10月出版)第291页。另见《社友》第七十六、七十七期合刊(年会纪事号)(1947年10月15日发行)第1页。

家正在努力合作，吾人主张此种研究，应为公开的、自由的，向世界和平及人类福利之前途迈进；不愿见此可为人类造福之发明作成残酷之武器，更不愿见以原子能武器竞赛或保守原子弹制造秘密之故，而破坏民主国家之团结或危及科学研究之自由。为此，吾人对于爱因斯坦教授所倡导之原子能教育委员会，及美国原子科学家所组织之同盟，愿予以支持。

（二）国内科学研究问题：我国人民处原子能时代，仍在饥饿线上挣扎，其原因之一，乃由于科学落后。盖科学发达之意义，原为提高人民之生活水准，其提高之程度应与科学发达之程度成正比例。国人以往对于基本科学既未重视，一旦进入原子能时代，乃遑遑然欲输入一二有关原子能研究之仪器，与当时科学先进国家并驾齐驱，是诚不可能之事。吾人以为欲谋我国科学之发展，宜从根本上着手，如科学教育之图书仪器应予以充实，实行研究及教育人才之科学家生活宜予以保障；尤要者科学事业宜有确定之经费与长久之计划，不可如三峡水利工程之旋办旋止，庶几提倡科学不至如曩昔之船炮政策，徒供世界人士之讪笑，而科学乃可成为我建国利民之重要因素。

以上为此次七科学团体全体会员之共同意见，特宣言如右，祈社会人士垂詧焉。

《科学》杂志刊载的任鸿隽致七科学团体联合年会开会词[①]

七科学团体联合年会开会词

任鸿隽

今天中国科学社、中华自然科学社、中国天文学会、中国气象学会、中国地理学会、中国动物学会、中国解剖学会等七科学团体在此开联合年会，承各位来宾光临，我们不胜荣幸。参加此次年会的各学术团体，除了一个新成立的外，都有很长久的历史。又每一个团体都有极可贵的成绩在各专门学术上表见。今天能在此联合举行年会，我们觉得是最有意义的事体。第一，先说年会。我们晓得学术团体的举行年会，原非平常欢聚游宴，而是在学术发展上有此需要。盖学术研究，须学者能自由发表意见，交换所得的结果，而后能彼此启发，促成学术的进步。发表结果的方法有二：一是杂志，一是开会时宣读论文。而

---

① 《科学》第二十九卷第十期（联合年会专号）（1947年10月出版）第294页。

论文宣读尤为重要,因在开会时可以互相讨论。所以世界上的学会,都把开年会看作一件重大事体。我们的各学术团体,在抗战期间,虽然也有在内地的艰苦环境中举行年会,但战争结束后,因为复员的种种困难,此次举行年会尚是第一次。这可以表示抗战以后,我们的各学术团体已经恢复他们以前的工作,重新致力于学术的贡献,是极可庆慰。第二,此次年会我们收到的论文有一百五六十篇之多,其中定【有】不少重要的发明要公诸当世,同时也希望到会的同人尽量参加讨论。第三,我们趁这个开会的机会,举办了两个展览:一个是科学书籍杂志展览,一个是我国自制科学仪器的展览。科学刊物展览,是由科学期刊协会参加举办的。搜集的书籍,上及明代徐家汇天文台出版的天算书籍,下至清末江南制造厂格致各书,皆颇难得。至于近今各学会书局出版的书籍杂志,更是搜罗靡遗,值得我们浏览一番。关于我国自制科学仪器展览,参加的有十余家。我们参观后,可以晓得我们科学仪器的制造到了甚么程度,可为我们研究科学及教授科学的同人一种重要的参考。这两种展览,皆陈列在陕西南路中国科学社明复图书馆的楼上,希望到会的同人及会外来宾都能抽暇前往参观指教,不要失了这个机会。最后,也是最重要的,是我们依照历届的成例,在年会中间,有一个讨论专题的联合大会。此次的题目,就我所知道的,有《原子能与世界和平》及《发展我国的科学教育》。这两个题目,一是关系世界,一是针对我国的,都非常重要。希望在会中得到一个有价值的结论以为当世贡献。今天我们要先听来宾的指教,本人的报告就此为止。

《科学》杂志报道《七科学团体联合年会》①

七科学团体联合年会

本社与中华自然科学社、中国天文学会、气象学会、地理学会、动物学会、解剖学会七团体之联合年会,已于 8 月 30【日】起至 9 月 1 日止,假中央研究院上海办事处及上海医学院与本社三处举行。8 月 29 日开始报到注册,除本社外,分设报到处于江湾复旦大学、上海医学院及中央研究院动物研究所三处。8 月 30 日上午九时,在岳阳路中央研究院上海

---

① 《科学》第二十九卷第十期(联合年会专号)(1947 年 10 月出版)第 310-313 页。

办事处之大礼堂开幕,到会社友来宾四百余人,签名者262人,注册者357人。名誉会长朱家骅、吴国桢因公未到,由教部司长周鸿经及地政局长祝平分别参加。以七团体主持人任鸿隽、竺可桢、朱章赓、陈遵妫、胡焕庸、王家楫、卢于道任主席团,推任鸿隽主持开会。当由任氏致开会词(词见本期p.294),次宣读各方致贺函电,计有南京朱家骅部长及社友朱其清自美国发来电报两通,英国文化协会科学组、中国科学促进会、中国科学工作者协会、世界科学社、中华化学工业社、中央地质调查所、中国西部博物馆、国立北平师范学院、国立上海医学院、私立辽宁医学院快邮代电十件,又美国科学家联盟来函乙件。市社会局副局长李剑华代表社会部致词后,即由翁文灏代表七团体演讲科学团体举行年会之意义,略谓:1937年顷,在欧洲旅行,预会各国科学团体盛会。在伦敦之地质学会成立已逾二百年,持与今日开会之最老年历之中国科学社三十三年者相比,所差极远。有一意籍学者宣读论文,曾特别提起北京猿人之发见〔现〕与其数量丰富之粗制石器。论文宣读完竟后,即由著名专家对众宣讲。此等公开演讲极关重要,不少科学界名宿即借此启发而进研成功。譬如法勒第(M. Faraday)即由屡次听兑维(Humphy Davy①)之公开演讲而启发,每次听讲皆有扎〔札〕记,因得兑维之赏识录用,卒成头等学者。可见公开演讲亦极重要。在法国时亦曾参加地质学会,感觉所宣读之论文太多,材料虽丰,而时间太少,缺少讨论之机会。法国学士院亦曾见邀与会,颇异彼邦人士之会场秩序,尔日有人宣读动物学论文,而高年学者,大声聚谈,置若罔闻。在德国之赫勒自然学院,历时已百有余年,赴会之日,适荷被选为名誉会员。计国人被选者三人,即吴有训、吴宪与本人。按例,每一会员应送去著作全套。凡此诸国,其学会经历皇朝兴革数次,而事业继续不衰,不因政治势力或思想变动而中辍。盖科学研究但问真理,固可不计外事也。此在苏联亦然。苏联研究院早成立于沙皇时代,共产革命成功以来,于其百年纪念,举行盛大典礼,尔时适逢其会,亲见其盛。虽政治思想迥变而科学事业长续勿衰。从世界科学进步之历史以观,可得几个概念:第一,科学工作及其研究机关,惟真理是求,必须长期努力;第二,科学家探寻真理,提高整个人类知识,凡有发明,应公开于众而不守秘密;第三,科学家探寻真理,须重视互相讨论批评以求进步;第四,科学团体于专家讨论及公开演讲之外,兼为集合全国学者之重大贡献集

---

① Humphy Davy 应为 Humphry Davy。

中出版之处,庶几使世界学者参考阅读,大增利便。翁氏词毕,继之竺可桢博士之大会主要演讲,题为《科学与和平》(词见本期 p.289)。至十二时许始毕。全体在礼堂外之大门内院摄影后即往国际饭店十四层楼应教育部、中央研究院、中国科学促进会、复旦大学、交通大学、大同大学、同济大学七团体之联合公宴。席间由复旦校长章益代表致欢迎词,气象学会竺可桢代表致答词。下午3—5时,在上海医学院各学会分别举行事务会议。另有公开演讲,三时,顾毓琇在中国科学社讲《科学与文化》,五时,沈克非在上海医学院讲《医学院的使命》(讲词见本期 p.292)。晚七时,全体到会人士赴华山路之市政府公宴,吴国桢市长于席间致词欢迎,中华自然科学社代表致答,直至九时后始散。本日上海《中央日报》及《大公报》皆为年会特出专刊,《中央日报》有孙科、张群、朱家骅、吴国桢之题字,六科学团体之概况与郑集等合著之《发展科学的前提》;《大公报》有任鸿隽、张孟闻、卢于道、胡焕庸四人之文字。兹将各学会之事务会议结果,简录于后:

1. 中国科学社　由理事长任鸿隽主席,此次第23届①年会会议,先报告年会筹备情形,继由总干事卢于道提出总办事处及图书馆报告顺便提及生物研究所近况,会计理事钱崇澍提出会计报告,司选委员章元善提出选举结果报告,总编辑张孟闻提出编辑部报告,射电实验室主任方子卫提出实验报告,皆经无异议通过。其时已届下午五时,宣告散会,待后日续开。此次期满理事为任鸿隽、钱崇澍、竺可桢、叶企孙、周仁、秉志、孙洪芬、刘咸、胡刚复、吴有训、胡先骕、李四光、严济慈13人,新当选者为曹惠群、丁燮林、曾昭抡、赵元任、裘维裕、黄伯樵、章元善、张其昀、吴学周、任鸿隽、竺可桢、秉志、胡刚复13人,又候补理事5人,陈世璋、姜立夫、吴宪、钱崇澍、周仁。

2. 中华自然科学社　由任美锷主席,陈邦杰记录,首由理事会各部报告,继报告《科学世界》编印情形及理监事改选结果。本年度理事任满改选者4人,监事应改选者五人,由全体社员通信改选,结果陈邦杰、李国鼎、冯泽芳、夏坚白、吴襄、刘伊农、姚克方、王之卓、李方训、沙学浚十人当选为理事,赵宗燠、华罗庚二人为候补理事。吴有训、胡焕庸、张洪沅、欧阳翥、高济宇五人当选为监事。其后各地分社报告社务,并讨论今后社务之推进,最后修改社章,六时始散会。

---

① 此误,应为第25届。

3. 中国天文学会　第21届年会会议由戴文赛主席,李杬纪录。首由主席报告联合举行年会之意义,即报导近年来天文学界之重大事件,计:(1) 本年2月12日有大流星约重千吨坠于西伯利亚;(2) 本年5月20日日全蚀见于南美等地,英美均有观测队前往,然英国队之飞机不行失事,致两位著名天文家逝世,又一名受伤;(3) 天文学界权威爱丁顿(Eddington)于1945年11月逝世,金斯(Jeans)于1946年6月逝世,诚为科学界重大损失;(4) 最近发见〔现〕两颗恒星,一在天鹅座(Cygnus),一在蛇夫座(Ophiuchus),可能有行星绕之旋转。此为人类首次发见〔现〕其他太阳系,由天体力学推算而得,物理性壮〔状〕尚未明了;(5) 太阳表面温度原认为6 000℃者,近知日冕上升愈高者其温度亦增高竟可达数十万度者;(6) 英伦之格林威治天文台,经国会通过,准迁往乡村,将以巨款建立纪念牛顿之大天文台,并将装100吋之回光远镜如美国威尔逊山之天文台者;美国之200吋大回光镜亦将开始工作;(7) 去年美军用雷达波射达月球,2.5秒后收到回音,此为人类第一次与其他星球之通讯,并证明其距离与原测相同;(8) 如射火箭至60公里之高空以摄取恒星之光谱,当大有助益于天文之研究,此事正在计画〔划〕以期早日实现。近来国内学术环境甚劣,但望共同努力,使天文学工作积极发展。其次由陈遵妫报告会务,谓会员总数已达685人,但情况明确有通讯者仅百人左右;《宇宙》已出版,交正中书局印行;会计报告应俟年届终结,此时只存款十万元不足;又本会发起人高曙青(鲁)先生不幸于今年6月26日逝世,后况萧条,本会拟于本日下午五时举行追悼会。继之高平子先生报告基金,及团体会员报告工作概况,陈遵妫代表中央研究院天文研究所,潘璞代表中山大学天文台,周家银代表国防部测量局,石延汉代表福建气象局。继即讨论提案,通过:(1) 纪念高曙青先生办法:A.《宇宙》出一专号;B. 会报第十期出一纪念论文专刊;C. 设曙青奖学金。(2) 以后新会员之参加,须由理事会严格审核通过后始得入会。(3)《宇宙》于今年起停止免费赠送;(4) 本年度普通会员常年费定式万元,永久会费为壹百万元。最后揭晓选举,计理事当选者为陈遵妫、竺可桢、曹谟;监事当选者为张钰哲。

4. 中国气象学会　8月30日下午2时假国际饭店901号开会,由竺可桢主席,顾震潮纪〔记〕录,议决要案如下:(1) 史镜清奖金原保管人高平子先生保管期满,移交黄厦千先生,原款不足,请理事会募集数百万元以便颁给金质奖章(原奖金改为奖章),制就后交理事会保存,按届颁发;(2) 年会费伍拾万元由民航局捐款拨交,此时由中央研究院暂垫;

(3) 向联合年会提议各科学团体加强与联合国文教会发生联系。最后由竺会长介绍台湾气象局石局长延汉,报告该局状况。

5. 中国地理学会　此为第六届年会,出席会员36人。由理事长胡焕庸主席,报告会务,略谓现有团体会员16单位,永久会员54人,普通会员310人,出版《地理学报》,今年起恢复为季刊,与国内外学术机关交换刊物,计国外110处,国内44处。后并讨论提案,通过重要提案多件,计有:(一)"请教育部维持中学原有地理课程钟点,以重公民教育";(二)"地理研究由各大学及研究机关分区合作,以免工作重复";(三)推定洪绂、孙宕越等七人,负责组织上海分会。

6. 中国动物学会　主席王家楫,纪〔记〕录易伯鲁。主席报告本会近况,薛芬代表司选委员会报告选举结果,伍献文报告会计收支情形。随即议决各案如下:(1)《动物学杂志》印刷费之筹募法,由本届常务理事统筹办理;(2)永久会址将来在南京之各团体联合会址,此时暂设中央研究院动物研究所内;(3)请本届新任常务理事编印会员名录。附当选新任理监事名单:理事15人:伍献文、陈世骧、欧阳翥、贝时璋、朱元鼎、朱洗、王以康、刘咸、童第周、沈嘉瑞、陈义、徐荫祺、郑作新、何琦、崔之兰;监事5人:秉志、王家楫、胡经甫、陈桢、林可胜。

7. 中国解剖学会　9月1日上午9—12时在上海医学院解剖学教室,主席卢于道,记录王有琪。先由主席报告筹备成立及参加此次年会经过,王有琪报告收支帐〔账〕目,即进行讨论提案议决:(1)修正通过会章;(2)设立司选委员会专司理监事之选举,当推卢于道、王凤振、王有琪三人为司选委员;(3)设立编辑委员会,当推卢于道为编辑干事,由编辑干事提出委员人选,送交理监事会通过,组织编辑委员会;(4)设立解剖学名词审查委员会,当推王仲侨、齐登科、张鋆三人为委员,负责办理名词审查事项;(5)会址暂设上海陕西南路235号中国科学社内,俟理事会产生后,再由理事会决定之;(6)征求会友;(7)发行刊物;(8)行文司法行政部请求明立条文便利医学校尸体解剖之教材供应,另作宣传,减少社会之阻碍力量。

8月31日上午八时起,分物理科学(理化及其应用)、生物科学(包括医农)与天文、气象、地理三组宣读论文,由裘维裕、王家楫、竺可桢三社友分别主持。每篇论文之宣读时间限十分钟,讨论五分钟。论文收到共185篇,直至正午十二时,三组论文皆未宣读完竟。(论文提要自本期起,陆续在本刊登载;其长篇者则汇刊于论文专刊。)即集体赴八仙桥青年会商务印书馆、中华书局与正中书局之联合公宴。到会员三百余人,由朱经农代表三书业致欢迎词,中国天文学会代表高平子致答谢词。下午三时在中国科学社会议室举行专题讨论。论题为(1)《原子能与和平》及(2)《改进我国科学教育之途径》,分别由严济慈、曹惠群两社友主持。到会者百五十余人,发言踊跃,论辩反复,情况极为热烈,其结论详见本期另栏(p.295)。讨论时本社上海社友会及中国科学图书仪器公司招待茶点。同时,秉志在复兴中路陕西南路口国立机械专科学校演讲《生命之途径》(词见本刊第11期)。中国科学期刊协会与年会联合主办之中国科学刊物展览,其场所设于科学社,是日来宾特多,中英文化协会代表薛乐博士亦赶来参观。六时后,集体乘车赴两路局同人俱乐部之资源委员会及交通部联合公宴。场地清幽,有花木台榭池沼之胜,电灯掩映,丛绿生辉。宾客既集,于是翁文灏代表主人致词欢迎,自科学发展史迹说起,远取希腊英法,近取明清现代之中国,而以勤勉于工作以发扬科学作结,中间取哥白尼等天文学说为喻。佐以盛肴,来者大悦。中国地理学会代表胡焕庸作答,借地理说资源与交通,亦颇切时地。宾主尽欢而散,已逾十时。两路局特备专车,偕同市公用局之专车三辆,分别送客归程。

  9月1日上午八时起,仍在上海医学院分别宣读论文。十一时顷,理化、天文两组已竟,生物组论文特多,至近午始毕。中有临时缺席者,即略过不予宣读。中国科学社于下午二时起续开事务会议,仍由任鸿隽主席,通过:(1)张群、何北衡、蒋梦麟、钱永铭四君为本社赞助社员;(2)推定伍献文、丁绪宝、张孟闻三君为下届司选委员,以伍献文君为召集人;(3)公推潘序伦、陈清华两君为下届查帐〔账〕员;(4)函谢前任查帐〔账〕员;(5)接受理事会提议,本会西文名称改为 Chinese Association for Advancement of Science,简称 C.A.A.S.;(6)向政府切实要求日本应当赔偿本社战时损失;(7)由大会表示感谢保管上海社所之上海社友会;(8)理事会提议修改章程,照修改后函全体社友,通讯表决。三时起,假上海医学院开七团体共同事务会议,到百余人,公推卢于道主席,张孟闻记录,通过重要议案如次:(1)统一世界历在民24年时已经函达教部表示同意,兹重申原议,并函知 World Calender Association;(2)南京各团体联合会所,以中华自然科学社总社设于南京,即请该社负责召集有关团体向政府交涉收回所址以便兴建;(3)促请政府善用科学真才(原则通过),并切实保障科学工作者之自由,并澈〔彻〕底改善其生活(另发宣言,包括此一要点);(4) 用本联合年会名义发表宣言,(a) 宣言由七团体负责人起草,大会授权准予发表,(b) 宣言之要点为:甲,注重基本科学,乙,充实最低设备,丙,改善科学工作者之待遇,丁,包括昨日专题讨论《原子能与和平》诸结论(参考今日《申报》《新闻报》纪〔记〕载),戊,详细内容,由起草七人仔细斟酌(宣言见本期 p.291);(5) Y.V.A.建设工作应继续进行,此点须包含于宣言内,举作科学工作不容停顿之实例;(6) 联合上海学术团体,请将团体公产不作营利用者免税事,上海者由上海团体联合办理,属全国性者暂不置议;(7) 发起中国科学团体联合会,由本届联合年会之七科学团体负责人起草,征集此外团体共同进行,暂以自然科学有关方面为限;(8) 科学团体战时损失,组织战时科学损失委员会,交前述七团体负责人办理,只限于科学学会,不涉及大学与其他研究机关以求速效;(9) 请求官价外汇以购买科学图书仪器,交七团体负责人试洽;(10) 前项诸种七团体负责人会议,以卢于道为召集人;(11) 大会向此次招待团体及筹备委员会致谢。下午三时,张其昀在八仙桥青年会礼堂演讲《忧患里的中国》(词见 9 月 14 日上海《大公报》及《思想与时代》47 期)。下午五时,集体赴林森西路①中央银行俱乐部之商会联合会、银行业联合会、保险业联合会、轮船业联合会、进出口贸易协会、中国工商协会共同招待之鸡尾酒会,到宾主三百余人,王晓籁任主席,颜惠庆致欢迎词,由动物学会代表王家楫致答谢词。七时顷,举行年会宴会,佐以音乐余兴。公宴既毕,夜风清凉,音乐曼妙,亦有佳侣婆娑起舞以为本届年会之余欢。迨乐竟人散,已经夜阑,公用局专车送客散归时,银汉星光,淡映街头霓虹彩灯,广衢如砥,仅闻转轮霎霎之声而已。(文)

《科学》杂志消息《七科学团体向英科学协会祝贺》②

~~七科学团体向英科学协会祝贺~~

中国七科学团体会员 8 月 30 日在沪开会,并向英国科学协会广播致敬。同时英国科学协会亦有国内外科学家三千人在苏格兰登弟开会。9 月 1 日晚中国无线电实验所之CH—CR 电台向登弟广播之电文如下:"余今代表中国科学社、中华自然科学社、中国地理

---

① 林森西路即今淮海西路。
② 《科学》第二十九卷第十期(联合年会专号)(1947 年 10 月出版)第 314 页。

学会、中国天文学会、中国气象学会、中国动物学会及中国解剖学会,自8月30日至9月1日在上海举行复员后第一次年会,各会员向诸君热忱致敬。贵会之年会及敝国之科学年会同为自侵害、纷扰以及一切破坏之目的及意向中求科学之解放。贵我两国战时曾为战友,现更望能及时迅速携手为稳固之和平而工作。联合年会主席任鸿隽。"此实验无线电台系由方子卫君所主持。(道)

26. 第二十六届(次)年会(1948年10—11月,南京、北平、成都、武汉、广州)

《社友》报刊载的于诗鸢为年会专号所作的序①

中国科学社第廿六届年会序

于诗鸢

夫科学者人类进化之所寄者也。吾社得风气之先,国初即已成立;年必有会,揽寻联谊而外,更为一年来社友进修作阐述磋磨之机,其重要为何如乎?

二次世战,举国流离。吾社犹不忘本位,举行年会于自由之区;复员就绪,人心振奋,复亟亟举行年会于光复之地。夫亦深知职责所在,未敢怠忽耳。惜乎胜利以来,中原鼎沸,科学研究环境恶劣,依然不能与并世各国齐驱;而道路不宁,尤为集会之梗,诚憾事也。

然而忧患兴邦,科学建国,吾社决不自馁自弃,社友诸公当亦深觉其责无旁贷矣。今年年会,理事会决议分区举行,亦适应环境,不得不尔耳。所幸号召所及,同道团体,一致风从,行见殊途同归,工力悉敌,谈言微中,造福人群,将拭目俟之矣。是为序。

《社友》报刊载的于诗鸢报道《如火如荼的京沪区联合科学年会》②

如火如荼的京沪区联合科学年会

十个团体　三天会程　会员出席三百余人　科学展览二十四处

于诗鸢

龙蟠虎踞的全国政治中心,今年的国庆节,突然增加了一股浓烈的科学气息;那便是本社廿六届京沪区年会联合中华自然科学社,新中国数学会,中国天文、物理、地球物理、

---

① 《社友》第八十八期(年会专号)(1948年9月25日发行)第1页。
② 《社友》第八十九、九十期合刊(年会纪事号)(1948年11月30日发行)第1-7页。

地理、气象、动物、遗传各学会举行的"十科学团体三十七年联合年会"所造成的了！

京沪区联合年会筹备情形，已在上几期本报登过。在下一直在上海联络各团体和本社上海社友，所以直到七日才到京。下车之后，首先向筹委会取得了拨车迎接大批来京社友的诺言，就用长途电话通知上海的通讯社在日报上发消息，这是最快的办法。八日晚间就会同招待组张庚〔更〕先生等用三辆大客车到下关车站接来了小别的大批社友，安顿好了宿处，才放下了心。

八日的全天在中央大学礼堂办理注册报到。各人缴了三元金圆券的年会费，在总名册和所属团体的分名册上签了名，就拿到一条绸质名条和一张《年会手册》，上面印着职务单和日程。

职务单载着：主席团是任鸿隽、吴有训、孙光远、陈遵妫、萨本栋、陈宗器、胡焕庸、竺可桢、王家楫、范谦衷诸先生，每人依次代表上面所说的一个团体。年会名誉会长是行政院长翁文灏先生，会长是教育部长朱家骅先生，副会长是南京市长沈怡先生，首都科学展览会名誉会长是考试院长张伯苓先生，筹备委员会总干事是沈其益先生，总务组召集人是戈定邦、章涛两先生，委员是管公度、刘伊农、徐近之、黄其林、邢汝模、郭遇昌诸先生，招待组召集人是张更、邓宗觉两先生，委员是吴襄、沙学浚、林超、孙玉泰、刘恩兰、邹锺琳、李振翩、赵九章、吴功贤诸先生，宣传组召集人是任美锷先生，委员是范谦衷、李春昱、陈遵妫、葛正权、孙明经诸先生，论文委员会召集人是赵九章、裘家奎两先生，委员是姚克方、陈邦杰、潘菽、郑万钧、施士元、陈省身、陈义、林国镐、李旭旦、吴学周、沈昭文、高济宇、张钰哲、俞建章、郑集、郑作新、李善邦、翁文波、卢鋈诸先生，展览委员会召集人是沈其益先生，委员是赵连芳、朱章赓、李春昱、朱其清、葛正权、邢汝模诸先生，专题讨论委员会委员是胡焕庸、涂长望、赵连芳、郑集、卢于道、陈邦杰诸先生，齐整的阵容，大都是本社的南京社友。

年会日程是：十月九日上午八时起继续报到，九时就在中大礼堂举行开幕典礼，出席者非常踊跃。主席是中大校长周鸿经先生。他除了报告大会情形外，又说："科学研究是现代国家立国的根本。世界的繁荣和安全，国民健康的改进，生活水准的提高，和国防力量的充实，无不依赖科学研究。一个国家假如不致力于基本科学的研究，那末在工业上和国防上一定要落伍的。我国研究科学，要算中国科学社做嚆矢，直到最近中央研究院院士会议,也已有三十多年的历史。这回十个纯粹科学的团体在此开年会,我们要把他们宝贵的成就,合力来唤醒全国上下对纯科学的注意。现代科学的发展,可说一日千里,我们要迎头赶上,那末一定要有组织有计划的集体研究,才能够适合潮流,收得美果。这回联合年会,应该做到这一层!"

接着是翁文灏先生的演辞,他说:"今年十科学团体联合年会是很可纪念的事情。我国人古时早已有科学头脑,但要说二千年前我国已有科学,又是不对。我国学者,多少有其求真的精神,但他们偏于性理,顾亭林说:'言心言性言识,茫然不知所解。'便可证明。外国古时的学者就不然,他们要凭实际的观察和考虑,不凭空想,所以有许多开山的科学大师,并且薪传不绝,他们的努力,博得社会的重视。美国开国时就有大科学家富来克林①,始终努力科学,他死时,学术界为世界丧失科学家而追悼,便可证明。我国直到前清科举设博学鸿词科,方才有些科学的影像,但他们只考究经书,实际仍旧不是真正的科学。后来太平天国讲天父天兄平等,徒然在废孔上做工夫,也没科学意味。曾左诸家,和他们对立,也不过为尊孔而奋斗着。直到李鸿章到上海,一看外国的轮船机器,方始派留学生出洋,从所谓'奇技淫巧'的观念中得到了科学的种子,但那时的科学,仍是为科举所限。民国以来,科举制度澈〔彻〕底打消,大学和研究机构渐渐形成,我国科学方始有了基础;尤其在国民政府成立以后,步入了正轨。三百年来,讲到我国科学,实在言之可痛!但到现在还有投机的科学家,借他做做官的敲门砖,本人也是其中的一个;真是科学的罪人了。科学家进了政府,兼理行政,自己的研究被妨碍了,人民的科学知识,仍旧不能普及,这是我国科学水平不能提高的最大原因!所以我们对科学,要专心研究,永远不离岗位;一面要各个努力,一面要团结提倡,这是科学团体的使命!"

"讲到我国的科学团体,中国科学社有三十年的历史,算是不容易的,而外国存二百年以上历史的很多,并且对普及科学很肯努力。英国皇家学会虽是个很老的科学团体,对这也不漠视,因之造就了不少科学家。记得他们常常举办公开讲演,用粗浅的科学知识,灌输给民众;大科学家法达立②本是一个排字工人,常常去听,听了就写笔记,积多了送到研究院,院里很惊奇他的记录完整,就收他做练习生,终于创出电磁学的学说,英国政府要送

---

① 富来克林现译为富兰克林。
② 法达立现译为法拉第。

他爵位,他不以为荣,说:'愿终身做一个学者',这是何等伟大的精神?我国人的脑力天赋,可惜研究起来,断断续续,不肯长期的关在研究室里,科学家本身也缺乏组织,所以没有皇家学会,也不出法达立,但像本人这个不成才的科学家,做做行政院长,自然说不上对科学界有什么损失!至于各科学团体力量调剂也不够,出版物分散,不能联贯,很是可惜。凡此都是科学发展途中的障碍。现在我国民生艰难,我们须对穷国家大时代对得起。今天全国科学家举行年会,本人热望认识真实的环境,不要光是来趁热闹,我国的科学才有进步,民生才可改善!"

随后是朱家骅先生的演词,大概说:"这次科学团体联合年会,在中央研究院院士会议后开幕,意义是深长的。国家多事之秋,经费贫乏,影响了科学研究,但科学家艰苦奋斗,并未停顿他们的工作。刚才翁先生说:'我国科学工作由民国开始',所以我国科学研究有成绩,人才在国际上有地位,也是近年来的事。中央研究院自十七年创立,整整过了二十年,才选出院士来会议,得以奠定了初基,中研院的成就,也可说是全国科学家的成绩!我国和外国的科学团体的历史,相差二百年,我们惭愧也没用,但望各大学各团体各研究机关共同奋斗,让科学研究配合社会国家的需要,引起广大的同情,国家和社会也应当提倡和协助,造成一种风气,方能克服困难,打出光明的前途!"

沈怡先生接着说:"在时局低气压之下,是科学工作者最丧气的时候。社会上怪他们研究没有成绩。他们拿科学当幻术,幻术家变不出什么来,自然引起他们的不满。丧气和不满,变成大家失望,这是要不得的。外国人有一句话叫:'永远不要失望!'现在有十个科学团体举行这样一个盛会,讨论之外,还有展览。可见科学工作者还是在失望中求进步,使得政治气味浓厚的首都,充满着学术空气,这种现像〔象〕,真是空谷足音,非常可贵!希望这学术空气随政治空气弥漫到全国各地,大家从永远不要失望中努力。我今天再拿地主之谊,先代表南京市民向诸位道谢!"

来宾中还有社会部代表某先生,和工商部长代表吴承洛先生、政治大学校长顾毓琇先生,都有致词。英国文化协会科学组主任萨亦乐先生长长的讲了许多外国科学史,也使我们领教不少。年会筹备会总干事沈其益先生略微报告筹备经过,结论说:"科学家大联合,只有全国科学家自己来干。今年京沪区科学年会报到总计有三百七十人之多,是一点小小的表现!"末了还再三为招待不周而道歉。

年会演讲是开幕典礼一个重要节目,讲师是本社社长任鸿隽先生,题目是:《在十字路上的科学家》。他说:"这次参加科学联合年会的团体数量,打破历来纪录,足见中国抗战以来的科学,相当进步,并且我国科学家还有新供〔贡〕献,像钱三强先生就是一个;今年年会,三个会长都是科学家,也是很可喜的。我们晓得今天科学对世界的重要,而现在的科学家正在十字路口,十字路口是四面可通的,那末究竟往那〔哪〕里走呢?我们先来看看科学这件东西,究竟是好是坏?初生的婴儿,需要水洗,但无限止的放水,可把婴儿淹死。水是好东西,终于变坏东西了。所以号称造福人群的原子能,一旦被做成原子弹,牺牲了这样多的生命财产后,一般人就说:'干科学的等于猴子玩炸弹,总有一天把自身也毁了。'首次世界大战后宗教家所说'科学是非常危险的东西'这句话,更得了有力的证据。这样说来,那末中国恰恰没有科学,岂不更好?但是科学是知识,知识可以为善,也可以为恶,利害相权,结果好的成份〔分〕要多些,他们的结果不好,不过是弄得不好罢了。譬如原子能应用于工业、医学,以及促进生产,前途未可限量,决不能单为原子弹闯了祸,便因噎废食的!孩子的淹死,是放水者的过错,不是水的过错。"

"要证明科学是好东西,我想有以下的三点分析:(一)科学讲'创造'。世界上最大的问题就是'不够'。由于不够,弄到发动战争。科学家研究有了创获,没有的变成有了,少的变成多了,因此价贵的变成低廉了;即如铀,初出世时比黄金贵,但因研究原子能而产生的多了,价钱随之而跌落。科学家弥补了缺少,也息〔熄〕灭了战争!(二)科学讲'求真'。世界上的战争多起于彼此的误会。近来'兵不厌诈'的定律,更应用到政治上,一切是非黑白,都寄托在宣傅〔传〕品上,弄到误会愈深,冤仇永结;若都学科学家发扬求真的精神,便可误会冰释,而天下太平了!(三)科学讲'大公'。科学研究忠于客观和理智,能够如此,所以一切行为都具国际性,他们组织也喜欢世界性。天下为公,自然大同,这种境界,惟有科学家可以达到!从这三点来证明,可见科学对于人类,毕竟利多而久,害少而暂。我们不必彷徨在十字路口,赶快前进!赶快发展他!"

"科学团体者,乃因少数人研究不能成功而团结起来分工合作的,但到了现在,一个团体的力量又不够了,必须联合各团体甚至全国上下来合作,才能奏效。联合年会,便由此应运而出的。我希望政府制定一个扶助科学研究的国策。现在我国教育经费中,并无科学研究经费,我们要用全体科学家的力量,呼吁政府,在教育经费之外,独立一个科学研究基金,以鼓励科学团体和科学家!"

中午十二时半开幕礼毕,摄影师在会场门前替这盛会留了个不可磨灭的印〔影〕像。两辆大客车又把全体载到华侨大厦,出席提前举行的年会宴。席间沈其益先生报告因食堂时间关系而把年会宴提前的原因。来宾中有国防部的李运华先生,于是大家请他讲国防部的科学研究概况。他说:"'无科学即无国防',所以国防部对科学特别重视。他设立了第六厅之外,又组织了一个国防科学委员会。前者是部内人员组成的,后者便吸收部外人士来合作的。凡是军队在科学上遇到问题,便提到第六厅去;简单的,便直接解决了,复杂的,再提到委员会去研究。倘若委员会有自己想到的问题,或者外界有问题交来,也可以自由讨论的。希望在座的科学家来指教。"吃到一半,各人还得到了一枚年会会徽,那是方形古铜色的别针,图案是一个地球和十颗明星,像〔象〕征着中国十科学团体相聚的意思。

下午三时又在中大礼堂举行联合事务会议,主席是卢于道先生。提案:(一)本社提:请政府向美国交涉,凡我国需要的研究教育和医药上物资,允许出口案。据北平燕大陆志韦社友函告,他们所需要的放射同位元素,美国方面函复不能运出;但这不是军用品,而且其他许多国家,早有运出,我国不能例外,因请提案。议决:先写信到原子能管理委员会中的华代表,问明输出的手续,同时向燕京大学问明输出困难的详细情形,弄清楚了他的原因,然后请政府解决。(二)中华自然科学社提:建议政府确定预算千分之五作科学研究经费。(三)呈请行政院宽筹的款,设立科学基金委员会,由科学家管理,以奖掖科学团体,提选科学人才。两案合并讨论。议决:照办,推胡刚复、任鸿隽、陈邦杰三社友起草。(四)请政府按照捐资兴学奖励办法,奖励民间捐资兴办科学研究和扶助科学事业案。议决:函请教育部办理。以上各案,都是需要十团体联合推动的事务。

提案讨论完毕,紧跟着专题讨论。主席没有换,题目是《如何促进我国科学的发展》。自由发言,大家舒了一口气。发言的有秉志、任鸿隽、项隆周和其他各位先生,在下也略参管见。综合起来,一致认为我国科学不发达,基本原因在乎教育的不合理。学生们的功课太忙,教育当局"恨铁不成钢"的观念,尤其对中小学生的体力绝不顾到,大学入学考试标准这样的高,进了大学,外国文课本这样多,那都是不合理的。德国的小学功课和美国的中学功课,都远不如中国繁难,而科学发达,远超过中国。可见发展科学,不是填鸭式的教育所能奏效的了。尤其可恨的,是这种教育政策不但伤透了学生们的脑筋,并且搅坏了学生们的身体;据统计:中国大学生体格检查,有七成不及格,这是何等可怕的恶果!所以发展科学,须从科学教育着手,教育方法,须兼顾学生体力。大概小学无需外国文,中学课程只须中西文并重就够了,连得数学也不必摆在必修科里(有许多科学如生物学等,本无需数学),以免浪费脑力,影响体力,以至于减低了科学发展的速度。讨论并无争执,直到六点多钟方散。

为了本社是一个综合性的科学团体,各别事务讨论,虽然在十日下午占了半天的会程,但社友中兼入各专门学会的很多,综合与专门同时异地开会,他们便有分身不开的困难;所以开幕礼时,就在大会场布告版上大书通告:"本社事务会议提早于九日晚八时在中大生物馆举行。"因此,晚饭后又急急赶开一个事务会议。这会议是总社的,所以讨论的范围也不限于京沪一区的事务。内容参看本期《社友》专条纪录。

双十节的早晨,满街悬旗结彩中,年会主办的首都科学展览会,在第一区会场的考试院明志楼揭幕。九时许,张伯苓先生和观礼群众先在场外摄了一张团体照像,就由张先生剪彩。仪式非常简单。礼毕,就此鱼贯入场参观。这区会场,共占三厅,搜罗很是丰富。第一厅陈列有资委会的长寿发电厂下清渊硐水力发电活动模型最为精彩。第二厅大部陈列科学文献,墙上挂了不少原子能大幅图照,最惹人注意。第三厅都是博物仪器标本,有快算秤一种,可以在五秒钟内计算准确的价钱,适合菜场上的使用。

十日的上午,又在中大医学院旧址分组宣读论文。共计收到数学组廿六篇、物理组十六篇、天文组五篇、气象组十五篇、地理组五十篇、地球物理组廿篇,动物和遗传组也有几篇。出席也相当多。

中午资源委员会在国际联欢社公宴。主人资委会委员长钱昌照先生即席致词。他说:"资委会是工程师的集团,今天工程师来欢迎科学家,显得格外亲切,科学家和工程师原是一家人呀!科学和工程本是一件事情的两面,所以过去中国科学社和中国工程师学会,也曾开过联合年会。现在科学团体愈来愈多,去年年会,联合了七单位,今年加到十单位,足以表示你们团结力量的进步。工程师团体今年将在台湾举行年会,也有联合。我相信将来科学和工程两大集团,必定有一个大联合年会的可能,这个团结力量,那才了不得呢!"

"科学家生逢乱世,为了种种困难,没有安定的环境和充分的仪器而心绪不宁;惟有工程师可以了解。我们工程师呢,八年抗战,胜利初临,大家以为可以替国家发一笔横财,纷纷要想接收;可是到那边一看,东北抢光,华北烧光,台湾炸光;这个三光先弄得你倒抽了一口气。……凡此困苦艰难,确有向同路人以一诉衷肠为快的渴望。"

"平心而论,工程师的穷,确比科学家略胜一筹,所以今天还能拿淡饭粗茶来请客。我们愈加佩服这次十科学团体,在这样兵荒马乱颠沛流离的当儿,还能够来开会的不折不挠精神!这是一种号召,号召各方来注意科学。我们工程师是讲生意眼的,假如这号召因此而发生了作用,等将来你们发明了,供给我们利用,岂不是依旧可以大大的发财吗?那今天这个东,相信不会白作的!"

宾方由卢于道先生答词。他说:"人的一餐,只要一千卡路里就够了。今天承资委会招待的一餐,估计已超过这个标准,所以照科学眼光来讲,要算并不菲薄的了。主人说:'科学团体年会所表现的团结力有进步',这因为我们有一个共同的信仰的原故;这信仰要为人类谋幸福,所以这个联合是很自然的。正为了这个信仰是共同的,所以不但本国团体间有联合,我们在国际间也早已常常联合,正如此地国际联欢社一般。科学工作者是从未考虑到国界的!但科学不能直接造福人类,需要通过技术和工业的,所以更热望科技工的大联合,工程师重视科学家,科学家也正重视着工程师!资委会工程师提出困苦的遭遇,实际上世界各处的工程师都是如此。而我们也间接的在同样命运中挣扎着。可是我们并没忘记自己是资源的资源!令〔今〕天的招待,增加了我们的热力,更使我们永远不忘记有一个同路人,同情我们,鼓励我们,而希望有一天能够把我们所得,贡献给资源委员会。"

下午二时,各团体纷纷到各自指定的会场,开他们自己的事务会议去。我们的事务大会巳〔已〕开过,就约了一群去逛中山墓和革命先烈祠。深秀的山林,配合着伟大的建筑,又婀娜又雄伟,胸襟为之一快。

十一日上午,继续分组宣读论文。我们又去逛燕子矶。怪石嶙峋,江流浩瀚,近看绝壁下,远望八卦洲,只见隄坝失修,农邨水漫。回看御碑亭中碑刻:"当年闻说绕江澜,撼地洪涛足下看,却喜涨沙成绿野,烟村耕凿久相安。"的诗句,惭愧着我们天天喊着科学建设的口号,而实际竟有今不如古之慨。回车过中大二部,参观解剖实习室。尸体横陈,骸骨满架,大家赞叹着人体构造的巧妙。

中午,中央研究院、中央大学、政治大学联合招待在励志社公宴。主人致辞欢迎,我们的代表竺可桢先生答辞。大致说:"今天的主人,都是学术机关。他们的事业,和学术团体一样,需要人才和经济来推动。我国要建设,靠现在这些学术机关和团体,只有不够。'无科学即无国防',这句话是不能倒转来说'无国防即无需科学'的!因为提倡科学,是立国的先决条件,像中国这样无国防的国家,科学尤其重要。希望政府多多扶植学术机关和科学团体。"席间卢于道先生报告联合事务会议议决案整理的结果(见上)。

下午自由参观展览会。展览会场址共有廿四区之多,分播南京全市。距离这样遥远,交通这样不灵,时间这样局促,人地这样生疏,妨碍了我畅观全豹的欲望。

我所参观的除了上面讲过的第一区而外,还有第十四区中央地质调查所的古生物化石和矿物标本。化石中有云南许氏禄丰龙骨骼模型全具,模型虽是石膏塑成,但节节都根据零星化石仿制而拼成的,伟大的躯干,表现了工作者伟大的精神。还有一个美洲恐龙头骨,大如全牛,可以想像全身的巨大。矿物标本中有火山弹,乃是火山爆发时喷出的熔岩,因为凝固得快,还保持水滴的形状,颜色紫红,大如冬瓜。这都是出类拔萃的收获。第十五区中央图书馆的航空图片、第十三区中央卫生实验院的蚊蚤标本、第二区中央研究院地质研究所的化石标本等也不错。第九区中央水利实验处水工模型,实验下关堤岸被梅子洲流水蚀坍的实况;还有航空测绘地图的种种仪器和方法,又是一部活的解释群疑的科学教科书。现在把这庞大的展览内容抄下,替已看过的留一个不朽的回味,也替未看过的当过门大嚼的资料。

第一区在考试院。系交通部之电讯总局、材料研究所,工商部之中央工业试验所、中央标准局,教育部之中华仪器制造所、博物标本制造所,地政部之测量仪器制造所,资委会之中央化工厂、全国水力发电总处,中央研究院之物理研究所等主办。内有各式电报机器、各式电话机械模型及录音器、轻便无线电通话器及各式收发讯真空管;各种木料蒸制防腐样品;电工仪器,电工器材,各种分析标准,各种塑胶、皮革、木料样品,菌类标本,各厂成品及各种刊物;已公布之国家标准,标准季刊,标准图表,各种度量衡器、计量器及检定用器;理科实验仪器;动物、植物、矿物、骨骼、生理卫生等项之科学标本;两用求积仪及说明,小手板仪及说明,脚架及说明;胶品、染料样品及节油精实地表演;长江三峡发电工程计划图、全国水力资源图、四川长寿水力发电工程模型等项;原子弹制造程序及轰炸实况之大幅照片。

尚有科学文献与科学图书,计国立编译馆审定之科学名词,大中学科学用书及专门译著;各大学及研究院所所出版之著作论文及各种书籍;各科学团体出版与编著之刊物书报,各部会之建设与研究机关所出各种专门性质之报告及论著;国立中央图书馆所藏英美最新出版之数学医学图书;商务印书馆之自然科学、应用科学等类书籍;正中书局之各种人生、自然、理论、应用科学图书等;中华书局之各种理论科学、应用科学书籍;世界书局之实用技术丛书、生产教育丛书、化学工业科学知识等丛刊;龙门书局经售之中外各类科学书籍;中国科学图书仪器公司经售及出版之中国欧美科学图书。

第二区在鸡鸣寺一号。系中央研究院地质研究所主办。内有各种矿物化石标本、研究仪器及世界各国地质文献。

第三区在北极阁二号。系中央研究院气象研究所主办。内有地震仪、地磁台、气象台。

第四区在丁家桥马台街卅三号。系资委会矿产测勘处主办。内有国内各种矿物标本。

第五区在中山北路西流湾口。系交通部中央气象局主办。内有气象仪器、天气图、气象图表、气象文献。

第六区在小北福建路二八〇号。系联总经理署粮秣司主办。内有各种粮秣营养、检验、制造、保藏及携带口粮等项之研究,及其资源之调查,与全国粮秣厂分布等项。

第七区在萨家湾海军服务社。系海军总司令部主办。内有各种军舰模型、军舰机件、观测仪器、通讯器材及照片、图表、刊物等项。

第八区在察哈尔路。系马政司第一兽医器材总库主办。内有各种兽医器械,军马检查、测验、调教、改良育种图表、牧场牧草、马厂及马政建设等项。

第九区在广州路龙蟠里口。系水利部中央水利实验处主办。内有水工模型试验、水工仪器制造、航空测量等项,及其工作之情形。

第十区在大方巷十号。系兵工署主办。内有各种科学照片及电影,并开映原子能电影。

第十一区在鼓楼金大。系金陵大学影音部主办。内有各种科学照片及电影,并开映原子能电影。

第十二区在淮海路军人服务所。系联勤总司令部所属兵工署、通信署、军医署、国防医学卫生实验所、经理署、运输署等主办。内有各种新式力炮、火箭筒、迫击炮、装甲车等新式武器,及其配件之挂图照片等项;各式电池、电报机、发射机、收音机、变正器、超短波机及手提再生机等项;各种内外科急救诊断器械、消毒麻醉药品以及防治注射之疫苗与血浆等项;血库、橘徽素、水解蛋白、寄生虫等项展品、照片、说明、图表等百余种;各种新式被毯、炮衣、背带等军用配备百余种;吉普车、汽车模型照片及其零件配备之展览廿余种。

第十三区在黄埔路。系卫生部中央卫生实验院主办。内有各种医药卫生示范模型标本图表及疟疾防治,并备有卫生示范电影开映。

第十四区在珠江路九四二号。系工商部中央地质调查所主办。内有各种恐龙、原人、鲨鱼、犀、象等项化石,各种矿产化石,珠宝,土壤标本及各种地形模型。

第十五区在成贤街。系国立中央图书馆与空军总部图书馆等主办。内有航空科学室,展览各种有关图书照片。

第十六区在成贤街九六号。系农业推广委员会、农田水利工程处等主办。内有农业推广、增进农产成效之资料,采用实物与动静片放映方法;水利工程模型及照片,农田水利各种统计图表。

第十七区在四牌楼中央大学。系该校理工农三学院、淮河水利工程总局等主办。内有空军军官警员等项心理测验教育,暨国防工业等项心理研究;工学院实验室最近完成应用研究航空上之风洞;新式农具、林产、木材及农业化学制造品;混凝土试验室各种压力试验模型,砂样标准砂图表刊物等项。

第十八区在中华门外小行镇。系中央畜牧实验所主办。内有各种乳牛种、羊种、猪种、鸡及其标本、模型、解剖图表及机械成品。

第十九区在中华门外正学路。系兵工署材料试验处主办。内有各种军用材料试验仪器、模型、图表、刊物等项。

第二十区在孝陵路。系中央农业实验所主办。内有应用科学方法改良各种作物,优良品种,作物病虫害防治之器械及药品,肥料与作物生长之示范及新式农具等项。

第廿一区在孝陵路。系棉产改进处主办。内有棉田展览、各研究室情形、标本陈列、轧花厂加工实况及论文等项。

第廿二区在孝陵路。系烟产改进处主办。内有烟草熏烤设备制造标本、烟草品种及病虫害防治之方法。

第廿三区在太平门外樱驼村。系中央林业实验所主办。内有各种军用林木、优良苗木、保土植物、新式锯木机械、森林、药材、林产制造品、林业经济图表照片、研究专刊与水杪中林灶等项。

第廿四区在紫金山天文台。系天文研究所、国防部测量局等主办。内有各种子午仪、时仪、等高仪、记时仪等项天文仪器及其记录、图表、展览与说明。

以上第六、八、十、十九区后均改并在第十二区展览。

年会会程还有:(一)科学电影。计有《原子能》《卫生教育》《看与听》《电化农村》《沙与水》和各种科学影片,都分区免费公开放映。(二)科学广播。计有周昌芸先生的《农业科学化的重要性》、钱昌祚先生的《中国国防科学研究发展现状报告》、张云先生的《战争与科学》、谢家荣先生的《矿产与建设》、郑肇经先生的《科学与水利》,都排日在中央广播电台举行。(三)公开讲演。计有九日萨本栋先生在九华山物理研究所的《立体电影》,李方训先生在中央大学科学馆致知堂的《英国之科学教育》,十日范谦衷先生在中央大学科学馆致知堂的《遗传学与学术关系及应用》,戈定邦先生在金陵大学电影部的《新疆之民族与文化》,十一日张钰哲先生在中央大学科学馆致知堂的《星空之尘雾》,傅承义先生在中央大学科学馆的《地球内部之构造》,竺可桢先生在中央研究院大礼堂的《中秋月与浙江潮》,使得伟大庄严的大会,更加有声有色。

晚饭是国防部第六厅和国防科学委员会联合公宴。地点在空军招待所。新型的建筑,丰盛的酒肴,把三天的疲劳立刻又恢复过来。李运华和钱昌祚两位先生是主人的代表。李先生致词,为了十科学团体的工作,直接间接都和国防有关,希望多多合作。钱先生为了研究经费缺乏而发愁。客人代表熊庆来先生答词,大意是:"科学一不留神,就被利用作杀人的利器。我们撴〔碰〕到了这种利器,自然不得不防。但要防也得应用科学,所以国防对科学相需甚殷,希望主宾们借今天这机会,加紧合作。"那晚的情绪,和天气一样热烈。

酒醉饭饱,再搭交通车上紫金山。车辆愈盘愈高,只见一路青松夹道,下望市区灯光点点,煞是好看。走了好久,才到天文台。登台在望远镜里看木星,像一团活动的棉花,旁边还看见四颗卫星。看完了又看月球。把全形和特写各看一遍,只见月貌上盆形高山很多,就是琼楼玉宇的真面目了。如火如荼〔荼〕的京沪区科学团体联合年会,就在下山车轮辘辘声中,结束了一件天大的大事!

记者按:一个人的记忆有限,耳目不周,何况集会场所的扩音设备等多欠完善,所以本文所记的事迹和言论,必定有很多记错的地方,我诚惶诚恐的恳求着各方面多多赐予指正。

《社友》报报道《独当华北之科学界盛会》[①]

独当华北之科学界盛会

年会参加增为十三团体

专题讨论大谈衣食住行

本社华北区年会筹备就绪。十月九日上午九时半在北平中法大学礼堂举行。共联合十二团体,除本社外,有中国科学工作者协会,中华自然科学社,中国物理学、化学、动物学、植物学、药学、地学、昆虫学、数学、地质学各会。到五百余人。陆志韦君主席,首致开幕词,次李玉麟、窦维康、钱三强及汤非凡诸君作学术演讲,十二时半始散。

开幕典礼至为简单,无任何官样仪注。主席走上台去,仅谓"现在开会",即作风趣之致词,会场气氛,殊为和乐。陆君先介绍各团体概史,略谓:"十二团体中以中国科学社成立较早,迄已三十余年,乃一普通性之科学团体。研究生物学尤具特色;此外同样性质者,有中华自然科学社及中国科学工作者协会,前者范围甚大,后者着力科学建国;其他九个团体,均专门性质,以光绪末年创始之地学会为最老,物理学会于民国廿一年成立,会员五百余人,化学会同时成立,会员二千余人,动物学会廿三年成立,会员三百余人,植

[①] 《社友》第八十九、九十期合刊(年会纪事号)(1948年11月30日发行)第7-8页。

物学会廿二年成立,会员五十余人,药学会三十一年改组成立,会员千余人,昆虫学会廿六年成立,会员三百余人。"继谓:"此次联合集会,仅有四五百人参加,方诸外国,诚属小巫;然亦可示人以穷傻瓜不只我一个。现在生活虽艰苦,我辈科学工作者亦不能完全卸责于环境,应力排万难。此后苦况更深,自在意中,我人既吃这碗饭,就得熬这样苦,对环境作战也。"又称:"为了穷酸不能见人,未敢惊动地方当局,所以没有请他们。"盍座哄然。

李玉麟君为中法大学校长,演讲略谓:"社会对科学工作者有三种不满:(一)相互标榜;(二)学说空虚;(三)派别分明。但一件事有其两面,推崇有成就者,不能算标榜,学说在内行目中不完全认为空虚,物以类聚,集体分工,不能算派别分明。但团体亦犹人也,我人亦不讳言无病,三十年来谈科学是科学,今则谈科学要讲应用,以配合需要,此即自求医治之道也。"钱三强先生讲《欧洲科学研究组织之新趋向》,语见本报八十七期,不赘。

陈振文君代表汤非凡君讲《防痨工作》,略谓:"中国平均每十万人有三百至三百余人患结核病,即每年有一千五百万个肺病患者,占总人口百分之三。结核菌系阳性者,乃曾与结核病人接触过者;调查全国,四岁儿童占百分之廿五至三十,五至九岁百分之五六十,十至十四岁百分之七八十,二十岁百分之九十。结核病传染之广,前途可虑。世界上现正研究 BCG 防疫注射法,但育苗不易,更难保存,尚在改进中云。"

是日中午在北京大学子民堂应北大、清华、北洋、南开、师院、铁道管理院及北平研院公宴。下午二时起仍在中法作专题讨论。题为《如何利用科学改善中国人民之生活》,由本社社友李书华君主持,刘大忠、鲁宝重、梁思成、石志仁、李克鸿、金澍荣六君分领衣、食、住、行、卫生及科学教育六分题。领导人概论述毕,以时间不及,留待日后再召集作广泛讨论。

刘君之言曰:"全世界棉花产量,年为三百亿包,中国仅占百分之七。全世界纱锭为一亿五千万枚,中国只有五百万枚。就纺织业生产价值而言,中国在战前每年为二亿一千万元,减去加工值,实值四千余万元,每人可分得五元,美国在最不景气之一九三三年,每人可分得廿二美元,可见我人衣着之惨。科学家应研究如何增加棉产,改善质量。人民生活改善后,羊毛、丝、麻需要亦增,发展西北畜牧,改进江南丝麻及生产人造丝,有需农业、化学、机械、交通各工作者共同努力者矣。"

鲁君之言曰："据精确统计,农民每人需田地二·一英亩,方能饱食。中国农民,每人只有半英亩,相差太甚,是以贫困。考其原因:(一)政治经济不良;(二)政府领导不力;(三)社会生产事业不昌;(四)土地制度太不合理。改良之道,在确立粮食政策,并实行土地革命。中国海岸有九千里之长,我人应多利用水产,以补农产对人民营养之不足。"

梁君之言曰："一个国家,住的环境成问题,绝不能养成健全的公民。人民之住宅要舒适、安全、卫生,使住者能好好饮食、工作、休息。欧美人口百分之七八十在都市,二三十在乡村,中国适得其反;但因工业之进展,人口势将渐向都市集中,都市房荒,必更严重。汉时长安曾筹建平民住宅,民国以来,只有破坏,所有新村,胥属诸中上阶级,贫民无与焉。现在英美人之薪给,用于房租者不过五分之一至六分之一,苏联由政府统筹,仅占十分之一,中国无精计,估占三分之一;人称耕者有其田,兹应倡住者有其房,睡者有其床矣。中国四万万七千万人口,恐无一万万张床,房地产商更从而操纵之,科学家应奋起与之斗。住的问题,要从调查人口,按密度改善之。"

石君之言曰："交通工具已成为人类生活甚至灵魂之一部分。据一九四八年统计,轮船美拥有五千另三十七万八千吨,中国仅有五十五万吨,铁路美拥有三十六万六千公里,中国仅有三万零二百公里,公路美拥有三千零三十七万公里,中国仅有五万公里,公用汽车美有三千万零三十七万辆,中国五万辆,飞机美自产一万架,中国仅能装配,不能制造。是故中国人的生活,低于美国约百倍。交通与生活关系愈来愈切,不仅系生活上的动脉,直是输血管——生命之一部分矣。"袁翰青君乃提二点:"(一)应尽量就原始交通工具加以科学管理,提高效率。(二)科学进步,十年内载重千吨飞机,可能出现,我国应舍弃落后的轮船火车,迎头赶上最进步之交通工具之研究与制造。"

李君之言曰："无病不能算完全健康。卫生之目的:(一)减少疾病;(二)减少疾病之痛苦;(三)提高生活效率。中英每千人死亡率为普通死亡中国三十人,英国九·四人,婴儿死亡中国二百人,英国四五·七人,传染病死亡中国占死亡全数百分之六十,英占百分之廿,平均寿命中国三十岁,英国六十二岁,北平每十万人口中有廿五个医生、廿个护士,美国则有一百廿五个医生、二百五十个护士。中国死亡率高,原因复杂,医学工作者应有社会观念与试验态度,共同解决此严重问题。欧美已实行健康保险及公医制度。公医在苏联实行最佳,医师医药均由国家计划分配,中国欲减少死亡,宜效法之。"

金君之言曰:"衣食解决,方可谈到教育。科学教育不在知识灌输,必须透过生活习惯,才有成就。在推广上应少赖文字,多用文字以外工具。现在推广方面,效能甚低,系受两种限制:(一)社教机关太不机动,不能去觅教育对象;(二)太重文字,此种缺陷不除,难有希望。"

十日会程为上午九时起各学会宣读论文,共一百四十七篇。中午各学会年会宴。下午二时起,各学会事务讨论,四时起全体酒会。

十一日分四组参观:(一)石景山钢铁厂;(二)北平啤酒公司及工业所造纸厂;(三)植物园(即万生园);(四)地质调查所矿物陈列馆。

此次华北区年会三日,盛况空前,天津《大公报》著有社评,寄予殷望。

十月十六日复举行结束会议于中南海北平研究院,到陆近仁、沈同、叶企孙、顾毓珍、李良骐、袁翰青、赵燏黄、顾功叙、王竹泉、刘慎谔、杨光弼、黄国璋、王成组、韩哲武诸君。杨君主席,袁君记录。讨论事项:(一)请赵燏黄、顾毓珍两君查账。(二)大会文件及剩余物品,请北平研究院总办事处代存。(三)专题讨论记录整理后,送《科学》《科学世界》及《北平科协》等刊物发表。(四)各学会推派下列代表,计划办理继续专题讨论会:数学会刘景芳君、物理学会霍秉权君、化学会袁翰青君、动物学会沈同君、地质学会王竹泉君、昆虫学会陆近仁君、药物学会韩哲武君、地学会王成组君、科工协会马大猷君,其余未定。

平津社友会恢复事,亦已由袁翰青、严济慈、沈嘉瑞、叶企孙、陆志韦五君柬邀筹备,尚未就绪。

《社友》报报道《紧张热烈之华中区科学家大联合》[①]

紧张热烈之华中区科学家大联合

联合七团体　开会一整天

出席百八位　论文十六篇

参加华中区本届年会的科学团体有七个单位:中国科学社、中华自然科学社、中国物理学会、中国化学会、中国植物学会、中华农学会、中华医学会。本年九月二十二日在华中

[①] 《社友》第八十九、九十期合刊(年会纪事号)(1948年11月30日发行)第9—10页。另见《华中区科学团体联合年会纪事》(1948年),上海市档案馆藏档,档号Q546-1-202,文字大体相同,但该文后附年会论文题目。

大学开了一次筹备会,参加者有卡〔卞〕彭年、桂质庭、钟心煊君等十余社友,当即推定查谦君为主任委员并负责总务,下分文书、庶务、会计、交通各组;梁百先君主撰会程,而卞彭年、陶延桥、邬保良诸君则负收编论文之责。散会后,总务方面,由查谦君在武大物理系办公室召集开会,并分配各项实际工作,旋即规定每日上下午于一定时间,筹商会务各端,如草拟会程、印发通知及与各界保持联络各项,同时调查并登记各社员会员之通信地址与会籍。

十月十日是一个清澈而晴朗的日子。年会地点,是向珞珈山国立武汉大学借理学院一二两楼的教室和办公室。门头扎有鲜柏的花框,横额题有"华中区科学团体联合年会"几个隶字,国旗交叉地悬着,盆花分放在两旁,进门就是签到、缴费、领会徽各处。上午七时半起,就有报到,履行各项手续。湖北省政府的专车,也将武汉两地会员送到这里来开会了,一时履舄交错,门限为穿,而秩序则甚井然。除长沙南昌两地的会员因职务和交通的关系,来函申述不能出席参加,并祝贺本届年会前途的发展和社友的健康外,年会于是日上午九时半在肃穆雍和的气氛中,宣布开会。到会人数为一百八十四位,当即推定查谦君任大会主席,报告筹备经过和会程后,即请来宾武大校长周鲠生君作学术讲演,周君将社会科学和自然科学的发展,作一个鲜明的对比,并举出中西各国的许多例证。最后以两种科学的关联,应当密切合作,以国家和社会甚至世界的安定为目的,作了一个总结。词毕,由华中大学理学院长卞彭年君讲演,卞君历述科学家合作的重要性,并期望对于基本观念——如温度之实测单位等——的重新研讨,实有其必需与重要。卞君从古典力学以迄于统计力学都引伸到温度的涵义,希望大家继续研究以求解决云云。主席致谢词后,即请全体到武大图书馆门首撮影。事毕,已经十一时了。一阵铃声,又将各会员归纳到贴有各个学会名称的教室里面,作会务之探讨。在这天成立的有中国科学社武汉社友会,当选会长、书记、会计为查谦、卞彭年、涂允成三君。中华自然科学社华中分社,当选理监事十人。植物学会华中分会也同时成立。其余学会都对会务曾作热烈之讨论。十二时半全体到武大文学院一〇一教室,参加武大公宴。席间由周校长致词欢迎,并由曾省之君作简单的答词致谢。下午三时,全体复到大会会场听论文的宣读;主持者为卞彭年、陶延桥两君,会场的空气,更为紧张与严肃,总计收到论文十六篇,均系精心结构,听者忘倦。读完已五时半,铃声起时,复相率入会会场。来宾席上有湖北省政府主席张笃伦君,建教两厅长余正东、王文俊二君,武昌市长杨锦昱君,和武大周校长。大会推举涂允成君主席,致词后,即请各团体推举代表报告各该团体之沿革,于时由中国科学社代表钟心煊、中华自然科学社代表钟兴厚、中国物理学会代表桂质庭、中国植物学会代表张镜澄、中国化学会代表陶延桥、中华农学会代表柯象贤、中华医学会代表刘书万诸君先后简略而扼要地报告成立的经过和对工作计划的实施及科学书刊的发行等等,有条不紊,都具备了发扬科学文化的精神。报告完毕,复请张主席惠词,张君对本届年会备致推崇和信赖之意,词至诚挚,众为动容。词毕,华灯已上,全体复入武大一○一教室应湖北省政府主席公宴。席间由张主席致词,并引杯相庆,觥筹交错,宾主尽欢,年会中公推社友周焕章君致谢词,一时掌声雷动,散席时已夜九时了。华中区科学团体联合年会就此闭幕。

《社友》报报道《南方之强的科学呼声》[①]

南方之强的科学呼声

论文提案开幕礼　议论风发

会长顾问主席团　阵容坚强

本社华南区年会系联合十二团体近始举行,分述于下:

一、筹备经过:广州为华南重要之区,科学教育与科学事业,均甚发达,故科学界人士集中于此者,为数甚众。年余以来,各人为学识之切磋,感情之交流,均感有团体组织之必要,复受各总会之敦促,于是各科学分会,相继成立,均有月会、年会之举行,彼此相聚一堂,讨论切磋,毫无倦意,实足表现各人对于科学深厚之兴趣。顾科学之研求,贵乎专精,而各种科学,均脉脉相通,有联带之关系,常须彼此合作,互相借助,始可解决复杂之科学问题,故欧美各国,各学会常有联合举行年会之举,其意固即在此。近年我国各学会,亦有此例,但复员以来,华南区各科学团体,联合举行年会,尚以此次为创举,故其意义洵非寻常可比也。兹将本会筹备经过,作一简略之报导。中国科学社为我国最早之科学团体,本届年会,分区举行,上海总社,曾指定陈可忠、邓植仪、陆凤书三社友筹备华南区年会,定于双十节在广州举行。三君因鉴于广州科学团体为数甚多,各有年会之规定,与其分别举行,不如联合举行,更有意义,乃由科学社出名,邀约各学会广州分会负责人,于十月三日

---

① 《社友》第八十九、九十期合刊(年会纪事号)(1948年11月30日发行)第10页。

在哥仑布举行一次座谈会,征询各学会之意见,计到有中国科学社、中华自然社、中国化学会、中国物理学会、中华农学会、中国地理学会、中国动物学会、中国土壤学会、中华学艺社、南中国数学会、中华水产学会十一分会负责人,当经一致通过联合举行年会之提议。旋对名称、开会地点、会期及年会组织均有商定,并成立一筹备会,积极进行。十月二十八日在中大同德会举行第一次筹备会,对于上次谈话会议决各项,略有变更。十一月六日举行第二次筹备会,一切均作最后之决定。当时地质学会广州分会,又请加入,于是大会名称,改为广州市十二科学团体联合年会矣。地点定为百子路中山大学医学院,会期定为十一月十二、十三、十四三天,组织分总务、论文、提案、招待四组,由各学会推举二位□□位分负各组之责。聘请宋主席及欧阳市长担任名誉正副会长,并请本地教育当局及教育界闻人为顾问,期予指导。开会时,由各学会推举一人组织主席团,主持其事。参加年会会友共二百余人,收到论文五一篇,提案十余件,即于十一月十二日上午十时举行开幕典礼,于此困苦环境之中,动荡局势之时,数百位科学界同人齐集一堂,交还各人研究之心得,讨论各种科学问题,实属难得之事,倘于华南科学教育与科学事业稍有贡献,是亦同人之所深望也。(徐贤恭)

二、年会组织:名誉会长宋子文君;名誉副会长欧阳驹君;顾问姚宝猷、祝秀侠、陈序经、吴鼎新、陈炳权、王叔陶、何爵三、张良修、吴康、谢瀛洲诸君;主席团陈可忠(中国科学社)、徐贤恭(中华自然科学社)、周达仁(中国化学会)、冯秉铨(中国物理学会)、黄麟书(中华学艺社)、张农(中华农学会)、周氏(广东水产学会)、邓植仪(中国土壤学会)、张作人(中国动物学会)、邹豹君(中国地理学会)、刘俊贤(南中国数学会)、潘锺祥(中国地址〔质〕学会)诸君。

三、年会日程:

十二日上午十时开幕典礼,在中山大学医学院礼堂;下午二时半至五时论文宣读(分三组举行,数学物理化学组主持人徐贤恭、冯秉铨二君,地质地理组主持人邹豹君、潘锺祥二君,农业土壤水产动物组主持人张农、周氏二君),在中大医学院。

十三日上午九时至十二时接读论文;下午二时半至四时半提案讨论,在中山大学医学院礼堂;四时半至六时各团体事务讨论,在中大医学院。

十四日分组参观:(一)黄埔港;(二)西村各工厂;(三)岭南大学及纺织厂。

《社友》报报道《两大合作之华西区年会》①

两大合作之华西区年会

天府之国　一德报天

风雨鸡鸣　不忘科学

本社华西区年会于十一月十三日起与中华自然科学社联合举行于成都新落成之国立四川大学礼堂。首日午后三时开幕,到一百三十余人,由名誉会长川大校长黄季陆君主席,报告年会意义;次为华大校长方叔轩君致词,何文俊君报告筹备经过,刘为涛君报告搜集论文及分组情形,彭家元君报告特约事宜。翌日上午宣读论文,午后闭幕。

黄季陆君致开幕词,首谓:"我国两大科学团体,今日在川大新落成之礼堂举行西区联合年会,参加之新旧社友,异常踊跃,学术界为一盛事,于川大尤引为欣幸,将于礼堂中作一纪念品,以垂永久。"次强调四川蕴藏之富,与对整个国家之重要,谓:"抗战时期,省外人士西来,集全国之人才于川省。由于实地之观察,更认识川省之重要。实则四川蕴藏之富,真不可估计。例如最近川大师生赴彭县调查地质,即发现铜、石英等,以至岩金,矿产极丰,且种类甚多,诚不愧为天府之邦。所惜者天然富源虽丰,而货弃于地,未尽人力开发,此或即张献忠屠川时所谓'天与万物以养人,人无一德以报天'之说。盖以科学力量,克服自然,开发宝藏,以改善人民生活,造福国家社会,即以人力报天之义欤?"最后大声疾呼,谓:"四川于抗战期间,保持一片干净土,在举国烽火中,实为科学家从事研究工作之所。战时来川之科学家甚多,战后皆复员外迁,今仍切望战时曾来川或未来川之科学家均能联翩莅止,川中各大学当竭诚欢迎也。"方叔轩君致词,谓:"于时日动荡之今日,举行科学团体之年会,诚有'风雨如晦,鸡鸣不已'之重大意义。"并希望社员努力研究工作,勿以设备不足而受影响,历述大科学家埋头工作精神与伟大人格相勖勉。

顷接何文俊君函告:"蓉中学术教育界人士,生活至为艰苦,惟于科学工作,仍汲汲不懈,科学事业仍具最高热忱,诚属异事,亦幸事也"云云。可见国家虽危,犹保有些许元气,以俟朝野之觉悟耳。

---

① 《社友》第八十九、九十期合刊(年会纪事号)(1948 年 11 月 30 日发行)第 8-9 页。

《社友》报消息《西南年会不及开成》[①]

西南年会不及开成

顷接昆明社友查良钊君函,略谓本社西南区年会本已积极进行,嗣因社友无多,乃临时改变计划,拟俟熊迪之社友自京返昆再商;先将昆明社友会恢复。孰意十月抄〔杪〕正值大学有因生活待遇而停课之议,一般心绪不宁,又只好展期促进。年会未能举行,有负委托,望达歉意云。预料社友会成立后,下届年会必将焜耀西南也。

《科学》杂志报道《联合年会》[②]

联合年会

各地各学术团体联合年会,今年大体在十月间,尤以双十节前后举行为多。兹分别略志于后:

南京十团体年会

南京之十科学团体联合年会最早发动者为中华自然科学社,故事务方面大体即由该社办理。此次联合参加者为中国科学社、中华自然科学社、新中国数学会、物理学会、天文学会、气象学会、地理学会、地球物理学会、动物学会、遗传学会。事前于8月31日及9月16日两度开会筹备,决定10月9—11日为年会会期,借中央大学大礼堂开幕,推定翁文灏为名誉会长,朱家骅为会长,沈怡为副会长,拟定大会日程:8日起报到;9日上午行开幕礼,下午专题讨论,题为《如何发展中国科学》;10日上午分组宣读论文,下午各社团事务会议;11日上午宣读论文,下午参观展览会。展览会拟于9日起始以一星期为原则,论文组推定赵九章、裘家奎两人为主任委员,即时起始征集,议定提要交《科学》发表,西文交《科学与建设》付刊。年会于10月9日上午九时半在中大礼堂开幕,到各团体会员300余人,由周鸿经博士主席,报告联合年会意义在加强各科学团体之联系,共同促进我国科学之研

---

① 《社友》第八十九、九十期合刊(年会纪事号)(1948年11月30日发行)第10页。
② 《科学》第三十卷第十一期(1948年11月出版)第345-348页。

究工作。又报告各方贺电之函及李约瑟贺电。继由名誉会长翁文灏致词,略谓我国清代之科举制度不合科学,科学界本身又缺乏组织,研究团体间未能充分合作,社会对于科学之漠视,均为科学发展之障碍。科学研究在中国开始于民国以后,尤以国民政府建立以后为起始步入正轨,历史最短,自不能与外国几百年之学会抗衡。且科学家为行政工作或处理事务,皆为精力之浪费。本人即深感此苦,亦即身受其难之一人。深望我科学界人士以后埋头工作,追求真理,以促动国家政治社会之进步。次由会长朱家骅致词,谓科学为国家前途与人类幸福之根本,亟须推进。以中央研究院为例,二十年来在变动不安之环境下,亦已完成体制,奠定基础。此实赖全国学术界之通力合作。顾我国学术团体历史尚短,今后必须集中人材,充实设备,提高水准,庶几国家社会受其利益,学术研究亦得推进。近代科学之进展,不如早期之仅赖于个人之创获,而有藉于计划的通力合作,原子核研究之成就即为其例。故以后国家社会应共同支援,造成风气,使学术研究更易进步。联合年会之举行即为沟通意见,协议合作以谋加速研究工作之推进。敬祝联合年会之成功,以达到迎头赶上欧美前进各国之水准。嗣副会长沈怡致词,谓在政治气氛浓厚之首都举行科学年会,犹如空谷足音,弥使人欣悦感慰。目前科学家之努力,常为社会人士所漠视,甚或误解,因而使科学工作者落寞失望。但科学家应于失望中继续努力,在低气压下不断工作,则成果必不在远。旋由社会部及工商部代表分别致词,由年会总干事沈其益报告筹备经过。最后请英国文化委员会科学组主任萨亦乐博士及中国科学社理事长任鸿隽氏演讲。任氏讲题为《十字路上的科学家》,略谓自原子弹出世,人类怀疑科学之危害,以为应使停止研究;然科学决不因此而停止,相反的其进展更为迅速,亦应使其更为迅速进展。以科学之于人类毕竟利多而久,害少而暂。即以原于〔子〕能而言,应用于工业、医药,以及促进生产,将来应用广泛,其利益正未可限量,决不能噎废食而中止研究。年会目的在集中各方人才以缜密商讨今后发展之途径。希望国家拨助大宗经费,集合各方人士通力有计划的合作,作一独立的科学研究单元,使科学在我国有长足的进步、开展。开幕礼至此完毕,已十二时半,摄影后散会。下午三时继续举行大会,讨论提案,由卢于道主席,到会员数十人,通过议案:1. 建议政府按照捐资兴学奖励办法,奖励民间捐资兴办科学研究及发展等事业;2. 建议政府确定总预算千分之五为科学研究经费;3. 建议政府设立科学基金会,奖助科学研究,提选青年科学人才;4. 请政府向美国交涉,准许放射同位元素输入我国,决议:先调查美国限制之情形。继为专题讨论《如何促进我国科学之发展》,讨论中心着重于我国各级学校之科学教育,发言者大都认为中小学各项课程太重,影响学生身体之健康,或因此减少科学教育之机会,故有提议组织全国中学教育调查团者。直至六时许散会。10日上午分组宣读论文,下午各团体分别举行事务会议;11日上午仍宣读论文,下午集体参观科学展览会。本届各社团论文收到甚多,计:数学组26篇,物理组16篇,天文组5组〔篇〕,气象组15篇,地理篇〔组〕50篇,地球物理组20篇,动物组 ①篇,遗传组 篇,与到会人数成2∶1,即每二人即有一篇论文也。年会期间又约定专家演讲,计公开演讲七组:10月9日下午4时,萨本栋在九华山物理研究所讲《立体电影》,李方训在中央大学科学馆讲《英国之科学教育》,10日下午4时范谦衷在中央大学科学馆讲《遗传学与学术关系及应用》,戈定邦在金陵大学电影部讲《新疆之民族与文化》,11日下午4时,张钰哲与傅承义在中大科学馆分别讲《星空之尘雾》与《地球内部之构造》,竺可桢在中央研究院大礼堂讲《中秋月与浙江潮》。另在中央广播电台作科学广播,广播时间皆为下午8—8:15,共五组,计:10月11日,周昌芸,《农业科学化的重要性》;12日,钱昌祚,《中国国防科学研究发展现状报告》;14日,张云,《战争与科学》;15日,谢家荣,《矿产与建设》;18日,郑肇经,《科学与水利》。(春)

北平十二团体年会

平津十二科学团体联合年会由中国科学社首先发起。科学社本年度年会以交通阻隔,决定于双十节前后在各地分别举行,北平社友会即推定陆志韦、严济慈、袁翰青、沈嘉瑞诸君筹备,于9月6日、18日邀同平津各团体假北平研究院开第一、第二两次联合筹备会议,当时推定陆志韦为筹备会主席,袁翰青为书记,分设总务、会程、论文、参观各委员会,并推出人选,拟以中法大学礼堂为会场,以10月9—11日为会期。至开幕前,加入年会团体共12个,计:中国科学社、中华自然科学社、物理学会、化学会、科学工作者协会、动物学会、植物学会、地质学会、昆虫学会、药学会、数学会、地理学会。10月9日上午九时半,大会假中法大学大礼堂举行,出席各学术团体会员及来宾542人,陆志韦博士主席致辞,称在此文化都市之北平,联合平津两地12个学术团体之会员,在此举行年会,而连来

---

① 原文空缺,下同。

宾不过五百余人参加,可见科学工作者人数之少。又从而感慨于学人生活之清苦与社会环境之恶劣,因以限制学术之发展。来宾有北平军政人员,随有演讲与祝颂之辞。十二时半散会,赴北京大学孑民堂之欢宴,主人为北大、清华、北洋、南开、师院、铁道管理及北平研究院七院校。下午二时半,仍返中法大学开会,讨论专题,题为《如何利用科学改善中国人民的生活》。会前分发论题大纲,首先论述目前中国人民生活情况及其应改善之点,包括衣、食、住、卫生、交通五项,注重国人与他国人民生活之量的比较,再就中国社会对此五项之努力与他国之比较;次论中国人民生活困苦之原因,就政治社会与技术方面分别与以探讨;最后则论如何利用科学以改善现状,亦由政府与科学工作者两方面求其努力以图进步。讨论会由李书华主席,因时间匆促,仅由六领导人作简单报导。平津区铁路局长石志仁讲交通,对较中美陆海空交通工具数字,说明中国人工作效率之不够而影响生产;清华建筑系主任梁思成主讲住的问题,列举住屋必备的适当条件后,提出"住者有其屋""睡者有其床"二口号;协和医院院长李克鸿主讲卫生,列举我国人口之惊人死亡率后,强调医务人员之社会观念,促政府当局即时实行公医制度;清华教授刘大中主讲衣的问题,以棉产纱锭数字说明一华人衣着仅当一美人1/25,因强调棉花与羊毛之增产;师范学院教授金澍荣主讲科学教育,力言养成科学的态度与习惯与文字知识同等重要,并强调电化教育之重要;师院教授鲁宾重主讲食的问题,说明美国每人合2.1亩地,中国仅1/2亩,并就各种营养加以比较,力言土地政策之必须改革。当时发言有序,情绪肃穆,散时已逾五时。10日上午分组宣读论文,中午各学会分别聚餐,下午作会务讨论,六时年会聚宴。11日竟日参观,分四组:1.石景山钢铁厂(限60人),2.北平啤酒公司及工业所造纸厂(限60人),3.植物园(旧万牲园),4.地质调查所矿物陈列馆。此次宣誓〔读〕论文共147篇,为到会人数3∶1,计化学组18篇,物理组23篇,教学组12篇,地质组20篇,动物学组21篇,昆虫学组21篇,植物学组14篇,药学组17篇,又数学组演讲题一篇。(青)

武汉七团体年会

武汉联合年会亦由中国科学社发起,于9月间即推定查谦、钟心煊、桂质廷、高尚荫、曾省诸人催动,筹备经月,连合该区化学会、物理学会、植物学会、动物学会①、中华自然科

---

① 此处记载有误,应该没有中国动物学会,而有中华农学会和中华医学会。

学社、……等合成七团体联合年会,亦于10月10日上午10时在武昌珞珈山武大理学院揭幕,到七团体会员百余人,武大教授查谦主席,报告筹备经过及开会意义后,请武大校长周鲠生讲《社会科学与自然科学之关系》,强调必须密切合作,共求进步,始能相得益彰。次由华中大学理学院长卞彭年讲《物理学上的几个新问题》。词毕已逾午,即在武大午餐,餐后于下午二时起,讨论社务,建议组织中国科学社武汉社友会,又作专题讨论华中科学发展之检讨。反复研究,至傍晚散会。(申)

广东十团体年会

华南区中国科学社由总社理事会推定陈可忠、邓植仪、陆凤书三人负责进行,中大校长陈可忠氏于8月间延邀各团体该区负责人商谈,兹已筹备就绪,决于11月11—13日间举行九团体联合年会,参加团体为:中国科学社、物理学会、化学会、天文学会、地理学会、动物学会、植物学会、中华农学会、中华水产学会及中华学艺社,指定中山大学为年会会场。届时除由各专家分组专题讨论外,并作公开演讲,参观黄埔港、电力厂、自来水厂、广东实业公司各工厂以资观摩云。

华西与西南两区,中国科学社亦已推定专人负责举行年会事宜,但截至发稿时止,尚无开会消息,关于成都与昆明两地年会情形,留待以后再行报导。(文)

科学展览会

与南京十科学团体联合年会同时举行者,首都尚有科学展览会,分别在考试院、中央地质调查所、中央气象局、中央农业实验所、中央卫生实验院、农田水利工程处……等24处,展览各种科学仪器、标本、模型、图表等。双十节上午九时,假第一展览场考试院举行盛大揭幕礼,由张伯苓氏主持,来宾极多,未到揭幕时间,已有多人不待张氏剪彩踏入会场矣。首都各报竞载参观民众之踊跃盛况,会期一周,《中央日报》于气象、地质两场,刊有特写,《益世报》记考试院展览场特详,《华夏日报》则载水利工程之展览。三峡水利发电计划及四川长寿水力发电两模型极受报人注意;中央图书馆所陈列中西文科学书刊,则留意者甚少。参加展览之单位除十科学团体外,首都各学校及有关机构若教育部、国防部、农林部、交通部、水利部、工商部、卫生部、地政部、中央研究院及南京市府附属机构,无不联合参预其盛。会场散布各处,洽有专车巡回各区以利参观者之交通云。

《科学》杂志消息《联合年会》[①]

联合年会

华西区科学团体联合年会于11月13日在川大大礼堂举行,公推黄季陆为大会主席,午由川大公宴;14日上午宣读论文,下午闭幕。会中选举中国科学社成都社友会理事,并建议中央建设大西南。华南区联合年会加入者12团体,会期11月12—14日,于14日上午圆满闭幕,由陈可忠氏主持其事。年会决议向教育部建议在各大学增设原子能研究部门,并编印论文集,扩大明年度联合年会。(合)

[①] 《科学》第三十卷第十二期(1948年12月出版)第379页。